Lou Osborn/Dimitri Zufferey

Die Söldner des Kremls

Lou Osborn/Dimitri Zufferey

Die Söldner des Kremls

Wagner und Russlands neue Geheimarmeen

Aus dem Französischen
von Ulla Held und Elsbeth Ranke

C.H.Beck

Originally published in French as Wagner. Enquête au cœur du système Prigojine in 2023 by Éditions du Faubourg, Copyright © 2023.

Originalausgabe

www.chbeck.de
Umschlaggestaltung: geviert.com, Andrea Wirl
Umschlagabbildung: © Robin Szczygiel
Satz: Janß GmbH, Pfungstadt
Druck und Bindung: CPI books, Ulm
Printed in Germany
ISBN 978 3 406 81415 0

klimaneutral produziert
www.chbeck.de/nachhaltig

Inhalt

Teil 2

Auf Welteroberung

Teil 3
Frankenstein oder der russische Prometheus
243

Die Transkription russischer und arabischer Namen folgt im Französischen, Englischen und Deutschen aussprachebedingt jeweils unterschiedlichen Regeln. Aus Gründen der besseren Lesbarkeit verwenden wir im Fließtext der vorliegenden Übersetzung die im Deutschen übliche Transkription für alle russischen und arabischen Namen und Begriffe.

In den Fußnoten dagegen (sowie in der Bibliografie, die über die untenstehende Website abrufbar ist) finden für dieselben Namen die englischen Konventionen Anwendung, denn praktisch sämtliche Quellen unserer Recherche waren englischsprachig oder ins Englische übersetzt.

Die vollständige Bibliografie zu diesem Buch finden Sie unter: https://editionsdufaubourg.fr/notes-de-bas-de-page-de-wagner-enquete-au-coeur-du-systeme-prigojine

Ihr könnt uns Wagner, Mozart, Schubert, Chopin oder Strawinsky nennen. Das ändert nichts an der Bedeutung, wir sind und bleiben russische Ausbilder mit dem Ziel, bedürftigen Ländern zu helfen.

Witali Perfilew[1]

Vorwort
Was heißt eigentlich Wagner?

Lange wurde jedes Mal, wenn von Wagner-Chef Jewgeni Prigoschin die Rede war, ein Foto aus seiner Sankt Petersburger Zeit hervorgeholt, das ihm den Beinamen «Putins Koch» eingebracht hatte: Darauf serviert der künftige Kriegsherr beinahe unterwürfig seinem Ehrengast Wladimir Putin eine Mahlzeit. Nach dem Überfall Russlands auf die Ukraine am 24. Februar 2022 dagegen war immer öfter ein anderer Prigoschin zu sehen, in schusssicherer Weste, mit Kalaschnikow-Magazinen vor der Brust, Helm auf dem Kopf. Und der servierte etwas ganz anderes.

In etwas mehr als einem Jahrzehnt eroberten die Gruppe Wagner und ihr Anführer nach und nach die Nachrichten; anfangs wurden sie unterschätzt («der Koch»), später vielleicht überschätzt («der Putschist»). Seinen Aufstieg verdankte Prigoschin zunächst seinen der Desinformation verschriebenen «Trollfabriken»; dann traten im Nahen Osten und in Afrika seine Söldner und an ihrer Seite Bergbauunternehmer auf, und zuletzt erlebte man ihn an den Fronten des Ukraine-Kriegs, vor allem an der brutalsten davon in Bachmut. Gleichzeitig sah man, wie Wladimir Putin am Vorabend seiner fatalen Entscheidung, in der Ukraine einzumarschieren, Emmanuel Macron im Kreml empfing und vor seinem Gast und der internationalen Presse beteuerte, er habe mit Wagner nichts zu tun ... Das Ende war der Flugzeugabsturz im August 2023 als Folge von Prigoschins Marsch auf Moskau im Juni.

Was genau heißt eigentlich Wagner? Wie lässt sich diese Flut von Informationen zu einem Bild zusammenfassen, zumal ein guter Teil der Informationen in diesem Kontext gefälscht, entstellt, arrangiert oder unterschlagen wurde? Es geht um sehr viel: Der Angriffskrieg in der Ukraine und die Kriege um Einfluss in der Sahelzone wie in Zentralafrika zeigen, dass Wagner ein wichtiger Akteur in einem globalen Spiel ist. Aber haben wir dieses Spiel wirklich begriffen? Nach welchen Regeln funktioniert es? Und vor allem, wie setzt man sich dagegen zur Wehr?

Dass es schwierig ist, über ein konturloses Gebilde wie die Wagner-Gruppe zu recherchieren, die in Russland lange nicht einmal eine offizielle Adresse hatte und deren Existenz die russischen Behörden schlicht leugneten, liegt auf der Hand. Drei russische Journalisten bezahlten 2020 in der Zentralafrikanischen Republik mit ihrem Leben dafür, dass sie allzu genau hinsehen wollten. Doch nach und nach fingen auch andere Journalisten an, aufzuhorchen, nachzuforschen, Deserteuren zuzuhören, hinter die Fassade zu blicken. Dank einer neuen Recherchetechnik konnten die Autoren dieses Buchs noch einen Schritt weiter gehen: Sie nutzten die Open Source Intelligence (OSINT), die Nachrichtengewinnung aus «offenen Quellen». Möglich (und immer beliebter) wurde diese Methode mit der technischen Entwicklung und dem Zugriff auf zuvor «geschlossene» Daten. OSINT hat Journalisten und Forschern ganz neue Betätigungsfelder eröffnet.

So konnten die Journalisten der *New York Times* anhand von Satellitenfotos aus offenen Quellen nachweisen, dass sich in Butscha nahe Kiew bereits vor dem Abzug der russischen Truppen Leichen befanden, und widerlegten damit zweifelsfrei die Behauptungen des Kremls. Ich erinnere mich, wie wir Anfang der 1980er-Jahre, als ich bei *Libération* arbeitete, nach Informationen über die Manöver von Gaddafis Armee gegen das französische Militär im Tschad suchten. Herausgeber Serge July rief in der Redaktionssitzung: «Irgendwann haben wir unseren eigenen Satelliten!» … und erntete damit großes Gelächter. 2022 lacht niemand mehr, wenn die *New York Times* mit diesen neuen Quellen einen entscheidenden Beitrag zur Berichterstattung aus dem Ukraine-Krieg leistet.

Dank OSINT konnten die Autoren dieses Buchs Informationen zusammenführen, einzelne Fäden zurückverfolgen und Aspekte offenlegen, die bis dahin unbekannt oder unsichtbar waren, und alles nutzen, was die digitalisierte Welt freiwillig oder unfreiwillig denen bietet, die wissen, wo sie suchen müssen. Bei einem undurchsichtigen Gebilde wie der Gruppe Wagner gibt es kaum ein angemesseneres Vorgehen. Und das Ergebnis entspricht den eingesetzten Mitteln.

Es liefert den Ansatz einer Antwort auf die Frage vom Anfang: Was heißt eigentlich Wagner? Wenn ich vor dem Überfall auf die Ukraine im Zusammenhang mit Afrika den Namen Wagner erwähnte, verwies man mich auf den Präzedenzfall Blackwater, Eingeweihte nannten den Namen Bob Denard. In der Tat ist Bob Denard eine bezeichnende Erinnerung: Der französische Söldner weckt in Afrika verheerende Erinnerungen und ist alles andere als unbeteiligt daran, dass Jahrzehnte nach seinem Tod bei der Jugend der frankophonen Länder so starke antifranzösische Ressentiments herrschen. Bob Denard und seine Truppe stand mit dem sogenannten *Service d'action* des französischen Auslandsgeheimdiensts SDECE in Verbindung; sie waren der inoffizielle bewaffnete Arm von Jacques Foccart, dem gefürchteten «Monsieur Afrique» des Generals de Gaulle. Foccart ließ Denards «Kriegshunde» in Guinea gegen das Regime von Ahmed Sékou Touré auflaufen, das 1958 de Gaulle hatte abblitzen lassen; Denard war von Katanga bis Biafra an allen Coups der «Françafrique» in den 1960er-Jahren beteiligt und griff auf den Komoren sogar nach der Macht! Bob Denard und seine Auftraggeber sind nicht zu verteidigen: Die Geschichte hat sie abgeurteilt, und obwohl die Vergangenheit, die sie verkörperten, nur zäh verblasst, sind diese «Affreux», die ‹Schrecklichen›, wie man sie nannte, heute doch nur noch Legende. Sie gehören weder in die Gegenwart noch in die Zukunft des geschundenen Kontinents.

1989 endete der Kalte Krieg, aber Feindschaften und Methoden, sie auszutragen, entwickelten sich weiter. Die UNO erließ eine internationale Konvention gegen die Anwerbung, den Einsatz, die Finanzierung und die Ausbildung von Söldnern. «Die neue Gesetzgebung von 1989 stellt weltweit die erste Form der Kriminalisierung von Söldneraktivitäten im internationalen Recht dar», kommentiert der Autor eines Buchs über Bob Denard.[1] Das Söldnerwesen ist Vergangenheit, künftig ist die Rede von privaten Sicherheits- und Militärunternehmen (PMC für englisch *Private Military Company*), die weltweit aus dem Boden schießen, manche zum Zweck eines realen «Outsourcings» von Sicherheitsaufgaben, andere, um Söldner mit einem respektableren, akzeptableren Gesicht zu versehen.

Zu dieser neuen Welle gehört Blackwater. *Blackwater: der Aufstieg der mächtigsten Privatarmee der Welt*, hat der amerikanische Journalist Jeremy Scahill sein 2008 erschienenes Buch betitelt.[2] Die Rede ist von 23 000 Männern, einem eigenen Geheimdienst, einer Flotte von Transportflugzeugen und von über 1 Milliarde Dollar schweren Verträgen der amerikanischen Regierung, aufgrund derer Blackwater an der Seite der US Army in Afghanistan und im Irak aufmarschierte. Blackwater-Gründer Erik Prince steht George W. Bush und Donald Rumsfeld nahe, den Amerikanern, die 2003 den Irakkrieg auslösten. Im Irak trübt sich schließlich auch der Ruf von Blackwater, zunächst bei einem blutigen Hinterhalt in Falludscha, dann beim Massaker durch seine Leute auf dem Nissur-Platz in Bagdad mit 17 Toten und 20 Verletzten. Blackwater wird von der Regierung gedeckt, gerät aber erheblich in Misskredit.

Dieser historische Rückblick zeigt mögliche Ähnlichkeiten zwischen der Gruppe Wagner und einzelnen Operationen des Westens auf, gleichzeitig aber auch die Besonderheit des russischen Phänomens unter Jewgeni Prigoschin. Der Rückgriff auf Söldner oder sogenannte Privatarmeen erlaubt, was auf Englisch als *plausible deniability* bezeichnet wird, also die Möglichkeit, etwas glaubhaft oder auch nur geschickt abstreiten zu können – niemand lässt sich täuschen, aber der Schein bleibt gewahrt. Das gab es gestern wie heute. Als Wladimir Putin bei seiner berühmten Pressekonferenz an der Seite von Emmanuel Macron jede Verbindung zu Wagner bestreitet, lässt sich niemand täuschen, und doch besteht *plausible deniability*.

Anders und innovativ, wenn man es so ausdrücken kann, ist Wagner zunächst in der Reichweite seiner Operationen: Es ist das Söldnerwesen 2.0, mit einer nie dagewesenen Aktionsbreite von digitaler Desinformation bis zur Ausbeutung einer Goldmine im Sudan, von einem Gemeinschaftsunternehmen in Madagaskar bis in die Gräben von Bachmut oder in die zentralafrikanische Savanne. Ein Staat im Staat, der außerhalb jedes gesetzlichen Rahmens, aber unter dem Schutz der russischen Obrigkeit agiert. Wagner treibt den Begriff PMC weiter als je zuvor; allerdings weiß man seit Putins Einlassung anlässlich der Krise im Juni 2023, dass das mit massiver finanzieller Unterstützung aus dem Kreml geschah. Wir sprechen von Milliarden Dollar. Und damit fällt der Deckmantel der angeblichen «privaten» Autonomie der Gruppe Wagner.

Der zweite große Unterschied ist natürlich das politische Umfeld. In einem Land wie Putins Russland ist in den letzten Jahren der Raum der Informationsfreiheit und Opposition unaufhörlich geschrumpft, um mit der «Spezialoperation» am 24. Februar 2022 ganz zu verschwinden. Damit wird es unmöglich, die Aktivitäten dieser undurchsichtigen und zu großen Teilen kriminellen Gruppierung, die auf mehreren Kontinenten aktiv ist, zu recherchieren. Das ist kein geringer Unterschied.

Und genau das macht dieses Buch so notwendig. Der Überfall auf die Ukraine war ein Versuch Wladimir Putins, die etablierte Weltordnung umzustürzen und sich den Anteil zurückzuholen, der ihm in seinen Augen «zusteht», einen kolonialen Rest an den Rändern des Reichs. Dieser Krieg stellt das Prinzip der Souveränität infrage, wie es von der UNO-Charta verkörpert wird, setzt wieder auf das «Gesetz des Stärkeren», was wiederum anderen autoritären oder totalitären Mächten die Hemmungen nehmen könnte, und verstärkt die Spannungen in den internationalen Beziehungen mit dem Aufstreben eines «globalen Südens», der sich weigert, in das «westliche Narrativ» einzustimmen, und eine neue Blockfreiheit fordert. Aus all den Gründen ist es so wichtig, diesen Krieg zu begreifen und die Macht Moskaus in all ihren Komponenten zu analysieren; und das gilt gerade auch für deren langen Arm, die Gruppe Wagner. Genau diesem Aspekt widmet sich dieses Buch – und wird dadurch zu einem gemeinnützigen Unterfangen.

Pierre Haski, Journalist und Präsident von *Reporter ohne Grenzen*

Prolog

Die Geschichte der Gruppe Wagner und der russischen Privatarmeen vollzog sich lange im Dunkeln. Laut gesprochen wurde in der Zeitgeschichte vor allem von amerikanischen oder auch französischen Söldnern. In den ersten Jahren des 21. Jahrhunderts aber nehmen die russischen Besonderheiten, die in engen Insiderkreisen kaum debattiert wurden, schleichend immer mehr Raum ein. Kaum ein Vierteljahrhundert später hat die Geschichte sich plötzlich beschleunigt. Im Ukraine-Krieg fördern die Medien eine Gestalt ans Licht: Jewgeni Prigoschin, Anführer der Gruppe Wagner. Bekanntheit und Einfluss verschaffte der sich vor allem unter der Regierung des russischen Präsidenten Wladimir Putin, der ihn zu einem seiner treuesten Gefolgsleute machte.

Doch zwei Tage im Jahr 2023 mischen die Karten neu. Mit seinem Marsch auf Moskau am 23. Juni demütigt der Oligarch den Zaren auf eine Art und Weise, die dessen Einfluss auf Russland dauerhaft hätte gefährden können. Zwei Monate später wird er das mit dem Leben bezahlen: Der 23. August setzt der Gruppe Wagner, wie sie bisher existierte, ein Ende. Der Mann mit dem Beinamen «Putins Koch» schaffte aber wider Willen etwas, was seit dem Beginn des russischen Angriffskriegs gegen die Ukraine keine westliche Regierung geschafft hat: Er bedrohte direkt den Kreml-Herrscher, der beschloss, ihn zu eliminieren, um seine Macht zu retten.

Requiem für Wagner

Der Anführer der Söldnergruppe, der sich schon lange regelmäßig auf seinen eigenen Social Media-Kanälen zu Wort meldet, überschreitet eine Linie, als er am Freitag, dem 23. Juni, mit neuer Vehemenz die russische Militärintervention in der Ukraine in Frage stellt. In seiner halbstündigen Rede erklärt er, der Krieg müsste längst zu Ende sein, da Kiew zum Abschluss egal welcher Vereinbarung bereit sei. Lediglich die *Silowiki*[1] drängten noch zur Fortsetzung eines Konflikts, der längst viel zu kostspielig sei. Der ehemalige Hotdog-Verkäufer erklärt die militärischen Erfolge Russlands an der Ukraine-Front für inexistent, obwohl er selbst noch einen Monat zuvor die symbolische Einnahme Bachmuts für sich beansprucht hatte. Diese Rede klingt heute wie das Vorspiel zu einem Trauermarsch.

Ein Jahrzehnt lang und bis zu diesem Zeitpunkt waren die Operationen der Gruppe Wagner zur Durchsetzung der Moskauer Interessen in der Welt gewollt diskret geblieben. Die Organisation hatte das Gesicht des Söldnertums in Russland verändert und alle Konkurrenten ausgeschaltet. Finanziell profitierte sie vom Ukraine-Krieg, doch der veränderte die Situation von Grund auf: Wegen der veralteten Ausrüstung und ineffizienten Kommandostruktur fielen die Männer Wagners, meist ehemalige Strafgefangene, wie die Fliegen. Seit der Schlacht um Bachmut im Frühjahr 2023 verschärften sich die Spannungen zwischen dem Wagner-Chef und dem damaligen russischen Verteidigungsminister Sergej Schoigu. Die beiden Männer hassten einander seit Jahren. Die Ausfälligkeiten gegen den russischen Generalstab und dieser letzte Gewaltstreich könnten sogar von dem Wunsch getrieben gewesen sein, den starken Mann zu vertreiben und sich selbst an seine Stelle zu setzen. Im Visier steht am Ende Putin, als würde sich das Geschöpf des Kremls gegen seinen Schöpfer erheben.

Am Abend des 23. Juni steigt die Spannung noch weiter; Prigoschin beschuldigt nunmehr die russische Armee, mit Luftschlägen auf die

Wagner-Basislager hinter der ukrainischen Front Söldner getötet zu haben. Diese Information wird von der russischen Militärführung umgehend dementiert. Während Prigoschins Anhänger auf ihrem Telegram-Kanal dazu aufrufen, zu rebellieren, dem Oberkommando Einhalt zu gebieten und die Verräter zu stoppen, kündigt ihr Anführer einen «Marsch für die Gerechtigkeit» an. Der Oligarch erklärt, er verfüge über 25 000 Mann, und ruft die russische Bevölkerung und insbesondere die regulären russischen Truppen dazu auf, sich Wagner anzuschließen. Da fällt das große Wort: Es handle sich um einen «Aufruf zur bewaffneten Meuterei», so der Inlandsgeheimdienst der Russischen Föderation (FSB), der Ermittlungen aufnimmt.

Prigoschins Truppen marschieren offenbar in Richtung Moskau, Putin ist unmittelbar bedroht. Auf Telegram erklärt Prigoschin: «Jeder Soldat, der sich der Säuberungsaktion nicht anschließt, wird als Verräter betrachtet und entsprechend behandelt.» Piraten senden auf russischen Fernsehkanälen Botschaften gegen Putin und verherrlichen die Gruppe Wagner. Noch vor Mitternacht lässt die Regierung Kriegsgerät ins Gebäude der Moskauer Staatsduma liefern und ganze Viertel der Hauptstadt abriegeln. Laut einer Quelle bei der russischen Nachrichtenagentur TASS wird der öffentliche Verkehr überwacht, Nationalgarde (Rosgwardija) sowie Einheiten der Bereitschaftspolizei und der SOBR (eine Sondereinheit der Nationalgarde) werden in Alarmzustand versetzt. Putin verschwindet von der Bildfläche und lässt Raum für alle möglichen Spekulationen.

Erst am Samstag, dem 24. Juni, zeigt sich der Kreml-Chef wieder: ganz in Schwarz, mit ernster Miene und in scharfem Ton. In einer feierlichen Fernsehansprache an die Nation erklärt er, ohne seinen Herausforderer beim Namen zu nennen: «Es ist ein Stich in den Rücken unseres Landes und unseres Volkes [...]. Wir haben es hier mit nichts anderem zu tun als mit Hochverrat. Ein Hochverrat auf der Grundlage maßlosen Ehrgeizes und persönlicher Interessen.» Gleichzeitig erwähnt der russische Präsident die Ereignisse von 1917, die internen Streitereien und Intrigen, die das Zarenreich schwächten und den Beginn der

Oktoberrevolution markierten. Putin schwört, er werde nicht zulassen, dass eine solche Situation sich wiederhole; gleichzeitig wird gemeldet, dass die Wagner-Truppen vor den Toren der Hauptstadt stehen. Es gibt Hinweise auf Zusammenstöße zwischen regulären Truppen und Söldnern und auf Zerstörungen. In den Ministerien kommt Panik auf, der Vormarsch der Meuterer führt die Probleme Russlands der ganzen Welt vor Augen. Die Wagner-Kolonne dringt auch deshalb so leicht vor, weil auf russischem Boden nur sehr wenige Soldaten stehen; die meisten sind in der Ukraine mobilisiert, ganz wie die schweren Waffen, die den Vormarsch hätten stoppen können. Der ukrainische Präsident Wolodymyr Selenskyi konstatiert zufrieden: «Putin ist nicht mehr in Moskau». In diesem Stadium ergeben Recherchen mit offenen Quellen erste Hinweise darauf, was vor sich geht; auf Online-Flugtrackern ist ein merkwürdiges Ballett von Flugzeugen zu beobachten, ein reger Flugverkehr zwischen der Hauptstadt und Sankt Petersburg: Die Oligarchen ergreifen die Flucht.

Für den unerwarteten Ausgang dieses Beinahe-Putschversuchs sorgt ein hilfreicher Deus Ex Machina: der belarussische Präsident Alexander Lukaschenko. Dieser erklärt auf einem inoffiziellen Telegram-Kanal, er habe den Stopp der Wagner-Truppenbewegungen und eine Deeskalation ausgehandelt. Lukaschenko, der zum Präsidenten aufgestiegene ehemalige Kolchosenchef, gefällt sich in seiner erfundenen Verhandlungsrolle für Russland und den Westen zugleich und sonnt sich in einer kurzen Glanzzeit. Gleichzeitig erkauft er sich damit eine Lebensversicherung bei Putin und die Dienste eines Geschäftevermittlers in Afrika für seine Komplizen Viktor Schejman und Alexander Singman.[2] Per Satellit beobachten wir die Entstehung einer neuen, 24 000 Quadratmeter großen Militärbasis nahe Minsk. Kurz nach Lukaschenkos Wortmeldung erklärt Jewgeni Prigoschin, seine Männer würden in ihre Lager zurückkehren, um ein Blutvergießen zu verhindern. Vom 1100 Kilometer südlich von Moskau gelegenen Rostow aus haben sie mithilfe von Satellitenbildern, die das Firmenimperium ihres Anführers kürzlich an sich gebracht hatte, ungehindert und sogar unter

Zuspruch der Zivilisten 780 Kilometer zurückgelegt. In den folgenden Tagen bemühen sich die russischen Behörden darum, den Namen Prigoschin aus der Öffentlichkeit zu tilgen. Absolute Funkstille auf den Sendern des Pressedienstes seiner Konkord-Holding. Seine Medien werden zensiert. Er existiert nicht mehr, wie verschluckt von der Geschichte.

Jewgeni Prigoschin hat sein eigenes Totenglöckchen geläutet. Wie erklärt sich diese doppelte Wendung: der Verbündete, der zum Verräter mutiert, der Meuterer, der in die Kaserne zurückkehrt? Und wie zerschlägt man jenseits der Ukraine das Netz einer Miliz, das sich über die ganze Welt gelegt hat? Der russische Außenminister Sergej Lawrow bemüht sich über das ganze Wochenende, die afrikanischen Verbündeten zu beruhigen, die sich fragen, wie ihr Regime sich ohne die Dienste Wagners halten sollen. Wer will schon einen instabilen, geschwächten Partner? Obendrein befindet Swetlana Tichanowskaja, die belarussische Oppositionsführerin im Exil, die Unterbringung Prigoschins nahe Minsk bedeute «ein weiteres Element der Instabilität» in ihrem Land, das nicht «noch mehr Kriminelle und Schlägertypen» brauche.

Zwar hatte diesen Paukenschlag niemand kommen sehen, doch angeblich wussten westliche Geheimdienste bereits seit einigen Wochen, dass etwas im Busch war. Wladimir Putin dagegen erfuhr von Prigoschins Absichten offenbar erst 24 Stunden im Voraus.

Eine erste mögliche Erklärung für dieses Pokerspiel: Sergej Schoigu hatte bekanntgegeben, ab dem 1. Juli 2023 müsse das gesamte bei paramilitärischen Organisationen unter Vertrag stehende Personal einen Vertrag mit der regulären Armee unterzeichnen. Bei den meisten Organisationen fand das breite Zustimmung, doch für die Wagner-Truppen hätte das nach zehn Jahren eines höchst einträglichen Business wahrscheinlich das Ende der Unabhängigkeit bedeutet. Vor dieses Ultimatum gestellt, hätte Jewgeni Prigoschin versucht, die Autonomie und den Status seiner Gruppe zu retten. Doch die Karten in seiner Hand waren nur eine Kombination von Ass und Acht, die *Dead Man's Hand*. Man könnte meinen, Prigoschin wollte in die Praxis umsetzen, was er schon in Tolstois *Krieg und Frieden* hätte lesen können: «Der Mensch hat Macht über nichts, solange er den Tod fürchtet. Und wer ihn nicht fürchtet, dem gehört alles.»

Eine zweite Erklärung: ein weiterer Tobsuchtsanfall des Wagner-Chefs, der wegen seiner extremen Wortwahl schließlich sich selbst zum Opfer fällt. Prigoschin ist weder Ideologe noch Politiker, ja nicht einmal Militär. Als einflussreicher Unternehmer baute er sein Vermögen über den Krieg auf, und es ist ein Leichtes für ihn, die Arroganz, die Inkompetenz, die Dummheit der getroffenen Entscheidungen sowie die Korruption im Umfeld der führenden Offiziere in den regulären Streitkräften anzuprangern. Ein Artikel beschreibt das so: «Er überwacht alles, er ist unzufrieden, selbst wenn die Ergebnisse gut sind. Einer seiner wiederkehrenden Witze besteht darin, mit der Pistole in der Hand ins Büro seiner Angestellten zu kommen und zu rufen: ‹Los, komm, wir müssen reden, ich leg dich um.› Dass man in einem Autounfall oder durch einen Dolchstoß in den Rücken auf der Straße sterben kann, hat jeder, der bei ihm arbeitet, ständig im Kopf …».[3]

Obwohl er zur Durchsetzung seiner militärischen Ziele kaltblütig zahlreiche Menschenleben opfert, hat er sich den Ruf verschafft, seine Soldaten zu verteidigen, vor allem, indem er in den Schützengräben an ihrer Seite steht. Ein Beispiel dafür war die Einnahme von Bachmut nach einer grausamen Schlacht. Ostentativ inszeniert er seinen Respekt vor dem Gegner, indem er die Rückgabe Dutzender in die blau-gelbe Flagge gehüllter Särge mit im Kampf getöteten ukrainischen Soldaten organisiert. Beim Begräbnis seiner Söldner in den russischen Provinzen kritisiert er vehement die Beamten, die sich weigern, an militärischen Ehrungen teilzunehmen. Es erstaunt nicht, dass er seinen Aufstand gegen die Moskauer Hierarchie einen «Marsch für die Gerechtigkeit» nennt: Mit seinem häufig vulgären Gefängnisjargon verkörpert er den Frust großer Teile der Streitkräfte und spricht offen aus, was viele im Stillen denken.

Diese symbolische Rolle des Sprechers an der Front veranlasste Wladimir Putin lange dazu, sich zurückhaltend und vorsichtig zu zeigen und mit den Übertreibungen und öffentlichen Verunglimpfungen der offiziellen Militärhierarchie ungewöhnlich tolerant umzugehen. Doch obwohl Jewgeni Prigoschin seit über 20 Jahren in den Innersten Kremlkreisen ein- und ausgeht, ist er nicht auf Lebenszeit in Sicherheit. Andere Oligarchen mussten erleben, wie die Allmacht aus Moskau ihre Imperien schon für weniger als das zerschlugen.

Mit dem Verlassen der Kasernen haben der Milliardär und seine Männer eine rote Linie überschritten, jetzt geht es nicht mehr zurück. Die Begriffe «Aufstand», «Hochverrat» und «Stich in den Rücken» klingen im Mund des Kreml-Herrschers wie Todesurteile. Wer sich unter Putin der Veruntreuung schuldig macht, kann ungestraft davonkommen, verschont oder einfach verstoßen werden. Doch wer als Verräter wahrgenommen wird, kann in keinem Fall mit Begnadigung rechnen.

Kaltblütig plant der Kreml seine Rache und bereitet sie in den Wochen nach dem Gewaltstreich sorgfältig vor. Die ukrainischen Schützengräben haben sich nicht geleert, auch wenn Schoigus Aufruf wenig Erfolg hatte. In Afrika arbeitet der Kreml an möglichen Szenarien für die Nachfolge Wagners, und Moskau holt sich die Kontrolle über die Operationen zurück. Prigoschin glaubte sich unverzichtbar zu machen, indem er seine Privatinteressen persönlich vertrat und mit den russischen Ambitionen verwob: In den zwei Monaten nach seiner Meuterei bleibt er sichtbar – bis die russische Obrigkeit einen Plan B aufgestellt hat. Alle Vorwürfe gegen ihn werden fallen gelassen, Wladimir Putin empfängt ihn sogar persönlich. Auch das Bargeld, das in seinen Sankt Petersburger Büros beschlagnahmt wurde, wird zurückerstattet. Putins Leute erklären in Telefonaten und eiligen Auslandsreisen mit großer Vehemenz, dass Wagner seine Aktivitäten außerhalb Russlands und der Ukraine fortsetzen werde. Ob Wagner, Mozart, Schubert, Chopin oder Strawinsky, die Botschaft ist klar: Der Kreml ist fest entschlossen, auf der internationalen Bühne weiterhin als Schwergewicht mitzuspielen und dabei den Geist Wagners fortzuführen. Doch obwohl die Meuterei gescheitert ist, bleibt das Unbehagen. Es hat sich eine Flanke geöffnet, und die Zukunft des Ukraine-Kriegs und die Stabilität der Regierungen, die auf Wagner gesetzt haben, ist ungewisser denn je. Eines jedenfalls ist sicher: Der russische Präsident befindet sich in der bislang schwierigsten Phase seiner Herrschaft.

An den Grenzen kursieren Gerüchte. Jacek Siewiera, Chef des polnischen Nationalen Sicherheitsbüros, befürchtet, «das Risiko für Polen [liege] in der Zahl von Wagner-Söldnern, die in Minsk verbleiben». Warschau und die baltischen Staaten haben bereits eine Verstärkung ihrer Grenztruppen angekündigt. Es handelt sich freilich um eine Panikreaktion, die keine dauerhafte Stationierung zur Folge hat. Auf Seiten der Wagner-Angehörigen scheint der Befehl, sich in die regulären Streitkräfte einzugliedern, wenige Tage nach dem Stichtag vom 1. Juli nur wenig Wirkung gezeigt zu haben. Präzise Zahlen sickern nirgends durch. Und der Wagner-Chef selbst bleibt erstaunlich verschwiegen, bis er Ende Juli in Jeans und weißem Polohemd auf dem Russland-Afrika-Gipfel auftaucht und sich an der Seite der afrikanischen Delegationen ablichten lässt. Am Verhandlungstisch mit den verschiedenen afrikanischen Gipfelteilnehmern sitzt er zwar nicht, doch die Kommunikation wird wieder voll hochgefahren. Und zwar mit einer Parole: Afrika.

Ein weiterer Paukenschlag folgt am 23. August, auf den Tag genau zwei Monate nach der gescheiterten Meuterei: Zwischen Moskau und Sankt Petersburg stürzt ein Privatjet mit dem Kennzeichen RA-02795 ab. Es gehört Jewgeni Prigoschin und transportiert den Chef und eine Handvoll Führungspersönlichkeiten der Gruppe Wagner. Der Mann, den Wladimir Putin am Tag nach seinem Marsch als Verräter bezeichnet hatte, war nicht sofort eliminiert worden, aber alle wussten, dass seine Tage gezählt waren.

Die Meldung überrascht also niemanden, aber die Geschwindigkeit, mit der sie sich ausbreitet, fällt auf. Der Kreml will die Nachricht von Prigoschins Tod schnellstmöglich verbreiten. Die russischen Behörden, die im Umgang mit solchen Belangen sonst eher als träge gelten, verlieren diesmal keine Minute. Die russischen Luftaufsichtsbehörden berichten schnell über den Zwischenfall. Die Passagierliste der

Maschine wird nur Stunden später online gestellt. Schnell werden die Namen der beiden Wagner-Schlüsselfiguren, Jewgeni Prigoschin und Dmitri Utkin, genannt und im russischen Fernsehen endlos wiederholt. Andere Namen fallen, etwa der von Waleri Tschekalow, Leiter von Wagners Logistik und Aktionär von Evro Polis, dem Unternehmen, das die Bezahlung der Söldner, des syrischen Erdöls und der Waffeneinkäufe abwickelt. Die übrigen Passagiere sind Teilnehmer an vergangenen Militäroperationen der Gruppe im Ausland sowie Besatzungsmitglieder.

Der Schlange wurde der Kopf abgeschlagen. Behördlichen Angaben zufolge wurden alle Leichen geborgen und DNA-Analysen veranlasst. Das Leben geht weiter, hier gibt es nichts mehr zu sehen. Putin verschanzt sich im Kreml (gegen ihn läuft ein Haftbefehl des Internationalen Strafgerichtshofs wegen Kriegsverbrechen) und nimmt per Videokonferenz am Gipfel der BRICS-Staaten in Südafrika teil, ohne dabei ein Wort über die jüngsten Ereignisse zu verlieren. Auch sein Sprecher Dmitri Peskow lässt nichts heraus. Der Unfallhergang bleibt weitgehend im Unklaren. Auf den Online-Flugtrackern ist nichts Ungewöhnliches zu sehen, der Flug verlief ohne Zwischenfälle. Der Plan ist perfekt. Es gibt Spekulationen über den Abschuss einer Flugabwehrrakete von einem Standort nahe Twer, wo die Maschine abstürzte. Die Rede ist auch von einer Kiste teuren Weins, die in letzter Minute an Bord gebracht wurde und möglicherweise eine versteckte Bombe enthielt, oder von einem wenig plausiblen Angriff durch ukrainische Drohnen. Am 21. Januar 2024 veröffentlicht die *Financial Times* ein Porträt des Leiters des ukrainischen Militärnachrichtendienstes Kyrylo Budanow, der den Tod von Putins Koch implizit infrage stellt. «Was Prigoschin angeht, würde ich keine so vorschnellen Schlüsse ziehen. Ich sage nicht, er ist nicht tot oder er ist tot. Ich sage, dass es keinerlei Beweis für seinen Tod gibt.»[4] Selbst post mortem sorgt Prigoschin also noch für Spekulationen. Aller Wahrscheinlichkeit nach wird die Sache nie vollständig geklärt werden. Nur eines ist sicher: Wladimir Putin hat wieder alles unter Kontrolle.

Wenige Tage vor dem Absturz seines Flugzeugs hat Prigoschin von Mali aus wieder die Rekrutierung seiner Tuppe angekurbelt; dieses letzte Video bleibt ein ultimatives Ehrengefecht zur Rettung der Lage. Es heißt, er wurde überstürzt nach Afrika entsendet, um bei seinen afrikanischen Klienten die bekannten Positionen zu bestätigen – die Initiative lag diesmal direkt bei den russischen Sicherheitsdiensten; bei Putin ist das die einzige Überlebensgarantie. Russland verfolgt unterdessen seine Ambitionen in Afrika, ein nützlicher Schachzug für seinen Ukraine-Krieg und die Ausstrahlung seiner Macht. Die Nachfolge scheint bereits weitgehend geregelt, nämlich unter der Führung des stellvertretenden russischen Verteidigungsministers Junus-bek Jewkurow. Dieser wird in Libyen vom Oberbefehlshaber der lybischen Streitkräfte, Khalifa Haftar, empfangen, insbesondere um auszuhandeln, wie Wagner aus dem Land vertrieben werden kann. Nach einem Jahrzehnt der Experimente mit der Gruppe will der Kreml offenbar zwei neue private Militärunternehmen gründen: Redut und Convoy. Wie Wagner werden sie von regierungsnahen Geschäftsleuten finanziert. Allerdings unterstehen diese neuen PMC-Versionen wohl direkter der Steuerung durch den russischen Militärnachrichtendienst (GRU). Um nicht den Machthunger einer neuen Diva zu schüren, werden die bestehenden Missionen auf verschiedene Einheiten und Dienste des russischen Sicherheitsapparats verteilt: Teile und herrsche. Ein Mann tritt beim Russland-Afrika-Gipfel aus dem Schatten und begleitet Jewkurow auf seiner Afrika-Reise: Generalmajor Andrej Awerjanow, Leiter der Geheimoperationen der GRU und zuständig insbesondere für die Vergiftung nach Europa geflüchteter russischer Spione. In den neuen privaten Militärunternehmen finden sich Ehemalige der Gruppe Wagner, während Pawel Prigoschin, Sohn und Erbe des «Kochs», die Übertragung von Wagners militärischen Aktivitäten an die Nationalgarde verhandelt. Die zuständigen Offiziere der SWR (russischer Auslandsgeheimdienst) nehmen in Anzug und Krawatte einzelne Sparten von Prigoschins Afrika-Geschäften in Beschlag. Dabei ist nicht geplant, die Beute zu zerlegen, sondern eher, sie sich als Ganzes anzueignen. Ende

2023 werden auf dem Flughafen von Ouagadougou (Burkina Faso) 50 Mann in Kampfanzug ohne Abzeichen gesichtet. Wagner nimmt den Namen Africa Corps an – die Anlehnung an Rommels Afrika-Truppen ist nicht zu überhören. Im Frühjahr 2023 formiert sich auf der Krim eine Brigade freiwilliger Kämpfer, die *Medvedi* (russisch für Bär), um an der russischen Offensive teilzunehmen. Im Sommer unterschreibt die Brigade einen Vertrag mit dem russischen Verteidigungsministerium und wird in die GRU (Einheit 35555) integriert. Nach einem Treffen mit Junus-bek Jewkurow beziehen 100 Männer der Medvedi ab Dezember 2023 an der Seite des Afrika Corps ihr afrikanisches Quartier.[5]

Während die Umstände des Absturzes vom 23. August im Unklaren bleiben, sind die Sympathisanten der Gruppe sprachlos und versuchen die Realität des Ereignisses zunächst zu leugnen. Manche rufen zum Marsch gegen die auf, die ihren Anführer getötet haben, sollte er doch nicht wieder auftauchen – ist Prigoschin schließlich nicht ein Meister in der Kunst der Intrige? Bereits bei einem Flugzeugabsturz im Kongo 2019 war er für tot erklärt worden, um danach umso lebendiger wieder aufzutauchen. Diesmal sind die Umstände anders, und auch seine Unterstützer glauben am Ende an seinen Tod: Im Netz teilen sie Zeugenberichte und Unterstützungsbotschaften an die gefallenen Führer und rufen dazu auf, keine Fehlinformationen zu verbreiten. Das Sankt Petersburger Wagner-Gebäude wird mit einem Kreuz beleuchtet, Blumen werden niedergelegt: ein Zeichen für die Beliebtheit der Söldnerführer. Am 29. August werden Prigoschin, Tschkalow und Utkin in aller Diskretion beerdigt. Die Korrespondenten westlicher Medien, die sich noch in Sankt Petersburg aufhalten, halten vergeblich Ausschau nach den Leichenwagen, um womöglich Bilder zu ergattern. Und Prigoschins Ehefrau Ljubow Prigoschina erklärt dem unabhängigen, von einem Putin-Gegner finanzierten Investigativbüro Dossier Center, sie werde ihren seit langem geplanten Familienurlaub in Indien fortsetzen.

Im Mai 2023 hatte Prigoschin eine Frage der britischen Zeitung *The Guardian* nach den Übergriffen der Gruppe Wagner in Mali mit einem russischen Sprichwort beantwortet: «Versuch nicht gegen den Wind zu pissen, sonst riskierst du, in den Spritzern zu ertrinken.» Es klingt nach einem Orakel für den, der es wagte, Wladimir Putin herauszufordern.

Mai 2023

Einführung

«Ich glaube an Gott, Mozart und Beethoven.»
Richard Wagner

Zwei Jahre nach dem Beginn des Ukraine-Kriegs erleben wir die Bestätigung eines Satzes aus Benjamin Constants verfassungstheoretischen Schriften: «Manche Regierungen können, wenn sie ihre Legionen von einem Pol an den anderen verlegen, immer noch von der Verteidigung ihrer Heimat reden; es ist, als würden sie all die Gebiete ihre Heimat nennen, in denen sie Feuer gelegt haben.»[1] Obwohl Constant Ende des 18./Anfang des 19. Jahrhunderts schrieb, resümiert dieser Satz frappierend exakt die Geopolitik unserer Tage. Erstmals seit dem Zerfall der UdSSR wird Russland wieder zum Feind. In seinen Reihen beansprucht die Gruppe Wagner eine Führungsrolle. Die Truppe, die in den Medien lange als «Putins Schattenarmee» firmierte, verunsichert in den zwei ersten Kriegsjahren die ganze Welt. Was sind ihre Geheimnisse, und wie funktioniert sie? Was folgt daraus? Um diese Welt zu verstehen, zwingt sich eine Recherche über offene Quellen geradezu auf. Und zwar ganz einfach deshalb, weil die Mythen und Legenden, die sich um das von einem Sankt Petersburger Oligarchen gesteuerte Universum ranken, im Internet allgegenwärtig sind. Mit den Mitteln der Online-Recherche und dem, was im Geheimdienst-Jargon *Open Source Intelligence* (OSINT) heißt, können wir die Umstände entwirren, die den Aufstieg Wagners und anderer privater Militärunternehmen (PMC) ermöglichten, aber auch nachvollziehen, was seit Prigoschins Tod in den Gebieten der Ukraine, Afrikas und des Nahen Ostens vor sich geht.

Die Informationen, die als offene Quellen frei verfügbar sind, beleuchten auch den Kampf zwischen Prigoschin und Putin.

Die russische Regierung nutzt private Militärunternehmen als Werkzeuge, von denen sie sich immer distanzieren kann, für militärische, politische, strategische und ökonomische Zwecke. Die PMCs sind vor Ort und ermöglichen es Russland, seinen Einfluss auszuweiten, Kriege zu führen und Gebiete einzunehmen, in denen das Land offiziell gar nicht präsent ist. Auch bieten sie der Regierung die Möglichkeit, nicht ihre Toten zählen und sich um die trauernden Angehörigen kümmern zu müssen. Die bedeutendste PMC, Wagner, wächst weiter und entwickelt wie die lernäische Hydra ungezählte Köpfe. Um alle Schauplätze ihrer Operationen zu überblicken, ihre finanziellen Interessen in Bergbau und Forstwirtschaft zu durchdringen oder einfach nur die Einflussoperationen zu identifizieren, die von ihren Kommunikationsberatern, ihrer Nachrichtenagentur RIA FAN und ihren Trollfabriken lanciert werden, ist Teamarbeit unverzichtbar. Seit März 2022 verfolgt unser Kollektiv *All Eyes on Wagner* die Aktivitäten der russischen Söldner und geht Hinweisen auf Menschenrechtsverletzungen und wirtschaftlichen Missbrauch nach. Hinter *All Eyes on Wagner* stehen passionierte Experten aus mehreren Disziplinen: Journalisten, Analysten und Historiker, die gemeinsam den Aktivitäten dieser Soldaten ohne Flagge nachgehen und die dahinter stehenden Strukturen begreifen wollen.

Offene Quellen als Recherchematerial

Die Arbeit des Kollektivs beruht auf der Sammlung und Auswertung von Informationen aus offenen, frei verfügbaren Quellen, aber auch auf der Sichtung von Datenlecks und von Berichten von Zeugen, ehemaligen Söldnern oder Kontaktleuten. Die Gruppe Wagner ist alles andere als ein streng geheimes Schattenuniversum, füttert sie doch die sozialen Netze mit ihrer eigenen Propaganda, hinterlässt Spuren über das digitale Leben ihrer Mitglieder und entgeht weder der Digitalisierung ihrer Daten noch der russischen Verwaltung, die sich nur zu gerne mit Formularen jeglicher Art beschäftigt. Dabei ist diese Verwaltung so korrumpiert, dass spezialisierte Unternehmen ihr persönliche Daten oder Informationen abkaufen, um sie anderweitig weiterzuverkaufen. Seit 2014 liefert die gezielte Vermarktung aller Aktivitäten der Gruppe in den Medien Bilder, öffentliche Erklärungen und offizielle Mitteilungen sowohl in Russland als auch in den Zeitungen der umworbenen Länder. Dank des Aufstiegs der kommerziellen Satellitenbildgebung können wir beobachten, wie in Zentralafrika Militärlager entstehen, in Libyen eines ihrer Flugzeuge brennt oder in Mali Dörfer nach dem Durchzug einer russischen Einheit in Schutt und Asche liegen. Die Geolokalisierung und die Abgleichung von Firmenadressen, die Zusammenstellung von Telefonnummern oder die Analyse der IP-Adressen von Websites geben uns zahlreiche Hinweise, aus denen wir am Bildschirm die Puzzlestücke zusammensetzen können. Informationen aus offenen Quellen nutzbar zu machen, erfordert allerdings Kreativität. Die Informationen können gefakt oder fehlerhaft sein. Um die Anwesenheit von Söldnern aufzudecken, haben wir auch Telegram untersucht, um in Echtzeit zu verfolgen, wie Russen in der Nähe malischer Militärbasen Fußballergebnisse nachsehen. Im Februar 2022 waren die Vorzeichen des Einmarsches an den Staus Richtung Ukraine auf Google Maps sichtbar; beinahe kein Hinweis dagegen drang beim Marsch von Juni 2023 durch, ausgenommen Prigoschins Audio-Nachrichten auf seinen Kommunikationskanälen. Der Söldnerboss hatte das Startsignal gegeben, noch bevor die Bühne frei war.

Nach dem Sturz Prigoschins sieht es ganz anders aus. Der Telegram-Kanal, der fast täglich den Vormarsch der Wagner-Gruppe kommentierte, ist verstummt. Die Söldner geben sich diskreter, ihre Anführer wechseln, doch auch sie hinterlassen Spuren. Schon der Vater der polizeilichen Kriminaltechnik Edmond Locard (1877–1966) sagte: «Tatsächlich kann niemand mit der Intensität tätig sein, die für kriminelle Handlungen nötig ist, ohne dabei vielfältige Spuren zu hinterlassen.» Spuren also gibt es – nur muss man sie auch lesen können. Herauszufinden, wer aus dem Trümmerhaufen des Wagner-Imperiums als neuer Anführer hervorgehen wird, erfordert fast hellseherisches Talent. Die Nachrichten in den sozialen Medien sind diffus, bei der Untersuchung der Fotos aus afrikanischen Präsidialbüros lassen sich mehrere Russen identifizieren, die von Moskau abhängen. Wahrscheinlich, aber immer noch als RUMINT[2] zu bezeichnen ist, dass der russische Geheimdienst wieder die Kontrolle übernehmen und die Söldnermissionen verschiedenen Einheiten anvertrauen wird. So fallen im Herbst 2023 zunehmend neue Namen: Redut, Convoy, Fakel oder Africa Corps. Das Ganze wird undurchsichtiger und die Analyse komplexer. Als etwa Denis Pawlow vom Kreml in die russische Botschaft von Bangui in Zentralafrika entsandt wurde, um die von Prigoschin und seinen Leuten hinterlassenen Geschäfte zu regeln, konnten wir seinen Spuren folgen und seine Zugehörigkeit zum russischen Auslandsgeheimdienst SWR nachverfolgen.[3] Die Ankunft von aus Moskau besoldeten Spionen verändert auch die Datenflüsse. Trotz allem ist Recherche immer noch möglich.

Abgesehen davon bleibt es eine Herausforderung, anhand offener Quellen über diskrete Menschen zu recherchieren, vor allem im Zeitraum von 1990 bis 2010. Das Internet boomt erst ab der Jahrtausendwende, und auch da gibt es zunächst noch keine Web-Archivierung für Rückblicke in die Vergangenheit. Für diese Zeit sind unsere Quellen daher Pressearchive und Gesetzessammlungen, die den Kontext des Söldnerwesens im postsowjetischen Raum beleuchten. Um Zugriff auf diese Dokumente zu erhalten, braucht man keine Finten und Tricksereien und erst recht keine Hacker: Die Arbeit erledigen Suchmaschinen wie Google oder sein russisches Äquivalent Yandex. DeepL hilft uns, fremdsprachige Texte zu verstehen. Konflikte wie die in Libyen, Syrien oder später in der Ukraine produzieren nie dagewesene Mengen von Fotos, Videos und Dateien, in die wir uns vertiefen.

Heute wird es immer schwieriger, Spuren im digitalen Raum vollständig unter Kontrolle zu halten, und noch schwieriger für die PMCs, bei ihren Rekruten die strikte Einhaltung von Sicherheitsregeln durchzusetzen. Wir haben sensibles und umstrittenes Material bearbeitet: Datenleaks aus Hacking-Operationen, zur Verfügung gestellt von Organisationen, die auf das Sammeln solcher Materialien oder Medien spezialisiert sind. Nehmen wir zum Beispiel das Kollektiv DDoSecrets, eine Aktivistengruppe, die die Daten einer Anwaltskanzlei des Wagner-Chefs oder auch Dokumente der russischen Zensurbehörde veröffentlicht hat.[4] Diese geheimen Dokumente der Wagner-Struktur sind Produkte eines ständigen Cyberkriegs und stammen vollständig aus Leaks; das Kollektiv evaluiert, kontextualisiert und verifiziert sie, um Erkenntnisse zu gewinnen, die für ein Verständnis der Aktionen und der Organisationsstruktur der Gruppe essenziell sind. In bestimmten Fällen erreicht uns eine Information, ein Bericht oder ein Auszug aus dem Handelsregister über verschiedene Akteure vor Ort, und das hilft uns, Analysen und Hypothesen abzugleichen. Übrigens werden bei OSINT die Spuren dieser Recherchen grundsätzlich gespeichert. Die digitalen Inhalte werden daher auf Websites wie Internet Archive[5] archiviert und auf Computern gesichert. Der Workflow aus Sammeln und sicherer Speicherung des Projekts garantiert, dass der Originalinhalt nicht durch Löschung verloren geht. Analysiert und kontextualisiert lassen sich aus diesen Informationen nach und nach Antworten auf Fragen nach «wer, was, wann, wo, wie viel und warum?» gewinnen, um zu verstehen, was das Wagner-Imperium eigentlich ist und wie seine Nachfolge organisiert wird.

In Bereichen wie dem Kampf gegen Straffreiheit, dem Einsatz für die Menschenrechte und in Fragen der Verantwortung gewinnt die Open-source-Recherche immer mehr Raum. Medien, Justiz und Polizei nutzen diese Recherchemethoden bei der Umsetzung ihrer Ermittlungen heute ergänzend zur Arbeit vor Ort. In den Gerichtssälen finden sie immer mehr Anerkennung, und sie werden für die juristische Anwendung untersucht und getestet. Die Universität Berkeley publizierte 2020 ein OSINT-Rechercheprotokoll, das *Berkeley Protocol on Digital Open Sources Investigations*, mit Ratschlägen zur Nutzung öffentlich zugänglicher digitaler Inhalte bei der Dokumentation von Menschenrechtsverletzungen. Wir vervollständigen und prüfen das durch den Abgleich von Gesprächen mit ehemaligen Mitgliedern dieser Welt und vor allem mit Aktivisten und Journalisten vor Ort, die die Wagner-Aktivitäten hautnah miterleben.

Mit diesem Vorgehen versucht *All Eyes on Wagner*, die Gruppe Wagner in Zukunft für ihre Übergriffe haftbar zu machen. Wegen ihrer Beteiligung an den Kämpfen in der Ukraine wurde die Söldnergruppe als transnationale kriminelle Organisation eingestuft. In Washington begründete man diese Entscheidung mit den von Wagner in der Ukraine verübten Menschenrechtsverletzungen, dem Einsatz von Waffen nordkoreanischer Herkunft (laut ukrainischem Geheimdienst ist Pjöngjang im Januar 2024 weiterhin wichtigster Waffenlieferant für den Kreml[6]) und mit der Rekrutierung von Strafgefangenen im Gegenzug für ihre Freilassung. Zu einem ähnlichen Urteil kam am 9. Mai 2023 das französische Parlament, als es Paris und Brüssel dazu aufrief, die Gruppe Wagner auf die Liste terroristischer Organisationen zu setzen. In Berlin verwies der Bundestag nach der Debatte vom 25. Mai 2023 den Antrag «Russische Wagner-Gruppe jetzt auf die Terrorliste» zur weiteren Beratung in den Auswärtigen Ausschuss.[7] Wenn auch Tonfall und Begründung nicht überall dieselben sind, so stärken diese Beschlüsse doch die internationalen Rufe nach entschiedenem Handeln und vor allem nach einer Verurteilung der kriminellen Machenschaften der Gruppe.

Die Zivilgesellschaft schlägt zurück

Bevor die Wagner-Söldner weltweit Bekanntheit erlangten, waren sie bereits das bevorzugte Rechercheobjekt der OSINT-Community, also von Nerds, die am Computerbildschirm digitalen Spuren nachgehen. Ab 2015 posteten die Söldner regelmäßig Selfies aus dem Donbass und aus Palmyra. Informationen waren in erheblichem Umfang online verfügbar; ein groß organisiertes Ermittlungs- und Rechercheprojekt existierte aber nicht. Dieser Gedanke keimte erstmals bei OpenFacto, dem frankophonen Rechercheverbund für offene Quellen. Die 2019 gegründete Vereinigung hat sich zum Ziel gesetzt, bei Journalisten, Studierenden, Ermittlern und Nerds für die von der NGO Bellingcat popularisierten digitalen Recherchetechniken zu werben. Zeitgleich mit dem Ausbruch des Ukraine-Kriegs wird *All Eyes on Wagner* lanciert. Was ursprünglich als Projekt für verregnete Sonntage gedacht war, nimmt plötzlich ganz andere Ausmaße an und erhält besondere Bedeutung. Unsere als Kollektiv organisierten Mitglieder gruppieren sich frei um einen kleinen, dauerhafteren Kern. Über das Netzwerk der OSINT-Communitys beginnen wir, mit anderen Organisationen und mehreren Medien zusammenzuarbeiten.

Je länger der Krieg dauert, desto stärker eint der Gedanke, Putins nicht wirklich geheime Armee ans Licht zu ziehen. Die Jagd ist eröffnet, wir tauschen in Arbeitsgruppen Informationen und Dokumente aus, die auf das aktuelle Geschehen reagieren oder die einzelne Mitglieder von ihren Reisen mitbringen. Ab September 2022 stehen wir im Kontakt mit dem Dossier Center. Über Monate hinweg kommt es zum Austausch mit der Analystin Lena[8] über die Aktivitäten der Gruppe Wagner und besonders über Dmitri Syty. Später erhalten wir über eine Quelle namens Lorax Zugriff auf Datenleaks aus einer Cyber-Operation zum Projekt DDoSecrets, aus denen wir erfahren, welche Schlüsselrolle Prigoschins Gruppe bei der innerrussischen Propaganda für den Staatsapparat spielt, in denen wir aber auch die E-Mails seines englischen Anwalts durchstöbern können. Wir begegnen Alexandra Jousset und Ksenia Bolchakova, den Empfängerinnen der berühmten *Wagner Leaks,* ein Bündel von Datenleaks, die wir nutzen werden, um unsere Untersuchung über die Finanzierung des panafrikanischen Aktivisten Kemi Seba durch die Gruppe Wagner zu vervollständigen. Mitte Juni 2023 begegnen wir in einer Pariser Bar schließlich der amerikanischen Analystin Candace Rondeaux persönlich und können unseren monatelangen Austausch über die Aktivitäten der Gruppe Wagner fortsetzen. Aus all diesen Kontakten entsteht eine

Zusammenarbeit, und allmählich bildet sich eine zivile Gemeinschaft, die bereitsteht, um Prigoschin und das russische Söldnerwesen genau unter die Lupe zu nehmen. Der Medienrummel um Wagner, den verschiedene westliche Staaten erheblich fördern, ermöglicht uns schließlich, unsere Kräfte zu bündeln, um all die Aktivitäten Wagners offenzulegen.

Im Frühsommer 2023 scheint die Situation in Afrika stabil. Doch der Putsch in Niger am 26. Juli verändert die Lage und ebnet den Weg für eine russische Partnerschaft dort. Für Teile der öffentlichen Meinung bleibt Moskau die einzige Zuflucht angesichts der Arroganz und der Bevormundung durch den Westen. Die Russlandfreundlichkeit wird auch über die Tweets und Likes der pro-Putinschen Influencer vor Ort gefördert. Der franko-beninische Aktivist Kemi Seba, lautstarker Verfechter des Panafrikanismus, und die Schweizerin Nathalie Yamb äußern offen ihre Unterstützung des russischen Ukraine-Kriegs. Für Überraschung sorgt diese «Putinophilie» eigentlich nur im Westen. Afrika hofft, mit russischer Hilfe seine Unabhängigkeit zu vollenden. Der Kreml bietet sich als pragmatischer Handelspartner an (zunächst auf dem Rüstungsmarkt), aber auch als so effizienter wie gefürchteter Sicherheitsgarant im Kampf gegen Terrorismus und organisiertes Verbrechen und als Schutzwall gegen Destabilisierungsversuche – Arabischer Frühling, Rosen- und Orangene Revolution oder Regimestürze –, die vom Westen aus gefördert werden. Wladimir Putin beziffert die russischen Waffenverkäufe nach Afrika zu diesem Zeitpunkt auf 15,25 Milliarden Euro.[9] In den Folgemonaten werden bilaterale Abkommen initiiert (etwa mit Kamerun im April 2022), und zwar nach dem einfachen Prinzip Waffen gegen Rohstoffe. Russland ist inzwischen der größte Waffenlieferant Afrikas und hat viele Länder von sich abhängig gemacht. Der russische Präsident aber beweist in seiner geopolitischen Vision weiterhin seine Hybris. Die Wirklichkeit holt die Fiktion ein: Bereits in dem Film *Ein neuer Russe* von 2002 heißt es: «Sehen Sie, Sie haben zwei Hände, die linke und die rechte, nicht wahr? Der Kreml aber hat Dutzende Hände, wie die Hindu-Gottheit Shiva. Und all diese

Hände essen gern … ja, gern und sehr gut. Manchmal ist die linke sogar darauf aus, der rechten ihr Steak wegzunehmen.»[10]

Putins Geheimarmee wird weltweit die Truppe, die man nicht beim Namen nennen kann. Dieses Buch erzählt ihre Geschichte. Die Geschichte einer Miliz, die Putin erfand, um seinen imperialistischen Ambitionen zu dienen, und die am Ende seine eigene Macht herausfordert und damit womöglich als Vorbote dafür steht, dass sein Reich erste Risse bekommt. Dieses Buch erzählt auch von der Entstehung der Gruppe im Schatten des Kremls und davon, wie sie die Mittel für eine kraftvolle Politik der Einflussnahme entwickeln und testen konnte: Wagner oder die Erfindung einer Marke, die nur noch auf Ableger wartet.

Putins Schattenarmeen ins Rampenlicht

Wenn wir all dieses Material aus frei verfügbaren Quellen sammeln, überprüfen und sichtbar machen, dann auch und vor allem, um der pro-russischen Propaganda etwas entgegenzusetzen. Sich mit den Finanzgeschäften von Wagner zu beschäftigen, zahlt sich manchmal konkret aus. Im Dezember 2022 stießen wir im Journalisten-Konsortium *European Investigative Collaborations* auf ein unbekanntes Unternehmen aus dem Wagner-Universum: Diamville. Dieses mysteriöse Gefüge dient zum Weiterverkauf von Diamanten aus Zentralafrika. Drei Monate nach unserer Untersuchung setzte die Europäische Union Diamville auf die Liste der sanktionierten Unternehmen (Einfrieren der Vermögenswerte, Finanzierungsverbot); die USA folgten Ende Juni 2023.

Seit 2014 – oder sogar noch früher – haben wir alles vor Augen; heute stehen die Ukraine, Mali und die Zentralafrikanische Republik im Fokus. Doch vergessen wir nicht: Zu den umfassendsten Militäraktionen kam es in Syrien, wo mehrere paramilitärische Gruppen kamen und gingen, und auch in Libyen stehen die russischen Söldner.

In Europa hat Wagner seinen Zenit erreicht, und selbst wenn die «Spezialoperation» in der Ukraine enden sollte, bleiben das Unternehmen und seine Ableger doch in Afrika präsent, wo sie vom schwindenden Einfluss Frankreichs auf seine ehemaligen Kolonien profitieren. Neben dem Schauplatz Ukraine stehen politische Manöver und wirtschaftliche und strategische Machenschaften in Ländern wie Sudan, Zentralafrika, Niger oder Gabun – sowie im Inneren Russlands.

Wer das Wagner-Universum verstehen will, muss es über verschiedene Entwicklungen seit seiner Gründung 2014 bis zur offiziellen Anerkennung seiner Existenz im Lauf des Ukraine-Kriegs 2022 betrachten. Der erste Teil unserer Untersuchung situiert die Gründung der Wagner-Gruppe im russischen Geheimdienstmilieu und in ihrem rechtlichen Rahmen. Vorgestellt wird dort auch der historische Kontext der privaten Sicherheitsunternehmen: Es gab eine Zeit davor, so wie es auch eine Zeit danach geben wird. Die Wagner-Gruppe steht für eine tiefgreifende Wende in der Geschichte des Söldnerwesens. Wir untersuchen die strategischen Ziele, die zu ihrer Gründung führen, aber auch die Individuen, die sie fördern und geradezu zum Mythos der russischen Populärkultur erheben. Auf dieser Grundlage verfolgen wir die Entstehung der Gruppe und ihre Aufgliederung in ein wahres Firmenuniversum, zunächst in einer Testphase während des ersten Ukraine-Kriegs, dann in Syrien, wo das Unternehmen zu dem Geschäftsmodell findet, das es später auch andernorts vermarkten wird: Sicherheit gegen Rohstoffe. Im Hintergrund agiert die Kreml-Diplomatie: In einer Welt nach dem Kalten Krieg erweitert Moskau sein Imperium per *Soft Power*.

Im zweiten Teil untersuchen wir die verschiedenen Einsatzgebiete in Afrika. Als Labor in Lebensgröße und Eroberungsgebiet für die russische Außenpolitik findet das Imperium hier Territorien, in denen seine Ausdehnung und sein Einfluss Fahrt aufnehmen. Die Strategie der Gruppe verläuft dabei entlang dreier Hauptachsen: Sicherheitsgarantien für bestehende Regimes, Aushandlung einer Bezahlung in

Rohstoffen unter vorteilhaften Bedingungen und die Organisation aggressiver PR-Kampagnen zur Beeinflussung der öffentlichen Meinung über die Söldner, über Russland und die auftraggebenden Regimes.

Der letzte Teil unserer Untersuchung beleuchtet die Kippbewegung, als die Lage im Ukraine-Krieg in die Anfänge eines Bürgerkriegs hinüberzugleiten droht. Die Einnahme Bachmuts am 3. April 2023 ist eines der Symbole für die offizielle Bestätigung von Putins einstiger Schattenarmee. Auf seinem Telegram-Kanal beansprucht der Wagner-Chef die Einnahme der Stadt für sich und hisst dort seine eigene Flagge. Die Söldner sind von einer Heldenaura umgeben, es kündigt sich der Niedergang der Gruppe an. Indem wir die Geschichte und die diplomatischen, strategischen und ökonomischen Hintergründe dieses Universums nachzeichnen, wird verständlich, was in den Hinterzimmern der russischen Diplomatie vor sich geht. Im zweiten Halbjahr 2023 und in den ersten Monaten von 2024 werden neue Namen und erstaunliche Geschichten publik. Die letzten Kapitel unserer Untersuchung verfolgen diese neuen Unternehmen und beschreiben auch die diskretere Herausbildung westlicher Strukturen, die versuchen, sich Marktanteile zurückzuholen. Die Karten werden neu gemischt, aber die Geschichte geht weiter.

Teil 1

Die Marke Wagner oder die Lancierung eines russischen Geschäftsmodells

Ende der 2000er-Jahre ist der russische Militärapparat in vollem Umbau. Die Tschetschenienkriege und der Georgienkrieg 2008 haben eine Armee hinterlassen, die veraltet und unzureichend ausgerüstet ist und sich mit den trauernden Müttern und den sozial abgehängten Kriegsverletzten auseinandersetzen muss. Gleichzeitig haben wichtige geopolitische Ereignisse den Blick Russlands auf den Westen und seine Methoden bereichert und verändert: die NATO-Friedensmission in Ex-Jugoslawien 1999, die US-Operationen in Afghanistan (2001) und Irak (2003), die Rosenrevolution in Georgien (2003) und die Orangene Revolution in der Ukraine (2004) sowie der Arabische Frühling (2010). In der russischen Weltsicht stellen diese Ereignisse, die legitime Regierungen ins Schwanken bringen, eine neue Form des Kriegs dar, den «hybriden Krieg» des westlichen Lagers, der «konventionellen Krieg, Kleinkrieg und Cyberwar»[1] kombiniert. Der russische Verteidigungsapparat, so der kanadische Forscher Sergey Sukhankin,[2] zieht daraus zwei wichtige Schlussfolgerungen, die seine Art der Kriegsführung verändern. Erstens: Ausschlaggebend für Regimestürze wie den von Gaddafi in Libyen sind kleine taktische Gruppen wie Spezialkräfte oder private Militärunternehmen.[3] Der Einsatz dieser Akteure wird vom russischen Verteidigungsapparat im Voraus geplant (und immer weiter ausgebaut), zumal er es auch erlaubt, die Verantwortung des Staats zu verwässern, sich nicht mehr um die Rückführung gefallener Soldaten kümmern zu müssen und zugleich über die weit verbreitete Korruption auf den russischen Märkten und bei Staatsaufträgen ein umfassendes Bereicherungsprojekt für die Systemangehörigen zu schaffen. Ein zentrales Element im zeitgenössischen Krieg ist daneben der Kampf um Information, weshalb ein besonderes Gewicht auf Einflussoperationen liegt. In dem Essay *Future War* (2005)[4] stellt der russische Militärtheoretiker Vladimir Slipchenko Überlegungen zur Bedeutung des Informationskriegs an, den er als «genauso zerstörerische Waffe wie Bajonett, Gewehrkugel und Wurfgeschosse» einstuft. Er erwähnt die Informationsmacht der USA, die aktuell «keinen nennenswerten Gegner hat, der in der Lage wäre, [ihre] Ressourcen auf diesem Gebiet zu stören. In der Informationsschlacht ist Washington allen anderen Ländern um ungefähr eine Generation voraus. Und gerade wegen der Globalisierung der Industrie ist die Ressource Information genauso schlagkräftig wie eine Präzisionswaffe.»

Diese Überlegungen fallen zusammen mit einer neuen Bestimmung der Macht Russlands. Über seine traditionelle Einflusszone hinaus schließt Moskau ab 2014 Partnerschaften in Afrika, kultiviert dabei die historische Unterstützung für antikoloniale Befreiungsbewegungen und bringt sich als neue Option in Stellung.[5] In den letzten Jahren intensiviert der Kreml sein Engagement in Afrika erheblich; 2018 kulminiert dieser Prozess in der Reise von Außenminister Sergej Lawrow nach Angola, Namibia, Mosambik, Simbabwe und Äthiopien. Im September 2015 greift Russland militärisch in Syrien ein, um seine Interessen zu schützen, aber auch, um sich auf der internationalen Bühne als Weltmacht zu zeigen.[6] Der Krieg in Syrien wird zum idealen Schauplatz für die Erprobung und den Verkauf von Waffen.

Für den heutigen Leser ist offensichtlich, dass Wagner einen bedeutenden Platz in der Geschichte der russischen Privatarmeen einnimmt. Doch vor der Explosion des Medieninteresses an der Gruppe gab es bereits einige andere Versuche.

1

Russische Söldner und die Möglichkeit, alles abzustreiten

«Die Bildung einer bewaffneten Truppe [...] ohne gesetzliche Grundlage [oder] die Leitung einer solchen Truppe oder ihre Finanzierung wird mit einer Freiheitsstrafe von zwei bis sieben Jahren belegt.»

Artikel 208, russisches Strafgesetzbuch

Söldner sind Personen, die gegen Bezahlung oder einen anderen materiellen oder immateriellen Vorteil an einem Auslandskonflikt teilnehmen. Ihre Motivation ist nicht vorrangig ethnisch, ideologisch, religiös oder politisch begründet. Vertraglich sind sie an die Partei, in deren Namen sie kämpfen, über die Bezahlung gebunden, doch bleibt die Ideologie eine Motivationsquelle. Söldner können keine Bürger des Landes sein, das am Schauplatz der Operationen tätig ist. Nach dieser Definition dürfte der Begriff Söldner für die Mitglieder der Gruppe Wagner nicht verwendet werden, da die meisten von ihnen Russen sind. Und doch kommt dieses Wort dem am nächsten, was diese Soldaten ohne Flagge tatsächlich sind, auch wenn manche die Gruppe Wagner und ihre Ableger lieber als paramilitärische Gruppe bezeichnen. Prigoschin ist im Grunde das, was man im Mittelalter einen *Condottiere* nannte. Die Päpste ernannten diese Söldnerführer aus ihrem Umfeld, genau wie Putin es machte. Diese Kämpfer waren dafür bekannt, ihresgleichen zu schonen, von der Bevölkerung der eroberten Gebiete erhebliche Summen einzuziehen und ohne die Forderung von

Lösegeld gegenseitig ihre Gefangenen freizugeben. Ihr Hauptziel war der finanzielle Profit, und das führte dazu, dass sie Konflikte provozierten oder in die Länge zogen – einer der Gründe für die zahlreichen Auseinandersetzungen im mittelalterlichen Italien. Die Soldaten in diesen Truppen waren ihren Einheiten in der Regel loyal verbunden. Fast kommt es einem vor, als würde die Geschichte sich wiederholen.

Auch die Geschichte Russlands ist von paramilitärischen Gruppierungen durchzogen, die getrennt von der regulären Armee operieren. Unter anderem sind das die Kosaken, die für ihre Reitkunst, ihr Geschick mit Waffen und für ihre Grausamkeit in der Schlacht bekannt sind; ihnen ist die Eroberung Sibiriens Ende des 16. Jahrhunderts zu verdanken. In jüngerer Zeit, nämlich in den Revolutionswirren von 1920, besiegt die Rote Armee im Dongebiet die pro-zaristische «Freiwilligenarmee». Im April 2016 gründet Wladimir Putin die Nationalgarde (Rosgwardija), ein inneres Sicherheitsorgan zur Verteidigung des Regimes. Ihr Aufgabenbereich erstreckt sich von der Terrorbekämpfung bis zum Personenschutz, und der Präsident kann ihr jede andere Mission übertragen. In ihre Reihen dürften wohl die Söldner integriert werden, die noch bei Wagner unter Vertrag stehen oder für andere Verbände in der Ukraine im Einsatz sind. Auch Ramsan Kadyrow, der Präsident Tschetscheniens, gliedert ihr seine Einheit ein, die er weiterhin befehligt; sie dient vorrangig seinen Interessen und erst dann denen des Landes. Besonders nützlich erweist sie sich, um jegliche Opposition auszulöschen oder zu stoppen.

Trotz dieser langen Tradition sind private Militärunternehmen auf russischem Boden gesetzlich bis heute offiziell verboten. Die ersten privaten Militärverbände Russlands bekommen wegen dieser Situation Ärger und juristische Schwierigkeiten. Die Wagner-Gruppe profitiert von den Fehlern und tastenden Versuchen russischer Sicherheitsdienstleister wie Moran Security oder dem Slawischen Korps, die zwar einen Verwaltungssitz in Russland haben, aber ausschließlich im Ausland operieren.

Erst in einem zweiten Schritt zieht die Gruppe Wagner zunehmend die öffentliche Aufmerksamkeit auf sich, bevor sie durch kleinere Strukturen ersetzt wird. Der Aufmarsch russischer Streitkräfte in Syrien 2015 und die Vermutung, innerhalb der russischen Reihen hätten zahlreiche Zivilkräfte an diesem Konflikt teilgenommen, bereiten der Entstehung eines Mythos um diese dunkle, mörderische Einheit den Boden. Die russische Presse verbreitet das Bild einer mysteriösen Heldenschar, eine ideale Erzählung, um die Verbindungen zwischen privatem und öffentlichem Sektor in Russland abzubilden, Putins Verbindungen mit seinen vertrauten Oligarchen und die imperialistischen Ambitionen Russlands, die denen des Kalten Krieges in nichts nachstehen.

Der Einsatz von Söldnern gilt nach einer Definition der UNO, die zahlreiche Staaten anerkennen, als illegal, und Söldner werden nach nationalem und auch internationalem Recht verfolgt. Im Falle einer Gefangennahme haben sie demnach keinen Anspruch auf die Rechte von Kriegsgefangenen.[1] Nach der Internationalen Konvention gegen die Rekrutierung, den Einsatz, die Finanzierung und die Ausbildung von Söldnern (verabschiedet von der UNO, in Kraft getreten 2001) und der 1977 von der Organisation für Afrikanische Einheit (OAU) verabschiedeten Konvention zur Eliminierung des Söldnerwesens in Afrika besteht Konsens darüber, dass die einzige weltweit tolerierte Söldnereinheit die Schweizer Garde des Vatikans ist, die seit 1505 in Diensten des Papstes steht. In demselben Sinn gestaltet ein weiterer in der Schweiz entstandener Text 2008 die Frage des Umgangs mit dem Söldnerwesen um: Es handelt sich um das Montreux-Dokument.[2] Es bekräftigt «die völkerrechtlichen Verpflichtungen von Staaten bezüglich der Aktivitäten von privaten Militär – und Sicherheitsfirmen». Ein Ergebnis der Gespräche am Genfer See war eine Liste von «Best Practices», die den Staaten helfen soll, geeignete Maßnahmen zu ergreifen, um ihren völkerrechtlichen Verpflichtungen nachkommen zu können.[3]

Private Militärunternehmen (PMC) dagegen sind gewinnorientierte Organisationen, die Dienstleistungen erbringen, die üblicherweise den Streitkräften eines Landes übertragen werden. Die Arbeit dieser Unternehmen reicht von Analyse und Beratung bei der Aufklärung über die taktische Ausbildung bis hin zu Sicherheits- und Schutzdiensten. In mehreren Fällen griffen PMCs aktiv in bewaffnete Konflikte ein, wobei sie stets im Namen einer legitimen Staatsgewalt nach vertraglich definierten Regeln und Bedingungen handelten. Ab den 1960er Jahren dominierte das Modell einer aktiven Truppe unter dem Kommando eines Chefs, wie etwa bei Bob Denard und seinen «Affreux». Den entscheidenden Schritt zur Legalisierung des Konzepts, staatliche Gewalt privaten Akteuren zu übertragen, geht Eeben Barlow, ehemaliger Oberstleutnant der südafrikanischen Armee (SADF). Barlow gründet Ende der 1980er-Jahre den emblematischen Militärdienstleister Executive Outcomes und verändert damit die Vorstellungen von Privatunternehmen und Söldnerwesen grundsätzlich. «[Die Arbeitsgruppe betreffend Einsatz von Söldnern] versteht unter ‹Militär- oder Sicherheitsunternehmen› ein Wirtschaftsunternehmen, das durch natürliche oder juristische Personen gegen Bezahlung militärische oder Sicherheitsdienstleistungen erbringt.»[4]

Die Gruppe Wagner lässt sich keiner dieser beiden Kategorien vollständig zuordnen: Es handelt sich weder um eine PMC noch um Söldner, sondern um eine Mischung aus beidem. Genau dieses Modell dominiert in der Welt der «russischen Geheimarmeen». Und diese kalkulierte Unbestimmtheit macht das Wagner-Imperium zu einem sehr flexiblen geopolitischen Instrument. Das Unternehmen dient sowohl dem russischen Außen- als auch dem Verteidigungsministerium; es wird mobilisiert, wo strategische Interessen Russlands auf dem Spiel stehen oder wo Wladimir Putin den russischen Einfluss festigen und Moskaus internationale Stellung stärken will. Parallel nimmt die Wagner-Gruppe an Militäroperationen teil, für die das russische Verteidigungsministerium nötigenfalls jede Verantwortung von sich weisen kann. Ein praktisches Instrument also, das schon in der Griechischen Revolution 1821 zum Einsatz kam, als Geheimorganisationen Männer rekrutierten, um den Aufstand gegen das Osmanische Reich zu initiieren – und zwar mit Unterstützung Russlands. Der Aufmarsch der

Gruppe Wagner in der Ukraine im Februar 2022 aber ändert die Vorzeichen. Das Unternehmen zeigt sich seither gemeinsam mit den russischen Streitkräften und unterstellt sich deren Kampfstrategie. Die Möglichkeit des Kremls abzustreiten, er habe mit den Wagner-Aktivitäten etwas zu tun, beginnt zu bröckeln.

Je weiter der Schleier fällt, desto schwächer wird die Möglichkeit, die Verantwortung glaubhaft abzustreiten, vor allem nach der Veröffentlichung eines besonderen Videos: Geografisch befinden wir uns im Herzen Russlands in der Strafkolonie der Teilrepublik Mari El, 650 Kilometer östlich von Moskau. Auf dem Hof dieses Gefängnisses findet im Herbst 2022 eine bemerkenswerte Versammlung statt. Wenig später zirkuliert in den sozialen Medien ein Video,[5] das eine Berichterstattung über das Ereignis erlaubt. Ursprünglich wurde es auf Telegram gepostet – und es lässt erstaunt aufhorchen. Zu sehen ist da ein einschüchternder Mann in beigefarbenem Kampfanzug, rasierte Glatze, robustes Gebaren, Prigoschin. Er ist umringt von einer Schar von Strafgefangenen in Habachtstellung, die ihm aufmerksam zuhören. Er ist charismatisch, spricht engagiert und wählt drastische Worte. Dieser Mann um die sechzig stellt sich den Gefangenen als «Repräsentant eines privaten Kriegsunternehmens» vor. «Vielleicht habt ihr schon einmal den Namen *Wagner Group* gehört?», fragt er. Wäre er im Gefängnis, so führt er aus, wäre es sein Traum, sich ihr anzuschließen, um «Mutter Heimat [seine] Schuld zurückzuzahlen». Er verspricht ihnen die Freiheit. «Wenn ihr sechs Monate lang dient, seid ihr frei», ergänzt er. Nachdrücklich warnt er die potenziellen Rekruten vor der Desertion und erklärt: «Wenn ihr in der Ukraine ankommt und beschließt, dass das nichts für euch ist, exekutieren wir euch.»

Kann man sich für eine Rekrutierungskampagne eine bessere Werbung und größere Wirksamkeit wünschen? Mit diesem Auftritt sendet Prigoschin seine Botschaft an das gesamte russische Gefängnissystem. Obwohl das russische Recht eine Befreiung von Strafgefangenen gegen Militär- oder Söldnerdienst verbietet, beteuert er im Video unmissverständlich, dass «niemand wieder hinter Gitter kommt», wenn er dem

Unternehmen dient. Diese surrealistischen Bilder illustrieren sowohl die Beziehungen zwischen dem Wagner-Imperium und dem russischen Staat als auch den Einfluss des Oligarchen, der bislang jede Verbindung zu den Söldnern strikt geleugnet hatte. Acht Jahre nach den ersten Gerüchten über Operationen einer Gruppe von Kämpfern unter dem Namen Wagner ist hier endlich die Bestätigung. Dieses Video ist auch deshalb eine Wende, weil Prigoschin nach der Veröffentlichung im Netz zum Gesicht seines Unternehmens wird. Er zeigt sich als Kriegsherr und wird als solcher sogar zum großen Kommunikator im Dienste Russlands, während er sich vorher stets im Hintergrund hielt und jedem Journalisten mit gerichtlicher Verfolgung drohte, der versuchte, ihn mit Wagner in Verbindung zu bringen. Vollständige Gewissheit besteht, als Wladimir Putin im Juni 2023 öffentlich einräumt, die Gruppe finanziert zu haben.

Private Militärunternehmen sind ein noch junges Phänomen. Alles begann 1967 in Großbritannien. Die erste solche Gesellschaft hieß Watchguard International und operierte vor allem im Nahen Osten und in Afrika. Ihr Gründer war übrigens der britische Offizier David Stirling – eben der, der 1941 auch eine der allerersten Spezialeinheiten der Welt gegründet hatte, nämlich den legendären Special Air Service (SAS). Das Betätigungsfeld von Söldnerunternehmen wurde von Watchguard abgesteckt: Aufstellung und Ausbildung verschiedener Kampfeinheiten für ausländische Streitkräfte, Spezialdienste und andere Ordnungskräfte. In dieser ersten Phase beschränkt sich Watchguard auf Consulting und militärische Ausbildung. Bis in die 1990er Jahre bleibt diese Situation stabil. Die westlichen Interventionen im Irak (2003) und in Afghanistan (2001) führen zu veränderten Sichtweisen und Bedürfnissen. Die privaten Militärunternehmen sind schneller und flexibler einsetzbar als reguläre Streitkräfte. Die USA nutzen sie für Auftragsmorde und lassen sie die «schmutzige Arbeit» erledigen. Es entsteht ein hochqualifiziertes, spezialisiertes Personal mit engen Verbindungen zu einer Reihe regionaler Akteure. Nach der

Jahrtausendwende ändern die westlichen PMCs ihre Arbeitsmethoden und wandeln sich zu echten Wirtschaftsunternehmen. Die existierenden russischen Strukturen ziehen nicht nach und verlieren auf dem Weltmarkt an Wettbewerbsfähigkeit. Den internationalen Markt beherrschen die Amerikaner. Das lässt Unternehmen wie der Gruppe Wagner kaum Optionen, sie müssen sich nach einer offiziellen Patronage umsehen.

China wiederum berücksichtigt die Entwicklung der modernen Bedrohungen. Das Land bildet als nicht-staatliche geopolitische Instrumente eigene Unternehmen und schützt seine Interessen mit informellen Mitteln. So werden etwa im Sudan Lager und Minen im Besitz chinesischer Unternehmen von privaten Sicherheitskräften bewacht – ein paar tausend Wachleute in Militäruniformen, aber ohne Abzeichen. Formal schickt Peking keine Truppen in den Sudan – nur seine privaten Sicherheitsunternehmen.[6]

In Ankara kann Recep Tayyip Erdoğan seit 2012 auf die Dienste der SADAT International Defense Consultancy zurückgreifen. Das Unternehmen, gegründet von Ex-Brigadegeneral Adnan Tanriverdi, wird von dessen Sohn Ali Kamil Melih Tanriverdi geleitet und beschäftigt türkische Spezialisten. Bei seiner Gründung besteht das Unternehmen aus 23 Offizieren und Soldaten unterschiedlicher Einheiten der türkischen Streitkräfte. Seit ihrem Eingreifen gegen den versuchten Militärputsch 2016 hat ihr Einfluss in der Türkei zugenommen. Seine Auslandsaktivitäten hält das Unternehmen geheim. Dabei spielte es auch eine aktive Rolle im Syrien-Krieg und in Libyen und soll in Europa und Asien gesichtet worden sein.[7] SADAT dürfte ein Zwischending zwischen der islamischen Version einer Gruppe Wagner und Watchguard sein, der westlichen Struktur, die ihm in Bezug auf Organisation und Kommandostruktur am nächsten kommt.

Für das Jahr 2020 schätzt die schweizerische Finanzkontrolle in einem Bericht von Oktober 2022 die Umsätze privater Sicherheitsdienstleister global auf etwa 120 Milliarden Euro für die rund 150 großen PMCs. Ein vielversprechender Markt also. Motivierten Unternehmern bieten sich hier weiterhin Gelegenheiten, großes Geld zu machen. Um ins Rennen einzusteigen, brauchen sie Aufträge, die Anerkennung durch die richtigen Regierungen und vor allem eine solide finanzielle Grundlage.

Einem Regime, das sich in einer juristischen Grauzone verstecken will, bietet der Einsatz eines privaten Militärunternehmens als offensive Kampftruppe zahlreiche Vorteile. Dazu gehören: 1. die Flexibilität. Die Hilfssoldaten können an beliebigen Orten aufgestellt werden; 2. geringe Kosten. Trotz erheblicher Lebensgefahr verdienen Vertragsnehmer im russischsprachigen Raum im Kriegsgebiet je nach Aufgabe zwischen 1500 und 3600 Euro pro Monat. Diese Zahlungen erfolgen überwiegend bar und außerhalb jeder finanzieller Kontrolle; 3. die Zurückweisung von Verantwortung. Moskau kann behaupten, die russische Regierung habe nichts mit den undisziplinierten PMCs zu tun, die im Ausland Kampfhandlungen durchführen; 4. praktisch keine juristische Verantwortlichkeit. Der russische Staat kann rechtlich nicht dafür verantwortlich gemacht werden, was der Kreml als Aktivitäten ausländischer freiwilliger Kämpfer einstuft. Und schließlich können die Truppen jederzeit auftauchen und sich wieder auflösen, ohne eine Möglichkeit, sie vor Gericht zu stellen.

(Beinahe) private russische Militärunternehmen

Russland ist ein Sonderfall. Einerseits will das Land von privaten Militärunternehmen nichts wissen, andererseits ist man gesprächsbereit, wenn sie zu russischen Gunsten tätig sind. Sobald ein Unternehmen zu viel Raum einnimmt, wird es ins Aus gedrängt. Gerade in dieser schizophrenen Situation aber kann sich ein gesetzlicher Rahmen entwickeln, der solche Unternehmen relativ begünstigt, zugleich aber ständig unter latente Bedrohung stellt. Bei der geringsten Entgleisung können die *Silowiki* die Kontrolle über eine paramilitärische Gruppe übernehmen, die von der Linie der Regierung abweicht. Der Vorschlag für eine Gesetzesänderung zur Autorisierung von PMCs scheiterte in der Verteidigungskommission, die die Maßnahme 2014 als «unartikuliert, unnütz und irrelevant» einstufte. Verteidigungsministerium und FSB äußerten ihre Besorgnis, eine solche Maßnahme könne dazu führen, dass «Zehntausende unkontrollierte Rambos ihre Waffen gegen die Regierung erheben könnten». Andererseits spricht ein Experte von einer «Frage der Ehre; die Russen verabscheuen das Konzept des Söldnerwesens, denn wer zur Waffe greift, tut das, um das Land zu verteidigen», und «der Gedanke, es für Geld zu tun, steht allem entgegen, was uns beigebracht wird».[8]

Eine neuer Schritt wird zwei Jahre später getan: Im Dezember 2016 kann Wagner sich auf eine Änderung im Militärdienstgesetz stützen.[9] Bis dahin leugnete die russische Regierung die Existenz der Wagner-Gruppe und damit auch jede Zusammenarbeit mit dem Militär. Man tat alles, um den Krieg in der Ukraine zu kaschieren. Doch ab dem 9. Januar 2017 ist alles anders. Bei der Terrorismusbekämpfung gelten die Söldner fortan als Soldaten, auch wenn sie keiner offiziellen, dem Verteidigungsministerium unterstellten Militäreinheit angehören. Kurz gesagt: Gesetz Nummer 53 über die Militärdienstpflicht in Russland genehmigt den Einsatz von russischen Söldnern weltweit und schafft die Voraussetzung, das Militär mit privaten Militärunternehmen legal auszubauen.[10] Dieser neue rechtliche Rahmen motiviert die Männer der Wagner-Einheit. Russische Söldner sind nunmehr legalisiert, sofern sie nicht im Inland im Einsatz sind. Die nächste juristische Wendung erfolgt im Herbst 2018. Präsident Putin unterzeichnet eine Verfügung zu Änderungen am Gesetz über Staatsgeheimnisse. Demnach gelten Informationen zu Personen, die mit den russischen Auslandsnachrichtendiensten kooperieren, ohne selbst diesen Strukturen anzugehören, als Staatsgeheimnis. Ein Ex-Geheimdienstler erklärt, diese Maßnahme solle die Gruppe Wagner oder andere Unternehmen schützen, die mit dem Militärnachrichtendienst kooperieren; Ausländer oder anderweitig rekrutierte Agenten seien ohnehin bereits durch die aktuellen Gesetze zum Staatsgeheimnis gedeckt.[11]

Mit der Stationierung von Wagner-Personal in mehreren Konfliktzonen und Einsatzorten weltweit wird die Lage noch komplexer. So ist es etwa schwierig, die Wagner-Akteure im Sinne der Genfer Konvention als Kombattanten zu definieren. Aber auch der Begriff des Söldnertums trifft auf sie nicht vollständig zu. Nehmen diese Vertragskräfte an einem bewaffneten Konflikt wie in Syrien oder Libyen teil, bleibt fraglich, wie sie nach internationalem Kriegsrecht zu behandeln sind und ob sie sich auf die Rechte der Kriegsgefangenen berufen können. In Libyen traten diese Söldner an der Seite der Libysch-Nationalen Armee (LNA) auf, die daneben auch von Spezialeinheiten und Nachrichtendiensten aus den USA, Frankreich und den Arabischen Emiraten beraten wird. Diese Stationierung wird Überlegungen zum Engagement regulärer Streitkräfte bei Konflikten in der Grauzone[12] anstoßen, auf die das Kriegsvölkerrecht nur schwer anwendbar ist.[13]

Auf Grundlage dieser Entwicklungen machen sich mehr oder weniger langlebige Unternehmen ein Bündel von Missionen zu eigen und führen Sicherheitsoperationen für russische Firmen durch, und zwar durchwegs im Ausland. Der Aufstieg der Wagner-Truppe innerhalb der zahlreichen russischen Paramilitärs erstreckt sich über vier Phasen: 1. Erste Grundlagen werden mit Unternehmen im Bereich Terrorismusbekämpfung geschaffen. Sie schützen die russischen Bergbauinteressen im Ausland und rekrutieren ehemalige Angehörige der Spezialkräfte; 2. Kontinuität über Moran Security. Russische Söldner tauchen praktisch weltweit auf; 3. die letzte Mission des Slawischen Korps. Dieses Unternehmen organisierte Anti Terror-Operationen in Syrien; 4. Anerkennung und Schirmherrschaft über die Struktur durch den Kreml. Dank der Beratung eines Söldner-Experten keimt der Gedanke einer Söldnertruppe für den Einsatz bei inoffiziellen Operationen.

Phase 1:
Grundstock der Unternehmensfamilie «Antiterror»

Einen starken Aufschwung erlebt die Geschichte der paramilitärischen Gruppierungen in Russland nach dem Zusammenbruch der Sowjetunion. Sehr schnell treten die ersten von ihnen in Erscheinung. Anfang der 1990er-Jahre organisiert Rubikon, ein in Sankt Petersburg ansässiges Sicherheitsunternehmen, das dem russischen Sicherheitsdienst unterstellt ist,[14] Freiwilligencamps für einen Kampfeinsatz in Ex-Jugoslawien. Solche Ausbildungsmissionen werden in allen Einheiten abgehalten. Anfang der 2010er-Jahre veranstaltet das russische Privatunternehmen E.N.O.T. Corp in Belarus[15] oder in Serbien[16] paramilitärische Camps für Rechtsextreme. In Libyen bilden andere russische Unternehmen die Soldaten der LNA aus und übernehmen sogar die Instandhaltung ihrer militärischen Ausrüstung. In Sachen Cyber-Strategie stecken diese Unternehmen zwar noch in den Kinderschuhen, doch wahrscheinlich entwickeln sich ihre Fähigkeiten auf diesem Gebiet stetig weiter.

Die Wurzeln der Gruppe Wagner reichen zurück zu den Aktivitäten eines Sicherheitsdienstes namens Antiterror, der als Netzwerk ehemaliger Angehöriger der Nachrichtendienste und der Spezialeinheiten in Orjol südlich von Moskau gegründet wurde. Als einer der ersten Sicherheitsdienste exportiert er russische Militärkompetenz – oder zumindest ist sie bei ihm am besten gesichert.[17] Seit seiner Gründung 1998 ist Antiterror vor allem im Personen- und Objektschutz aktiv, außerdem bei Dienstleistungen wie Ausbildung und Consulting sowie bei bestimmten weiteren Spezialaufgaben wie Pionierarbeiten (Bergbau, geologische Prospektion …). Er ist eine von ganz wenigen Privatfirmen, unter deren Personal sich auch Sprengmeister für den Abbau von Bodenschätzen finden. Finanziert wird er wohl durch Oligarchen wie Oleg Deripaska, Eigentümer des Aluminiumriesen RUSAL, und Gennadi Timtschenko, Erdöl-Magnat und Weggefährte Putins.[18]

Die hohe Qualität der erbrachten Dienstleistungen ist vor allem auf die Zusammensetzung des Personals zurückzuführen: Etwa 40 Prozent haben eine Laufbahn beim Militärnachrichtendienst hinter sich oder sind ehemalige Mitglieder der Spezialkräfte (*Speznas*) oder der Luftlandetruppen; weitere 40 Prozent stammen aus den Sondereinsatzkräften; die übrigen 20 Prozent sind Veteranen der Streitkräfte, ehemalige Angehörige der GRU, der Wympel-Einheiten[19] oder von ALFA[20] sowie der Spezialkräfte der Marine. Diese Daten bestätigt eine archivierte Version der Website, der zufolge jeweils etwa die Hälfte der Aktiven ehemalige Elitesoldaten sind.

Antiterror-Orel hat große Pläne für ein Bündel von Missionen im Irak, aber die amerikanische Operation Iraqi Freedom (2003) kommt ihm zuvor und schanzt die Aufgabe den westlichen PMCs zu. In einem Interview mit der russischen Ausgabe von *Forbes*[21] räumt Antiterror-Chef Sergej Jepischkin ein, dass das Unternehmen nur 24 Festangestellte und 300 aktive Reservisten umfasst. Der ideale Angestellte muss einen bestimmten Charakter mitbringen. Entgegen der verbreiteten Annahme ist ein Sicherheitsoffizier im Krieg kein «verzweifelter, risikofreudiger Draufgänger», sondern braucht Verhandlungsgeschick und psychologisches Gespür. Jepischkin, der zum Söldner mutierte Ex-Soldat, erinnert sich an einen markanten Moment bei einem Einsatz: «Ich war [...] in eine Situation geraten, bei der auf Hubschrauber geschossen wurde. Manchmal eröffnen lokale Einwohner, Militärs oder private Militärunternehmen ohne Vorwarnung das Feuer, zum Beispiel, wenn dein Fahrer sich beim Überholen einer Fahrzeugkolonne nicht korrekt verhält. Aber gleichzeitig solltest du nicht zurückschießen, denn du bist kein Kriegsteilnehmer.»[22] Nach dem gescheiterten Versuch, an Verträge im Irak zu kommen, versuchte Antiterror-Orel sein Glück in Nigeria, Sierra Leone, Angola und Indien, wo das Unternehmen vor allem «logistische Unterstützung und Beratung zu Sicherheitsbelangen» lieferte. 2008/2009 war das Unternehmen in Serbien aktiv.

Nach dem Start der amerikanischen Intervention im Irak tritt eine neue Struktur in Erscheinung. Sie nennt sich nur noch Antiterror und entfaltet wieder erhebliche Wirkung. Diese Gruppierung aus Veteranen der WDW,[23] der Luftlandetruppen der russischen Streitkräfte, betreibt ein eigenes Ausbildungszentrum und baut recht gute Beziehungen zu bestimmten «Respektpersonen» in Moskau auf. Von 2004 bis 2007 greift die Firmengruppe Antiterror aktiv in die Arbeit russischer Unternehmen im Irak ein: Zu diesem Zweck wird 2005 unter ihrer Schirmherrschaft das Zweigunternehmen Tiger Top-Rent Security gegründet. Mit Vertragsende stellt die PMC allerdings ihre Aktivitäten ein, weil die Möglichkeiten für weitere Mandate begrenzt sind.[24]

2008 folgt mit Redut-Antiterror ein weiterer Abkömmling. Möglich wird die Gründung dieser Struktur durch die Arbeit von Tiger Top-Rent Security. Neu ist aber die Präsentation einer Plattform, die sich aus kleineren Organisationen zusammensetzt. Ihre Entstehung geht zurück auf eine Initiative von Veteranen der russischen Spezialeinheiten. Das Unternehmen nimmt an Missionen im Nahen Osten, in Somalia, Ex-Jugoslawien und in der Karibik teil.[25] Implizit ist es (als Militärberater) auch am russisch-georgischen Konflikt im August 2008 beteiligt, wo es die abchasischen Streitkräfte trainiert.[26]

Was die Sicherheitsfirmen kennzeichnet, ist hier schon zu sehen: Rückgriff auf ehemalige Angehörige der Elitetruppen; Strukturierung in kleinen, nahezu unabhängigen Gruppen, um die Kommandostruktur zu verschlanken; Akquise von Missionen an rentablen ausländischen Schauplätzen; Vertretung der wirtschaftlichen Interessen Russlands. In den Folgejahren wird das Strickmuster noch ein bisschen angepasst, und das Projekt erhält noch solidere Konturen.

Im Dezember 2018 erwähnt Putin öffentlich die Gruppe Wagner und ihre Operationen. Die Truppe darf im Ausland arbeiten und ihre kommerziellen Interessen vertreten, doch der russische Generalstaatsanwalt legt kurz darauf eine juristische Bewertung für den Fall einer Gesetzesübertretung vor. Der Präsident dementiert Behauptungen, der Leiter der Gruppe Wagner sei Prigoschin.[27]

Bei seiner Jahrespressekonferenz vor Journalisten im Kreml räumt der Präsident im Juni 2019 schließlich die Präsenz von Söldnern in Syrien ein. Er schildert, wie sie unter Einsatz ihres Lebens im Rahmen ihrer Funktionen zum Kampf gegen den Terrorismus beitragen, um «die nationalen wirtschaftlichen Probleme [zu lösen], die mit der Ölproduktion und der Entwicklung der Ölfelder zusammenhängen». Wladimir Putin betont: «Da es sich dabei weder um den russischen Staat noch um die russischen Streitkräfte handelt, werden wir das Thema nicht weiter kommentieren.»[28]

2011, kurz vor seinem Bedeutungsverlust, präsentiert sich Antiterror-Orel als Ausbildungszentrum für Ex-Militärs, die sich für eine Karriere im zivilen Sektor interessieren und im Ausland arbeiten möchten. Die Aktivitäten des bereits an mehreren Kriegsschauplätzen aktiven Unternehmens sind unmittelbar verknüpft mit denen zweier anderer Hauptakteure in der Welt des Söldnertums: Moran Security Group und RusCorp. Moran bleibt noch ein paar Jahre aktiv, RusCorp dagegen macht Platz für andere PMCs. Dennoch verdient dieses Unternehmen einige Erläuterungen. Es spezialisiert sich auf Wirtschaftsspionage, Risikoanalyse und Sicherheit.[29] Seit seiner Gründung in Moskau 2007 ist das Unternehmen de facto eine Holding von Firmen, die dem Ausbildungszentrum von Orel angehören. Es betreibt Niederlassungen in Großbritannien und Singapur. RusCorp unterhält jahrelang Kontakte mit staatlichen Unternehmen, darunter dem Energieriesen Gazprom. Auch wenn einige Sicherheitsunternehmen wieder verschwinden, haben sie dabei aber immer drei Gemeinsamkeiten: 1. Ihre Angestellten wechseln von einem Unternehmen zum anderen; 2. Es besteht eine Zusammenarbeit mit den größten russischen Unternehmen im Besitz von Oligarchen; 3. Es gibt stets eine informelle Verbindung zum russischen Geheimdienst und eine inoffizielle Absegnung durch den Kreml.

Phase 2: Optimierung und Ausdehnung, die Arbeit der Moran Security Group

Nach dem Zweiten Irakkrieg (2003–2011) werden bei Antiterror-Orel zusätzliche Schutzmannschaften angefragt. Diese Verstärkung markiert den Aufstieg mehrerer (aus Russland stammender) privater Militärunternehmen im Nahen Osten, darunter Top Rent Security, Redut-Antiterror und vor allem die Moran Security Group; dieses bis heute existierende Unternehmen konzentriert sich auf den Schutz im Seeverkehr. Moran entwickelt sich eher zu einem Konsortium kleinerer Einheiten nach dem bereits bewährten Modell der Unternehmensfamilie Antiterror.

Unter der Führung eines ehemaligen FSB-Offiziers bedient Moran als eines der Ersten den Markt für die Bekämpfung der Piraterie der 1990er-Jahre; schnell fährt man dort mit dem Schutz von Schiffen der größten russischen Reedereien Gewinne von Millionen Dollar ein.[30] Eine Archivversion der Website von Moran zeigt, dass das Unternehmen in der Nähe des syrisch-irakischen Grenzpostens At-Tanf operiert, und das mindestens drei Jahre bevor die Zeitung *Fontanka* die Verbindungen zwischen verschiedenen Mitarbeitern von Moran offenlegt, die für das russische Söldnerwesen künftig eine Rolle spielen werden.[31] Präsent ist Moran auch in Somalia und in Afghanistan. Die Website des Unternehmens wird 2011 offiziell in Belize registriert.[32]

Eine Chronologie auf der Website datiert die Gründung von Moran allerdings auf die späten 1990er-Jahre, als die russische Regierung sich wegen der Zunahme der Piraterie auf den wichtigsten Seewegen vom Golf von Aden zum Indischen Ozean sorgt. Explizit benennt das Unternehmen seine Mitwirkung an der Rettung eines Öltankers, der 1999 von sudanesischen Piraten gekapert worden war, und verweist in der Unternehmenspräsentation auf seine enge Zusammenarbeit mit der russischen Marine.

2011 wird die Moran Security Group schließlich in Moskau offiziell als juristische Person registriert. Sie präsentiert sich vor allem als Konsortium kleinerer Firmen mit unterschiedlichen Profilen und Spezialisierungen, deren Missionen und Fachkompetenzen weit umfangreicher sind als das Standardangebot ähnlicher Unternehmen. Die Gruppe spezialisiert sich auf Missionen in den Bereichen Zoll und Grenzkontrolle, Rettungsmissionen (einschließlich Geiselbefreiung und maritime Einsätze), Vorbereitung von Militäreinsätzen sowie Personenschutz. Die russischen Nachrichtenorgane erklären sogar, «einer der Kunden des Unternehmens [sei] Baschar al-Assad» gewesen.[33] Die große Expertise dieses Unternehmens lässt sich direkt mit den Gründern in Verbindung bringen. Die letzte Aktivität des Unternehmens erfolgt am 15. April 2015 (Rücktrittserklärung des Sekretärs und des Direktors). Das Slawische Korps, eine Tochter von Moran, legt 2013 und 2014 Geschäftsberichte vor. Das legt den Schluss nahe, dass das Unternehmen seine Aktivitäten zeitgleich mit der Formierung des Slawischen Korps reduzierte.

Den Namen *Ratibor* trägt heute die ehemalige *Myre Seadiver*. 2012 sorgte dieses unter der Flagge der Cookinseln fahrende Schiff für einen Skandal, als es samt Besatzung von den nigerianischen Behörden gestoppt wurde. Bei einer wegen des Verdachts auf Waffenschmuggel durchgeführten Durchsuchung konnte das nigerianische Militär 14 Kalaschnikows AK-47, 22 Benelli MR1[34] und Tausende Schuss Munition beschlagnahmen. Die Reaktion aus der Hierarchie von Moran war höchst verwunderlich. Den führenden Offizieren des Unternehmens zufolge reichten die Ressourcen und Möglichkeiten von Moran aus, um sich auch ohne Unterstützung der russischen Regierung gegen die nigerianischen Streitkräfte zur Wehr zu setzen: «Wir ersuchen den Präsidenten der Russischen Föderation um die Genehmigung, eine russische Rettungsoperation durchzuführen […]. Wir sind dazu in der Lage. Wir brauchen keine Hilfe […]. Wir verfügen über Tausende bestens trainierter und militärisch erfahrener Kämpfer, die an allen jüngeren Militäroperationen mitgewirkt haben … Wir erwarten die Entscheidung der Regierung.»[35]

Obwohl die Moran Security Group für die Qualität ihrer Aktivitäten beim Schutz von Schiffstransporten bekannt war, wurden ihre Vertragspartner am 23. Oktober im Hafen von Lagos tatsächlich wegen Waffenschmuggels verhaftet.[36] Die Gerichtsakten führen nicht aus, für wen diese Gewehre bestimmt waren oder ob Moran beauftragt war, Waffen zu liefern statt zu schmuggeln. Erst nach einem Eingreifen Moskaus wurden die Männer der Besatzung befreit. Einige Monate nach dem nigerianischen Gerichtsurteil im Waffenschmuggel-Verfahren machte Moran erneut international Schlagzeilen, als Wadim Gussew, ehemaliger Angestellter bei RusCorp mit Verbindungen zu mehreren anderen Unternehmen, in Schwierigkeiten geriet, die in Russland zur ersten Verurteilung wegen Söldnertums und zur Auflösung des Slawischen Korps führten. Diese Abwicklung von Moran war eines der ersten sichtbaren Signale dafür, dass die Möglichkeit der Regierung, die Beteiligung an solchen Aktionen abzustreiten, sich auch gegen seinen Schöpfer wenden kann. Es zeigte sich, dass Moran nur schwer unter Kontrolle zu halten war. Moskau musste diesen Punkt bei der nächsten Gründung berücksichtigen, die gleichwohl nach demselben Muster verlief.

Phase 3: Letzte Mission für das Slawische Korps

Die beiden ehemaligen Moran-Mitarbeiter Wadim Gussew und Jewgeni Sidorow, seit 2012 in der Unternehmensführung der Slavonic Corps LLC, starten in Russland eine Kampagne zur Anwerbung ehemaliger Militärs für einen Einsatz in Syrien.[37] Für mehrere tausend Dollar pro Monat sollen die Veteranen Öl- und Gasförderanlagen schützen. Die Mitarbeiter des Slawischen Korps sind erfahrene Veteranen und waren zum Teil im Zweiten Tschetschenienkrieg (1999–2009) im Einsatz.

Nach einem Anruf treffen die Söldner-Bewerber auf der Straße den

Chef der Moran Security Group, Wjatscheslaw Kalaschnikow, Oberstleutnant der Reserve beim FSB, der ihnen die Konditionen darlegt. Bei einem zweiten Gespräch werden Formulare ausgefüllt und Pässe bestellt. Letzte Etappe ist eine Einladung nach Moskau. Diesmal unterhalten sich die Bewerber im Firmensitz von Moran in der Uliza Potopowskaja. Sie erfahren, dass sie mit dem Slawischen Korps nach Syrien sollen. Die Verbindungen zwischen beiden Strukturen sind unklar, allerdings bestätigt ein Artikel[38] von Sergey Sukhankin, dass Moran 2012 das Slawische Korps zunächst ausgründet, bevor beide Unternehmen fusionieren, um ihren Marktanteil und ihre Streitkräfte zu stärken. Es ist schwer zu unterscheiden, was zu Moran und was zum Slawischen Korps gehört.

Die Söldner-Bewerber sollen sich bereithalten. Kaum zurück in Sankt Petersburg, erhalten sie einen Anruf der Anwerber: «Umgehende Einberufung nach Moskau. Sie brechen auf zu einer Geschäftsreise. Bringen Sie nur Ihren Pass mit, nichts Militärisches am Körper oder im Gepäck, die feindliche Überwachung schläft nicht.»[39] Die Verträge werden buchstäblich auf der Bahnsteigkante unterschrieben: «Los, los, es ist keine Zeit zu verlieren.» Von zwanzig Bewerbern, die vorstellig geworden sind, machen drei kehrt und gehen nach Hause statt nach Syrien. Das Slawische Korps besteht nach dieser Rekrutierungsphase aus 267 Mann und wird in zwei Kompanien in Latakia stationiert, wo eine mehrwöchige Ausbildung stattfindet. Am 13. Oktober 2013 besteigt das Korps notdürftig gepanzerte Hyundai-Busse und GMC-Jeeps und fährt durch Dünen und über Behelfsstraßen zu den Ölfeldern in der strategischen Region Deir ez-Zor.[40] Der FSB interessiert sich für diese Paramilitärs und überwacht sie.

Am 17. Oktober 2013 gerät das Slawische Korps in der Region Homs in einen Hinterhalt. Die jungen Rekruten haben ihren ersten Kampfeinsatz als Söldner. Die Kämpfer schwärmen aus, verteidigen sich in alle Richtungen, können sich sogar verschanzen. Sie wehren einen brutalen Vorstoß von mehreren tausend Angreifern ab, die mehrere Stunden lang versuchen, die Einheit einzukreisen. Am nächsten Tag werden die Russen als Verstärkung für regierungstreue Truppen in die Stadt as-Suchna geschickt, die von den Rebellentruppen bedrängt wird. Erbittert kämpfen die Streitkräfte gegen den Islamischen Staat (IS). Bei heftigen Gefechten werden sechs Vertragssoldaten verletzt, die Einheit muss sich zurückziehen. Möglich wird der Rückzug dank eines heftigen Sandsturms. Während der Flucht verliert einer der Moran-Angestellten, Alexej Maljuta,[41] Dokumente, denen seine persönlichen Daten und Informationen über seine Verbindungen zu den Söldnern zu entnehmen sind. Wenige Tage danach veröffentlicht der IS Auszüge aus diesen verlorenen Papieren sowie eine Erklärung, während der Kämpfe sei ein Söldnertrupp aufgerieben worden. Die Söldner rücken in dieser Schlacht weiter vor und ziehen verschiedene Gruppen von Islamisten auf sich, darunter auch neu angekommene aus ar-Raqqa. Am 20. Oktober werden die Rebellen zurückgeschlagen. Im Umland werden drei Verstecke von Terroristen des Dschaisch al-Islam von Militärflugzeugen aus bombardiert.

Der Zusammenstoß in as-Suchna, bei dem schwere Verluste zu verzeichnen sind, setzt den Aktivitäten des Slawischen Korps ein Ende. Es wird aufgelöst, die Unternehmer verlassen die Levante fluchtartig in zwei Flugzeugen. Gussew und Sidorow werden vom FSB verhaftet (auf Grundlage von Art. 359 im russischen Strafgesetzbuch),[42] die Kämpfer gehen nach Hause. Auf der Grundlage all dieser Bausteine, kombiniert mit einem Hauch Verschwörungstheorie und ein paar Spannungselementen aus einem guten Roman von Tom Clancy, ergibt sich die Version, die das Unternehmen in den Medien vorstellt. Angesichts eines Militärunternehmens wie des Slawischen Korps (oder später der Gruppe Wagner) wendet sich die Aufmerksamkeit der Öffentlichkeit von jeglichem russischen Auslandseinsatz ab, und die westlichen Medien und Geheimdienste versuchen Einzelheiten zu einer bestimmten Firma aufzudecken, die am Ende nicht einmal existiert. Damit lässt sich offiziell jede Verbindung zu Vorfällen in den Konfliktzonen mit Beteiligung russischer Militärs leugnen. In diesen ersten Monaten des Jahres 2014 weckt das Konglomerat, aus dem die Gruppe Wagner hervorgehen wird, erstmals die Aufmerksamkeit der russischen Öffentlichkeit. Allerdings rekrutierte das Slawische Korps Freiwillige für Damaskus. Gussew und Sidorow werden wegen der Organisation von Söldnerdiensten verurteilt und legen vollständige Geständnisse ab. Vor Gericht kooperieren die Gründer des Slawischen Korps, im Oktober 2014 werden sie schließlich verurteilt.

Ihr Prozess verläuft im Rahmen einer Sonderprozedur. Die Dokumente bleiben unter Verschluss; die Identität derer, gegen die Gussew und Sidorow ausgesagt haben, bleibt also ein Rätsel (um sich in einem russischen Justizverfahren Strafmilderung und Anonymität zu sichern, muss zwingend ein ranghöherer Komplize denunziert werden). Im Kosmos des Söldnerwesens kommt es, soweit bekannt, nicht zu weiteren Verhaftungen. Das Urteil gegen Wadim Gussew und Jewgeni Sidorow fällt am 24. Oktober 2014 ein Moskauer Richter. Begründet wird es mit Söldnerwesen. Dieses Urteil stärkt die verbreitete Meinung, dass die Operation weder im Kreml beschlossen noch von dort unterstützt wurde.

Phase 4: Eebens Idee

Letzter Schritt zum Aufbau eines Systems, das das Wohlwollen der *Silowiki* gewinnt, ist die Einsicht der Regierung, von welch großem Nutzen ein inoffizielles Söldnerunternehmen als Marionette der Macht sein kann. In seiner Antwort auf die Frage eines Duma-Abgeordneten zu der Möglichkeit, über private Militärunternehmen Einfluss im Ausland auszuüben, erklärt Putin 2012: «Ich glaube, diese Unternehmen sind ein Mittel, ohne direkte staatliche Beteiligung nationale Interessen umzusetzen ... Ja, ich denke, wir könnten diese Option in Betracht ziehen.» Der damalige stellvertretende Ministerpräsident Dmitri Rogosin (dem auch die Aufsicht über die russische Verteidigungsindustrie obliegt) ergänzt: «Wir werden den Nutzen solcher Unternehmen in Russland untersuchen und einen Schritt in diese Richtung unternehmen.»[43] Noch stärker in Richtung einer Legalisierung geht diese Erklärung von Wladimir Putin am 11. April 2012: «Eine Gruppe privater Militärunternehmen wäre ein wirksames Instrument, um nationale Ziele zu erreichen, ohne dass der russische Staat unmittelbar daran beteiligt wäre.»[44]

Noch einmal: Private Militärunternehmen sind in Russland illegal. Dennoch entspinnt sich ein merkwürdiges Szenario, fast wie in einem Spionagefilm. Der russische Stabschef trifft sich mit Eeben Barlow, einem Söldner-Veteranen und ehemaligen Soldaten der südafrikanischen Streitkräfte. Dessen Unternehmen hat in den 1990er-Jahren schmutzige Kriege in Afrika geführt (Sierra Leone,[45] Angola), in seinen Reihen standen arbeitslose Spezialkräfte des südafrikanischen Apartheid-Regimes. Russische Regierungsvertreter treten also in Austausch mit dem Gründer eines privaten Militärunternehmens, um dessen Idee über alle Grenzen des Vorstellbaren hinweg zu erweitern.

Konkret findet dieses Treffen 2010 beim Sankt Petersburger Wirtschaftsforum statt, Russlands Vorzeige-Investitionskonferenz. Der südafrikanische Ex-Militär wird offiziell als Teilnehmer an einer kurzen Podiumsdiskussion angekündigt – es geht um die Frage, wie das Verteidigungsministerium mit dem privaten Sektor kooperieren sollte, und um die Möglichkeit, die Armee zu privatisieren. Hauptziel seines Besuchs ist aber ein ganz anderes: eine Präsentation für eine kleine Delegation des russischen Generalstabs hinter verschlossenen Türen. Als er später darauf angesprochen wird, erklärt Barlow, er verabscheue die Presse, und hört auf, Interviews zu geben. Den Journalisten zufolge, die über die Ereignisse recherchieren und veröffentlichen, stellt Eeben Barlow den Militärs bei dieser Besprechung ein Modell zur Schaffung einer PMC vor und deutet an, wie ein solches Unternehmen sich den russischen Gegebenheiten anpassen ließe.[46] Einen besonders wichtigen Punkt, über den lange debattiert wird, stellt dabei die Frage dar, ob eine solche Struktur legal sein sollte; bestimmte Sicherheitskräfte sprechen sich vehement dagegen aus. Sie befürchten, Waffen, die womöglich vom Staat geliefert würden, könnten völlig seiner Kontrolle entgleiten.

Wenige Jahre später, im Sommer 2023, wird die Erosion des Gewaltmonopols beinahe zur Einnahme Moskaus führen.

Obwohl die russische Armee den Gedanken einer Söldnertruppe begeistert aufnimmt, geschieht zunächst einmal gar nichts. Waleri Gerassimow, Generalstabschef und im Januar 2023 Kommandeur der Ukraine-Offensive, spinnt den Gedanken weiter. Aus welchen Gründen Jewgeni Prigoschin zum Chef dieser künftigen Struktur bestimmt wird, ist noch ein Rätsel. Seine Nähe zu Wladimir Putin und den obersten Kreisen, sein Vermögen und sein Ehrgeiz sind bekannt und könnten eine Rolle gespielt haben. All unsere Hinweise führen zu einem russischen Artikel, dessen Titel übersetzt lautet: «Privatarmee für den Präsidenten: die Geschichte des heikelsten Auftrags von Jewgeni Prigoschin». Die hier beschriebenen Informationen sind zuverlässig. Dass die erwähnten Personen vor Ort waren, ist bestätigt. Schwer zu überprüfen dagegen ist der Inhalt. Im Übrigen lautet die Einschätzung des unabhängigen Informationsdienstes *The Bell*,[47] was wie ein Gerücht klinge, sei sehr wahrscheinlich.[48] Zumindest ist es eine gute Geschichte, die offenbar von Prigoschins Netzwerken gestützt wird, um die Strategie der Regierung zu erklären, alles in diesem Zusammenhang abstreiten zu können.

2012 befürwortet Wladimir Putin, damals Ministerpräsident, den Gedanken, ein System von PMCs zu schaffen, die Schutzdienste für Einrichtungen leisten und ausländische Soldaten im Ausland ausbilden könnten, und zwar ganz ohne Beteiligung des russischen Staats. Im Oktober 2014 wird der Staatsduma ein Gesetzesvorschlag vorgelegt, der die soziale Absicherung und den Aufgabenbereich der Angestellten in solchen Militärunternehmen reglementiert und ihnen bestimmte Grenzen setzt. Dieses Gesetz wird allerdings nie verabschiedet. Juristisch betrachtet existiert Wagner offiziell gar nicht. Die Spuren eines angeblich in Südamerika registrierten Unternehmens lassen sich nicht einer im Handelsregister eingetragenen Gesellschaft oder einem geschützten Namen zuordnen. Die Spur versiegt schnell und muss eher als nicht verifizierbare Legende gelten.

Damit sind die praktischen Grundlagen gelegt, damit die Gruppe Wagner Gestalt annehmen kann, aber eine leere Hülle bleibt, die noch auszufüllen ist. Die Geschichte zeigt, dass der Kreml zum Aufbau der Gruppe Wagner die Überreste anderer Strukturen nutzte, die er mit harter Hand zerlegt hatte. Um sein Geschöpf zu vollenden und zu optimieren, wird die Regierung ihm eine Ideologie an die Hand geben, um Kämpfer zu gewinnen, die Russland so treu wie irgend möglich ergeben sind. Diese ergänzende Zutat werden die bereits vorhandenen nationalistischen Bewegungen beisteuern.

Imperialistische Ideologie und ihre Kombattanten

Zuletzt fehlt dem Wagner-Gebilde noch ein ideologischer Überzug, der den Männern einen Grund gibt, auch in aussichtslosen Lagen zu kämpfen. Eine Lösung des Problems existiert bereits, sie wird aufgetragen wie eine Lackschicht. Als Motivation dienen die Ideale und Werte einer ultranationalistischen Gruppierung, die an die weiße Überlegenheit glaubt. Die Russische Reichsbewegung (RIL, Russian Imperial League) ist eine Organisation, die zwei Dinge in den Vordergrund stellt: die politische Macht komme dem Zaren zu und die spirituelle Macht der russisch-orthodoxen Kirche. Die Organisation verfolgt einen Nationalismus auf der Grundlage ethnischer Identität und fordert vom Staat, alle Territorien, auf denen «ethnische Russen» leben, unter seinem Einfluss zu halten. Sie betreibt zwei paramilitärische Ausbildungszentren[49] in Sankt Petersburg, in denen sie ein Trainingsprogramm anbietet, das *Partisan* heißt. Manche der in diesem Umfeld ausgebildeten Rekruten werden später Mitglieder der Gruppe Wagner. Das Trainingsprogramm umfasst Unterrichtseinheiten zum Gelände- und zum Straßenkampf, zum Gebrauch von Schusswaffen und anderen Kampftechniken. Die Bewegung nutzt ihre Einrichtungen zur Ausbildung von Bürgern im Kampf an der Seite der ukrainischen Separatisten in ihrer paramilitärischen Einheit Reichslegion.[50] In ihrem Profil bei dem russischen sozialen Netzwerk VKontakte (VK) definiert sich die Legion als «orthodoxe Militärbruderschaft mit glorreicher Geschichte, die die Interessen des russischen Volkes an allen Fronten verteidigt. Wir predigen treuen Christusglauben, den Weg der Macht und des Ruhms; zum Vorbild nehmen wir uns die Legionen des Kaisers Konstantin des Großen, deren ruhmreiche militärische Traditionen wir fortführen. Wir glauben fest an den Weg des Russischen Reichs und wachen über ihn.»[51]

Die Geschichte rechtsextremer Milizen wie Russitsch, die sich zu einer Art Spezialeinheit der Gruppe Wagner entwickeln wird, beginnt 2009. In diesem Jahr werden Mitglieder dieser Einheit in der Region um Sankt Petersburg beim Aufbau eines Trainingscamps für militärische Ausbildung beobachtet; es steht symbolisch für den Anfang dieser Truppe. Die Kommandeure der Miliz sind selbst Teilnehmer des paramilitärischen Trainingsprogramms *Partisan* bei der Reichslegion. Weitere Milizen entwickeln sich zu privaten Militärstrukturen unter eigenem Label; während ihrer gesamten Einsatzzeit bleiben sie bei ihrem neonazistischen Gedankengut,[52] und ihre Verbindungen zur RIL dauern fort. Die Ideologie dieser Gruppen fußt auf einem russischen Ethno-Nationalismus, wirbt für die Restauration der Zarenherrschaft und nährt extremistische Vorstellungen von einer «weißen Vorherrschaft» im Westen.

Bei der Besetzung des Donbass spielen die Wagner-Einheiten, koordiniert mit den separatistischen Milizen, eine aktiv-offensive Rolle gegen die ukrainischen Streitkräfte. Dabei sind sie nicht allein, auch andere Milizen und PMCs sind beteiligt. Nach Ausbruch des Konflikts in der Ostukraine im Juli 2014 bildet die RIL Freiwillige aus und schickt sie als Verstärkung in die Separatistengebiete. Diese Kombattanten nehmen an den Kämpfen in den Regionen Slawiansk, Donezk und Debalzewe teil. Einige Mitglieder der Reichslegion sind später als Söldner im Nahen Osten und in Nordafrika im Einsatz. Am 30. Januar 2020 stirbt in Libyen Wladimir Skopinow, der in der Ukraine und in Syrien gekämpft hat. Er ist das zweite RIL-Mitglied, das seinen letzten Atemzug in Nordafrika tut.[53]

2020 stuft das US-Außenministerium die Russische Reichsbewegung als Terrororganisation ein; auf der entsprechenden Liste standen bisher lediglich radikal islamistische Verbände. Alle Transaktionen mit ihnen sind nunmehr verboten, ihr in den USA liegendes Vermögen wird eingefroren, die Anführer werden mit Sanktionen belegt. «Es ist das erste Mal, dass die USA Vertreter der weißen Vorherrschaft sanktionieren. Das bestätigt, wie ernsthaft die Administration des aktuellen Präsidenten diese Frage angeht. Solche Maßnahmen wurden in den USA zuvor nie ergriffen», erklärt Nathan Sayles, Staatssekretär für Terrorismusabwehr.[54] In Russland wird die RIL nicht gerichtlich verboten, aber ihre Website und mehrere Ausgaben ihrer Zeitschrift werden als extremistische Materialien eingestuft.

2022 belegt das Office of Foreign Assets Control (OFAC), die Kontrollbehörde des US-Finanzministeriums, die RIL mit Finanzsanktionen. «Die Russische Reichsbewegung hat versucht, über das internationale Finanzsystem Gelder zu sammeln und zu verschieben, in der Absicht, ein globales Netzwerk gewalttätiger Gruppierungen aufzubauen, das extremistische Ansichten fördert und demokratische Prozesse unterwandert», erklärt der Unterstaatssekretär des Finanzministeriums für Terrorismus und Finanzkriminalität, Brian E. Nelson. «Die RIL und ihre Unterstützer schüren mit ihren Bemühungen zum Fundraising fortgesetzt Russlands Angriffskrieg in der Ukraine. Wir werden weiterhin darum bemüht sein, Netzwerke rassistisch und ethnisch motivierter gewalttätiger Extremisten zu stören, die sich grenzüberschreitend für Ausbildung, Fundraising oder Rekrutierung einsetzen, und zu verhindern, dass das internationale Finanzsystem zur Brutstätte extremistischer Gewalt wird.»[55]

Die RIL ist an der «militärischen Spezialoperation» in der Ukraine nicht unbeteiligt. Ihre Kämpfer im russischen Lager scheuen sich nicht, auf VK oder auf Telegram Fotos zu posten, auf denen sie stolz nationalistische Abzeichen oder Fahnen zur Schau stellen. Eines dieser wiederkehrenden Symbole ist die Flagge des russischen Zarenreichs.

Treten wir einen Schritt zurück und hören den Geografen und

Diplomaten Michel Foucher: «Die Kontrolle über die Narrative wird ein zentrales Anliegen der Diplomatie, genauso wie der Erhalt der Marktanteile; sie wird zum Hauptträger der Einflussstrategien.»[56] Das kennzeichnet den Prozess, der in Russland im Gang ist. Seit dem Ende der UdSSR befindet sich das Land in einer Übergangssituation und hat auf dem globalen Schachbrett noch nicht wieder seinen Platz gefunden. Für den Kreml ist klar, dass dieser Platz um jeden Preis in der Ehrenloge liegen muss. Sich das Volk gefügig zu machen, wird ein Hauptziel von Präsident Putin, der sich zum Experten für die narrative Gestaltung seiner Ideologie entwickelt. Seit seinem Machtantritt fördert er die Einrichtung von paramilitärischen Camps für Kinder. Bereits 2003 hatte Radio Canada dazu recherchiert. Schauplatz ist ein Wald 300 Kilometer vor Moskau, wo Kinder von 6 bis 15 Jahren den Sommer verbringen. «Wir lernen, unsere Heimat zu lieben und um jeden Preis zu verteidigen. Wir lernen, dass wir einmal unser Blut werden geben müssen, vielleicht sogar unser Leben.»[57] Inhaltlich orientiert sich das Camp am Ausbildungsprogramm der Armee. Die Kinder lernen, Kalaschnikows zu montieren und zu zerlegen. Sie robben durch den Schlamm, um Mutter Russland zu beschützen. Die Ausbilder sind Mitglieder der Spezialeinheiten, die ihre Feuertaufe in Tschetschenien und Afghanistan erlebt haben. Bei dieser Mischung aus paramilitärischer Ausbildung und Indoktrinierung geht es auch darum, das Bild der Streitkräfte zu schönen und frisches Blut zu tanken.

Als Oberbefehlshaber und Präsident verankert Wladimir Putin in universitären Kreisen das Konzept «Neurussland«; Inspiration findet er dafür vor allem bei den Erfolgen von Katharina der Großen, die 1783 den Osmanen die Krim und die Gebiete am Asowschen Meer abgenommen hatte. Genau um diese Regionen dreht sich heute der Angriff auf die Ukraine. Ganz wie die erfolgreiche Zarin möchte auch Putin unter dem russischen Banner eine Welt einen, die Weißrussen und Ukrainer und manchmal gar die Westslawen umfasst. Er entwickelt das Konzept eines Reichs mit variablen Grenzen.[58] Für Alexander Prochanow, einen von Putins bevorzugten Vordenkern, gilt im Übrigen:

«Russland ist von Natur aus ein Reich, dessen Grenzen atmen».[59] Ein schönes Argument, um die Annexion der Ostukraine und der Krim zu rechtfertigen – schließlich wurde Letztere 1954 von Nikita Chruschtschow an die Ukraine übergeben. Derselbe Prochanow wird am 26. Februar 2022 während eines Flugs über die Ukraine in einem Interview sagen: «Ich überfliege das schwarze ukrainische Land, das russische Panzer durchqueren, um die ungeheuerliche Wunde zu heilen, die 1991 der russischen Geschichte zugefügt wurde. [...] Heute vereinen wir uns wieder mit der Ukraine.»[60] 2014 bezeichnet Präsident Putin sein Land noch nicht als Imperium. Dabei arbeitet er bereits an seiner Errichtung. Ein Blick in die Geschichtsbücher zeigt, dass ein solches Konzept bereits die Seldschuken verfolgten. Dieses türkischstämmige Volk herrschte im 11. Jahrhundert über die zentralasiatischen Steppen, die Türkei und einen Gutteil des Nahen Ostens. Im Verlauf ihrer Geschichte überließ diese Dynastie bestimmte eroberte Gebiete wieder heimischen Stämme oder verkaufte sie ihnen. Die neuen Lokalfürsten regierten weiterhin als Vasallen an der Peripherie des Reichs.

Doch zurück ins 21. Jahrhundert. Der Kreml kann sich für sein nationalistisches Programm auf Ideologen stützen, die über starke Netzwerke in der Politik, den Universitäten und den Medien verfügen. Dieses «Ideal», nach dem Russland seinen verlorenen Platz wieder einnimmt, zirkuliert genauso in den Reihen der Söldner wie in der Bevölkerung. Ein Vater und seine Tochter werden sich zum Sprachrohr dieses neofaschistischen Gedankenguts machen.

Am 21. August 2022, es ist bereits dunkel, fährt ein Toyota Land Cruiser zügig über eine Autobahn in der Peripherie Moskaus. Am Steuer sitzt eine 29-jährige Frau, sie ist auf dem Heimweg von einem Musikfestival. Plötzlich kommt es zu einer heftigen Detonation, das Fahrzeug explodiert und fängt Feuer. Darja Dugina, Journalistin und Politologin, Tochter des Philosophen und russischen Nationalisten Alexander Dugin, stirbt ganz offenbar bei einem Attentat. Ein Bekannter der jungen Frau wird der Presse mitteilen, dass das Auto ihrem Vater gehörte, der möglicherweise Hauptziel dieses Anschlags war.

Den Ermittlern zufolge wurde in dem Fahrzeug ein Sprengsatz platziert, und «alles deutet darauf hin, dass das Verbrechen von außen geplant […] und finanziert wurde».[61] Bis heute wurde kein konkreter Täter ermittelt. Die Schuldigen sind auf Seiten der Ukraine zu suchen, oder auf russischer Seite. Also praktisch überall. Die Gründe für dieses Attentat liegen sicherlich im Profil von Alexander Dugin.

Die engen Verbindungen zwischen Darjas Vater und dem ultrakonservativen Oligarchen und Medienmagnaten Konstantin Malofejew sind bezeichnend. Dugin ist Chefideologe des Fernsehsenders Zargrad, der Malofejew gehört, und hat eine eigene Sendung namens *Dugins Weisung*, in der er unter anderem erzählt, die Europäische Union zwinge Menschen zur Toleranz gegenüber Migranten, «die alles vergewaltigen, was ihnen unter die Augen kommt».[62] Es bestehen auch Verbindungen zur populistischen Rechten in Europa, wie vertraulichen E-Mails zu entnehmen ist, die die Fernsehsender NDR und WDR sowie die *Süddeutsche Zeitung* im März 2022 offenlegen.[63] Unter den Dokumenten findet sich ein Mailwechsel zwischen Dugin und Gianluca Savoini, einst rechte Hand des italienischen Lega-Chefs Matteo Salvini. Weil es gerade schlechte Presse gebe wegen möglicher illegaler Wahlkampfhilfen aus Russland für die Lega, sei es klüger, sich heimlich zu treffen. Auch Darja Dugina kommt in diesen Leaks vor – nicht überraschend, war sie doch von Kindheit an im Netzwerk ihres Vaters und in der Internationalen Eurasischen Bewegung eingebunden.

Bis vor Kurzem gab es in der AfD wie in anderen Bewegungen des europäischen Rechtspopulismus Sympathien für den russischen Ideologen. Unter anderem kam es zu einem Treffen zwischen Dugin und dem sächsischen Oppositionsführer Jörg Urban (AfD). Sie diskutierten in Moskau «über Probleme der Demokratie in Deutschland und Russland, über Nord Stream 2 und über den Fall Nawalny».[64]

Im Übrigen dürfte Alexander Dugin einer der einflussreichsten Ideologen im Kreml sein, was ihm den Beinamen «Putins Rasputin» einbringt, eine Anspielung auf den mystischen Berater von Zar Nikolaus II., dessen langen grauen Bart auch er trägt. Dugin ist es, der in einem Video aus dem Jahr 2014 die Russen dazu aufruft, die Ukrainer zu «töten, töten, töten».[65] Allerdings darf man die wachsende Übereinstimmung zwischen Dugin und der Kreml-Rhetorik vor allem seit 2022 nicht überinterpretieren. In der Tat ist eine wachsende Nähe zu beobachten, aber sie reicht nicht aus, um eine direkte Einflussnahme festzustellen. Im Übrigen ist es wenig wahrscheinlich, dass Dugin und Putin sich tatsächlich regelmäßig austauschen, so Michel Eltchaninoff, der einen ehemaligen Kreml-Berater zitiert: «Dugins ungehobelte Äußerungen beleidigen die Intelligenz des Präsidenten.»[66] Putin nutzt wendig den Aufstieg des Eurasismus, jener Doktrin, die die Besonderheit des orthodoxen Russlands betont und eine Kultur postuliert, die sich sowohl vom Westen wie auch von Asien unterscheide. Dugin, der bis nach Westeuropa dafür bekannt ist, dass er unter anderem einen Teil der französischen äußersten Rechten beeinflusst, steht seit 2014 auf der Sanktionsliste der Europäischen Union, die nach der Annexion der Krim erstellt wurde. Der klar nationalistisch-konservative Philosoph und postmoderne Rasputin ist einer der Förderer dieser Strömung, die seit dem Untergang der UdSSR einen neuen Aufschwung erlebt und im gesamten postsowjetischen Raum sehr populär ist.

Russland muss sich um jeden Preis von der westlichen, für dekadent befundenen Modernität distanzieren. Die Ukraine belegt Dugin mit dem von Wladimir Putin geschätzten Begriff «Neurussland». Der Präsident wiederum betreibt eine imperialistische Politik und versucht, Russland neuen Glanz zu verleihen. Seit er 2000 im Kreml an die Macht kam, gibt Putin sich die Aura des Patrioten, der ethnischen Nationalismus abwehrt, weil er ungezähmt zum Zerfall des Landes führen könnte. Als Pragmatiker entwirft er ein philosophisch-patriotisches Projekt, um alle Russischsprachigen unter derselben Fahne zu einen. In seiner ersten, noch verkrampften Amtszeit wird er zum Konservativen. In der dritten Amtszeit nach 2012 wendet er sich dem Imperialismus zu. In der Sendung *Direkter Draht zu Wladimir Putin*, die viereinhalb Stunden lang live auf drei Fernsehsendern und drei landesweiten Radiosendern ausgestrahlt wird, legt der Präsident sein Projekt im Detail dar:

«Die Rechte und Interessen der russischen und russischsprachigen Bürger im Südosten Russlands.»[67] Für dieses Neurussland erinnert Putin daran, dass Donezk, Charkiw und Odessa nicht Teil der Ukraine in den Grenzen von 1920 waren. Diese Territorien wurden ihr von der UdSSR überlassen. Jetzt gilt es, sie zurückzuholen. Sehr geschickt fasst Putin seit seinem Machtantritt im Kreml das Gedankengut der Nationalisten zusammen und schaltet gleichzeitig die autonomistischen Bewegungen aus, die aus der offiziellen Sphäre und der legalen Politik verdrängt werden, um nur die Partei Vereinigtes Russland[68] und eine politisch sterile Opposition zurückzulassen. Wiktor Jerofejew, Gallionsfigur der literarischen Opposition in Russland, karikiert Putin als «postmodernen Zar, aber er ist weder verrückt noch ein Idiot».[69] Als reines Produkt des KGB distanziert er sich von der kommunistischen Vergangenheit seines Landes. «Putin verkörpert die Revanche derer, die den Niedergang der UdSSR und ihre Umwandlung in eine Demokratie nicht gestützt haben», resümiert Michel Eltchaninoff.[70]

Auch Dugin folgt dieser philosophischen Strömung. Ihm zufolge ist die Militärintervention in der Ukraine notwendig, «um die moralische Autorität Russlands zu retten». In seiner weiteren Entwicklung wird das Konzept Neurussland mit Wladimir Putins Expansionsplänen assoziiert. Neurussland zu vollenden, wird 2022 zum offiziellen Ziel der russischen Armee nach ihren Misserfolgen in der Nordukraine und dem Beginn der zweiten Phase ihrer Offensive.

Gewalt, furchtloser Nationalismus, Identifizierung der Ukraine als Land oder Territorien, die in den Schoß Russlands zurückkehren müssen: dieser ideologische Rahmen eint die Männer der Wagner-Truppe um ein Ideal. Und was spornt Truppen besser an als ein gemeinsames Ziel?

Damit sind nunmehr alle Voraussetzungen gegeben, damit ein Mann aus den Hinterzimmern des Kremls den Platz des Ehrenretters einnehmen, Streitkräfte in die Schlacht führen, Russland verteidigen und obendrein noch seine Geschäfte vorantreiben und sich bereichern kann.

2

Vom Koch zum Condottiere: Prigoschins seltsames Schicksal

«Wer ein Messer am Gürtel trägt, ist noch kein Koch.»
Russisches Sprichwort

1961. Der Schatten des Eisernen Vorhangs liegt über Europa, Sankt Petersburg heißt noch Leningrad, und die Russen schicken ihr erstes bemanntes Raumschiff ins All. 1961 ist auch das Jahr des Eichmann-Prozesses in Jerusalem. Im Juni setzt sich der Tänzer und Choreograf Rudolf Nurejew in den Westen ab. Und am 1. Juni wird auch Jewgeni Prigoschin in Leningrad geboren. Der Lebensweg dieses Sohns eines Bergbauingenieurs wird die russische Politik des 21. Jahrhunderts prägen. 1977 schließt der junge Jewgeni eine Sportakademie ab und versucht sich als Langlauf-Wettkämpfer. «Manchmal lief ich an einem Tag 50 Kilometer. Allein kann ich sehr große Strecken zurücklegen», erklärt er in einem Interview mit dem Sankt Petersburger Magazin *Gorod 812.*[1] In den 1980er-Jahren arbeitet er als Skilehrer in der Sportschule der Oblast Krasnogwardeisk.[2]

Prigoschin wendet sich vom Sport ab, um an der Leningrader Akademie für Chemie und Pharmazie zu studieren. Das Jahr 1979 wird zum Wendepunkt seiner Karriere. Am 29. November verurteilt ihn ein Bezirksgericht[3] wegen Diebstahls zu zweieinhalb Jahren Gefängnis auf Bewährung. In einer Nacht im März 1980 folgt Jewgeni Prigoschin einem Mädchen in eine dunkle Straße und stiehlt ihr den Mantel. Er packt sie, sie schreit, wehrt sich. Er legt ihr die Hände an die Kehle, würgt sie und zieht sie noch tiefer in eine Gasse. Sie wird bewusstlos. Als sie wieder zu sich kommt, fehlen ihr die Ohrringe und sogar ihre Stiefel. Mit 20 Jahren wird er erneut rückfällig, holt ihn kurz nach der Freilassung eine schwerere Straftat ein: Bandenraub, Betrug und Prostitution Minderjähriger. Prigoschin plädiert nicht auf unschuldig und bekommt weitere zwölf Jahre hinter Gittern aufgebrummt. Neun Jahre davon sitzt er ab, bis er nach einer Anrufung des Obersten Gerichts im Frühjahr 1990 freikommt.

Der Mauerfall und der Untergang der UdSSR kommen dem künftigen Oligarchen entgegen. Nach seiner Freilassung entdeckt er sein Talent als Geschäftsmann. Von einer Reise in die USA 1993 kommt er mit einer Idee zurück: Gemeinsam mit seinem Stiefvater (seinen eigenen Vater hat er im Alter von neun Jahren verloren) gründet er ein Unternehmen als Hotdogverkäufer. «Zu schade, dass damals keine Werbeprospekte gedruckt wurden. 1990 war ich in Leningrad der Erste, der Hotdogs verkaufte. Der Senf wurde in meiner Wohnung angerührt – in der Küche, wo meine Mutter Geldscheine zählte – ich verdiente 1000 Dollar im Monat, in Rubel waren das ganze Berge.»[4] Prigoschins Geschäfte florieren. Er wird zum Direktor von Kontrast, der ersten Supermarktkette in der ehemaligen Zarenhauptstadt, eröffnet von seinem Klassenkameraden, dem Unternehmer Boris Spektor. Seine mobilen Verkaufstresen sind sehr beliebt, die Kunden strömen aus der ganzen Stadt herbei. Kirill Siminow, ein Freund mit Berufserfahrung als Abteilungsleiter in einem Kaufhaus, den er bei Kontrast kennengelernt hat, wird 1993 kaufmännischer Leiter, Prigoschin übernimmt die Finanzen. Beiden wird als Option eine 15-prozentige Beteiligung an dem Unternehmen zugesichert.

Mitte der 1990er-Jahre erlebt Russland eine rapide Liberalisierung. Die Staatsbetriebe gelangen in die Hände von Leuten, die der Macht nahestehen. Boris Jelzin versucht, den wankenden Koloss der Ex-UdSSR aufrecht zu halten. Prigoschins Arbeitsbeziehung ist zu einer Freundschaft geworden. Seinem Geschäftspartner Siminow, dem Mitgründer seiner ersten Unternehmen, steht er sehr nah, beide besitzen Wohnungen im selben Block. Acht Jahre lang fahren sie im selben Auto zur Arbeit.[5]

Als an den Ufern der Newa die Glücksspielszene Fuß fasst, sind die Unternehmer Igor Gorbenko, Boris Spektor und Jewgeni Prigoschin zur Stelle. Dem Sankt Petersburger Handelsregister zufolge eröffnen sie Anfang der 1990er-Jahre das erste Spielcasino im Venedig des Nordens. Daneben gründen sie mehrere Handelsgesellschaften (CJSC Spektr, CJSC Viking, LLC Contrast Consulting), bei denen Prigoschin als Gründer und Direktor firmiert. Die Aktivitäten der registrierten LLCs und CJSCs[6] lauten auf Einzelhandel, Gastronomie, Geldspiel, Marketing, Bau- und Installationsgewerbe, Außenhandel.[7]

Gemeinsam mit seinem Freund Kirill eröffnet Prigoschin 1996 eines der ersten Edelrestaurants in Sankt Petersburg, das *Staraja Tamojnia* («Alte Zollstation») am Ufer der Newa, direkt im Gebäude der Kunstkammer. Den Kern ihrer Gäste bildet die künftige Elite des Landes. Zu ihnen gehört der enge Kreis um Anatoli Sobtschak, von 1991 bis 1996 Bürgermeister der Stadt; regelmäßig kommt er mit einem seiner getreuen Berater, einem gewissen Wladimir Putin. Damals werden bei einem Salat mit Kamtschatkakrabben oder bei Kaviar-Blini mit Wodka die lukrativsten Verträge ausgehandelt und immer festere Bündnisse geschmiedet. Die Kasse klingelt, die Investition von 350 000 Dollar ist innerhalb von fünf Monaten hereingewirtschaftet. Ab Mitte 1997 tilgen die Geschäftspartner alle ihre Kredite und Schulden, und zu Weihnachten verdienen sie ihre erste Dollarmillion. *Staraja Tamojnia* findet sowohl bei den Gästen als auch bei den städtischen Behörden großen Anklang.

Wenig später wird Prigoschin in einem der Palais der Grafen Stroganow am Newski Prospekt das Restaurant *Russki Ampir* (‹Russisches Reich›) einrichten. Ein Jahr nach der Eröffnung dieser Restaurants gehen Siminow und sein Geschäftspartner nach dem Modell ihrer Pariser Kollegen vom Seine-Ufer ihr nächstes Projekt an: Sie kaufen einen rostigen Kahn, der an der Wjatka vor Anker liegt. 385 000 Euro investieren sie in den Aus- und Umbau zu einem Restaurant, das sie *New Island* nennen. Schnell entwickelt es sich zu einer der hippsten Locations von Sankt Petersburg, in der sich Geschäftsleute, Beamten der Stadtverwaltung und der Staatsregierung die Klinke in die Hand geben. Zur Sankt Petersburger Elite gehört wieder Wladimir Putin, bald ein Stammgast. In dieser Zeit ist Sankt Petersburg in ganz Russland die Stadt mit den meisten Verbrechen; Banditen und Politiker machen dort Geschäfte, und unter ihnen Prigoschin.[8]

Wenn man besser verstehen will, was in Jewgeni Prigoschins Kopf vorgeht, lohnt sich ein Blick auf die Kulturgeschichte der Kriminalität in Russland. Bis zur Oktoberrevolution 1917 besteht bei den Kriminellen ein Ehrenkodex, der ihnen verbietet, eine Familie zu gründen, einen festen Wohnsitz oder Geld zu besitzen. Ganz oben in dieser Pyramide stehen die *wory w zakone* oder «legitime Diebe». Sie sind freie Männer mit einem festen Kodex. Die Gestalt des ehrbaren Diebes und der von ihnen begründete Mythos werden bei der russischen Revolution instrumentalisiert. Die Bolschewiken nutzen diese Ideologie in ihrem Kampf, aber als der vorüber ist, deportieren sie die Kriminellen und sperren sie in den künftigen Archipel Gulag, um Alexander Solschenizyns Buchtitel zu zitieren.

In den 1930er-Jahren beschleunigen sich die großen Säuberungen, bei denen Regimegegner und Kriminelle gleichermaßen deportiert werden. Ihren Höhepunkt erreichen sie unter Stalin (1922–1953) mit den Massenverhaftungen durch die politische Polizei. In den Arbeitslagern sammeln sich die *seki* (Lagerhäftlinge) und Gruppen von *wory* (Bandenchefs) und Kleinkriminellen. Nach dem Zweiten Weltkrieg verliert sich die Tradition. Die *wory* verbünden sich mit der Kommunistischen Partei und streben vor allem nach Profit. Unter dem Schutz des politischen Systems und der Ordnungskräfte weiten die Anführer dieser Mafia im Lauf der Jahrzehnte ihre Macht aus. Um seinen Einfluss zu legitimieren, beruft sich dieses Milieu auf die traditionellen Werte der Kriminellen. Ungeachtet der neuen Verbindungen zu korrupten Behörden und anderen kriminellen Gruppen lebt der Mythos fort. Als wichtiges Erkennungszeichen geben die Tätowierungen eines Kriminellen Auskunft über seinen Status, seine Verurteilungen und Gefängnisaufenthalte. Wer sich Tätowierungen stechen lässt, die ihm nicht zustehen, oder sich nie begangener Verbrechen rühmt, sinkt in der Gefängnishierarchie auf dieselbe niedrige Stufe ab wie Sexualstraftäter. Bei einem der Prozesse in seiner Jugend stellt Prigoschin die Spuren seiner Haft zur Schau: Auf seinem Rücken prangt ein Frauenkörper im Stil der 1990er-Jahre.[9]

Der Übergang zur Marktwirtschaft steht in diesem Jahrzehnt unter dem Vorzeichen des brutalen Geschäftssinns, wie ihn die *wory* verkörpern. Diese Kultur des brachialen Unternehmertums wird ins Ausland exportiert und entwickelt sich heute grenzüberschreitend. Prigoschin übernimmt dessen Codes und dessen Werte.

Als Präsidenten erlebt Prigoschin Wladimir Putin erstmals im Jahr 2000 bei einem Staatsbesuch des japanischen Premierministers Yoshiro Mori in Sankt Petersburg.[10] Im Folgejahr lädt Putin Gerhard Schröder und Jacques Chirac ins *New Island* oder ins *Staraja Tamojnia* ein. Außerhalb des Protokolls erkundigt sich Chirac unerwartet nach den Bauten der Zarenstadt, vor denen das Schiff ankert, aber an Bord befindet sich niemand, der Auskunft geben kann. Als Retter in der Not betätigt sich Siminow spontan als Fremdenführer und schildert dem französischen Staatspräsidenten die Geschichte der Zarenstadt und ihrer großartigen Baudenkmäler.[11] Es sind die Jahre, in denen die deutsche Russlandpolitik vom «Wandel durch Annäherung» zum «Wandel durch Handel» übergeht. Dahinter steht der Gedanke, Russland in ein Handelsnetz mit so großem Mehrwert einzubinden, dass es nicht in Versuchung kommt, diesen durch Militäroperationen zu gefährden. Man denkt dabei natürlich an Wagnisse der Gaslieferungen und an Nord Stream.

Nach der Legende, die der Oligarch selbst nährt, nutzt er dieses Ereignis, um den Kreml-Chef besser kennenzulernen und erste feste Bindungen zu knüpfen. Wobei er 2023 eine neue Geschichte erzählt, nach der er mit Putin erst in Kontakt kam, als er sich in Moskau niederließ: «Ich hatte ein prosperierendes Gastronomieunternehmen. Die besten Restaurants in Sankt Petersburg, weitere Restaurants in Moskau. Wie es sich für einen gut erzogenen Gastgeber gehört, ging ich, wenn Putin dorthin kam, zu ihm und begrüßte ihn. Das erklärt die vielen [gemeinsamen] Fotos.»[12] Im Mai 2002 dinieren George W. Bush und seine Frau Laura mit dem russischen Präsidenten in einem dieser Lokale.[13] Die Menüfolge: Entenleberpastete und Gewürzkuchen mit Pflaumen und Portwein-Karamell, schwarzer Kaviar auf Eis, gebratenes Rinderfilet mit schwarzem Trüffel an frischen Morcheln und Babykarotten in Vogelbeerensud, zum Dessert eine Blätterteigschnitte mit Himbeerfüllung. Ein Dokument, das nach einem Datenleak durch das Magazin *The Intercept* veröffentlicht wurde, enthält eine lange Liste der Regierungschefs, die Prigoschin bediente: Sie reicht vom Schweizer Bundespräsidenten Didier Burkhalter über den damaligen portugiesischen Ministerpräsidenten José Manuel Barroso, Kanzlerin Angela Merkel und den österreichischen Bundeskanzler Wolfgang Schüssel bis zu Prinz Charles (dem späteren britischen König Charles III.).[14]

Es ist der Beginn einer langen, diskreten und profitablen Freundschaft. Prigoschin wird noch öfter Gelegenheit haben, den Präsidenten zu empfangen, wenn der seinen Geburtstag feiert und Staatsbankette veranstaltet. «Wladimir Putin hat gesehen, wie ich mein Unternehmen aus dem Nichts aufgebaut habe. Er hat gesehen, dass ich keine Angst hatte, zwei gekrönte Häupter zu bedienen. Schließlich waren sie meine Gäste.»[15] Seine Ehrengäste bedient er, übrigens bis zu seinem Tod, stets persönlich. Bei den elitären Gästen hat er große Erfolge, im Mai 2008 ergattert er den Catering-Auftrag für die Bewirtung beim Amtsantritt von Präsident Dimitri Medwedew. Im Kreis der führenden Kreml-Granden wird der charmante Prigoschin wie ein Familienmitglied aufgenommen. Er erhält Zugang zum engsten Zirkel der Macht.

Im September 2010 nimmt Wladimir Putin an der Einweihungsfeier der Fabrik von Konkord Culinary Line vor den Toren von Sankt Petersburg teil. Das ist ein Erfolg für Prigoschin, der um die Finanzierung dieses Mammutprojekts schwer ringen musste. «Als ich beschlossen hatte, mich im industriellen Rahmen zu engagieren, habe ich Watwijenko [Anm.: Vorsitzende des russischen Föderationsrates][16] ein Angebot gemacht, das sie abgelehnt hat. Ich bin zu Beglow[17] gegangen, er ist zu Medwedew gegangen, der zu Putin. Das läuft schon ziemlich lange. Ich habe in das landesweite Projekt die Schulkantinen mit eingeschlossen. Ich habe viel getrunken bei endlosen Sitzungen mit Dworkowitsch,[18] ich habe vergeblich 1 Million (und keine Rubel) mit den Deutschen ausgegeben, mir wurde klar, dass das Projekt meine romantischen 10 Millionen Euro vom Anfang überstieg. Die Wneschekonombank gab mir einen Kredit.»[19] Die Baukosten belaufen sich auf etwa 51 Millionen Euro, 41 davon stammen aus einem Förderkredit der Wneschekonombank. Von dieser staatlichen Bank einen so hohen Kredit zu erhalten, ist außergewöhnlich; in so großzügigen Summen fließen Kredite sonst nur in die Bauprojekte für die Olympischen Winterspiele in Sotschi (2014). Die Fabrik wird eigens für die Belieferung von Schulkantinen errichtet.

Sobald die Sankt Petersburger Eltern merken, dass ihre Kinder Industriefraß und Fertigprodukte vorgesetzt bekommen, gehen sie gegen Konkord auf die Barrikaden, schon die vorgerückten Haltbarkeitsdaten sämtlicher Lebensmittel empören sie. Fast ein Jahr später läuft in der Nachrichtensendung *Westi* des staatlichen Fernsehsenders Rossija 1 eine Reportage über mehrere Schulen in der Stadt, die wegen Konkord gar kein Essen mehr bekommen. Nach diesen Zwischenfällen legt Prigoschin seine Fabrik still.

Doch aufhalten lässt er sich von diesem Missgeschick nicht. Ein neues Standbein findet der Unternehmer, als der Kantinenbetrieb und der Reinigungsdienst der Armee ausgelagert werden sollen. Bis 2010 kochten die Militäreinheiten selbst, für die Küchenarbeit wurden Rekruten abgestellt. Verteidigungsminister Anatoli Serdjukow (2007–2012) setzt mehrere Reformen in Gang und begründet eine neue Industrie mit einem jährlichen Umsatz von etwa 50 Milliarden Rubel (714 Millionen Euro).[20] Anfangs organisiert Prigoschin eine Handvoll Kantinen für den Generalstab und im Verteidigungsministerium. Das System passt, der Service gefällt. 2012 unterzeichnet Wladimir Pawlow, der Chef der Voentort,[21] einen Vertrag, der über 90 Prozent aller Lebensmittelbestellungen für die Soldaten an Firmen vergibt, die mit Jewgeni Prigoschin assoziiert sind. Der Vertrag läuft über zwei Jahre, sein Umfang beträgt 92 Milliarden Rubel (1,3 Milliarden Euro). Diese rentablen Aufträge aus dem Kreml bilden fortan die Grundlage seines Vermögens und bringen ihm den Spitznamen «Putins Koch» ein. Prigoschin ist nun Teil der kleptokratischen Struktur im Kreml.[22]

Der Aufstieg des Kochs

Auf dem Höhepunkt seiner Karriere als Gastronom legt Prigoschin sich einen Privatjet zu, eine Yacht mit dem hübschen Namen *Sankt Vitamin*, und er besitzt eine Sammlung von Luxusautos.[23] Alles das genießt er mit seiner Frau und seinen Kindern. Seine Küchen sind überall. Im Verteidigungsministerium gibt es Streit um die Ausschreibungen. Schoigu betrachtet das Ministerium als seinen Hoheitsbereich und glaubt sich im Recht, zu bestimmen, wer die meisten Verträge erhält. Doch die Firmengruppe Konkord kann mit Putins Segen immer mehr Ausschreibungen für sich gewinnen. Prigoschin fährt nicht nur Verträge für die Lieferung von Lebensmitteln ein, sondern auch für Reinigungsdienste und sogar den Bau von Militärlagern. Natürlich sträubt sich der Minister, fühlt er sich doch um eine informelle Ressource gebracht, die ihm für seine persönliche Bereicherung versprochen war. Sergej Schoigu stoppt die Auslagerung der Armeeküchen. Die Regierung verlängert den Vertrag nicht mehr, und Prigoschin erhält «nur» 46 Milliarden Rubel (654 Millionen Euro) für einen Teil des Jahres 2013. Er sieht sich nach anderen Einkommensquellen um und wird den Affront des Ministers nicht vergessen. Ein großer Teil seines Vermögens aus dem Gastronomiebereich ist gemacht, aber die neuen Sektoren, die er jetzt entwickelt, werden ihn noch reicher machen.

Es kommt zu den ersten engen Verbindungen des Oligarchen mit den *Silowiki*, den Männern, die im Besitz der mächtigsten Amtsgewalt sind: der Waffengewalt. Häufig sind sie Repräsentanten staatlicher Organe, die an Missionen der Nachrichten- und Sicherheitsdienste oder der Streitkräfte beteiligt sind. Wenn entscheidende Posten zu besetzen sind, greift der russische Präsident gern auf Angehörige dieser Elite zurück. Seit 2012 stärkt Wladimir Putin die aus den Militär- und Sicherheitskreisen stammenden *Silowiki* und schwächt reformorientierte Technokraten.[24] Wladimir Putin baut einen extrem verdichteten inneren Sicherheitsapparat auf, mit dem er auch gegen abtrünnige Oligarchen vorgehen und so seine Herrschaft schützen kann. Die Macht im Kreml konzentriert sich um drei Zirkel, die beim Präsidenten Gehör finden: Neben *Silowiki* und Oligarchen ist das noch das Lager derer, die um jeden Preis den Krieg in der Ukraine befürworten, etwa der tschetschenische Präsident Ramsan Kadyrow oder Jewgeni Prigoschin. Mit den Ereignissen von 2023 sichert sich der Präsident von Belarus, Alexander Lukaschenko, der häufig als Marionette des Kreml bezeichnet wird, die Aussicht auf neue Marktanteile. Wie 1939 bleibt Russland auch heute in seinen Handlungen unvorhersehbar. In einer Radioansprache sagte Winston Churchill damals: «Russland ist ein Rätsel, umgeben von einem Mysterium, das in einem Geheimnis steckt. Doch vielleicht gibt es einen Schlüssel. Dieser Schlüssel ist das russische Nationalinteresse.»

2012 bis 2016 weitet Prigoschin seine Gastronomieaktivitäten weiter aus; bis 2018 ist sein Konzern der größte Catering-Anbieter Russlands. 2014 investiert Putins Koch diskret in die Gründung der Gruppe Wagner und unterstützt ihren Ausbau, hält sich dabei aber immer im Hintergrund. Neben diesen paramilitärischen Aktivitäten investiert er einen weiteren Teil seiner Mittel in Aktivitäten der politischen Manipulation. Der Vorwurf, er habe die US-Wahlen 2016 manipuliert, ist dabei nur die Spitze des Eisbergs. Journalisten decken auf, dass er hinter der berühmten Trollfabrik im Sankt Petersburger Stadtteil Olgino steckt. Neben seiner Rolle als regierungsnaher Geschäftsmann verdient er also auch den Titel «Einflussunternehmer». Die von Magnaten wie ihm betriebenen Geschäftsbereiche wie Reputationsmanagement und strategische Öffentlichkeitsarbeit haben ein wichtiges Merkmal gemeinsam: Es handelt sich um Cyber-Aktivitäten. Die Unternehmer erstellen Websites und Fake-Profile und organisieren Einfluss-Kampagnen in den sozialen Netzwerken. Damit wollen sie den Interessen ihrer Kunden in der Regierung dienen und gleichzeitig ihr wirtschaftliches oder politisches Kapital bei diesen Behörden steigern. Allerdings hinterlassen diese Aktivitäten digitale Spuren, die frei zugänglich sind und über die sich einige ihrer Taktiken detailliert dokumentieren lassen.

Es ist also keine Überraschung, dass Prigoschin 2019 die Leitung der Patriot Media Group übernimmt, des offiziellen Schaufensters seines Einflussunternehmens. Um es klar zu sagen: Seine Fake News-Fabriken, seine «patriotischen» Medien und seine Privatmiliz machen ihn zu einem Unternehmer, der Russlands geopolitischen Interessen dient. Er beeinflusst Meinungen zu dessen Gunsten und überzeugt so in labilen Gesellschaften die Massen von der Notwendigkeit einer russischen Intervention und der Sicherung des Landes durch seine Leute.

Wie der Aufbau der Gruppe Wagner im Einzelnen vor sich ging, bleibt unklar und schlecht dokumentiert. Russische Oppositionsmedien wie *Nowaja Gaseta, Medusa* oder *Fontanka* versuchten zwischen 2014 und 2022, Prigoschins Beteiligung daran aufzuklären. Vergeblich. Nach seinen Recherchen wird der Gründer der Internetplattform Bellingcat, Eliot Higgins, verklagt, weil er einen Artikel publiziert hat, in dem der Oligarch als Wagner-Gründer bezeichnet wird. Erst am 26. September 2022 veröffentlicht Prigoschin auf seinen eigenen Social Media-Kanälen eine Erklärung, in der er eine Verbindung zu der Truppe einräumt.[25] In der Tat markiert der Herbst 2022 eine Wende. Fast zeitgleich schreibt Prigoschin sich in zwei Veröffentlichungen eine offizielle Funktion zu: Nach seiner Inszenierung der Häftlingsrekrutierung bestätigt er, dass er der Anführer der Gruppe ist. Wieder einmal schreibt er seine Legende um und geht dabei zurück bis zu den ersten Erwähnungen Wagners in der russischen Presse und den Spezialzeitschriften. «Dann bin ich zu einem der Schießplätze geflogen und habe die Dinge selbst in die Hand genommen. Ich habe persönlich die alten Waffen gereinigt, ich habe persönlich die schusssicheren Westen sortiert, und ich habe Spezialisten aufgetrieben, die mir auf diesem Gebiet helfen konnten. Seit diesem Moment, dem 1. Mai 2014, formierte sich eine Gruppe von Patrioten, die später den Namen ‹Wagner› annahm.»[26] Damit ist die Bestimmung der Truppe für immer an die Besetzung der Krim und an die Kämpfe in den Separatistengebieten gebunden. Prigoschin ergänzt: «Ihr Mut und ihre Tapferkeit haben die Befreiung des Flughafens von Lugansk und zahlreicher weiterer Gebiete ermöglicht und das Schicksal [der Volksrepubliken Lugansk und Donezk] radikal verändert.»[27] Endlich erklärt er sich zu ihrem Gründer.

Die Verbindung zwischen Wagner und anderen privaten Militärunternehmen lässt sich direkt nachverfolgen, und zwar über die strategischen Netzwerke von Staatsbetrieben und Höflingen mit Verbindungen zu den Sicherheitsdiensten, diese *Silowiki*, die unter Putin immer mehr Einfluss gewannen. Für private Investoren wird die Finanzierung von Paramilitärs ein Mittel, um ihre Loyalität zu beweisen und so etwa eine engere Zusammenarbeit mit dem Verteidigungsministerium zu erreichen. Während sich die gesamten für das Verteidigungsministerium und seine Ableger erbrachten Dienstleistungen durch Unternehmen aus Prigoschins Netzwerk im Jahr 2014 auf Umsätze von 7,15 Millionen Euro belaufen, erreichen diese Verträge 2015 bereits einen Umfang von 850 Millionen Euro.[28]

Jewgeni Prigoschin, den seine engsten Mitarbeiter als sehr emotional beschreiben,[29] wird seine gesamte Energie in das gigantische Projekt Wagner und seine nationale Note stecken. Er verfolgt dabei die Interessen des Kremls, vor allem aber seine eigenen – die Grenze ist schwer zu ziehen, ja geradezu unsichtbar.[30] Prigoschins Leben gleicht einem grotesken Schelmenroman: Er ist Gauner, Knastbruder, Händler, Höfling beim Zar, Verräter.

3

Die Wagner-Triade

> «Das Militärunternehmen, das Kombattanten rekrutiert, nennt nicht seinen Namen. Es taucht nicht in den Büchern auf und nicht in den entsprechenden Registern, […] man kennt es unter dem Namen ‹PMC Wagner›.»
>
> *Denis Korotkow, Fontanka, Oktober 2015*

Denis Korotkow, ehemaliger Sankt Petersburger Polizist und inzwischen als Investigativjournalist tätig, erhält im Spätsommer 2015 eine Nummer, bei der er anrufen soll. Der Gesprächspartner führt im Rahmen der russischen Beteiligung am Syrien-Krieg merkwürdige Rekrutierungsgespräche durch. In einem der allerersten Artikel, in denen der Name Wagner auftaucht,[1] gibt der Journalist detailliert sein Telefonat wieder:

«Guten Tag, ich habe gehört, ich kann hier wegen einer Anstellung anfragen.»

«Was für eine Arbeit interessiert Sie denn, auf welchem Gebiet?»

«Arbeit im Ausland. Ich glaube, es geht um Syrien.»

«In welchem Bereich?»

«Ich bin MG-Schütze. Ich habe viel Erfahrung.»

«Haben Sie einen Pass?»

«Ja.»

«Irgendwelche Probleme mit der Justiz?»

«Nein, nicht vorbestraft, keine alten Geschichten, Deserteur bin ich auch nicht.»

«Stellen Sie mir Fragen, was wollen Sie wissen?»

«Was mich interessiert? Die Reisedaten, die Bezahlung, die Aufgaben.»

«Einjähriger Vertrag, bis zu sechs Monate im Einsatz. Die Bezahlung ist gut.»

«Ich habe von 80 000 Rubel pro Woche gehört, und von einem Zuschlag für Kampfeinsätze.»

«Da hat man Sie falsch informiert. Wir zahlen nicht pro Woche, sondern pro Monat. Für das Training auf dem Schießplatz 80 000 Rubel im Monat. Auf ‹Geschäftsreisen› 120 000. Und bei … intensiven Aktionen 240 000. So läuft es. Aber bevor Sie herkommen, müssen Sie Eignungstests absolvieren. Kondition, Gesundheitscheck und in Ihrem Fach.»

«Werde ich bei Bedarf in einem anderen Fach eingesetzt?»

«Nein, gar nicht. Wir testen in allen Bereichen. Wenn Sie MG-Schütze sind, werden Sie an Schusswaffen getestet.»

«Mit wem werden die Verträge geschlossen?»

«Das spielt keine Rolle.»

«Ich bin in Sankt Petersburg. Wen soll ich kontaktieren?»

«Wenn Sie denken, Sie erfüllen unsere Kriterien und bestehen die Tests, kommen Sie nach Molkin in der Region Krasnodar.»

«Kann ich dann unter dieser Nummer anrufen?»

«Ja.»

So also entsteht die Legende, die sich zusammensetzt aus Geheimnissen, viel Testosteron und dem Mythos des einsamen Soldaten auf Mission in fernen Ländern. Diese drei Zutaten bilden die Grundlage des Söldnerunternehmens. Wagner besteht ganz überwiegend aus Männern. Und wer verkörpert den Menschenschlag in der Organisation besser als ihr offizieller Anführer? Auf einem Foto von 2016 überragt er Putin um einen Kopf, die Vollglatze spannt sich über harten Zügen: Dmitri Utkin ist die Ikone des Unternehmens, und doch ist seine Gestalt geheimnisumwoben. Erster Aspekt seiner Persönlichkeit, und der ist nicht ohne: Er ist ein großer Bewunderer des «Dritten Reichs» und Adolf Hitlers, und diese Bewunderung trägt er offen zur Schau. Auf den seltenen Bildern zeigt er Tätowierungen mit SS-Insignien. Der gelernte Pilot ist um die fünfzig und ein großer Fan von Hubschraubern[2] und *Apocalypse Now.* Der Film und seine Musik ist einer der Gründe, weshalb er den Kampfnamen «Wagner» gewählt hat – Richard Wagner war Hitlers Lieblingskomponist, aber der Name verweist auch auf den Wehrmachtgeneral Eduard Wagner, der als Generalquartiermeister des Heeres die an Massenmorden beteiligten Einsatzgruppen der Sicherheitspolizei und des SD mit koordinierte, bevor er sich dem Widerstand gegen Hitler anschloss. Zahlreiche interne Dokumente der Gruppe Wagner sind von Utkin mit der «Sigrune» unterzeichnet, die auch die SS benutzte.[3] 2023 decken die *Wagner Leaks*[4] außerdem auf, dass viele der eingesetzten Passwörter mit 1488 enden – ein weiterer Hinweis auf rechtsextreme Gruppierungen.[5] Eine Absurdität, wenn man bedenkt, dass Wladimir Putin seit dem Beginn des russischen Angriffskriegs in der Ukraine 2022 seine «Spezialoperation» als Entnazifizierungskampagne rechtfertigt.

Dmitri Utkins genauer Werdegang ist schwer nachzuzeichnen. Als Berufssoldat kommandiert er bis 2013 die 700. Einheit der 2. Spezialaufklärungsbrigade des GRU, die in Petschory in der Oblast Pskow nahe Sankt Petersburg stationiert ist.[6] Nach Aufenthalten in Afghanistan und Tschetschenien soll er den Dienst als Oberstleutnant in der Leitung des GRU quittiert haben und zum privaten Sicherheitsdienstleister Moran gegangen sein. 2013 nimmt er vom Basislager Hongkong aus am Syrien-Einsatz des *Slawischen Korps* teil,[7] das an der Seite Assads kämpft. Im selben Jahr wird er gar von den staatlichen russischen Sicherheitskräften verhaftet, doch nach dem Beginn der Angriffe auf die Ukraine im Jahr darauf greift der Kreml auf seine Dienste und seine Mannschaft zurück. Seit Frühjahr 2014 ist Utkin besser bekannt unter seinem Kampfnamen Wagner, den er für seine Funkkontakte verwendet. Er kommandiert eine Einheit. Sein Name fällt in mehreren Dokumenten des Unternehmens von Jewgeni Prigoschin im Zusammenhang mit einer 150 bis 200 Mann starken Truppe, die für sein

Unternehmen kämpft. Auf der Krim ist Utkins Einheit bei einer Entwaffnungsmission der ukrainischen Soldaten im Einsatz, die den russischen Truppen auf der Halbinsel keinen Widerstand geleistet haben.

Die Begründung des Mythos

Die verfügbaren Informationen über Utkin sind wie Bruchstücke eines Mosaiks, die sich nicht immer zu einem Gesamtbild zusammenfügen lassen. In dem, was bekannt ist, sieht man einen kampferprobten Soldaten mit knallharter Ideologie. Das russische Online-Medium *Daily Storm*[8] identifiziert eine erste Einheit Dmitri Utkins: die Militäreinheit 64044, oder die 2. Spezialaufklärungsbrigade des GRU. Utkin wird von der Funk-Spezialistin Diana Grintschischina begleitet. Nach Einsatzende ziehen die beiden zusammen und sind im Einzelhandel tätig. Sie geht daraufhin in die Politik, Dmitri Utkin dagegen macht den nächsten offiziellen Schritt seiner Karriere: Er tritt dem Sicherheitsdienst Moran bei – und wird bis an sein Lebensende im Waffendienst bleiben.

Aus den Daten einer Recherche von Bellingcat 2020 geht hervor, dass Oberst Utkin bei der Gründung dieser Privatarmee nicht an der Spitze der Truppen stand.[9] Am wahrscheinlichsten ist die Hypothese, dass er tatsächlich als Lockvogel diente, mit dem sich ihr staatlicher Ursprung verschleiern ließ. Anders gesagt: Wenn Wagner von der Gestalt Utkins verkörpert wird, kann der Kreml als Auftraggeber handeln und Prigoschin als Financier und Direktor. Fassen wir alle bisher gesammelten Puzzleteile zusammen, so fügt sich dieses neue Element perfekt ins Gesamtbild. Die Gestalt des so brutalen wie charismatischen Manns ist sehr praktisch. Sie dient der Rekrutierung, sie verschreckt den Feind und liefert eine Prise Mysterium. Sie baut die Marke Wagner auf, bis hin zum Symbol des Vorschlaghammers, der bei standrechtlichen Hinrichtungen von Verrätern zum Einsatz kommt.

Es ist belegt, dass eine der Einheiten, die in den Donbass vorrückte, tatsächlich die von Dmitri Utkin war. Nach den ersten Schlachten werden diese Gruppen unter Kontrolle gebracht, einige auch aufgelöst. Die von Wagner gesteuerte Einheit hat sich als effizient erwiesen; jetzt geht es darum, sie zu erweitern. «[Utkin] ist insgesamt ein harter Mann, kein Drückeberger», erinnert sich einer seiner Kommandanten.[10] In Syrien erscheint Utkin mit nacktem Oberkörper an den von seinen Männern gehaltenen Positionen in Palmyra. Einem Oberkörper, an dessen Schulter ein Hakenkreuz prangt. Er trägt einen gehörnten Helm und soll ein Anhänger des Rodismus[11] sein: Auch diese Elemente sind für seine Mystifizierung sehr nützlich. Dabei ist Utkin gar nicht der Anführer der Truppe, sondern kommandiert nur eine ihrer Brigaden.[12]

Die zahlreichen Gerüchte über Utkin tragen dazu bei, dass er zur Legende, zum Mythos wird. Als der Mythos über die Medien weit verbreitet worden ist, ist von Dmitri Utkin in der Öffentlichkeit lange nichts mehr zu hören. Bellingcat wird beweisen, dass er bis Ende 2019 weiterhin gelegentlich zwischen Sankt Petersburg und Krasnodar unterwegs ist.[13] Es gibt Behauptungen, Dmitri Utkin sei im Januar 2016 bei Donezk getötet worden. Andere haben ihn lebend gesehen. Wenige Monate später wird er in Syrien lokalisiert, oder im Trainingslager Molkin.[14] Obwohl er an den Aktivitäten der Truppe operativ offenbar nicht mehr beteiligt ist, verschwindet sein Name nie aus den Medien. Ende 2015 zieht sich die Gruppe Wagner provisorisch aus der Ukraine zurück und wird nach Syrien entsandt. Erst 2017 wird die Verbindung zwischen Prigoschin und Utkin offiziell, als die russische Presse berichtet, dass Dmitri Utkin als Führungskraft bei Konkord tätig ist.[15] Tatsächlich wird wenige Monate nach der Veröffentlichung eines Fotos, das ihn mit Putin und den ordensgeschmückten Wagner-Kämpfern Ratibor und Sedoi zeigt, ein gleichnamiger Mann zum Generaldirektor von Konkord Management ernannt. Auf die Aufforderung russischer Medien, ihre vermeintlichen Verbindungen zu kommentieren, erklärt Prigoschin: «Die Ernennung von Dmitri Utkin – der in unserem Konzern bisher noch keine Stellung innehatte – ist eine private Personalie.» Er erklärt sogar, er habe keine Kenntnis von der Existenz eines solchen Unternehmens, das, so Prigoschin, «nach dem russischen Gesetz gar nicht legal wäre». Es ist das reinste Katz-und-Maus-Spiel: Die Medien finden Informationen, die postwendend dementiert werden.[16]

Anfang 2019 steht Dmitri Utkin bereits seit Jahren im Rampenlicht, sowohl wegen seiner Teilnahme am Kreml-Empfang 2016 als auch wegen seiner Sanktionierung durch die USA. Möglicherweise ist das der Grund dafür, dass er an den Afrika-Kampagnen nicht beteiligt ist.[17] 2019 soll Oberst Utkin gemeinsam mit Waleri Sacharow, Sicherheitsberater des zentralafrikanischen Präsidenten und inoffizielle Schlüsselfigur der Marke Wagner, nach Ruanda fliegen, doch die Reise wird im letzten Moment abgesagt. Im September 2022 sahen angeblich Häftlinge einer Strafkolonie in Bataisk Prigoschin mit seinem Privathubschrauber und in Begleitung Utkins in der Strafanstalt landen.[18] Obwohl er üblicherweise diskret, ja geradezu unsichtbar ist, tritt der ehemalige Oberstleutnant Mitte Juli 2023 in einem letzten Video über die neue Basis der Gruppe Wagner in Belarus auf. Er ist alles andere als tot und motiviert die Truppen bei dieser neuen Etappe für das Unternehmen auf seine Weise: «Willkommen in der Hölle!»

Mythische Gestalten und heilige Regeln

An der Seite Utkins kommen weitere Gestalten groß heraus. So der Experte mit dem Alkoholproblem: Andrei Nikolajewitsch Troschew alias Sedoi («Grauhaar»). Ehemaliges Mitglied der russischen Streitkräfte, pensionierter Polizeioberst des SOBR (Sondereinheit der dem Innenministerium unterstehenden Nationalgarde), ehemaliger Fallschirmjäger. Als Veteran des Afghanistan- und der Tschetschenienkriege wurde er mit dem Heldentitel der Russischen Föderation ausgezeichnet,[19] ist Träger von zwei Rotbanner- und zwei Tapferkeitsorden und vertritt seit 2016 als Leiter des Veteranenverbands die Interessen von Veteranen lokaler Kriege und militärischer Konflikte in Sankt Petersburg. Im Juni 2017 erhält das Bild des Helden einige Kratzer, als er mit einer Alkoholvergiftung in einem Krankenhaus entdeckt wird; in seinem Gepäck finden sich Waffenlisten der Wagner-Truppe, Landkarten von Syrien, mehrere Millionen Rubel und mehrere Tausend Dollar.[20] Dieser Vorfall verhindert nicht, dass er im Sommer 2021 neben Utkin weiterhin als Leiter der Wagner-Aktivitäten geführt wird.[21] Troschew verlässt Wagner und geht zu Redut, dem konkurrierenden Dienst, der den im Sommer 2023 freigewordenen Markt übernehmen könnte. Dieses Unternehmen hat, so die Quellen auf seiner Wikipedia-Seite, in einem Jahr seine Belegschaft verdreifacht. 7000 Söldner kämpfen angeblich in seinen Reihen. Der eigentliche Redut-Chef ist Anatoli Karazi, den die GRU dort platzierte; das Geld kommt von dem Milliardär Gennadi Timtschenko und von Gazprom. Letzteres aus einem einfachen Grund: Geld. Das Erdgasunternehmen hat syrisches Gas und Erdöl im Auge. Gerüchten zufolge hat der Erbe des Wagner-Imperiums, Pawel Prigoschin, einer Abtretung der syrischen und libyschen Verträge an Redut bereits zugestimmt.

Regelmäßig zeigt sich an Troschews Seite Alexander Sergejewitsch Kusnezow alias Ratibor, auch er ein russischer Veteran. Er hat an der Spitze einer Einheit der Spezialkräfte in der Oblast[22] Moskau gedient, aus der die russischen Sondereinsatzkräfte hervorgehen. Im Sommer 2008 kommt Kommandant Kusnezow wegen des Verdachts auf Entführung und Diebstahl in Haft. 2010 wird er verurteilt und zur Verbüßung seiner Strafe in ein Arbeitslager in der Region Nischni Nowgorod geschickt. 2016 schließlich nimmt Kusnezow, damals als Mitglied von Moran, mit Utkin und Troschew im Kreml an dem Empfang teil, bei dem ihm und anderen für die Einnahme Palmyras ein Orden verliehen wird.[23] Ein solcher Wiederaufstieg ist alles andere als ungewöhnlich, sondern ausgesprochen bezeichnend. Es kommt regelmäßig vor, dass ein Ex-Offizier zunächst bei einem Unternehmen als Söldner tätig ist und nach einem Scheitern dieses Unternehmens den Arbeitgeber wechselt. Vergessen wir nicht, dass der bewaffnete Kampf für diese Männer ihr Beruf ist und dass sie dort hingehen, wohin die Verträge sie schicken.

Prigoschin berichtet auf Telegram von der Einnahme Palmyras unter Führung des Veterans Kusnezow: «Ich erinnere mich genau an seine Worte: [Ratibor] wandte sich an den [syrischen] Regierungsvertreter und sagte: ‹Wenn ihr Palmyra noch einmal vermurkst, holen wir es euch nicht ein drittes Mal zurück.› Ratibor führte seinen Sturmtrupp mehrere Kilometer weit durch Minenfelder bis auf die berühmte Anhöhe, die der Schlüsselmoment für das ‹erste Palmyra› war.»[24] Demnach ist die Einnahme der Stadt den Söldnern zu verdanken, und Prigoschin fährt fort: ‹Gegen Mittag ging Ratibor rein und folgte links dem Höhenzug, bis er bei Einbruch der Nacht sämtliche wichtigen Anhöhen eingenommen hatte.»[25] Im Anschluss wird Ratibor 2017 in den Sudan entsandt, um die Organisation der Goldförderung und des Goldhandels zu überwachen.[26] Anschließend kämpfen Wagner-Einheiten 2019 in Libyen, mit Kusnezow an der Spitze der ersten Sturmkompanie. Nach einer Verwundung kommt er nach Hause, bevor er sich bereits 2022 in der Ukraine als Kriegsherr hervortut. Als Vertreter der Marke Wagner spricht Ratibor unaufgeregt mit dem regierungstreuen Journalisten Wladimir Solowjow über die Werte, für die er kämpft, nicht ohne seine Lieblingsthemen hervorzuheben: die russische Heimat, Arbeit und Ausdauer. Mit seinem langen Bart und dem Tarnschal auf dem Kopf ist Kusnezow die Christusfigur des Wagner-Vorstoßes auf die ukrainische Stadt Soledar. Am 11. Januar 2023 berichtet RIA FAN, Ratibor habe bei dieser Schlacht einen Fuß und eine Hand verloren. Prigoschin persönlich soll ihn auf dem militärischen Evakuierungsflug Richtung Moskau begleitet haben.

Im Lauf der Recherchen tauchen weitere Namen auf, häufig die von Veteranen. 2018 zeigt sich Konstantin Pikalow alias Masai – schwarze Brille, weißer Spitzbart und die Kappe tief in der Stirn – als imposanter Bodyguard von Pastor Mailhol, damals der von den Russen bevorzugte Kandidat bei den Präsidentschaftswahlen in Madagaskar.[27] Erneut erscheint er 2023 an der Spitze der Truppe Convoy,[28] einer neuen Miliz, die gemeinsam mit Redut das Feld der russischen Söldner in der Ukraine neu aufstellen soll. Dann ist da der 40-jährige Sibirer Iwan Maslow, ein Rotschopf mit Codenamen Miron, der seine Feuertaufe 2014 im Donbass erhält, bevor er 2021 als Chef der Wagner-Einheiten in Mali weiter Karriere macht – und damit für die Ausschreitungen seiner Männer vor Ort Verantwortung trägt.

Wladimir Putins bedeutendster Gegner Alexej Nawalny, seit 2011 als Aktivist gegen Korruption tätig, führte mit seinen Leuten zahlreiche Recherchen über Putin und seinen engsten Zirkel durch. Insbesondere deckte er Ende 2019 einen Ehrenkodex der Wagner-Truppe auf, der zehn Gebote aufzählt. Unter anderem wird dort verlangt, die Interessen Russlands immer und überall zu schützen, die Ehre des russischen Soldaten hochzuhalten, nicht für Geld zu kämpfen, sondern immer und überall für den Sieg.[29] Unter Einsatz seines Lebens setzte Nawalny seinen Kampf lange fort. 2020 überlebte er einen Giftanschlag, von dem er sich vorübergehend im deutschen Exil erholte, bevor er 2021 nach Russland zurückkehrte. Dort ordnete der Kreml seine Verhaftung und die Festsetzung in einem Straflager an. Auch während er hinter Gittern saß und über seinen Tod hinaus bis heute, setzte sein Team seine Arbeit fort und tut es über seinen Tod hinaus bis heute.

Die Gesichter des Terrors

Ende Juni 2023 wird uns anonym die vollständige Liste der Wagner-Mitglieder zugespielt, die an den militärischen Aktivitäten der Gruppe in Afrika und Syrien beteiligt sind; sie ist datiert auf den 11. Juli 2021. Dieses als «Personalliste» überschriebene Verzeichnis ist unseren Überprüfungen und Analysen zufolge authentisch und erlaubt einen einzigartigen Blick auf die Zusammensetzung der Truppe. Unseres Wissens handelt es sich dabei um eines der aktuellsten geleakten Dokumente.[30] Mit erhöhtem Adrenalinspiegel arbeitet unsere Gruppe mit größter Sorgfalt daran, die Genannten zu identifizieren und zu verstehen, wer die Gesichter des Wagner-Terrors sind.

Es handelt sich um eine Tabelle mit einem Dutzend Tabs, vollständig auf Russisch; eigentlich beschreibt sie die Kampfordnung der zu Wagner gehörenden Einheiten: über 5600 Namen von Kämpfern und Logistikern, eine Liste von 6000 Bewerbern, die entweder abgelehnt oder rekrutiert wurden. Dank dieser Ordnung wird etwas besser verständlich, wie Putins langjährige Geheimarmee organisiert ist. Das Dokument listet die außerhalb der Ukraine eingesetzten Paramilitärs auf, enthält Informationen zu ihren Auszeichnungen, ihren Verwundungen und den Schauplätzen der Kampfhandlungen.

An der Spitze der Pyramide stehen natürlich die Kommandanten. Eine erste Überraschung für nicht eingeweihte Beobachter: Ganz oben steht nicht etwa Dmitri Utkin. Der Namensgeber der Gruppe belegt den Posten des Einsatzkommandanten. Seit sein Kampfname der der Truppe ist, hat er übrigens einen anderen angenommen und lässt sich inzwischen «Neunter» nennen. Oberster Chef ist der von Putin ausgezeichnete Andrei Troschew. Im Oberkommando findet sich auch eine Reihe ehemaliger Angehöriger der französischen Fremdenlegion, die den Dienst an der Waffe anderswo fortführen, zum Beispiel Witali Perfilew («Roland»), Personalnummer Б-45788, stellvertretender Kabinettschef in Zentralafrika.

Technisch gesprochen: Unter dem Oberkommando, das zusammen mit der Verwaltung und der Logistik am Standort des Militärgeheimdienstes in Molkin stationiert ist, gliedert sich die Gruppe Wagner in elf Kompanien Infanterie, ein Kommunikationsbataillon, ein Drohnenkommando (ausgerüstet mit Orlan-10 und Griffin-12), ein Luftabwehrregiment, einen festen Artillerieverband, ein Panzerregiment sowie Pionier- und Versorgungseinheiten. In Streitkräften weniger übliche Einheiten sind außerdem die berühmten Ausbilder, die vor allem in Zentralafrika präsent sind, sowie die Mitglieder von Projekt 000 (deren Auftrag in Wirklichkeit lautet, die syrischen Erdölanlagen zu sichern) und ein mit Lügendetektoren ausgestatteter Sicherheitsdienst.

In ihrer hierarchischen und funktionellen Organisation wird die Kampfordnung interessanter, je besser man ihre Logik begreift. Obwohl dieses Dokument keine Realnamen für die Kämpfer enthält, können wir per OSINT-Recherche und insbesondere anhand der auf der Website Myrotvorets[31] veröffentlichten Rezension mit dem Datenabgleich beginnen. Jede Person besitzt eine Hauptnummer (für Dmitri Utkin etwa Б-90209) und eine Einsatznummer (M-0209). Dank dieser Informationen können wir etwa die Hälfte der Angestellten bei Wagner identifizieren.

Um es gleich klarzustellen: Es handelt sich ganz überwiegend um Russen, dann Ukrainer und Staatsangehörige ehemaliger Sowjetrepubliken (wie Kasachstan oder Usbekistan). Fast alle besitzen einen russischen Pass. Die Liste ist nicht vollständig, enthält aber die genannten Identifikationsnummern und nennt die Herkunftsorganisation oder -militäreinheit. Viele stammen von der GRU oder aus den Sondereinheiten. Auch ausländische Organisationen sind vertreten; so stellen wir fest, dass etwa zehn Söldner bei der französischen Fremdenlegion waren (in der Datei abgekürzt als FIL/ФИЛ);[32] so etwa Kaien (für Cayenne) aus dem 3. Infanterie-Fremdenregiment (stationiert in Französisch-Guyana). Er steht seit 2020 bei Wagner unter Vertrag, Einsatz überwiegend im Nahen Osten, im Sommer 2021 als Fernmelder in Zentralafrika. Oder auch Kalvi, Personalnummer B-36161, dessen Pseudonym sich unschwer auf das 2. Fallschirmjäger-Fremdenregiment im korsischen Calvi beziehen lässt; seit Juli 2021 ist er als MG-Schütze in Libyen. Es ist nicht auszuschließen, dass er dank seiner Sprachkompetenz inzwischen nach Mali verlegt wurde. Kenon, im Juli 2021 in Libyen stationiert, verdankt seinen Kampfnamen offenbar seiner Leidenschaft für die Fotografie. Sein Profilbild auf WhatsApp zeigt einen wuchtigen Glatzkopf mit einer Canon-Kamera um den Hals. Auch bei ehemaligen Angehörigen anderer europäischer Streitkräfte geht Wagner auf Talentsuche. So findet sich etwa ein Schiller, ehemaliger Bundeswehr-Soldat, 2021 in Libyen im Einsatz, und an seiner Seite Madrid, Personalnummer Б-45571, der Katalanisch spricht und sehr wahrscheinlich aus der Spanischen Legion stammt.

Erhellend ist auch, welche Ausbildung jeweils durchlaufen wurde. Die Hälfte der Kämpfer hat eine Ausbildung des russischen Verteidigungsministeriums erhalten, doch relevant ist auch die Expertise von Veteranen der Geheimdienste (etwa 10 Prozent) und der Spezialeinheiten des Innenministeriums (15 Prozent); weniger als 1 Prozent stammen aus ausländischen Streitkräften. Die russischen Soldaten im Ukraine-Einsatz sind im Schnitt unter 30 Jahre alt, da liegt das Durchschnittsalter der Wagner-Kämpfer mit 41 Jahren deutlich höher. Auch das lässt auf ein hohes Niveau an Expertise und Spezialwissen schließen. Da die Liste aus dem Jahr 2021 stammt, haben wir versucht nachzuvollziehen, ob die Genannten immer noch bei Wagner sind. Für die OSINT-Recherche hat sich die Website poteru.ru als sehr nützlich erwiesen. Sie sammelt Todesanzeigen von Soldaten und Söldnern, die in der Ukraine gefallen sind, und gibt uns Hinweise auf Todesfälle und Auszeichnungen. Vor allem können wir dort ablesen, welche Männer Afrika in Richtung Ukraine verlassen haben. Von unserer Liste finden etwa 30 Mann letztlich in Europa den Tod.

Die Anzahl von Kämpfern zu beziffern, die die Einsätze in Libyen, Syrien, Mali und Sudan überlebt haben, ist schwieriger. 370 sind als verwundet verzeichnet. Die genannten Verletzungen sind typisch für Bodenkämpfe. Bei schweren Verwundungen scheint das Unternehmen sich um seine Leute zu kümmern und sie nicht im Stich zu lassen. Es finden sich mehrere erhellende Fälle wie der eines ehemaligen Aufklärers, der nach seiner Verwundung Personalchef wurde, oder der eines Zugführers, der zum stellvertretenden Logistikleiter aufgestiegen ist. Wagner meidet tunlichst zu große Medienpräsenz, solange das der Truppe zupass kommt. Die Folterer des Deserteurs in Syrien 2017 sind 2021 immer noch unter Vertrag. Andererseits wird bei den Bewerbern und in der Gesamtbelegschaft gesondert gekennzeichnet, wer betrunken, unter Drogen oder als Überträger von Krankheiten aufgefallen ist. Für diese Männer kann es keine zweite Chance geben.

Die relativ niedrigen angeführten Opferzahlen lassen sich auf verschiedene Weise erklären. Zunächst behandelt unsere Liste nur die Männer, die außerhalb der Ukraine im Einsatz sind, und das sind wie gesagt keine unerfahrenen jungen Rekruten. Und wenn man genau betrachtet, wie Wagner zum Beispiel in Mali operiert, ist dort nie eine vollständige Einheit tätig, sondern nur eine Handvoll Männer, die die lokalen Truppen betreuen. Das Debakel von Deir ez-Zor 2018, als die Wagner-Kämpfer und ihre syrischen Verbündeten mit den Amerikanern zusammenstießen, hat Spuren hinterlassen. Unter den zahlreichen dort eingesetzten Paramilitärs brachten diese Zusammenstöße die höchsten Opferzahlen und das größte Trauma. Nach diesem Gefecht wird die Truppe sich um andere Aufträge bemühen, etwa Dienstleistungen im Personenschutz für afrikanische Präsidenten oder Amtsträger oder beim Schutz von Bergwerken. Diese Kämpfer stehen nicht mehr in vorderster Front, man sieht sie eher in der zweiten oder gar dritten Reihe. Ihr Ziel ist künftig der Regimeerhalt, den Wagner zu seiner zentralen Kompetenz macht.

Die beste Auskunft über die Wagner-Truppe geben immer noch die wenigen Kämpfer, die sich entscheiden, das Chaos hinter sich zu lassen und nach Europa zu gehen. Marat Gabidullin etwa, der als Vertragssöldner in Syrien war, hat ein Buch veröffentlicht, in dem er erzählt, wie er den Palmyra-Feldzug erlebt hat. Ein anderer Söldner landet im Herbst 2022 am Pariser Flughafen Charles-de-Gaulle und beantragt politisches Asyl. Der angebliche Utkin-Vertraute und ranghohe Teilnehmer an den Syrien-Missionen Alexander Slodejew taucht sogar im Kampfanzug in den Fluren einer großen französischen Redaktion auf, um zu zeigen, dass er dabei war.[33] Als es im Lauf des Interviews darum geht, Einzelheiten zu verifizieren, wird der Ex-Söldner ungeduldig und fragt, was es da zu überprüfen gebe. Es ist schwer zu entscheiden, was er dem Buch seines Kameraden Gabidullin entnimmt (Slodejews Kommentare dazu auf seinen Social Media-Kanälen werden anlässlich des Gesprächs hervorgeholt) und was auf seine eigene Erfahrung vor Ort zurückgeht. Jedenfalls ist er keine so wichtige Gestalt, wie es die Organisation Gulagu behauptet, die von einem in Nizza exilierten Aktivisten geleitet wird und ihm geholfen hat, nach Paris zu gelangen.[34] Mit seiner heiseren und etwas verbrauchten Stimme erzählt er am Telefon, dass er über die Machenschaften eines Freundes zur Gruppe Wagner gekommen ist, um Geld zu verdienen. Er ermahnt seine Dolmetscherin, die seine Worte auf Französisch leicht beschönigt und nicht die Wirklichkeit übersetzt, die düsterer und weniger glorreich ist als die mit Trash-Techno hinterlegten Videos, die bei Wagner für die Rekrutierung verwendet werden, es suggerieren. Diese Wirklichkeit ist auch die von Männern, die sich für Geld engagieren lassen, für weniger Leere im Alltag und für einen Schuss Adrenalin. Das meint auch der BBC-Journalist Ilya Barabanov, wenn er erklärt, Jewgeni Prigoschin sei der erste russische Geschäftsmann, der sich darüber Gedanken gemacht habe, wie sich mit dem Tod von Russen Geld machen lasse: «Dieses Talent lässt sich kaum aus humanitärer Sicht betrachten, denn es ist natürlich unmenschlich. Aber angesichts der russischen Realität, wenn die Leute irgendwo in der Provinz mit 20 000 bis 25 000 Rubel zu überleben versuchen, und man ihnen plötzlich anbietet, irgendwo in der Zentralafrikanischen Republik für zehnmal so viel zu sterben – da kann man ihre Reaktion schon verstehen.»[35] Ein anderer Gulagu-Schützling, Andrej Medwedew, erreicht im Januar 2023 Norwegen, nachdem er illegal die russisch-norwegische Grenze überquert hat. Erzählt er die Wirklichkeit oder eine gut ausgedachte Geschichte? Die westlichen Zuschauer hängen ihm jedenfalls wieder an den Lippen. Der 26-Jährige mit dem kantigen Gesicht und dem sanften Blick wurde aus dem Gefängnis heraus in die Wagner-Armee gespült. Im Lauf des Medienrummels nach seiner Ankunft wird er die Existenz eines Sicherheitsdienstes innerhalb des Wagner-Universums aufdecken, die später durch die *Wagner Leaks* bestätigt wird.

Die Wagner-Ästhetik

Abgesehen von den Anführern und Ikonen, deren Image für den Aufbau einer eigenen Symbolik genutzt wird, stützt sich die Wagner-Ästhetik auch auf Filme, die diesen Mythos des Soldaten auf Mission in exotischen Ländern nähren. Der Film *Turist*, produziert bei der Firma Lachta, einer Filiale aus Prigoschins Firmennetzwerk, erzählt das Leben der russischen Söldner in Zentralafrika: Explosionen, Abenteuer und Muskelpakete. Rambo in billiger Wodka- und Saure-Gurken-Version.

Wer beschließt, die Truppe zu verlassen, bezahlt dafür mit dem Tod durch den Vorschlaghammer. Am Samstag, den 12. November 2022 entdecken wir beim Frühstück das Video von der Hinrichtung Jewgeni Nuschins, eines 55-jährigen ehemaligen Häftlings, dem man den Schädel mit Klebeband an einem Steinblock befestigt hatte. Jenseits des Images vom Abenteurer, dem Soldaten auf Sinnsuche oder der echten Kameradschaft steht die Marke Wagner also auch für Barbarei. Dieser Akt unerhörter Brutalität erinnert an die russische Mafia der 1990er-Jahre, die vor Auftragsmorden an Denunzianten oder allzu lästigen Konkurrenten nicht zurückschreckte. «Ein Hundetod … für einen Hund», kommentiert Prigoschin öffentlich: So verhält sich ein waschechter Pate.[36]

Auch das Video vom Mord an einem Syrer hat diese Kultur der Ultra-Gewalt mit aufgebracht; im Mittelpunkt steht dabei explizit das Symbol des Vorschlaghammers und die Glorifizierung der Brutalität gegen Nicht-Kämpfer. Die Waffe aus der Legende um den Gott Thor ist in der Gruppe inzwischen Kult. Alle bedienen sich ihrer, Jewgeni Prigoschin erhebt sie gar zum Merchandising-Objekt: T-Shirts und andere «Fanartikel» zeigen Schmiedehammer neben dem Logo, und die Kämpfer fotografieren sich mit dem Hammer im Anschlag. Wagner spielt mit dem Image dieses Werkzeugs und macht es zu seinem offiziellen Aushängeschild. Als die EU im November 2022 eine symbolische Resolution verabschiedet, die Russland als Terrorismus-Unterstützer einstuft, schickt Prigoschin dem Brüsseler EU-Parlament per Post einen Vorschlaghammer, der mit künstlichem Blut besudelt ist.[37]

Damit ist die Kultur der Ultra-Gewalt ein Warnruf über den Weg, den Russland aktuell nimmt. Der Hammer ist keineswegs nur ein Symbol. Während die Gruppe Wagner ihre Operationen weltweit ausdehnt, ist das keineswegs ihr letzter Snuff-Film.[38] Diese Kultur markiert auch den beginnenden Niedergang der Truppe. Wagner gerät selbst seinen Schöpfern immer mehr außer Kontrolle.

4

Rückgrat eines konturlosen Gebildes

«Wir haben alle persönlichen Daten der Söldner! Jeder Schlächter, Mörder und Vergewaltiger wird schwer bestraft werden. Es lebe die Ukraine und ihre Streitkräfte!»

Ukraine IT Army,[1] *September 2022*

Es besteht keine wirkliche legale Existenz, es handelt sich nicht ganz um ein privates Militärunternehmen, nicht vollständig um Söldner – der Begriff «Wagner» wird ziemlich beliebig verwendet als Bezeichnung für Kampfausbildung, Hilfstruppen, Paramilitärs, aber auch für Einflussoperationen und ausbeuterischen Handel. Obwohl Wladimir Putin Ende Juni 2023 die Finanzierung der Gruppe Wagner und von Prigoschins Holding Konkord eingesteht, hält er die Illusion eines konturlosen Gebildes aufrecht, das schwer zu fassen und einzugrenzen ist. Genau darin liegt auch dessen Stärke: So lange unklar ist, wo sie anfängt und wo sie aufhört, strahlt die Wagner-Struktur eine Aura der Macht aus, erst recht seit ihrem fast vollzogenen Marsch auf den Kreml. In Zukunft wird Moskau alles daran setzen, die Ablegerfirmen unter Kontrolle zu halten und sich nicht mehr überrumpeln zu lassen.

Und doch deuten technische, geografische, informatische und buchhalterische Indizien auf eine ganz andere Geschichte, nämlich die von einer einzigen weitverzweigten Organisation mit engen Beziehungen zum Staat. Für sich genommen sind diese kleinen Spuren – Post- und E-Mail-Adressen, Telefonnummern oder IP-Adressen – bedeutungslos; betrachtet man jedoch methodisch mehrere Organisationen und ihre Verschränkungen gemeinsam, ergibt sich eine neue Lesart für die gesamte Wagner-Struktur: die einer Organisation mit Anfang und Ende, zwar unabhängig, aber zugleich sehr eng mit der russischen Macht verwoben. Dazu kommen Datenleaks direkt von den Servern des Imperiums oder von anderen russischen Organisationen wie Anwaltskanzleien oder staatlichen Agenturen, die auf Cyberattacken von verschiedenen von sich aus tätigen oder beauftragten Hacker-Gruppen zurückgehen. Jewgeni Prigoschin war nicht gefeit vor dem Cyberkrieg, sondern stellte natürlich ein besonders gesuchtes Ziel dar. Aus den Leaks, die bei verschiedenen Organisationen wie DDoSecrets, Dossier Center oder einigen Journalisten-Konsortien verfügbar sind, können Datenjäger exklusive Puzzlestücke zusammensetzen. Die Nutzung dieser Datensätze bleibt umstritten: Sie sind vollständig auf Authentizität zu prüfen und sorgfältig von Manipulationen Dritter freizuhalten, die womöglich Fake News unterzuschieben versuchen. Ständige Verifizierung ist oberstes Gebot. Auch rechtlich stellen sich etliche Fragen einerseits zum Zugriff, zur Speicherung und zur Nutzung dieser Datensätze und andererseits zu ihrer Verwendung bei bestimmten gerichtlichen Prozeduren.

Mit einer Zusammenstellung dieser Einzelteile wird aber greifbar, was die Gruppe Wagner strukturell darstellt, wie sich ihre Beziehungen zur Macht gestalten und wie sie operiert.

Tür an Tür mit der GRU

Bis zu ihrem Umzug im Sommer 2023 ist es leichter als gedacht, die Zentrale des Unternehmens ausfindig zu machen. Man braucht sich nur auf Google Earth in der Gegend um die Stadt Molkin in der Region Krasnodar unweit des Schwarzen Meers umzusehen. Nördlich dieses 3000-Einwohner-Orts links der Schnellstraße M4-A/A-148 lässt sich auf den von Google bereitgestellten Satellitenbildern die Erschließung eines großen Geländes beobachten (dieselben Bilder sind auch auf Bing und Yandex verfügbar). 2013 noch mehr oder weniger Brachland, kommt ab 2016 Bewegung auf, und die Satellitenbilder zeigen die Entstehung von drei großen Gebäuden sowie ab Juli eine Aufreihung von Containern in der militärischen Zone, die die Gruppe nutzt. Vor unseren Augen nimmt die Wagner-Basis Leben an, bis zum 24. Dezember 2022, dem letzten Tag, von dem Bilder öffentlich zur Verfügung stehen. Man kann sogar die Autos zählen, die auf dem Parkplatz stehen. Weiter südlich befindet sich auf derselben Straßenseite eine weitere Militärbasis. Sie ist weitaus größer und strukturierter mit Dutzenden Gebäuden. Eine einfache russischsprachige Anfrage über eine Suchmaschine ergibt, dass es sich um die Militäreinheit 51 532 handelt, besser bekannt als 10. Brigade der Spezialkräfte der GRU, des russischen Militärgeheimdienstes. Wagner und der Geheimdienst sind also Nachbarn; und diese geografische Nähe kann beim Verteidigungsministerium gar nicht anders als auffallen. Die neue Basis der Gruppe Wagner im weißrussischen Dorf Zel wird heute Tag für Tag per Satellit beobachtet und wächst vor unseren Augen. Die Nähe zum weißrussischen Militär braucht keinen Deckmantel, sie wird offen zur Schau getragen.

Wer tatsächlich das Gelände in Molkin übernommen hat, das bis zum Sommer 2023 Wagner belegte, ist schwer zu sagen. Ein Blick auf die russische Ausschreibungsplattform[2] zeigt, dass das Lager ab 2014/2015 von einem Ableger des Verteidigungsministeriums völlig neu ausgestattet wurde. Ab 2015 setzen sich in Ausschreibungsverfahren für die Instandhaltung der GRU-Basis Gesellschaften namens Megaline LLC, Agat LLC und Teplosintez LLC durch: lauter Tochtergesellschaften von Jewgeni Prigoschins Holding Konkord.[3] Im Juni verklagt Megaline LLC das Unternehmen SevZapstroi wegen eines Handelsstreits vor dem Sankt Petersburger Schiedsgericht. Megaline hat SevZapstroi beauftragt, an der Adresse des Lagers in Molkin ein Gebäude zu errichten, das in den Gerichtsakten[4] als 3528 Quadratmeter großes «Pionierlager» beschrieben wird – ein Verweis auf die Ferienlager für Kinder in der Sowjetzeit –, und zwei weitere Gebäude als provisorische

Unterkunft für Urlauber. Den Fallakten zufolge überwies Megaline an den Bauunternehmer SevZapstroi 86 Millionen Rubel (damals 1,4 Millionen Dollar) für den Bau dieser drei Strukturen, und um genau diese Summe geht es in dem Gerichtsverfahren. Uns kommt zugute, dass dieses Verfahren offen die Akteure nennt, die sich sonst im Verborgenen halten, und dem Strippenzieher hinter dem Unternehmensgeflecht einen Namen gibt.

Ministeragenda und persönlicher Schutz

Die Nähe des Oligarchen zur russischen Regierung und dem Verteidigungsministerium endet damit keineswegs. Neben den geografischen und vertraglichen Indizien zum Militärlager in Molkin legen Datenleaks, die mehrere Hackergruppen abschöpfen konnten, die enge Beziehung zwischen Prigoschin und dem russischen Sicherheitsapparat sowie der russischen Diplomatie offen. Das Recherchenetzwerk Bellingcat, das etwa bei seinen Untersuchungen zum Flug MH-17[5] die OSINT-Recherche popularisierte,[6] konnte die E-Mails von Prigoschins persönlicher Assistentin nutzen, die 2015 von Schaltai-Boltai gehackt wurden. Einige E-Mails enthielten als Anhang Telefonrechnungen, über die Bellingcat Prigoschins Telefonverbindungen von 2013 und 2014 nachverfolgen bzw. die Telefonnummern der Gesprächspartner identifizieren konnte. Insgesamt sprach er 144 Mal mit dem damaligen Kreml-Berater und -Sprecher Dmitri Peskow, aber auch 99 Mal mit dem Leiter von Putins Präsidialverwaltung, Anton Waino, und 25 Mal mit General Alexej Djumin, Nummer 2 der GRU und Chefstratege der Krim-Annexion. Prigoschins Telefonate zeigen, dass er mit der gesamten Präsidialverwaltung, dem Verteidigungsministerium und den russischen Geheimdiensten in Kontakt war. Die *Wagner Leaks* enthalten auch Prigoschins Terminkalender. In den letzten Jahren traf er sehr häufig mit dem stellvertretenden Außenminister Michail Bogdanow zusammen, in dessen Zuständigkeit die Dossiers Naher Osten und Afrika fallen. Wagner arbeitet als verdeckter operativer Arm mit dem russischen Staat zusammen.

Prigoschin fand nicht nur Gehör bei den Mächtigen, sondern stand auch selbst unter staatlichem Schutz. Ein weiteres Datenleck: Die E-Mails der russischen Aufsichtsbehörde für Kommunikation, Technologie und Massenmedien Roskomnadsor,[7] die die Hackergruppe Cyber Partisans organisiert und DDoSecrets bereitgestellt hat,[8] geben wertvolle Einblicke und erlauben ein Verständnis der Mediensteuerung und -aufsicht. Bei der Durchsicht der 732 000 offengelegten E-Mails wurde uns klar, wie sehr der Kondottiere als zentrale Figur des Systems gelten muss. Seit 2016 ist auch Prigoschin ein Keyword im täglichen Monitoring von Roskomnadsor über oppositionelle Contents in Russland, durchgeführt von russischen Tech-Unternehmen wie RSpektr. Über dieses Monitoring kann die Regierung diejenigen russischsprachigen Medien und Personen identifizieren, die mit ihrer Regimekritik tatsächlich Einfluss nehmen. Die Medienaufsicht arbeitet Hand in Hand mit den Gerichten und liefert belastendes Material gegen Journalisten, Aktivisten oder Medien. So lässt etwa Wladimir Kudinow, stellvertretender Leiter der Monitoring-Abteilung des Zentrums zur Vergabe von Rundfunkfrequenzen, der Agentur eine Notiz zu Lilia Japparowa zukommen; sie ist Reporterin bei der russischsprachigen Internetzeitung *Medusa*, die von Galina Timtschenko in Riga gegründet wurde und seit 2021 von Russland als unerwünschte ausländische Organisation geführt wird.[9] Aktivitäten solcher als unerwünschte ausländische Organisationen eingestufter Verbände und Medien werden vom Justizministerium beobachtet und überwacht.[10] *Medusa* hat sich auf Recherchen zum Putin-Regime und seinen Unterstützern spezialisiert. Und genau die Artikel über den Paten der Gruppe Wagner werden dem Medium damals vorgeworfen. Mit Beginn des Ukraine-Kriegs haben sich die Abmahnungen der Agentur in Richtung Medien vervielfacht. Um zu steuern, was im Netz gesagt wird, überwacht und blockiert Roskomnadsor gegebenenfalls alle URLs auf Social Media und Telegram, die von der vorgegebenen Linie abweichen. Am 28. Juli 2022 zum Beispiel verzeichnet der Monitoringbericht «Resonanz» eine sehr kritische Bemerkung zu Prigoschin und den Aktivitäten der Gruppe Wagner auf dem Telegram-Kanal von Leonid Wolkow, Politiker und einst Leiter der Präsidentschaftskampagne von Alexej Nawalny.[11] In der Agentur läuft die Maschinerie an, um den Zugriff auf diese Meldung von Russland aus so schnell wie möglich zu blockieren. Die E-Mail, mit der der Zensurvorgang ausgelöst wird, lautet: «Dem Beschluss zufolge sollte der Zugriff auf Informationen, die Jewgeni Wiktorowitsch Prigoschin in seiner Ehre, Würde und seinem ökonomischen Ruf schädigen, eingeschränkt werden; in dem Post heißt es: ‹Jewgeni Prigoschin ist ein hochgefährlicher Krimineller, der für diverse Straftaten verurteilt wurde. Er ist ein Mörder und hat vor zwei Jahren den Mord an Djemal, Rastorgujew und Radtschenko in der Zentralafrikanischen Republik organisiert. Er leitet eine Trollfabrik und ein privates Militärunternehmen, und beide zeichnen verantwortlich für Hunderte Todesopfer und unsägliches Leid.›»

Noch am selben Tag wird ein Gerichtsentscheid erwirkt und ans Zentrum zur Vergabe von Rundfunkfrequenzen übermittelt. Dabei hatte Leonid Wolkow in seinem Post die Journalisten dazu aufgefordert, den Troll nicht zu füttern, bevor er geradezu prophetisch endete: «Jewgeni Prigoschin existiert nicht; ihr könnt nicht über ihn schreiben, ihr könnt nicht über ihn reden, ihr könnt nicht reagieren.» Die Prigoschin-Kritik ist in Russland nicht mehr zugänglich, und seit März 2023 wurde die Zensur auf die gesamte Gruppe Wagner ausgeweitet[12] – ein offenes Zeichen für die offizielle Unterstützung durch den Kreml. Nach dem Marsch auf Moskau dann die Wende: Die VK-Seite von Konkord ist blockiert, genauso die Telegram-Konten der Gruppe Wagner.

Wirtschaftsprüfung in Russland: Der Teufel steckt in den Details

Auch als Gebilde ohne Kontur und Substanz, als Konglomerat ohne Rückgrat kann sich die Gruppe Wagner doch nicht der harten Wirklichkeit von Organisation und Buchhaltung entziehen. Das Unternehmen, das irgendwo zwischen den Holdings der russischen Oligarchen, die ihr Vermögen in den 1990er-Jahren aufgebaut haben, und dem organisierten Verbrechen anzusiedeln ist, hinterlässt buchhalterische Spuren; sie wirken wie eine Art Kleber, der Aktivitäten und Firmen noch so unterschiedlicher Couleur zusammenhält.

Jede Arbeit wird bezahlt, und bei der Jagd auf Lohnabrechnungen begegnen sich mehrere Welten. Ein Beispiel aus dem Unternehmen Diamville:[13] Die bei Wagner tätige und dort für Diamanten zuständige Gemmologin ist ursprünglich bei einem anderen Unternehmen namens Service K angestellt. Dessen Vertreterin wiederum ist in Jewgeni Prigoschins Firmennetzwerk keine Unbekannte. Nach den bei Dossier Center vorliegenden Daten vertritt sie auch die Mercury LLC, heute Inhaberin der Fördererlizenzen für syrisches Erdöl und Erdgas. Weiterhin zeigen die gesichteten Dokumente, dass die Vertreterin von Service K für die Personalien innerhalb des Kosmos operativer Firmen, die mit Wagner in Verbindung stehen, zuständig ist.[14]

Auch in Zentralafrika tauchen bei anderen Einheiten des Universums Budgetposten für Sicherungsaktivitäten sowie auf militärische Kennnummern ausgestellte Lohnabrechnungen der Firma M-Finans LLC auf. Dasselbe in Syrien, von wo Söldner berichten, sie würden von dem Unternehmen Evro Polis LLC bezahlt. Und was haben M-Finans und Evro Polis gemeinsam? Beide russischen Unternehmen sind Tochterfirmen von Konkord Management und Aktionäre lokaler juristischer Personen (Lobaye Invest in Bangui und die Evro Polis-Zweigstelle in Damaskus), die im Besitz von Bergbau- und Erdöllizenzen sind. Was die Buchhaltung angeht, verschmelzen die militärischen und die kommerziellen Aktivitäten in denselben Unternehmen des Imperiums von «Putins Koch».

Auf den Websites, die Verwaltungsinformationen über russische Unternehmen aufführen, ist die M-Finans LLC nach Eingabe des Namens und der Steuer-Identifikationsnummer schnell gefunden. In Russland bestimmt die Rechtsform eines Unternehmens, welche Informationen in offiziellen Quellen abrufbar sind. Um mehr zu erfahren, nehmen wir uns also das einheitliche staatliche Register der juristischen Personen (EGRUL) vor. Für die Open Source-Arbeit ist unbedingt festzuhalten, dass alle Einheiten mit rechtlicher Existenz (juristische Personen und Einzelunternehmer) in den Datenbanken des Föderalen Steuerdienstes eingetragen sind. Interessant ist auch, dass M-Finans LLC auf die Kanzlei Akzent Audit zurückgreift. Dieses Unternehmen betätigt sich auch als Wirtschaftsprüfer für andere Tochterunternehmen im Prigoschin-Kosmos: Konkord, Megaline LLC, Broker Expert LLC, M-Invest LLC, Agro Kapital LLC und so weiter. All diese Firmen tauchen in Organigrammen auf, die wir nach und nach vervollständigen, um das Firmengeflecht nachzuzeichnen. All diese Unternehmen sind operativ intensiv in Russland, aber auch im Ausland tätig, im Sudan oder in Zentralafrika. Die Sankt Petersburger Kanzlei unter der Leitung von Olga Fomina, einer eleganten, fröhlichen Mit-Vierzigerin, setzt ihren Stempel unter sämtliche veröffentlichten Jahresbilanzen: «Ordnungsgemäßer Abschluss».

Dabei zeigt ein Blick in die internen Bilanzen des Firmennetzwerks die Existenz einer Schattenbuchhaltung unter der Bezeichnung «1S». Unter diesem Tab, der in den meisten Excel-Dateien zu den Operationen des Imperiums auftaucht, sind sämtliche Ausgaben und Einnahmen aufgeführt, einschließlich bestimmter Barzahlungen als Lohnzuschuss an externe Akteure oder an Angestellte oder auch Geldern für Geheimprojekte wie die Subventionierung eines franko-beninischen Influencers auf Social Media – wir werden ihm später noch begegnen. Dass alles so penibel verzeichnet werden muss, ist sicherlich auf das Aufeinandertreffen der russischen Bürokratie, der Flut an zu unterzeichnenden Papieren und der aufgrund des hohen Bargeldumlaufs notwendigen Diebstahlprävention zurückzuführen. All diese Indizien lassen das zunächst konturlose Gebilde deutlicher Gestalt annehmen.

In der Welt der russischen Paramilitärs sind diese Recherchemöglichkeiten einmalig. Seit Prigoschins Flugzeugabsturz sind Informationen über die Nachfolgeunternehmen des Wagner-Netzwerks äußerst spärlich gesät. Es wirkt, als hätte Russland die Lektion begriffen und würde künftig vermeiden wollen, dass die Blicke der Welt zu genau auf das Spielfeld seiner externen Militäroperationen gerichtet sind. Die Strukturen, die das Feld übernehmen, stehen nicht mehr in derselben Nähe zum Kreml. Und der Wagner-Phoenix hat sich aus der Asche nie wieder erhoben.

Eine Fülle technischer Indizien

Zu den buchhalterischen treten die technischen Indizien. Die verschiedenen Einheiten der Unternehmensgruppe nutzen gemeinsame E-Mail-Adressen und Telefonnummern, aber auch IP-Adressen und Server. Drei Strukturen verwenden ein und dieselbe Telefonnummer: Broker Expert LLC, Lieferant für die Ausrüstung der Bergbauarbeiten in Sudan und Zentralafrika; Agat LLC, in Molkin zuständig für die Verträge; Lahta Plaza LLC, unter dem Namen von Prigoschins Sohn zuständig für Immobilien. Die Domain «vpmail.office-vp.spb.ru» erscheint als Kontaktadresse in der E-Mail mehrerer Unternehmen wie ASP LLC, TKS LLC, Modus Stroy LLC oder Megaline LLC. Diese Domain ist auf einer festen IP-Adresse der Prigoschin-Belegschaft lokalisiert. Auch hier lassen sich also neue Firmennamen sammeln.

In einer aufwändigen Kampagne[15] recherchiert Dossier Center, eine vom Ex-Chef des Ölkonzerns Yukos Michail Chodorkowski finanzierte investigative Gruppe – Chodorkowski wurde 2003 wegen Korruption verurteilt, 2013 begnadigt und lebt seit 2015 im Londoner Exil – über die Oligarchen im nahen Kreml-Umfeld; besonderes Interesse gilt dabei Prigoschins IT-Bereich, einem der großen Standbeine des Konzerns. Die erste wichtige Erkenntnis dieser Recherchen lautet, dass bei Wagner nur wenige Informatiker angestellt sind, gerade einmal ein paar Dutzend Personen. Das erklärt wahrscheinlich die genannten technischen Lücken. Sämtliche wichtigen Akten und die Kommunikation von Prigoschins Team liegen auf Servern an ein und demselben Ort: im Sitz der Patriot Media Group, Primorski Prospekt 78 in Sankt Petersburg.

Kämpfer wie einfache Angestellte verwenden alle ein «geschlossenes Kommunikationssystem» namens KOD, eine Art internes VPN auf Android-Endgeräten. Problematisch daran: An sich wäre das System zwar zuverlässig, aber die zentralen Server sind auch vom internen Netzwerk von Konkord aus zugänglich, und das wiederum ist schlecht gesichert. Sehr viele Söldner legen sich irgendwann Smartphones aus dem Einsatzgebiet zu, die für die Kommunikation über WhatsApp oder Telegram praktischer sind.

Ironischerweise ist Cyber-Sicherheit bei Wagner offenbar nicht gerade groß geschrieben. Allerdings ist erwiesen, dass alle potenziellen Angestellten, vom Küchenpersonal bis hin zum Cyber-Krieger, einer obligatorischen zweistündigen Befragung mit dem Lügendetektor Diana-07 unterzogen werden,[16] ein Vorgang, der dem Sicherheitsdienst des Unternehmen unterstellt ist. Niemand kann sicher sein, dass es nicht bald zum nächsten Leck kommt.

5

Generalprobe für die Truppen im Donbass

> «Viele von ihnen haben an der Besetzung der Krim mitgewirkt und danach im Donbass und in Syrien gekämpft. Manche haben bei russischen Sondereinsatzkräften gedient, wurden aber aufgrund verschiedener Delikte entlassen und haben Strafen verbüßt. Manche wurden in flagranti bei kleineren Diebstählen gefasst, andere wurden wegen Körperverletzung, Aufstachelung zu ethnischem Hass und Verprügeln von Ausländern verurteilt. Manche von ihnen haben aber auch schlimmere Straftaten zu verantworten: Drogenproduktion und -handel, Finanzbetrug über Millionen Rubel, Vergewaltigung, Kidnapping und Mord. Die Kriminellen sind heute nicht nur eine praktische Ressource für die hybriden Militäroperationen des Kremls, sondern sie werden noch ermuntert und motiviert durch die staatlichen Auszeichnungen, die ihnen von Wladimir Putin persönlich überreicht werden.»
>
> *InformNapalm*

So beschreibt das Kollektiv, das die Website InformNapalm[1] betreibt, 2018 das Profil der in der Gruppe Wagner engagierten Kämpfer. Ein großer Teil dieser Söldner war bereits in Grosny im Einsatz. Den Europäern fällt die hybride Einheit aus Veteranen der russischen Streitkräfte, Söldnern und osteuropäischen Militärexperten im Kontext Syrien auf, ihr Ursprung liegt aber bereits im ersten Ukraine-Konflikt 2014.

Ksenia Bolchakova, Co-Regisseurin eines auf France Télévisions (und seither in an die 30 weiteren Ländern) ausgestrahlten Dokumentarfilms,[2] zeichnet den typischen Söldner so: «Das Durchschnittsalter beträgt 30 Jahre, der jüngste war 21 und der älteste 73 Jahre alt. Alle sind mindestens Reservisten oder ehemalige Angehörige der offiziellen russischen Streitkräfte oder aber Vorbestrafte mit einer Vergangenheit beim Militär.»[3] 2019 ergänzt ein vom ukrainischen Geheimdienst organisiertes Datenleak das Profil der Wagner-Kämpfer. Die Dateien enthalten die Codenamen und die Kennnummern der Söldner sowie den Namen ihrer Einheit und ihren Rang. Für jeden Kämpfer ist die Staatsangehörigkeit, ja sogar die Anschrift ausgewiesen. Die damals 4184 Mitglieder stammen aus 15 verschiedenen Ländern, manche besitzen mehrere Pässe. Die überwiegende Mehrheit der Söldner sind natürlich Russen, 222 stammen aus der Ukraine, 17 aus Belarus, 11 aus Kasachstan, 9 aus Moldawien, 8 aus Serbien, der Rest aus Zentralasien.[4] Diese Erkenntnisse bestätigen die Analysen von *All Eyes on Wagner* über die Aufstellung im afrikanischen Krieg, wo die Tendenzen vergleichbar sind. Informationen zur Kommandostruktur sind rar. Es ist eine besondere Ironie, dass ausgerechnet der ukrainische General Vadym Skibitsky am besten die Strategie des russischen Vormarschs und die dazu nötige Koordination der verschiedenen Gruppierungen zusammengefasst hat: «Um die wirksamste Kombination für die Erreichung seiner aggressiven Ziele zu finden, versucht Russland die traditionellen militärischen Mittel und Spezialkräfte mit entsprechenden Aktivitäten der PMCs, der Söldner, der loyalen Kräfte vor Ort und anderer paramilitärischer Gruppierungen zu kombinieren. [...] All diese Einheiten werden in den gemeinsamen Kommunikations- und Geheimdienstapparat integriert und agieren unter der direkten Kontrolle des russischen Militärkommandos im Rahmen des militärischen Gesamtkonzepts. Die moderne russische Militärdoktrin definiert diesen Ansatz als ‹integrierten Streitkräfteverband›.»[5]

2013 profitiert Wagner von einer Unterstützung oder Kooperation mit dem russischen Militärgeheimdienst und kann mit der Zuteilung des Molkino-Polygons unter anderem Flächen im Gebiet von Krasnodar nutzen.[6] Der Truppenübungsplatz des russischen Heers umfasst ein Hauptquartier, einen Trainingsparcours, ein Waffen- und Munitionsdepot und andere Einrichtungen. Nördlich des Truppenübungsplatzes verfügen die Söldner auf getrenntem Gebiet über ein ebenso großes Trainingsgelände, das sich auf etwa 2,5 Hektar aus ungefähr neun Strukturen zusammensetzt.

Ein ganz wesentlicher Aspekt für den Erfolg der Gruppe Wagner ist die Bereitschaft Russlands, ihr Ressourcen zur Verfügung zu stellen. Rostow am Don im südlichen Militärdistrikt spielt eine strategische Rolle für Entwicklung. Ihre ideale Lage macht die Stadt zu einem der wichtigsten Logistikstandorte im Süden des Landes. Beim Konflikt in der Ostukraine spielt die Region eine zentrale Rolle, dient sie doch als Hauptschlagader für die technisch-materielle Unterstützung der Separatistenkräfte im Donbass. Gleichzeitig wird die Stadt zum Drehkreuz für die Verlegung russischer Militärs nach Syrien über die Fluggesellschaft Cham Wings. Dieselbe Stadt wird später auch zum Epizentrum von Prigoschins Aufstand. In der Nacht vom 23. zum 24. Juni 2023 betreten seine Männer das Hauptquartier der Armee, von dem aus die Militäroperationen in der Ukraine gesteuert werden.

Auf Grundlage der in Molkin gedrehten Videos, die auf YouTube oder anderen sozialen Netzwerken abrufbar sind, kann unsere Open Source-Recherche weitere Informationen über das Trainingslager zusammentragen. Die jungen Rekruten werden intensiv an Artilleriegeschützen und Raketenwerfern ausgebildet. Die Übungen zielen u. a. darauf ab, die folgenden militärischen Kompetenzen zu stärken: fortgeschrittene Nutzung moderner Mittel der elektronischen Kriegsführung, Koordinierung der Aktionen zwischen Land- und Luftoperationen,[7] subversive Aktivitäten nach Guerillaart, *Maskirowka* (militärische Verschleierungsoperationen), Sabotage und die Anwerbung ausländischer Agenten.

Die Wagner-Kämpfer erhalten eine vollständige Grundausbildung.[8] Sie können die Installationen und Trainingstechniken der GRU nutzen. Parallel greifen die Kontingente auf erstrangige Experten in den Bereichen Gebirgskrieg und Seekrieg zurück, etwa Boris Schikin und Andrei Troschew. Für diese Ausbildung können die Techniken des Geheimdienstes und der Spezialkräfte kombiniert werden. 2018 ist Molkin weiterhin Sammelpunkt und Ausbildungszentrum, doch die zur Verfügung gestellten Ressourcen sind etwas weniger umfangreich.

Die Dokumente, die die Männer unterzeichnen, betreffen die geologische Prospektion sowie Sicherungsmissionen auf den Ölfeldern, allerdings mit einer Einschränkung: Man muss in Kriegsgebieten arbeiten und zum Waffendienst bereit sein, wenn die Mission eine Entsendung nach Afrika oder Asien beinhaltet. Für die Ukraine sind die Dinge weniger klar. Es mag merkwürdig klingen, aber die Söldner werden häufig direkt für große Wach- und Sicherungsmissionen von Bergbaueinrichtungen engagiert. Waffen werden bei der Ankunft vor Ort zur Verfügung gestellt. Vor der Rekrutierungswelle in den Gefängnissen war die Situation ganz einfach: Es kam vor allem darauf an, mindestens 25 Jahre alt und nicht in Konflikt mit dem Gesetz geraten zu sein. Praktisch jeder wurde angestellt, ohne ordentlichen Gesundheitscheck, obwohl Prigoschin in seinem Rekrutierungsvideo von 2022 medizinische Untersuchungen ankündigt. Die Bewerber unterziehen sich alle einem Test mit dem Lügendetektor (Überprüfung einer Arbeit für Spezialkräfte, von Vorstrafen, einer Zusammenarbeit mit «rivalisierenden Organisationen») sowie einem Gespräch mit einem Psychologen: «Wie lange wollen Sie noch über das Töten nachdenken?»[9]

Die Besoldungspolitik wechselt mehrfach. In der ersten Ukraine-Phase (2014–2015) verdient jeder Angeworbene während der Ausbildung in Molkin 80 000 Rubel (1400 Euro) im Monat. Nach dem Grenzübertritt in die Ukraine erreicht der monatliche Sold 120 000 Rubel (2050 Euro). Eine Mitwirkung an paramilitärischen Operationen im Gebiet um Lugansk lässt die Zahlungen auf 180 000 Rubel (3100 Euro) steigen; jede militärische Auseinandersetzung mit den ukrainischen Streitkräften bringt den Kämpfern zusätzlich zu ihrem monatlichen Sold 60 000 Rubel (1050 Euro) pro Woche ein.[10] Ein Monat ohne Urlaub und ohne Kampfpause könnte dem Kämpfer damit über 7000 Euro einbringen, vorausgesetzt, er überlebt. Im Vergleich dazu verdienen die Separatisten in den Volksrepubliken Donezk und Lugansk etwa

15 000 Rubel (260 Euro) pro Monat.[11] Die Lohnabweichung zwischen Söldnern und Separatistenkämpfern ist riesig – ganz unabhängig von der jeweiligen Mission ist der Sold des Vertragskämpfers stets höher. Die Separatisten werden also benachteiligt, wahrscheinlich, weil ihre Motivation größer ist.

Im Nahen Osten setzt Moskau neben seinen regulären und Sonderstreitkräften zahlreiche Freiwillige ein, sogenannte *Kontraktniki* (Vertragskräfte). Gleichzeitig bleibt die Ukraine das Versuchslabor, das den PMCs hilft, ihre anfänglichen Lücken zu schließen. Gut beschreibt die Rolle dieser beiden Schauplätze Igor Girkin: «Der Kampf um Debalzewe illustriert den tiefgreifenden Transformationsprozess der Gruppe Wagner, die […] ein echter Stoßtrupp geworden ist und später in Syrien ihr volles Potenzial erreicht hat.»[12]

Doch zurück zum Sommer 2014. Das Unternehmen hat in der Ukraine bei der Eroberung der Krim seinen ersten Einsatz. Die Besetzung der Halbinsel ist zum Teil ein Werk der Gruppe Wagner, erst später wird sie von russischen Streitkräften eingeholt. Mitte Mai erfolgt der Aufmarsch der Wagner-Leute. Etwa 300 Söldner helfen bei der Logistik und der Sicherung, übernehmen staatliche ukrainische Einrichtungen und führen Aufklärungsarbeiten durch. Daneben vollführen die Männer Sabotageakte und leisten Personenschutz für die bedeutendsten Kommandanten der Separatisten. Schließlich wirken sie auch an der Requirierung von Militäreinheiten und Lagern mit.

Am 14. Juni 2014 schießen die Rekruten mit mobilen Boden-Luft-Raketen eine ukrainische Il-76 auf dem Landeanflug auf den Flughafen von Lugansk ab. Das Geschoss erreicht sein Ziel ohne Schwierigkeiten. Beim Absturz kommen 40 ukrainische Fallschirmjäger und neun Besatzungsmitglieder ums Leben. Von wem genau der Befehl zu dieser Aktion erging, bleibt unklar, doch einige Jahre später ist zweifelsfrei erwiesen, dass der Kreml seine Einwilligung gegeben hat. Im Oktober 2017 ist der Chef des ukrainischen Inlandsgeheimdienstes (SBU), Wassyl Hryzak, der Ansicht, seine Leute hätten die Beteiligung der Gruppe Wagner am Abschuss dieses Flugzeugs nachgewiesen.[13] Die ukrainischen Ermittler kommen fünf Jahre später zu dem Schluss, dass der Befehl direkt von Generalmajor Jewgeni Nikiforow erteilt wurde, dem Kommandanten der 58. Armee der Nationalgarde, die zum Vollzug der Invasion in den Donbass verlegt wurde.[14] Außerdem beweist die Ukraine, dass die Verursacher des Mordes an ihren Soldaten bei ihrer Rückkehr nach Russland ausgezeichnet wurden. Ein Foto vom 9. Dezember 2016 zeigt sie gemeinsam mit Wladimir Putin.

Russitsch, Spezialkräfte

Geheimdienste bestätigen, dass die Russische Reichsbewegung (RIL) im Lager «Partisan» freiwillige Kämpfer ausbildet, um die prorussischen Separatisten im Donbass zu unterstützen. Unter diesen Kämpfern rekrutiert Wagner Freiwillige. Zwei davon sind Alexej Miltschakow und Jan Petrowski, zwei russische Neonazis, die nach ihrem Aufenthalt in diesem Trainingslager die *Gruppe Russitsch* gründen.[15] Miltschakow fasst in einem Interview mit den öffentlichen Fernsehsendern und russischen YouTubern[16] seine Ideologie lapidar zusammen: «Ich sage es ganz offen: Ich bin ein Nazi.»[17] Bereits in den 2000er-Jahren tritt er der Sankt Petersburger Sektion der Organisation Slawische Union bei. Und als 2014 im Donbass der Krieg ausbricht, nimmt Miltschakow den Funk-Codenamen *Serbe* an und zieht in einer «kleinen Gruppe russischer Nationalisten» in den Kampf.[18]

Über einen inzwischen aufgelösten Telegram-Kanal[19] lässt sich die Geschichte dieser Truppe teilweise zurückverfolgen. Russitsch wird häufig als Einheit aus der Gruppe Wagner betrachtet,[20] obwohl sie ganz unabhängig angefangen hat. Der Gedanke, eine militärisch organisierte Gruppe von Nationalisten zu gründen, die für die Teilnahme an bewaffneten Konflikten bereitsteht, kommt in diesen rechten patriotischen Kreisen bereits 2009 auf. Die damaligen Netzwerke bieten russischen Nationalisten keine Möglichkeit, in den Kampf zu ziehen oder sich zu bewaffnen. Mit dem Ziel, Kenntnisse und Kompetenzen im Militärbereich zu erwerben, spaltet sich eine kleine Gruppe von den Nationalisten im RIL ab. Das Training organisiert ein Veteran der russischen Armee; das für die Übungen erforderliche Material ist knapp. Die Truppe verfügt über zivile Jagdwaffen und falsche Sturmgewehre; als Schießgelände wird die gesamte Oblast Sankt Petersburg genutzt. Die Männer trainieren und stählen sich im Kampf, stellen sich echten Schießereien. Zur Abrundung und zur zusätzlichen taktischen Ausbildung werden zahlreiche Geländeübungen abgehalten, die Überlebenstechniken vermitteln sollen. Als Ausbilder werden Veteranen aus dem Tschetschenienkrieg und gleichgesinnte Militärs eingeladen. Diese Männer entwickeln sich zum bewaffneten Arm einer Ideologie und dienen den privaten Militärunternehmen als solide Basis.

Innerhalb der Gruppe Wagner spielt Russitsch eine wichtige Rolle – als Spezialkräfte und eine Art «Sonderkommando». Wie eine «Division Wiking» spielt die Einheit mit der Ikonographie der nordisch-heidnischen Krieger und begeht in der Region Donbass entsetzliche Gräueltaten. Angeblich bestehen Verbindungen zum russischen Militärnachrichtendienst GRU, es soll um Aufträge zu Säuberungsaktionen gehen. Die Mitglieder posten auf den sozialen Netzwerken Fotos mit geschändeten Leichen.

Organisatorisch unterhält Russitsch zwei Kampfeinheiten, insgesamt etwa 400 Mann. Betrachtet man aber die Artikel über ihre Aktionen von 2014/2015, gab es wahrscheinlich mehr als zwei Einheiten. Zu den Kampfeinsätzen von Russitsch gehört die zweite Schlacht um den Flughafen von Donezk. Auch an den Operationen im Flughafen von Lugansk war die Gruppe beteiligt. Am 5. September 2014 griff Russitsch nahe Metalist im Donbass eine ukrainische Freiwilligenkolonne an, es gab Dutzende Tote.[21] Mit ihrer Schutzausrüstung und der modernsten Waffentechnik ist Russitsch gewissermaßen die Elite der Wagner-Truppen. Als Emblem für die Einheit steht das Kolowrat, eine slawische Version der Schwarzen Sonne;[22] auch das bestätigt ihre nationalistische Ideologie und Ausrichtung.

Die Gruppe Russitsch ist berüchtigt für ihre Brutalität bei den

Kämpfen im Donbass, bei denen Dutzende ukrainische Freiwillige getötet wurden. Bereits im September 2014 teilen die Kämpfer Fotos auf den sozialen Netzwerken. Diese Bilder zeigen zerstückelte oder geschändete Leichen. Lokale Quellen bestätigen, dass Russitsch-Mitglieder die Toten verstümmeln und verbrennen, diese Bilder nähren den Mythos einer blutrünstigen Einheit.[23]

Während des gesamten Einsatzes 2014/2015 spielen die Kommandanten Miltschakow, Petrowski und andere mit den Grenzen zur Infamie, posten Fotos von Grausamkeiten und Selfies mit Leichen. Ukrainische Menschenrechtsgruppen beschuldigen die Einheit, Kriegsgefangene zu foltern. Die starke Präsenz von Russitsch in den sozialen Medien dient als nützliche Propaganda, stellt sie die Mitglieder doch als furchterregende Krieger dar und widerspricht ihrer relativ schwachen Präsenz im Osten des Landes von 2014 bis 2015. Auf dem Telegram-Kanal *Rusichdshrg* erklären Mitglieder auch, wie Kriegsgefangene behandelt werden – zusammengefasst mit den Worten «kein Pardon». Entsprechend schlägt im Herbst 2022 ein Telegram-Post vor, die Gefangenen zunächst ohne körperliche Behandlung und dann unter Folter zu befragen. Und nach dem Verhör «knallt sie ab – entweder fern von indiskreten Blicken oder vor den Augen aller Kampfbrüder, um sicherzugehen, dass es geheim bleibt».[24] Dieses Umspringen entspricht dem früheren Verhalten von Russitsch 2014 in der Ukraine sowie in Syrien.

Russitsch verlässt die Ukraine im Sommer 2015. Einige Monate später sanktioniert der Westen nach Berichten über die Beteiligung der Einheit an mutmaßlichen Kriegsverbrechen im Donbass deren Kommandanten Alexej Miltschakow. Das mehrmalige Auftreten von Miltschakow und Petrowski in Syrien hat seither zu zahlreichen Berichten über ihre Machenschaften der letzten Jahre geführt, insbesondere die Folter und die makabre Enthauptung eines syrischen Gefangenen. Erstmals beobachtet werden Russitsch-Kämpfer im Nahen Osten im Jahr 2017; es ist aber nicht auszuschließen, dass sie bereits zuvor dort im Einsatz waren. In Syrien posieren Russitsch-Kämpfer mit einem Valknut.[25] Auch Inhalte, die Beweise für Folter liefern, posten sie. Bei Befragungen über ihre Ausfälligkeiten ist von Reue oder Bedauern keine Spur: «Die beschriebenen Taten stellen kein Kriegsverbrechen dar, weil wir a) keine Soldaten sind und b) glücklich waren, sie zu vollziehen.»[26] 2020 lässt sich anhand eines Posts mit Foto bestätigen, dass Russitsch in Libyen präsent ist, und zwar im Rahmen von Operationen unter dem Kommando der Gruppe Wagner. Der Teufel steckt im Detail: Hier ist es ein Kolowrat-Wappen an der Schulter.[27] Weiterhin sind sie 2022 in Syrien sichtbar, zumindest wenn man sich an die Russitsch-Kampfanzüge hält, in denen sie Köpfe als Trophäen in die Kamera halten – dieselben Uniformen mit demselben Wüstentarn sind auch auf dem Telegram-Kanal der Gruppe zu sehen.

Nachdem sie zwischen 2015 und 2022 überwiegend von der Bildfläche verschwunden waren, tauchen die Männer der Einheit in verschiedenen Posts und auf Fotos wieder auf, die ein Licht auf ihr Engagement in der Ukraine werfen.[28] Ein erster Telegram-Post erscheint gleich am 24. Februar 2022.[29] Ein Kanal mit ähnlicher ideologischer Ausrichtung hat einen Post mit Fotos von Kämpfern der Truppe veröffentlicht,[30] um darauf hinzuweisen, dass Miltschakow verletzt wurde und eine kostspielige Behandlung braucht. Man kann die Verlegung der Russitsch-Einheiten auf ihren sozialen Netzwerken verfolgen – einerseits wollen sie sich zeigen, andererseits aber unbemerkt bleiben (das beweisen diverse Löschungen von Telegram-Kanälen). Eine Analyse dieser Posts bestätigt ihre Bewegungen auf ukrainischem Territorium. So zeigt ein Foto sie etwa im Sommer in Isjum,[31] während andere Mitglieder an anderen Orten Fotos posten. Training und Rekrutierung gehen weiter.[32] Russitsch informiert über seinen ersten Gefallenen in der Ukraine seit 2015: den Militärarzt Andrej. Ein Post hält fest, dass der Soldat «in Ehren gefallen ist – im Kampf auf heimischem Boden, die Waffe in der Hand». Auffällig die Wortwahl, der «heimische Boden», und die Symbolik, die Sigrunen auf der Stirn verweisen wieder auf die Bilderwelt der Division Wiking.[33] Ebenfalls als Propaganda ist zu werten, dass Russitsch auf Social Media die hohen Verluste unter seinen Kämpfern im ersten Kriegshalbjahr abstreitet. Auf VK kursieren ein paar genauere Informationen. Sie haben eine «niedrige Quote an unwiederbringlichen Verlusten» (nicht über 15 Prozent ihrer einfachen Truppen und 5 Prozent ihrer Spezialkräfte). Es folgt der Hinweis auf die große Kompensationsfähigkeit für die Verluste über das Sankt Petersburger Trainingslager.[34] Liegt das womöglich daran, dass die Gruppe bereit ist, «Kinder ab zwölf Jahren» zu rekrutieren, also «wenn sie im verständigen Alter sind«?[35]

Im Juni 2022 spricht die Russitsch-Kommunikation in ihrer Rechtfertigung für die Teilnahme an den Kampfhandlungen nicht von Denazifizierung, sondern von Russophobie: «Eines der Hauptziele der militärischen Spezialoperation ist die angebliche Denazifizierung des ukrainischen Territoriums. Leider predigen die primitiven Propagandisten (die noch schlimmer sind als die Ukrainer) dieses Thema wie von der Kanzel. Wir dagegen glauben nicht an Propaganda, und im Rückgriff auf unsere eigene Erfahrung und bekannte Fakten können wir mit Sicherheit sagen, dass [die ukrainischen Streitkräfte] nicht vollständig aus Nazis oder ukrainischen Nationalisten bestehen, egal was man uns sagt (wir bezweifeln, dass diese offen bekennenden Personen mehr als 10 Prozent ausmachen). Allerdings bedeutet das nicht, dass unsere Gegner nicht vernichtet werden müssen […]. Auf die Frage: ‹Wie könnt ihr als russische Nationalisten die Ukrainer bekämpfen? Ihr habt doch dieselben Ansichten?› antworten wir ganz einfach: ‹Wir können es, mit Vergnügen›.»[36]

Am 25. Oktober 2022 gibt Russitsch seine Absichten in der Ukraine bekannt: «Insgesamt glauben wir, dass alle erwachsenen Ukrainer und insbesondere die nicht-weiße Bevölkerung der Ukraine […] körperlich vernichtet werden sollten (zum Teil durch wissenschaftliche Experimente). Die übrigen Jungen sollten als Janitscharen im russischen Militärdienst erzogen werden, und die Mädchen durchlaufen zunächst Kurse für pflichtbewusste Ehefrauen und werden dann mit Pässen für Einwohner der Russischen Föderation ohne Bürgerrecht […] den ethnisch russischen Soldaten geschenkt, 2 bis 3 Frauen pro Person. Mischlinge können an einheimische Nicht-Russen verteilt werden, aber nur an solche, die für Russland gekämpft haben. [...] Auch das gesamte Vermögen der ehemaligen Ukraine soll an die Soldaten verteilt werden. Die Soldaten sollen für die Risiken entschädigt werden, die sie während des Kriegs eingegangen sind, und die erbärmlichen 200 000 [Rubel] im Monat (dafür kann man sich nicht viel kaufen) sind nicht gerade motivierend.»[37]

Die Anführer überleben. Alexej Miltschakow hat sich offenbar von seinen angeblichen Verletzungen erholt. Im August wird er an der Front gesichtet.[38] Russitsch ruft auf zu «Flächenbombardements in den Wohngebieten von Kiew, Lwiw, Winniza, Luzk (statt der erbärmlichen Einzelschläge) [...] Nur radikale Maßnahmen. Und völlige Zerstörung»,[39] ergänzen sie. Russitsch-Mitglieder können auch ganz offen die Regierung kritisieren, und das, so vermutlich ihre Annahme, wegen ihrer Effizienz auf dem Schlachtfeld: «Es hat sich gezeigt (was wir schon lange wussten), dass einige Ministerien handlungsunfähig sind und dass andere private Strukturen dagegen absolut kampfbereit sind.»[40]

Ende 2022 ruft Russitsch seine Mitglieder auf, Informationen über Grenzposten und strategische Aktivitäten der baltischen Länder zu übermitteln, und weckt damit Sorgen über die mögliche Vorbereitung eines Angriffs gegen NATO-Länder durch rechtsextreme Gruppen. Man hofft auch darauf, dass Internetnutzer in den Ex-Sowjetrepubliken anonym Informationen zu militärischen und militärnahen Infrastrukturen teilen,[41] um Angriffspläne auf das Territorium der baltischen Republiken zu erleichtern. Ende August 2023 berichtet der finnische Fernsehsender MTV3, Jan Petrowski sei von der Polizei verhaftet worden.[42] Nach Bekanntwerden dieser Nachricht habe Kiew umgehend seine Auslieferung beantragt. Ein Paukenschlag folgt im Dezember: Der Oberste Gerichtshof in Helsinki entscheidet, dass Petrowski (der sich mittlerweile Voislav Torden nennt) nicht ausgeliefert werden kann. Die Haftbedingungen in der Ukraine könnten seine Menschenrechte verletzen, die Behandlung mutmaßlicher Kollaborateure mit Russland seien der Folter vergleichbar. Auch der Umgang mit russischen Gefangenen weckt Besorgnis. Die finnische Justiz hat zu dieser Frage auf Antrag des für Auslieferungen zuständigen Ministeriums geurteilt. Nach seiner Freilassung verlässt Petrowski das Gefängnis allerdings trotzdem nicht als freier Mann: Er wird in einem Fahrzeug der Grenzpolizei weggefahren. Über den Konvoi gibt es keinerlei weitere Angaben.[43]

Zwei Wochen später beruhigt die finnische Staatsanwaltschaft die Öffentlichkeit mit der Erklärung: «Jan Petrowski wird verdächtigt, 2014/2015, also vor dem Moskauer Angriffskrieg gegen die Ukraine im Februar 2022, Kriegsverbrechen ‹gegen ukrainische Soldaten, die während des bewaffneten Konflikts in der Ukraine verletzt worden waren oder sich ergeben hatten›, begangen zu haben.» Weiter heißt es, die finnischen Behörden hätten wegen dieser Straftaten Ermittlungen aufgenommen, da der Verdächtige nicht in die Ukraine ausgeliefert werden könne und der Tatbestand nach Völkerstrafrecht in die Zuständigkeit Finnlands falle.[44] Am 13. Februar erwähnt der öffentliche finnische Fernsehsender YLE in einem Beitrag eine Verurteilung zu 40 Tagen Gefängnis auf Bewährung. Für welchen Tatbestand? Illegale Einreise. Die Ermittlungen wegen Kriegsverbrechen dauern dagegen an.

In den sozialen Medien, etwa auf Instagram, tauchen häufig undatierte Fotos auf. Zum Beispiel dieses: eine Gruppe Uniformierter, bewaffnet und mit Abzeichen, die die Symbole der Einheit zeigen. Sie trainieren im Schnee, der Bildunterschrift nach in der Region um Sankt Petersburg.[45] Auch auf Telegram ist Russitsch weiterhin sehr präsent und führt seine Aktivitäten fort, als hätte die Gruppe Wagner nie zu existieren aufgehört.

Ein weiteres Mal tritt Miltschakow um die Jahreswende 2023/2024 in einem Interview mit einem russischen Blogger in den Blick.[46] Da hatte er auf Telegram bereits Anweisungen zum Umgang mit den «Chochols» (abfällige Bezeichnung für die Ukrainer) geteilt, die als Kriegsgefangene in Russland sind; er riet den Lesern seines beliebten Telegram-Kanals (über 143 000 Follower) dazu, sie diskret zu eliminieren. Heute erweist sich Miltschakows Weltsicht als etwas differenzierter: Er ist der Meinung, Kriegsgefangene, die sich auf der Stelle ergeben, sollten «begnadigt» oder einer weniger brutalen Gewalt ausgesetzt werden, bleibt aber dabei, dass Männer, die bei Angriffsoperationen gefangengenommen werden, standrechtlich exekutiert werden sollten. Die Kommandanten von Asow-Stahl zum Beispiel hätte man «zwingen sollen, sich buchstäblich gegenseitig aufzufressen», oder «ihre Köpfe hätten an der Straße nach Manhusch aufgehängt werden sollen», so der Russitsch-Kommandant. Der Westen, so zeigen insbesondere seine Wikipedia-Seite[47] und zahlreiche offizielle Quellen, bezeichnet Milkatschow weiterhin als «mutmaßlichen» Kriegsverbrecher.

Die Stoßtruppen

Als Wagners Stoßtruppen könnte man am ehesten *Reverse Side of the Medal* (RSOTM) und ihre Anhänger bezeichnen. Bekannt sind diese Truppen vor allem aus den sozialen Medien; das geht soweit, dass RSOTM sogar als eine der Hauptinformationsquellen über Wagner auf Telegram gelten kann. Seit Februar 2022 decken die Posts vor allem die Bewegungen der «Spezialoperation» ab. Die Veteranen vom Slawischen Korps, Moran oder Wympel wurden zu den Begründern des Merchandising-Zweigs von Wagner und zahlreicher Untergruppen. Jede Einheit hat ihren Anführer, die Kommandostruktur bleibt aber im Dunkeln. RSOTM besitzt auch eine offizielle Website, auf der zahlreiche Markenartikel verkauft werden. Von dort aus verbreiten sich die beliebten Wagner-T-Shirts, Abzeichen und weitere in der russischen Armee gefragte Modeartikel. Zur Darstellung ihrer Aktivitäten dienen mehrere Kommunikationskanäle.[48]

Zum Wagner-Kosmos gehören auch ausländische Einheiten. Beim zweiten Ukraine-Konflikt bildet Russland neue Truppen aus und schickt sich an, seine Reihen neben den bereits angeworbenen syrischen Söldnern mit libyschen und serbischen Söldnern zu verstärken. Das jedenfalls teilen das Zentralorgan des russischen Militärnachrichtendienstes (GRU) wie der Generalstab der ukrainischen Streitkräfte in ihren Erklärungen mit.[49] Söldner aus dem Balkan werden in bewaffneten Gruppen der Separatisten-Republiken beobachtet. Die ukrainischen Sicherheitskräfte beziffern ihre Zahl für den Donbass auf 300. Kiew übermittelt Listen serbischer Bürger, die in der Ukraine kämpfen, nach Belgrad. «Wir haben [die serbische Regierung] erstmals im Sommer 2014 informiert, ein zweites Mal dann 2017. Leider haben wir nie eine offizielle Antwort erhalten», bedauert der Stabschef des ukrainischen Geheimdienstes, Igor Guskow.[50]

«Ohne Russland hätte es den Staat Serbien nie gegeben. Ein Blut, ein Glaube, eine Familie», rechtfertigt das Radomir, ein serbischer Kämpfer, bekannter unter dem Namen «Grizzly». Die in der Ukraine kämpfenden Serben erzählen alle dieselbe Legende, nämlich, sie würden «für ihre eigene Heimat» kämpfen.[51] All diese Kämpfer sind einander vielleicht nicht freundschaftlich verbunden, für Außenstehende aber ist die Verbindung klarer. Tatsächlich verstärkt der Kampfverband mit der Zeit, mit zunehmender Erfahrung und wachsendem Kapital seine Reihen. In Syrien wirbt Utkin in nur zwei Jahren zehnmal so viele Rekruten an wie am Anfang. Eine serbische Brigade gibt es in der Gruppe Wagner seit 2014, sie untersteht Davor Savičić («Elvis»), einem Vertrauten Utkins seit den ersten Kampfhandlungen im Donbass.[52]

Dabei existiert in Serbien seit 2014 ein Gesetz, das seinen Bürgern verbietet, mit militärischen und paramilitärischen Verbänden an bewaffneten Konflikten im Ausland teilzunehmen, es sei denn im Rahmen einer offiziellen Mission einer internationalen Organisation, deren Mitglied Serbien ist. Verstöße gegen dieses Gesetz werden mit sechs Monaten bis fünf Jahren Haft geahndet. Die Akten eines Prozesses nennen die Einheiten, in denen Serben gekämpft haben: die Internationale Brigade, die Siebte Brigade, das Serbische Husarenregiment, die Ural-Einheit, die Erste Slawische Einheit und Wagner.[53]

Ein Mitglied der serbischen Brigade bei Wagner fällt im Juni 2017 in Syrien.[54] Im Dezember erlässt der ukrainische Inlandsgeheimdienst

SBU Haftbefehle gegen sechs Serben, die der Gruppe Wagner angehören und in der Ukraine gekämpft haben, darunter Savičić.[55] Mit bestätigten Aufenthalten in Syrien, der Ukraine, Libyen, im Sudan und der Zentralafrikanischen Republik sind serbische Söldner wertvoll. Sie haben zwei Vorteile: ein umfassendes Netzwerk bei europäischen Hooligans und ihren Pass, mit dem sie leichter in der EU reisen können. Genau wie RSOTM unterhalten sie einen eigenen Telegram-Kanal.[56]

Als in Saporischschja serbische Einheiten gesichtet werden, kritisiert Präsident Aleksandar Vučić im Januar 2023 ganz unverblümt die Gruppe Wagner.[57] Soeben hat das Unternehmen in der nationalen Presse Anzeigen veröffentlicht, um Kämpfer für die Ukraine zu rekrutieren. «Warum tun Sie das Serbien an?», ruft der Staatschef in einem Fernsehinterview, aus dem die Agentur Beta zitiert. «Warum starten Sie, die Gruppe Wagner, Aufrufe, die gegen die Regeln verstoßen?» Ganz anders klingt das dagegen bei Konkord. «Alle Gerüchte über etwaige Interaktionen zwischen der Gruppe Wagner und Serbien sind also völlig unbegründet. Soweit wir wissen, geht es den Serben allein sehr gut».[58] Und im März heißt es: «Wenn ein Serbe behauptet, er habe 2023 in den Reihen von Wagner gekämpft, ist das eine Lüge. Glaubt es nicht.»[59]

Seit dem ersten Beginn der «Spezialoperation» ist klar, dass Prigoschins Soldaten dort eine ganz entscheidende Rolle spielen werden. Es mögen einem die Ohren klingeln. Antiterror, Moran, Slawisches Korps … lauter Unternehmen, die dem Kreml dienten, bevor sie ganz einfach ausgelöscht wurden.

6

Prigoschins Magier

«Eines der innovativsten Zentren der angewandten Geopolitik liegt in Sankt Petersburg bei Prigoschin.»
Alexander Serawin, Berater für politische Kommunikation

Der Aufstand vom Juni 2023 sät Zweifel und Verwirrung. Prigoschin fordert Putin heraus, tags darauf verrät er ihn, bevor er vom russischen Präsidenten empfangen und dann beim Russland-Afrika-Gipfel fotografiert wird: eine Ereignisfolge, die sprachlos macht. Die Kommentare schwanken zwischen den Bezeichnungen Putsch und Propagandacoup. Der Donnerschlag bleibt aus. Nach einem 24-stündigen Aussetzen der Trollfabriken läuft die Maschine einfach wieder an. Das gefakte Twitter-Konto Luka Malle streut weiter seine alternativen Wahrheiten über die UNO-Mission MINUSMA in Mali; Nathalie Yamb in Fleisch und Blut kritisiert auf ihrem YouTube-Kanal den französischen Präsidenten Macron, und zwei Experten für politische Kommunikation bei Wagner, einer Moderator eines russischen Telegram-Kanals und einer Einsatzleiter der Gruppe im Sudan, spötteln in einem Podcast über die jüngsten Ereignisse, als sei nichts dabei.

Ein leises Stottern aber ist der Maschine doch anzuhören. Maxim Schugalej stellt fest, dass seine VK-Seite mit über 5000 Followern von der russischen Medienaufsicht blockiert wurde. Am 30. Juni verkündet Prigoschin die Zerschlagung des 2019 gegründeten Konzerns Patriot Media. Dieser Konzern war das offizielle Schaufenster des Projekts

Lachta, Wagners Propagandazentrale, mit elf eigenen und einem Netzwerk von über 150 Partner-Medien. Wenige Stunden später bestätigt Jewgeni Zubarew, Generaldirektor von Patriot Media, die Existenz von Trollfabriken seit 2009.

Es ist schwindelerregend. Denn neben ihren militärischen Kompetenzen besteht die wahre Macht der Gruppe Wagner in ihrer Fähigkeit, auf Meinungen einzuwirken und Ereignisse zu beeinflussen.

Parallel zur Umorganisierung der Wagner-Struktur wird die Propagandamaschinerie innerhalb weniger Monate wieder auferweckt. Die eingefrorenen Fake-Konten werden wieder aktiv, neue Kampagnen laufen. Besonders erstaunlich ist das nicht, denn die Auslands-Propaganda der Gruppe Wagner wird teilweise auch von den Propagandaeinheiten der GRU gesteuert, die ihr genügend Autonomie geben, die groben Leitlinien in gewisser Unabhängigkeit umzusetzen. Manche Quellen geben an, schon seit 2021 seien in Afrika rotierende Geheimdienstler tätig. Auch nach dem Tod der Wagner-Chefs läuft dieses System weiter.

Die Propagandaorgane

Im August 2013 erscheint auf Social Media die verlockende Stellenanzeige eines noch ganz jungen Sankt Petersburger Unternehmen: «Webredakteure gesucht! Moderne Büroräume in Olgino!!! Monatsgehalt 25 960 Rubel. Aufgabenbereich: Posting von Kommentaren auf spezialisierten Websites, Verfassen von themengebundenen Beiträgen, Blogs, sozialen Netzwerken. Screenshot-Reports. Arbeitszeiten individuell wählbar […]. Wöchentliche Bezahlung, Verpflegung gratis!!! Festanstellung oder befristet (wählbar). Kostenlose Fortbildung!»[1]

Die *Nowaja Gaseta* schleust einen ihrer Korrespondenten ein, um sich ein Bild von der Sache zu machen.[2] Wer steht hinter diesem Unternehmen, dessen Ziel es ist, täglich 100 Kommentare zu verfassen wie diesen: «Der soeben zu Ende gegangene G20-Gipfel in Sankt Petersburg war ein großer Erfolg für Russland.» Die Absicht dahinter: die

Sichtbarkeit der entsprechenden Artikel zu erhöhen, so wie das Verfassen von Kommentaren auf Amazon verkaufssteigernd wirkt. Man könnte die Arbeit von Chatbots erledigen lassen, aber viele Websites blockieren sie. Die 2013 gegründete Internet Research Agency (IRA), die diese Anzeige veröffentlicht hat, verfügt über Verbindungen zur Konkord-Gruppe.[3] Mit dieser Arbeit betraut sie Menschen. Außerhalb der Agentur laufen weitere Operationen. Insbesondere wird Prigoschin verdächtigt, mediale Ereignisse organisiert zu haben, etwa eine Demonstration falscher LGBT-Aktivisten beim Staatsbesuch des US-Präsidenten Barack Obama anlässlich des G20-Gipfels in Sankt Petersburg 2013. Ziel ist es, den von Homophobie durchzogenen offiziellen Kreml-Kurs zu stärken, der sich die Verteidigung familiärer Werte gegenüber einem dekadenten Westen auf die Fahnen schreibt.[4]

Bald nach dem Beginn der Infiltrierung entdecken die Journalisten der *Nowaja Gaseta,* wer sich hinter der IRA verbirgt. Sie erkennen Maria Kupraschewitsch, eine ehemalige Kollegin von ihnen, die verdeckt für Prigoschin in der Anzeigenabteilung ihrer Zeitung tätig war. In einem Interview bringt sie 2018 die Arbeit der Zeitung in Verruf: «Erstens hat jeder Angst vor allem. Neue Angestellte werden rundum überwacht, sie stehen unter ständigem Druck. Dem Stress wird mit unterschiedlichen Mitteln begegnet: natürlich mit Alkohol, manchmal vielleicht auch mit Drogen; heute jagen wir uns Drogen rein, morgen schreiben wir nette Reportagen. Manchmal, wenn man ins Büro kam, stieß man auf Erbrochenes, Kondome, und – Verzeihung – [Exkremente].»[5] Die Journalisten bringen 2013 ihrerseits dieselben Infiltrierungstechniken zur Anwendung. In Wirklichkeit arbeitet Kupraschewitsch für die PR-Abteilung von Konkord. *Nowaja Gaseta* gab ihr den Beinamen «Mascha Chari», in Anspielung auf die berühmte Spionin Mata Hari.[6]

Der Erste, der sich im Westen für die IRA interessiert, ist der damalige *Buzzfeed*-Journalist Max Seddon. Der Amerikaner verschafft sich interne Dokumente der Organisation, die Hacker ins Netz gestellt haben. Sein Artikel von 2014 zeigt, dass die Machenschaften der Trollfabrik weit über die Grenzen Russlands hinausreichen.[7] Als Zielscheiben werden in diesen Dokumenten die Kommentarbereiche von *Fox News, The Huffington Post, TheBlaze, Politico* und *WorldNetDaily* genannt.

Die Leitung der IRA obliegt einem geschäftsführenden Ausschuss, untergliedert ist sie in drei Abteilungen: 1) Grafikdesign, Datenanalyse, Suchmaschinenoptimierung (SEO); 2) IT-Abteilung zur Wartung der für die Operationen genutzten digitalen Infrastruktur; 3) Finanzplanung und Fundraising. Die Konkord-Holding finanziert die IRA im Rahmen einer ihrer größeren Cyber-Manipulationskampagnen, dem Projekt Lachta. Dieses verfügt über ein monatliches Budget von nahezu 1 Million Euro mit diversen Komponenten, von denen manche Persönlichkeiten innerhalb der Russischen Föderation betreffen und andere ausländische Akteure in ganz unterschiedlichen Ländern, darunter den USA.[8]

2014 bezog die IRA ein vierstöckiges Gebäude in der Sankt Petersburger Uliza Sawuschkina, und die Trollfabrik lief auf Hochtouren. Die Mitarbeiter pflegten sechs Facebook-Konten, mussten täglich mindestens drei Beiträge veröffentlichen und in Chat-Gruppen über aktuelle Themen diskutieren. Am Ende des ersten Monats mussten diese diskreten Tastaturkrieger 50 Follower angeworben haben. Auf Twitter mussten sie zehn Konten mit bis zu 2000 Followern pflegen und 50 Tweets pro Tag herauslassen.

«Wir sollten ganz normale Posts über Kuchenrezepte oder unsere Lieblingsmusik schreiben, und dann hin und wieder einen politischen Post, zum Beispiel dass die Regierung in Kiew aus Faschisten besteht oder so was», erklärt eine ehemalige Angestellte in der russischen Presse. Die Arbeitsbedingungen sind erbärmlich. Die Mitarbeiter werden abgemahnt, wenn sie ein paar Minuten zu spät kommen oder nicht die verlangte Zahl von täglichen Posts erreichen. Zusätzlich werden Strafzahlungen fällig, wenn die Chefredakteure feststellen, dass Nachrichten plagiiert wurden oder aus ideologischer Sicht nicht stichhaltig sind. Die Russen geben 100 000 Dollar für Anti-Clinton-Werbung auf Facebook aus; eine lächerlich kleine Summe angesichts der 617 Millionen für den Trump-Wahlkampf und 1,2 Milliarden für den der Demokraten.[9] Dennoch gibt sie uns eine Vorstellung von der russischen Manipulationsfähigkeit in einer politischen Kampagne von globaler Bedeutung. Dieser Dauerbeschuss mit Fake News auf ihren Plattformen lässt die Tech-Riesen im Silicon Valley nicht gleichgültig: Am 6. September 2017 blockiert Facebook 470 Konten mit Verbindungen zur Internet Research Agency.[10]

Die Propaganda und ihre Videos florieren vor allem auf sozialen Netzwerken wie Facebook, Telegram, Twitter oder VK. Dazu kommt noch TikTok. Die Plattform identifiziert 41 191 Videos, von denen 87 Prozent die Richtlinien des Netzwerks übertreten. Insgesamt werden in Russland 321 784 und in der Ukraine 46 298 gefakte Konten mit insgesamt 343 961 Videos gelöscht.[11]

Zur Ergänzung können Prigoschins Leute auch auf die Unterstützung der RIA FAN zählen: Die Sankt Petersburger Nachrichtenagentur hatte ihren Sitz anfangs im selben Gebäude wie die IRA. Unterstellt ist sie dem Presse- und Informationsministerium. 2013 übernimmt Wladimir Putin selbst die Kontrolle und baut die Agentur zum echten Propaganda-Organ unter der Leitung Prigoschins um. Am 11. August 2019 veröffentlicht die Agentur ein 15-minütiges Video mit dem Titel «Enthüllungen über CNN-Aktivitäten in Zentralafrika».[12] Das Video unterstellt eine Verbindung der Journalisten zu Attentaten und versuchter Meinungsmanipulation und beschuldigt diese Amerikaner auch mit Hilfe beigefügter Bilder der Spionage.

In den Klauen des Kremls

Als Einflussunternehmer richtet sich Prigoschin mit seinen Medien und Blogs zunächst an ein russisches Publikum. Dieses Projekt, das die Einflussabteilungen des Unternehmens unter der Bezeichnung «Sonderaufgaben» führen,[13] zielt auf die russischen Oppositionsmedien und

-journalisten, setzt ein Heer von Informanten auf sie an und überzieht sie mit Verleumdungskampagnen. In dieselbe Richtung geht das Projekt «Sobol», mit dem Prigoschins Teams der für den Oppositionspolitiker Alexej Nawalny tätigen Anwältin Ljubow Sobol schaden wollen.

Doch Diffamierung ist nicht Prigoschins einziges Cyber-Projekt. Daneben arbeitet die Belegschaft seines Unternehmens unermüdlich an der vollständigen Kontrolle der Webinhalte durch den Kreml. Dem E-Mail-Verkehr der russischen Medienaufsicht Roskomnadsor, den wir dank eines Datenleaks einsehen konnten,[14] ist zu entnehmen, dass jede im Netz veröffentlichte Kritik an Jewgeni Prigoschin eine juristische Prozedur und die Blockade der Nachricht nach sich zieht und in Akten gegen bestimmte Personen und Medien eingeht, die als «ausländische Agenten» bezeichnet werden. Ironischerweise wird dieselbe Agentur ab Tag eins nach seiner gescheiterten Meuterei beginnen, Prigoschin selbst und seine Medien massiv zu zensieren. In den genannten E-Mails finden wir auch eine Präsentation des Konglomerats Patriot Media. Diese als solche nirgends existierende Struktur ist ein Überbau mehrerer Medien, die für sich genommen einen legalen Status besitzen, zum Beispiel RIA FAN. Den E-Mails von Roskomnadsor ist zu entnehmen, dass die Behörde die Einschaltquoten von Patriot Media verfolgt, und die zuständigen Beamten versuchen in ihren Dokumenten gar nicht zu verschleiern, dass der Medienkonzern für die Interessen des Kremls eintritt.

Prigoschins Firmennetzwerk ist eines der beiden privaten Einflussunternehmen, die im Rahmen des Ukraine-Kriegs im Dienst der russischen Machthaber tätig sind. Nach einer Studie der Threat Analysis Group von Google werden Prigoschins Trollfabriken im Jahr 2022 von dem US-Tech-Unternehmen insgesamt 814 Mal wegen «koordinierter und nicht authentischer Nutzung» der Google-Produkte – so die Definition für Online-Einflussoperationen – sanktioniert.[15] Auf YouTube und bestimmten Blogs arbeiten Prigoschins Trollfabriken daran, den Russen einzureden, die Ukraine sei von Nazis durchsetzt und der offiziell gar nicht so benannte Krieg daher unbedingt zu unterstützen.

Manipulationsversuche in den USA

«Wenn wir gegen Amerika Krieg führen müssen, werden wir es tun. Dort wissen sie nicht, wie man kämpft. Wie schon Putin sagte, verschiedene Waffensysteme kann man erfinden – aber Leute wie uns kann man nicht erfinden. Unser Volk weiß, was Aufopferung ist», erklärt ein Wagner-Kommandant im März 2018 gegenüber der russischen Presse.[16] Wahlmanipulation ist keine neue Erfindung. Bereits 1802, also kurz vor den napoleonischen Kriegen, wurden französische Agenten nach London entsandt, um die Clubs der Hauptstadt zu beeinflussen, in der freien Presse Artikel zu veröffentlichen, Meinungen zu kaufen. Ein vertrautes Programm also.

Der Regionaldirektor von M-Invest (einem Unternehmen aus dem Firmenkosmos) Michail Potepkin stellt im Januar 2018 die Entwicklungsstrategie der afrikanischen Wagner-Division vor und nennt als Ziel dieses Projekts die «Bildung einer negativen Haltung gegenüber den europäischen Ländern und den USA». Dem Dokument zufolge planen die Propagandisten, in den ärmsten Städten von Alabama, Georgia, South Carolina, Mississippi und Louisiana Afroamerikaner zu rekrutieren, die Erfahrungen in Gruppen organisierter Kriminalität haben, und daneben frühere Straftäter, die Gefängnisstrafen abgesessen haben.

Am 16. Februar 2018 erhebt der US-Sonderermittler Robert Mueller Anklage gegen 13 Personen (darunter Jewgeni Prigoschin) und drei russische Organisationen wegen der Beteiligung an Operationen zur Wahlbeeinflussung, insbesondere bei der Präsidentschaftswahl 2016. Die Anklagen werden am Ende fallen gelassen, weil die amerikanische Staatsanwaltschaft befürchtet, Konkord könnte von dem Verfahren profitieren und auf sensible Informationen zugreifen. Tatsächlich ist es üblich, dass beide an einem Prozess beteiligten Parteien Zugriff auf alle Ermittlungsdokumente und auf die im Rahmen der Ermittlungen gesammelten Anklagepunkte erhalten. Trotzdem legt dieser Fall einige wertvolle Aspekte offen. Er stellt eine wichtige Etappe für die Enthüllung der geheimen Social Media-Kampagne dar und erlaubt die Identifizierung derer, die für diesen Angriff verantwortlich sind. Die Ermittlungen zeigen, dass die Internet Research Agency seit Mai 2014 plante, die amerikanischen Präsidentschaftswahlen 2016 zu beeinflussen. Auch geben die Dokumente klar zu verstehen, dass Jewgeni Prigoschins Teams im Auftrag Dritter arbeiten. Welche Dienste genau dahinter stehen, bleibt noch zu klären; jedenfalls verbergen sie sich hinter Organisationsstrukturen im Nahen Osten.

Bereits im April 2014 wird in der IRA eine Abteilung namens *Translator Project* gegründet. Ihr erklärtes Ziel lautet, «Misstrauen gegenüber den Kandidaten und dem politischen System insgesamt zu wecken». Im Juli 2016 arbeiten an diesem Projekt über 80 Mitarbeiter;[17] sie richten sich gezielt an die amerikanische Bevölkerung und führen Operationen in sozialen Netzwerken durch (YouTube, Facebook, Instagram und Twitter).

Ab 2014 beobachten die vom amerikanischen Sonderermittler identifizierten Verdächtigen die Websites von sozialen Medien, die sich mit der US-Politik auseinandersetzen. Um die Relevanz unterschiedlicher Gruppen auf diesen Websites zu evaluieren, wertet die IRA bestimmte Daten wie Größe, Post-Frequenz und das Engagement des Publikums aus, aber auch die durchschnittliche Anzahl von Kommentaren oder Reaktionen auf einen Post. Die tatsächliche Arbeit vor Ort beginnt 2014 mit dem Besuch von drei russischen Verschwörern in zehn US-Bundesstaaten, wo sie Informationen über die amerikanische Politik sammeln. Mit Fortschreiten der Operation führen die Verdächtigen auch vertiefte Online-Chats mit Amerikanern, die damit zu unfreiwilligen Komplizen werden. Die Anklageschrift wird der russischen Regierung am Ende dennoch nicht vorwerfen, an der Operation mitgewirkt zu haben, und auch nicht behaupten, dass ihr die Beeinflussung von Stimmabgaben gelungen sei.[18]

Weiterhin eröffnet die IRA auch Facebook- und Instagram-Seiten zu den Themen Immigration (mit Gruppen wie *Secure Borders*), Religion (*United Muslims of America* und *Army of Jesus*) und für bestimmte Regionen der USA (*South United* und *Heart of Texas*). 2016 gehen die Mitgliederzahlen der von der IRA gesteuerten Gruppen in der Regel in die Hunderttausende. Hand in Hand mit diesen Operationen erfolgt außerdem der Erwerb zahlreicher Server und von IT-Ausrüstung zur technischen Durchführung der Posts.[19]

Die Ermittler deckten auf, dass die IRA eine Liste realer Amerikaner führte, die von IRA-Mitarbeitern unter Benutzung falscher Profile kontaktiert und dazu aufgefordert worden waren, sich dem Unternehmen anzuschließen. Die Liste mit Ende August 2016 über 100 Einträgen enthält die Personendaten dieser US-Bürger, einen Abriss ihrer jeweiligen politischen Meinung und die Aktivitäten, zu denen die Russen sie aufgefordert haben.[20]

Für Prigoschin haben seine Teams «die Meinung der Wähler korrigiert und Nachbesserungen an den Vorlieben der Bevölkerung herbeigeführt, so wie es auch Eliteschützen tun».[21] Trotz der Ermittlungen brechen die russischen Aktivitäten nicht ab. Washington veranlasst die Ausweisung von Alexander Malkewitsch, nachdem dieser versucht hatte, dort mit Unterstützung von Personal und Strukturen der IRA den Desinformationskanal *USA Really* anzusiedeln. Derselbe Malkewitsch, der auch beim Afrika-Gipfel in Sotschi anwesend war, ist inzwischen in Afrika tätig. Zwei seiner Mitarbeiter werden im Mai 2019 in Tripolis unter dem Vorwurf der Wahlbeeinflussung verhaftet.[22]

Africa Politology: *Mad men* auf Eroberungsfeldzug

Eines der markantesten Propagandavideos ist der im Juni 2019 gedrehte Clip auf einem YouTube-Kanal mit nur wenigen Abonnenten.[23] Es handelt sich um eine weitgehend unschuldige Karikatur, erzählt von einer Kinderstimme auf Französisch mit slawischem Akzent. Die englische Version aber enthält eine Szene, in der Hyänen um die Fahnen Frankreichs und der USA schleichen. Die Geschichte vom Löwen, dem Bären und der Hyäne, so stellt sich heraus, ist das Produkt eines russischen Nachrichtenagenten in Zentralafrika. Der Animationsfilm läuft in einem Kino in Bangui, produziert wurde er von dem zum Prigoschin-Konzern gehörenden Bergbauunternehmen Lobaye Invest.[24] In Mali wecken solche antifranzösischen Animationsfilme Begeisterung, etwa der, in dem Wagner als Retter gegen die französischen Schlangen auftritt.[25] Washington zufolge «nutzt die Gruppe Wagner die schlechte Sicherheitslage aus, um ihre Präsenz in Afrika auszubauen, und bedroht damit Stabilität, Good Governance und den Respekt der Menschenrechte».[26] In Sankt Petersburg gilt das Afrika-Büro aus dem Backoffice der Gruppe Wagner für den gesamten Sektor der russischen Politikberater und Kampagnenmacher als *place to be.*

Das Büro mit Sitz in angemieteten Sankt Petersburger Wohnungen wurde 2018 mit der Ankunft der Gruppe Wagner im Sudan und in Zentralafrika gegründet und beschäftigt etwa 15 Berater; die bekanntesten wie Peter Bytschkow und Julia Afanasjewa flogen am Ende bei den Amerikanern auf. Die Ziele dieses Büros namens Africa Politology, 2021 geleitet von Sergej Maschkewitsch,[27] sind unverändert: die Interessen des Kremls in Afrika zu verankern, und das mithilfe von großangelegten Einflussoperationen. Dafür fährt das Unternehmen die Strategie, Trollfabriken mit der Gründung und Finanzierung von Medien vor Ort zu kombinieren. Es werden sogar falsche NGOs gegründet und regelrechte Einflussagenten rekrutiert, um auf Wahlen einzuwirken.

Der Fall Libyen

Am 3. April 2019 taucht der Name Alexander Prokofjew, Mitarbeiter der Stiftung für die Verteidigung nationaler Werte (FDNV), in den Metadaten des Protokolls einer Sitzung mit Saif al-Gaddafi auf, was nahelegt, dass Prokofjew selbst oder eine Person, die Zugriff auf seinen Computer hat, das Dokument verfasst hat. Die berüchtigte Stiftung ist genau die von Malkewitsch geleitete Struktur, die nach seiner Ausweisung aus Washington das Interesse der Presse auf sich zog.[28] Eine Woche später heißt es in einer diplomatischen Notiz, General Khalifa Haftar habe fehlerhafte Informationen über die Präsenz von 300 Wagner-Angehörigen verbreitet; dabei sei er sogar so weit gegangen, seine Truppen aufzufordern, Papierkopien russischer Autokennzeichen an ihren Fahrzeugen anzubringen, um den Eindruck einer russischen Unterstützung zu wecken (Wagner-Mitarbeiter werden abgestellt, diese Fälschungen zu entfernen).

Am 14. Mai erhält Prokofjew Besuch von der libyschen Staatsanwaltschaft. Drei Tage vor den Verhaftungen kehrt er nach Russland zurück und erklärt im russischen Informationssender RTVi, er sei tatsächlich Gaddafis Sohn begegnet, leugnet aber wieder jegliche Einmischung.[29] Der Ton wird härter. Einer der Architekten dieses russischen Vorstoßes ist Maxim Schugalej, der sich gemeinsam mit Prokofjew in Libyen aufhielt. Malkewitsch wird später erklären, er habe die beiden Russen entsandt, um aufzuklären, wie Libyen «unter der Flagge der sogenannten Demokratie» nach der Absetzung Muammar al-Gaddafis 2011 «so schnell auseinandergefallen» sei. Offiziell reist der damals 53-jährige Schugalej als Forscher und Experte für ein Projekt der FDNV. Während des Aufenthalts führt er zahlreiche Umfragen durch, um ein Stimmungsbild der Bevölkerung in Tripolis und in anderen Städten zu erstellen. Die Begegnungen mit Gaddafi-Kreisen wecken die Aufmerksamkeit des libyschen Geheimdienstes, der Dokumente über die Wahlen auf ihren Computern beschlagnahmt.

Am Morgen des 17. Mai wird Schugalej zusammen mit seinem Dolmetscher Samer Seifan verhaftet. 18 Monate werden sie im Gefängnis verbringen. Die Haftbedingungen in Tripolis sind grausam. Während seines Strafvollzugs kann der Soziologe in der Nähe Explosionen hören: Es toben schwere Kämpfe zwischen der Regierung in der Hauptstadt und den von Moskau unterstützten Oppositionskräften. Schugalej, dem vorgeworfen wird, er habe sich mit Politikern wie Saif al-Islam al-Gaddafi getroffen, vergeht in seiner Zelle fast vor Ungeduld.

Während er hinter Gittern sitzt, wird er in Russland zum Filmstar. Unter dem Titel *Shugaley* kommt im Rahmen einer geplanten Kampagne ein Film über seine libyschen Abenteuer ins Kino, kurz bevor sich seine Verhaftung zum ersten Mal jährt. Der Film zeichnet den Soziologen als Helden eines Actionfilms, der sich dem Chaos des Bürgerkriegs stellt. Dem Film zufolge landen Schugalej und sein Dolmetscher auf offizielle Einladung in dem vom Bürgerkrieg zerrissenen Land, um dort zu forschen. Parallel dazu lanciert die Internet Research Agency eine Kampagne zur Befreiung des Soziologen, für die sie sich auf der Celebrity-Videoplattform Cameo die Unterstützung von Charlie Sheen und anderen Schauspielern sichert. Während Sheen die erhobene Faust in die Kamera schüttelt, übersetzen kyrillische Untertitel seine Botschaft auf Russisch. «Gib nicht auf. Die Freiheit wird kommen. Wir bestehen darauf, die Freiheit wird bald kommen», ruft er.[30] Schugalej wird wegen des Versuchs, die libyschen Wahlen zu fälschen, verurteilt, sitzt aber nur einen Teil seiner Strafe ab, bevor er im Dezember 2020 – auf Druck der russischen Regierung – gegen die Entrichtung von 250 000 Dollar freikommt. Gezahlt wird diese Summe von Jewgeni Prigoschin.[31]

Ein Jahr darauf postet Schugalej auf Facebook: «Ich bin frei […], nachdem ich in Libyen in die Hände von Terroristen gefallen und ohne Prozess eingesperrt worden war. […] Unsere Festnahme und unsere Haft waren mit zahlreichen Menschenrechtsverletzungen verbunden. Die Folter war massiv und systematisch. Ich muss zugeben, dass es meiner Gesundheit zugesetzt hat, aber gebrochen hat es mich nicht.»[32]

Radio Prigo

Seit mittlerweile bald 20 Jahren versucht Putin Moskaus Präsenz und Einfluss in Afrika zu stärken. Von 2015 bis 2019 unterzeichnet der Kreml 19 Abkommen über militärische Kooperationen mit afrikanischen Regierungen. Zu großen Teilen geht es bei diesen Verträgen um russische Waffenverkäufe. Vor allem aber konzentriert sich der wachsende russische Einfluss in Afrika auf den Einsatz privater Sicherheitsunternehmen und auf Schulung und Consulting im Bereich Aufstands- und Terrorismusbekämpfung.

Die Präsenz in Afrika wird immer stärker sichtbar. Prigoschins Teams finanzieren und lancieren Medien: Eines der zahlreichen Joint Ventures ist der neue Kanal Radio Lengo Songo. Er geht im November 2018 in Bangui auf Sendung, die Reichweite beträgt 100 Kilometer rund um die Hauptstadt. Auf den Werbeplakaten in Bangui prangt das Logo seines Sponsors, Lobaye Invest. Prigoschins Imperium schlägt Funken. Der Direktor dieses sehr populären Senders, Fred Krock, ist einer der wichtigsten Kreml-Verbündeten unter Medienleuten. Seine Artikel werden von der Agentur RIA FAN, dem Flaggschiff in Prigoschins Medienwelt, regelmäßig in den Vordergrund gestellt.

Auf diesem Sender kommen immer wieder die wichtigsten russischen Akteure in Bangui zu Wort: Alexander Iwanow, Chef der Officers Union for International Security (OUIS), Maxim Schugalej, der russische Botschafter Wladimir Titorenko oder Waleri Sacharow.[33] Ebenfalls ausgiebig genutzt wird das Radio von einem Teil der zentralafrikanischen Zivilgesellschaft, insbesondere von Harouna Douamba, Präsident von ANA (*Aimons notre Afrique*), einer von Lobaye Invest finanzierten NGO.[34] Douamba firmiert 2020 als Chefkommunikator des Präsidentschaftswahlkampfes von Faustin-Archange Touadéra. Daneben werden von ANAs Facebook-Seiten im Sommer 2022 konzertierte Aktionen mit prorussischen Posts lanciert (nachdem sie 2021 von Facebook gesperrt worden waren).[35] Diese Konten huldigen geradezu der Politik des Kremls. Belohnungen werden allen Journalisten angeboten: Bargeld gegen positive Darstellung. Russisches Advertorial (Anzeigen, die wie redaktionelle Beiträge aussehen) betreiben etwa die Redakteure der Website Ndjoni Sango mit Verleumdungskampagnen gegen MINUSMA oder jegliche westliche Präsenz.[36]

Nach den Erfolgen in den USA reproduziert die Internet Research Agency mit einigen lokalen Anpassungen dasselbe Schema in Afrika.

Das erleichtert es Twitter und Meta, sich zu wehren, obwohl ihnen das Gros der vorherrschenden Desinformation auf ihren Kanälen dennoch entgeht. Twitter erklärt am 2. Dezember 2021, man habe «ein Netz aus 16 mit der IRA in Zusammenhang stehenden Konten gelöscht, über die in der Zentralafrikanischen Republik eine Nachrichtenoperation starten sollte», und ergänzt: «Die Operation stützte sich auf einen Mix aus authentischen und unechten Konten, um eine prorussische Sichtweise in den politischen Diskurs Zentralafrikas einzubringen.»[37] Im Februar 2022 folgt Meta mit einer ähnlichen Erklärung: «Wir haben drei miteinander vernetzte Facebook-Konten abgeschaltet, die von Sankt Petersburg aus betrieben wurden und vor allem auf Nigeria, Kamerun, Gambia, Simbabwe und Kongo abzielten. Wir haben diese Operation kurz nach ihrer Aktivierung entdeckt und Nachforschungen angestellt. Die Akteure hinter dieser Operation versuchten vor allem, Journalisten in Afrika zu kontaktieren und sie dazu zu bringen, in ihrem Auftrag Artikel zu veröffentlichen. [...] Unsere Ermittlungen haben Verbindungen zu Personen aufgedeckt, die mit früheren Aktivitäten der IRA in Zusammenhang stehen.»[38] «Diese Kampagnen richten sich häufig an gut sichtbare Personen wie Influencer und Journalisten [...]. Wir gehen diesen Netzen weiterhin nach, auch dem, um das es in diesem Report geht, und zwar gleich zu Beginn ihrer Aktivität, bevor sie ein breiteres Publikum erreichen.»[39]

In Zentralafrika zieht Dmitri Syty, Ex-Mitarbeiter der IRA und inzwischen vor Ort tätig, diskret die Fäden für ein *Bureau d'information et de communication* (BIC).[40] Dessen Ziel ist es, ähnliche Online-Kampagnen zu starten wie Prigoschins Trollfabriken. Für Ludovic Lédo, ehemaliger Sprecher von Touadéras Jugendorganisation und Mitglied des BIC, bestehen die Aufgaben des Büros in der Überwachung der politischen Gegner und der Verbreitung russischer Propaganda auf Social Media. Die Russen stellen die Technologie und die Software zur Verfügung, mit deren Hilfe das BIC diese Informationen sammeln kann.[41] Alle Voraussetzungen für eine massive Gehirnwäsche sind gegeben. In vier Jahren knüpft der zentralafrikanische «Mr. Propaganda» alias Dmitri Syty sein Netz und wird zum Schwergewicht im Wagner-Geflecht. Im Juni 2021 erscheint er als Generaldirektor des Russischen Hauses, eines in Zentralafrika registrierten Unternehmens, das sich als staatliches Kulturinstitut nahe der russischen Botschaft in Bangui präsentiert. Veranstaltet werden dort Vorträge,[42] Empfänge und Events, bei denen russische Interessen gefördert werden – und die von Jewgeni Prigoschin, zum Beispiel mit der Vorführung seiner Filme.[43]

Bald nach der Ankunft der Gruppe Wagner in Mali macht eine Information die Runde: Man kann sein Gehalt verdoppeln oder gar verdreifachen, wenn man sich Prigoschins Kommunikationsteam anschließt. Eine lokale Trollfabrik in Bamako bietet der malischen Junta eine sehr wirksame Dienstleistung, um deren Übergriffe zu kaschieren, ein Massaker in Gossi den französischen Streitkräften zuzuschreiben oder MINUSMA zu diskreditieren.

Seba und Panafrikaner in Sotschi

Um ihren Einfluss auszuweiten, setzen Prigoschins Teams sehr schnell auf menschliche Verbindungen. Ende Dezember 2000 wird der Vorsitzende der afrikanischen NGO Urgences Panafricanistes, Kemi Seba, von Sputnik interviewt.[44] Er erhält eine erste Einladung nach Moskau von «einer Struktur, deren Auftrag lautet, die afrikanische und die russische Zivilgesellschaft zusammenzubringen mit der Aussicht auf eine Zusammenarbeit, die sich die Befreiung unserer jeweiligen Völker vom westlichen Imperialismus zum Ziel setzt». Seba hat ein ganz spezielles Profil: Er ist Mitglied beim französischen Zweig der amerikanischen Organisation Nation of Islam[45] und macht sich Anfang der 2000er-Jahre einen Namen als kämpferischer Aktivist mehrerer Bewegungen und dann seiner eigenen Vereinigungen. Sie alle setzen sich in unterschiedlicher Ausprägung für einen «radikalen Afrozentralismus» ein.[46] Seba wird zum Verfechter des Panafrikanismus, versucht alle Beziehungen Frankreichs zu seinen ehemaligen Kolonien («Françafrique») zu zerstören und zeigt sich sehr offen für russische Avancen. In Frankreich provozieren seine extremistischen Erklärungen erwartungsgemäß große Empörung und bringen ihm mehrere Verurteilungen wegen Volksverhetzung ein.

In Moskau – es ist einige Monate vor seinen Eklats in Madagaskar, wo er militante Kundgebungen abhalten und lautstark gegen Frankreich demonstrieren wird - trifft sich Seba mit Alexander Dugin.[47] «Kemi Seba ist nicht nur ein Glücksfall für Afrika. Er ist eine Hoffnung für alle Kräfte des multipolaren Widerstands», schreibt der russische Philosoph über diese Begegnung[48] im Vorwort zu seinem Buch *Free Africa or Death.*[49] Auf derselben Russland-Reise trifft Seba auch mit dem stellvertretenden Außenminister Michail Bogdanow zusammen, bevor er am Staatlichen Moskauer Institut für Internationale Beziehungen einen Vortrag hält.[50] Regelmäßig wirbt er für eine Annäherung Russlands und Afrikas. Datenleaks, die wir uns verschaffen konnten,[51] beweisen klar, dass der Aktivist bereits 2018 von Prigoschin bezahlt wird. Dessen Teams entwickeln sogar eine ganz eigene Strategie für Kemi Seba. Diese in den Akten des Sankt Petersburger Afrika-Büros dokumentierten Pläne haben zum Ziel, den Aktivisten zum politischen Führer der panafrikanische Bewegung zu machen und über seine Auftritte die russischen Interessen voranzutreiben. Wagner hilft also bei der Organisation von Vorträgen wie «Prozesse zu Françafrique» in allen Ländern, in denen die Gruppe Fuß fassen möchte, und unterstützt den Aktivisten mit der Bereitstellung von Inhalten. Zeitweilig wird sogar erwogen, ihn in Benin als Politiker antreten zu lassen, um eine eigene panafrikanische Partei aufzustellen. Unter Mitgliedern des Afrika-Büros zirkulieren Textnachrichten, in denen die Rede davon ist, ihn im Rahmen einer antifranzösischen Propagandaoperation für Zentralafrika einzusetzen. Die Buchhaltung des Afrika-Büros enthüllt vor allem die Existenz eines ihm gewidmeten Projekts «Kemi Seba» mit eigenem Projektmanager und eigener Finanzierung. Insgesamt werden von Oktober 2018 bis Juli 2019 440 000 Dollar «aufgewendet», ohne dass den Daten zu entnehmen wäre, ob diese Gelder in bar oder per Überweisung geflossen sind.

Im Fernsehsender *Voxafrica* bestätigt Kemi Seba im Oktober 2020, eine Einladung von Jewgeni Prigoschin nach Russland, in den Sudan und nach Libyen erhalten zu haben, will sich aber sein Verhalten nicht diktieren lassen: «Ich wechsle nicht vom französischen Kolonisten zum russischen Kolonisten.»[52] Er sei auf Distanz zu dem russischen Oligarchen gegangen, als der ihm Gewaltaktionen gegen westliche Symbole unter Inkaufnahme afrikanischer Kollateralschäden vorschlug: «Wir machen uns nicht zu willfährigen Schützen der russischen Oligarchie.» Andererseits wird ein Mitglied seines Büros namens Karifa als «Abwehr»-Beauftragter bezeichnet, der die «örtlichen Truppen für alle militanten politischen Einsätze» verantwortet. Auch geht der Aktivist bedenkenlos sehr rege Partnerschaften ein, etwa mit der in Mali aktiven Bewegung Yerewolo – Debout sur les remparts, die seit 2021 mehrfach antifranzösische Demonstrationen organisiert und einen Einsatz der Gruppe Wagner in Mali fordert. Der Auslandsbeauftragte Bassaro Sylla ist gleichzeitig Vertreter von Urgences Panafricanistes in Mali. Seit 2020 verbreitet der panafrikanische Aktivist über die sozialen Medien zahlreiche Erklärungen im Sinne der Moskauer Thesen. Ohne sich ganz vom Wagner-Kosmos zu entfernen, entwickelt er seine Aktivitäten doch zum Nutzen seiner eigenen Ideale. Wenige Tage nach dem Beginn des Ukraine-Kriegs ist er in Moskau bei Michail Bogdanow[53] und spricht im Dezember 2022 im Institut für Internationale Beziehungen erneut über die russisch-afrikanischen Beziehungen.[54] Als einer der Ersten gibt er seine Teilnahme am Russland-Afrika- und am BRICS-Gipfel 2023 bekannt.

Die ehemalige Sprecherin der Partei Liberté et Démocratie pour la République (LIBER) in der Elfenbeinküste Nathalie Yamb, die mit Kemi Seba auf einer Linie ist, nennt sich die «Dame aus Sotschi»,[55] seit sie auf der Konferenz des Russland-Afrika-Forums in Sotschi 2019 eine memorable Rede gehalten hat. Sehr medienwirksam offenbart sie der Welt ihre Talente als «antiimperialistische» und «anti-Françafrique»-Influencerin. Ihre Worte sind sehr geschickt gewählt. Sie erklärt: «Nach der Sklaverei, nach der Kolonisierung, nach der Pseudo-Unabhängigkeit hat man uns zwar das Recht zuerkannt, frei zu sein, aber lediglich innerhalb der französischen Absteckungen. Das frankophone Afrika steht bis heute […] unter der Kontrolle Frankreichs.»[56] Sie profiliert sich als über jeden Zweifel erhabene Stimme des Panafrikanismus und bleibt zugleich ganz in der Nähe Russlands. In Prigoschins Universum erscheint Yamb als Expertin des Thinktanks AFRIC, der von Maputo (Mosambik) aus von dem Psychologen José Matemulane geleitet wird. Unter dem Vorsitz von Julia Afanasjewa vom Afrika-Büro dient Thinktank AFRIC dem Wagner-Imperium zur Durchführung seiner Einflussoperationen in Afrika. Die NGO unterhält enge Verbindungen zu mehreren panafrikanischen Websites, darunter Radio Révolution panafricaine[57] und Afrique Média,[58] wo sie prorussische oder antifranzösische Beiträge verbreitet. Im Januar 2020 nimmt Yamb in Berlin an einer Tagung teil, die gemeinsam mit der Stiftung für die Verteidigung nationaler Werte (FDNV) unter Federführung ihres Vorsitzenden Alexander Malkewitsch organisiert wurde. Dort raten die Redner den afrikanischen Ländern zu einer Annäherung an Russland statt an «die Kolonialmächte, die bis heute völlig ungestraft die Souveränität der afrikanischen Länder verletzen».[59] Im Interview mit Radio Télévision Suisse leugnet Yamb jede Verbindung zu Prigoschin, zeigt sich aber offen für seine Unterstützung: «Ich muss einen Kampf finanzieren […]. Wenn Herr Prigoschin meint, er muss mich finanzieren, gebt mir das Konto. Ehrlich gesagt würde ich das Geld annehmen, egal woher es kommt. Da habe ich keinerlei Skrupel. Ich habe heute mehr Probleme mit dem französischen Militär als mit Wagner.»[60] In den Bilanzen aus den *Wagner Leaks* sind für Dezember 2019 Flugtickets und eine Hotelbuchung für Prigoschins Afrika-Büro aufgeführt, Zweck der Reise ist die Teilnahme an der Abschlusssitzung der Gesellschaftlichen Kammer der Russischen Föderation mit ihren Kameraden von AFRIC.[61] Nathalie Yamb ist nicht taub für die russischen Avancen. Für sie ist und bleibt Russland ein Mittel, um Frankreich aus Afrika zu vertreiben.

Kurz nach dem russischen Überfall auf die Ukraine erklärt Kemi Seba in einem auf Facebook veröffentlichten Video, Moskau versuche, «russische Territorien zurückzuerobern».[62] Nathalie Yamb ist ihrerseits der Meinung, die Ukraine sei «gespickt mit Neonazis»,[63] und macht Kiew selbst verantwortlich.[64] Die Brutalität und die Tragweite dieser Kampagne weiten sich so aus, dass das US-State Department im November 2022 eine außerordentliche Erklärung veröffentlicht, in der die Rolle dieser Influencer mit den von der Gruppe Wagner begangenen Straftaten in Verbindung gebracht werden soll. Doch auch davon lassen sich diese Influencer nicht bremsen, sie reisen weiterhin regelmäßig nach Russland und treten bei von der russischen Regierung organisierten Tagungen auf, um deren Interessen in Afrika zu befördern. In Zeiten von Social Media und Smartphone ist nichts effizienter als ein Post von diesen Influencern, um Putins Stimme in der Welt und bei der afrikanischen Jugend Gehör zu verschaffen.

Feldzug für die Interessen Wagners und Russlands

In Wahlkämpfen treten «Politikberater» auf, etwa vor der Präsidentschaftswahl in Madagaskar im Oktober 2018, und knüpfen Allianzen vor allem mit solchen politischen Kräften, die den Einfluss Frankreichs in dessen ehemaligen Kolonien anprangern. Die *Association for Free Research and International Cooperation* (AFRIC) erweist sich als «Netzwerk von Einflussagenten», bestehend aus Experten für die afrikanischen Länder,[65] ihre Website veröffentlicht «Nachrichten und Analysen», die einen alternativen Blick auf den Kontinent bieten. Parallel dazu organisiert AFRIC Tagungen und Seminare und schickt «Berichte und Anfragen an internationale Organisationen und die Medien». AFRIC ist die Dachstruktur für Prigoschins berühmte Consultants und organisiert das Afrika-Projekt. Mit dem Politologen Peter Bytschkow erarbeitet das Team einen Plan für eine Desinformationskampagne zum Vorteil des ANC, der in Südafrika regierenden Partei, für die Wahlen 2019. Hauptverantwortlich für die Desinformationskampagne ist Julia Afanasjewa, jene Prigoschin-Mitarbeiterin, die für die AFRIC bereits mehrfach nach Südafrika gereist ist.[66] Die bereits 2018/2019 für diese Strukturen tätigen Consultants kennen sich seit langem. Das beweist ein Foto, das 2015 bei einem Forum in Sankt Petersburg aufgenommen wurde:[67] Zu sehen ist dort unter anderem Peter Bytschkow, verantwortlich für das Backoffice und das Afrika-Projekt; Michail Potepkin, eine Schlüsselfigur für das Afrika-Projekt und die Unternehmen des Wagner-Universums; Alexander Serawin, ein Kollege von Alexander Malkewitsch. Im Team sitzen auch Westeuropäer wie Volker Tschapke, Gründer der stramm rechten Organisation Preußische Gesellschaft Berlin-Brandenburg. Er beginnt seine Karriere bei AFRIC als gewöhnliches Mitglied der Beobachtungsmission in Simbabwe.[68]

Hinter diesen Operationen und den afrikanischen Geschäften verbirgt sich ein hochrangiger russischer Ex-Militär, Konstantin Pikalow. In Madagaskar tritt der ehemalige Oberst erstmals öffentlich in Afrika auf. Er steht an der Seite des von den Russen bevorzugten Präsidentschaftskandidaten André Mailhol, «aber als einige Wochen später klar wurde, dass der Pastor keine massive Unterstützung finden würde, steuerte er auf einen anderen Kandidaten um», erklärt Bellingcat.[69] Berater aus dem Wagner-Kosmos unterstützen mehrere Präsidentschaftskandidaten – übrigens erfolglos, nicht einer endet als Sieger. Dann lanciert Wagner eine große Medienoffensive zugunsten von Andry Rajoelina, der nach Einsprüchen seiner Gegner im Januar 2019 schließlich zum Wahlsieger erklärt wird.

2018 lässt das Wagner-Imperium Kemi Seba auf die Insel kommen: Ein erstes Mal wird er im August von AFRIC zur Teilnahme am Internationalen Wirtschaftsforum eingeladen. Dort spricht er über seine Vision des Panafrikanismus: «Wären wir im 21. Jahrhundert unabhängig, müsste Madagaskar oder ganz Afrika als extrem ressourcenreiches Land von seinen Bodenschätzen profitieren. Stattdessen haben wir eine extrem arme Bevölkerung auf extrem reichem Boden. Das ist die perfekte Illustration dafür, dass wir weiterhin im Kolonialismus leben.»[70] Einen Monat später nimmt er an der Tagung «Les îles de l'espoir»

(‹Inseln der Hoffnung›) teil[71] – sie setzt sich für den Anschluss der Îles Éparses an die madagassische Hauptinsel ein – und zeigt sich tags darauf als federführender Teilnehmer einer Demonstration vor der französischen Botschaft in Antananarivo.

In einer BBC-Reportage[72] enthüllt die Journalistin Gaëlle Borgia, wie Kreml-nahe Agenten versucht haben, die Wahlergebnisse zu beeinflussen. Tatsächlich war ein Expertenteam auf der Insel präsent, darunter Maxim Schugalej, der sich allen, die es hören wollten, als neutraler Beobachter präsentierte. Allerdings zeigt die Reportage, dass der Soziologe vor den Wahlen Mitglieder aus den Wahlkampfteams von Präsidentschaftskandidaten traf und ihnen finanzielle Zuschüsse anbot.[73]

Die Kampagnen laufen vor allem online. Die Nutzer mehrerer VK-Gruppen beobachten an diesem 7. November 2019 etwas Ungewöhnliches. Ungefähr zur gleichen Zeit erscheinen Posts mit einer primitiven Karte von Madagaskar und der Geolokalisierung «Provinz Antananarivo» sowie ein Link zu dem Artikel «In Madagaskar haben die Präsidentschaftswahlen begonnen» auf den VK-Gruppen von Clubs, Bars, Einkaufszentren, Kinos und Animationsfilmen, deren Gemeinsamkeit darin besteht, dass sie das Wort Madagaskar in ihrem Namen tragen. Das Konto, von dem aus diese Nachrichten verschickt wurden, ist wahrscheinlich ein Roboter, der daraufhin vom Betreiber blockiert wurde.[74]

Gleichzeitig laufen mehrere Operationen im subsaharischen Afrika. Facebook löscht zahlreiche Seiten, die die Politik afrikanischer Länder beeinflussen sollen. Der Netzwerkbetreiber erklärt, man habe deren Besitzer bis zu Firmen mit Verbindungen zu Prigoschin zurückverfolgt. In Simbabwe beschuldigt die Opposition russische Consultants mit Wagner-Bindung der regierungsfreundlichen Einflussnahme,[75] während AFRIC nach eigenen Worten für die Demokratie im Einsatz ist.[76] Facebook schaltet Dutzende Fake-Konten ab, die in acht afrikanischen Ländern eine langfristige Desinformations- und Einflusskampagne durchführen, um die russischen Interessen zu vertreten. Alle diese

Konten weisen Verbindungen zur Wagner-Firmengruppe und ihren Netzwerken auf.[77] Die deaktivierten Konten zielten auf Kamerun, die Elfenbeinküste, Libyen, Madagaskar, Mosambik, die Zentralafrikanische Republik, den Kongo und Sudan. Dieses Bündel von Zielländern gibt einen Eindruck, in welch undurchsichtigen Gefilden die russischen Desinformationskampagnen in Afrika sich abspielen.

Chaos stiften

Das Gehirn hinter diesen Einflusskampagnen ist Maxim Schugalej, dem wir bereits in Libyen begegnet sind. Als er im Dezember 2020 freikommt, übernimmt er wieder seine prägende Rolle in der Politikberatung der Gruppe Wagner. Der inzwischen 55-Jährige mit militärischem Haarschnitt und einer Vorliebe für dunkle T-Shirts ist mit seiner Arbeit direkt Jewgeni Prigoschin unterstellt. 2002 hatte er kurz auf sich aufmerksam gemacht, als er bei einer Wahlanfechtung in Sankt Petersburg Dokumente verschluckte, um zu verhindern, dass sie einem Richter übergeben werden.[78]

Schugalej und Prigoschin bilden eines der effizientesten Paare von «freien Journalisten», um Wladimir Putins große außenpolitische Ziele voranzubringen. Nach seiner Befreiung aus Tripolis 2020 gehört der geheimnisvolle Soziologe im August 2021 einer russischen Delegation an: Bei seinem Besuch in Kabul führt er innerhalb einer Woche über hundert Gespräche. «Seit der Machtübernahme durch die Taliban konnten nur wenige Personen ins Land reisen und die Lage von innen heraus bewerten. Ich selbst und die Experten der FDNV bekamen eine wahrlich seltene Gelegenheit. Deswegen können wir es uns erlauben, das wirkliche Leben der Afghanen zu erzählen, ihre Hoffnungen und ihre Meinungen über die Zukunft, und zwar nicht ausgehend von Informationen aus den Medien, sondern von soziologischer Forschung und von Tatsachen.»[79] Dieses Zitat entstammt einer Reportage der Stiftung für die Verteidigung nationaler Werte (FDNV). Die FDNV wird zu einer Produktionsfirma für audiovisuelle Inhalte, meist Filme und Reportagen von etwa 20 Minuten. Als Moderator tritt durchgehend Schugalej auf. Ihm zufolge werden die Kriege und gesellschaftlichen Unruhen in Nahost und in Afrika von den USA und ihren «Satelliten» (in erster Linie Frankreich) ausgenutzt oder gar provoziert; Frankreich wirft er eine neokolonialistische Politik vor.

In Kabul trifft Schugalej den Pressesprecher der Taliban, Zabiullah Mudschahid. «Mir war es wichtig zu verstehen, ob Bedingungen für die Bildung eines vollwertigen Staats erfüllt sind», erklärt Maxim Schugalej. Prigoschin berichtet von Gesprächen mit dem Soziologen, in denen dieser die «zunehmende Begeisterung» der Afghanen über die Rückkehr der Taliban beschreibt: «Sie haben die verfluchten Amerikaner verjagt, die überall wie die Ratten herumlaufen, weil sie denken, dass ihr Schiff gesunken ist.» Schugalejs Afghanistan-Mission folgt einer Strategie aus dem Jahr 2018, der Anfangszeit seiner Arbeit für Prigoschin.[80]

Typisch für Schugalejs Arbeit sind Feldstudien und groß angelegte Umfragen. Im Dezember 2020 tauchen in Bangui große Werbeplakate mit den Ergebnissen einer Umfrage auf, in denen Russland großes Lob gespendet wird; durchgeführt wurde die Umfrage von der Stiftung für die Verteidigung nationaler Werte (FDNV). Die regimefreundlichen Umfragewerte lauten in Form von Slogans: «Touadéra hat die Geschichte Zentralafrikas verändert: 98,2 %», oder «Die Russen haben Zentralafrika unterstützt: 91,2 %». Trotz dieser Werbeaktion klingt es auf Seiten der russischen Mission ganz anders: «Ich kenne diesen Soziologen nicht», erklärt Botschafter Titorenko. Anfang 2021 ist Maxim Schugalej erneut aktiv, und der bisherige Präsident wird bei der nächsten Wahl mit 53,16 Prozent der Stimmen in seinem Amt bestätigt.

Am 25. Februar 2021 leitet Schugalej eine weitere soziologische Studie ein, wieder im Namen der FDNV. Die Ergebnisse dieser Umfrage werden bei einer Pressekonferenz bekannt gegeben, die der nationale Fernsehsender TVCA am 10. März 2021 ausstrahlt.[81] Das wichtigste Ergebnis dieser soziologische Untersuchung[82] zu Ehren des zentralafrikanischen Präsidenten lautet: «Über 98 Prozent der Befragten sprechen Faustin-Archange Touadéra ihre Unterstützung aus und betrachten ihn als zuverlässigen Regierungschef. Nach Meinung des Volkes hat er den Lauf der Politik verändert und statt militärischer Konflikte den Dialog in den Mittelpunkt gestellt.» Natürlich ist diese Analyse das Ergebnis reiner Propagandaarbeit und enthält auch erwartbare Sticheleien gegen den im Exil befindlichen Oppositionellen François Bozizé, den Anführer der Coalition des Patriotes pour le Changement. Wieder werden die Umfrageergebnisse auf großen Werbeplakaten an den großen Verkehrsachsen der Hauptstadt veröffentlicht und auf Social Media verbreitet. Maxim Schugalej überzeugt die öffentliche Meinung, dass das Eingreifen Russlands für die Zentralafrikanisch Republik die Rettung ist. Damit macht er sich zum Verfechter des Gedankens, das Volk sei Opfer eines Komplotts der westlichen Großmächte. Nach einer Sitzung des UN-Sicherheitsrats am 16. März kritisiert der Soziologe nicht nur, dass der Zentralafrikanischen Republik aufgrund eines Zahlungsrückstands von 30 000 Dollar das Stimmrecht in der Generalversammlung entzogen wird, sondern verurteilt auch die Aufstockung des MINUSCA-Kontingents.[83] Für den Russen kann die UN-Mission keinen Frieden bringen und hindert die Zentralafrikanische Republik am Einsatz von Kampfhubschraubern. Gleichzeitig bleibt Schugalej auch in der Ukraine aktiv, wo er über das ganze erste Kriegsjahr die russischen Verletzten zu Wort kommen lässt, die sich für die Heimat aufgeopfert haben.

Prigoschins Consultants sind überall und stiften Chaos. Einer von ihnen ist Alexander Serawin: Auf seiner Facebook-Seite gibt er an, sein Unternehmen sei in etwa 30 Ländern aktiv. In den durch die *Wagner Leaks* veröffentlichten Akten finden sich die Komoren, Reisen in die Elfenbeinküste, nach Mosambik, in die Zentralafrikanische Republik, nach Nigeria oder Ghana. Außerhalb Afrikas sind die Berater 2020 mit einem kleinen Team in Mexiko und setzen dort das Projekt «Magadan» um.[84] Als integrativer Bestandteil des Projekts Lachta ist Magadan ein Desinformationswerkzeug, das 2020 in den USA zum Einsatz kommt, um Streit über Fragen wie Einwanderung, Waffenbesitz und

Frauenrechte zu säen. Obwohl das Projekt von der amerikanischen Regierung und dem FBI gestoppt wurde, ist Magadan offenbar in den afrikanischen Ländern, in denen Wagner operiert, noch genauso aktiv und verbreitet dort antiwestliche Propaganda. Die Mitarbeiter sitzen mit einem guten Dutzend SIM-Karten hinter ihren Fake-Profilen und fangen an, lustige Bilder und Contents auf Spanisch zu posten, um Werbeeinnahmen zu generieren. Anschließend gehen sie schnell dazu über, auf Englisch Inhalte zu umstritteneren Themen anzusprechen: Immigration, Polizeigewalt, wirtschaftliche Probleme – Diskussionen und Kommentare der User folgen auf dem Fuße. Hinter dieser Masche steht das Ziel, die amerikanische Gesellschaft zu spalten. Dieselbe Vorgehensweise kommt in zwei anderen Projekten zum Einsatz, diesmal in Europa. Das Wagner-Geflecht versucht, sich über die baltischen Länder Eintritt zu verschaffen. Im Januar 2021 wird in Berlin eine zweitägige Tagung zu Wirtschafts- und Umweltfragen im Raum Estland, Litauen, Lettland, Polen und Deutschland organisiert; gedacht ist sie als Startschuss zu einer Reihe strategischer Gesprächsrunden, dem *Baltic Sea Region Strategic Dialogue*, der nach der Pandemie zu einem neuen Blick auf die Welt anregen will.[85] Und in der Türkei zeigt sich eine weitere Organisation, die Europa und die NATO im Blick hat. Das Online-Medium *United World International* (UWI)[86] veröffentlicht vor allem politische Kommentare über den Westen und in erster Linie über Europa. Das in Istanbul ansässige Medium hat auch Verbindungen zur Stiftung Gorev, einer prorussischen politischen Partei in der Türkei. Im März 2023 wird UWI mit US-Sanktionen belegt;[87] ihre Chefredakteurin war bis zu ihrem Tod Daria Dugina, die Tochter des berühmten Politologen, die sich außerdem bei Prigoschins Einflusskampagnen um die internationalen Beziehungen kümmerte.

Prigoschins Ziel ist es, überall zu spalten; seinen Höhepunkt erreicht dieser Ehrgeiz mit der *Foundation to Battle Injustice* (FBI).[88] Seit ihrer Gründung räumt sie auf ihrer Website die finanzielle Unterstützung Jewgeni Prigoschins ein. Unter dem Vorsitz der eigentümlichen Russin Maria Terada, die bereits in den USA in Haft war, versteht sich der Verband als Schutzorganisation gegen Polizeigewalt und politische Ungerechtigkeit. Im Fokus steht dabei Polizeigewalt in Amerika, aber auch in Frankreich. Tatsächlich bietet die NGO 2021 auch Organisationen im Kampf gegen Rassismus und für Solidarität finanzielle Unterstützung an. Einer ihrer Vertreter, Iwan Karamazow, wird französischen Medien und Vereinen finanzielle, IT- und Rechtshilfe durch die FBI anbieten, um in Frankreich eine große Kampagne gegen Polizeigewalt zu lancieren. Der Zeitung *Le Monde* zufolge gab es bei den Kollektivs Désarmons-les!, Témoins-Caisse de solidarité und Fédération nationale des Maisons des potes Anfragen von Russen nach ihrem Finanzbedarf: Die Vereine lehnten ab.[89] Die russische NGO führt Listen von in Frankreich erfolgten Ungerechtigkeiten, insbesondere den Fall einer Ex-Beamtin des Außenministeriums, die direkt die französische Europa-Abgeordnete Nathalie Loiseau beschuldigt, einen Mordversuch vertuscht zu haben.[90]

Wenn die Chaosstifter jegliches Vertrauen in die Zuverlässigkeit von Nachrichten zerstören, entstehen zunehmend Spaltungen in der Gesellschaft, und jede Wortmeldung wird hinterfragt. Und indem sie auch das Vertrauen in die Verteidigung der Menschenrechte untergraben, gefährden sie den sozialen Frieden.

Das *Wagnerverse* oder die Erfindung einer Marke

Das *Wagner Cinematic Universe* (WCM) übernimmt das Konzept des *Marvel Cinematic Universe* (MCU), entworfen wird es von Jack Margolin.[91] So definieren sich die von Jewgeni Prigoschin über seine Teilhabe in der Produktionsfirma Aurum LLC finanzierten Filmzyklen. Diese Streifen, die in russischen Kinos und in befreundeten Ländern gezeigt werden, rücken Russland, die Streitkräfte und ihre Söldner sowie die Einflussaktionen in positives Licht.

Die Filme werden mit hohen Budgets gedreht und machen ohne

Weiteres genauso viel her wie ein Actionfilm aus Hollywood. Moskau reproduziert, was NS-Deutschland mit den Produktionen von Leni Riefenstahl entwickelt hatte. Im Aurum-Katalog findet sich sogar eine Satire über die IRA und ihre Rolle bei den US-Wahlen.[92] Ebenfalls 2021 erscheint *Solnzepjok*;[93] der Film spielt im Osten der Ukraine und behauptet, auf tatsächlichen Ereignissen aus dem Jahr 2014 zu beruhen, als russische Söldner mit Verbindungen zur Gruppe Wagner die Russen vor den ukrainischen Streitkräften schützten. *Granit*[94] verherrlicht die Einsätze der Söldnertruppe. Der Plot ist recht einfach gestrickt: Ein Soldat mit Codenamen *Granit* wird nach Mosambik entsandt,[95] um an der Ausbildung der einheimischen Streitkräfte mitzuwirken, die unbestimmte Banditen und IS-Unterstützer bekämpfen. Nicht jedoch ist er dort, um heldenhaft an ihrer Seite zu kämpfen; sein Chef sagt ihm sogar: «Ich warne euch: kein Kampf, kein Heldentum.» Schließlich kommt ebenfalls 2021 noch *Turist* heraus,[96] das bekannteste Werk des WCU. Als Remake des chinesischen Propagandafilms *Wolf Warrior 2*[97] zeichnet es den Werdegang eines jungen Soldaten nach, der nach seiner Landung im unglaublich gefährlichen Horror-Afrika keine andere Wahl hat, als die treu- und gesetzlosen bösen Rebellen zu liquidieren, die natürlich von einem französischen Auftraggeber bezahlt werden. Nützlich macht der Film sich nicht nur als Propaganda für die zentralafrikanische Republik, sondern auch als Lockmittel für einsame Gestalten, die sich nach Heldentum, Abenteuern oder Geld verzehren. Zur Premiere wird er im 20 000 Zuschauer fassenden Nationalstadion in Bangui vorgeführt, vor einem Publikum in Wagner-T-Shirts, darauf ein Soldat mit (russischem) Sturmgewehr im Anschlag, umgeben von einem Feuerkranz.

Alle Aurum-Filme übernehmen die Codes der amerikanischen Blockbuster, außerdem gibt es Ähnlichkeiten mit der Saga *James Bond* – mit dem feinen Unterschied, dass die Hauptperson diesmal der Organisation *Spectre* angehört.[98] Mit dabei ist natürlich das unvermeidliche dramatische Abenteuer eines unfreiwilligen Helden, der sich gezwungen sieht, den Frieden und die Unschuldigen zu verteidigen; die Bösen mit Hang zu (häufig grundloser) Gewalt, die völlig konturlos dargestellt werden; Spezialeffekte, Action- und Kriegsszenen; dazu ohrenbetäubende Musik. Und dieser Held wider Willen ist längst gefunden: Für den ersten Film dieser Machart gibt 2020 Maxim Schugalej seinen Namen her; der Erfolg in Russland ist so enorm, dass sehr schnell zwei Nachfolger gedreht werden.

Wie in der Saga *Avengers* überkreuzen sich die handelnden Personen aus den Aurum-Filmen; so treten etwa Figuren aus *Turist* auch in *Shugalay* oder *Granit* auf. Um diesen Produktionen noch mehr Rückenwind zu geben, stammt die Filmmusik für die meisten Prigoschin-Sagas aus der Feder des in Russland sehr bekannten Rocksängers und Komponisten Sergej Schnurow.

Mit furchterregender Effizienz bietet Jewgeni Prigoschin allen Kinos in Russland an, seine Filme kostenlos vorzuführen. Offiziell um dem Publikumsmangel entgegenzutreten – inoffiziell als weitere Rekrutierungskampagne für Wagner.[99] Die kostenlose Bereitstellung sämtlicher Filme der Produktionsfirma Aurum, die erheblich zur Mythenbildung um die Gruppe Wagner beitragen, erweist sich in diesem Kontext als Versuch, ein erweitertes Publikum anzusprechen, das sich potenziell für das Söldnertum interessieren könnte.

Diese Filme sind nur ein Werkzeug aus einer ganzen Reihe von Medieninhalten – Comics, Reisevideos, Musikclips –, die man auch als *Wagnerverse* bezeichnet. Dieses Kunstwort greift einerseits die Begriffe Universum und Metaversum auf, spielt aber gleichzeitig auf die amerikanische Comic-Kultur an, etwa an die Universen von Marvel oder DC Comics. Die aggressive Kommunikation der Marke Wagner nutzt genau die Codes der Comics, außerdem sind diesen Filmen soziale Netzwerke und eigene Kanäle gewidmet.[100] In den Comics ist Wagner zum Beispiel eine Art Racheengel, der nach einer schrecklichen Kindheit auszieht, um an den Einsatzorten der Gruppe Wagner zu kämpfen. Wie in den Superhelden-Filmen wird der Engel zum Symbol für den Frieden und für den Schutz der Menschen. Und ganz wie die alten Heftchen über amerikanische Söldner werden mit einem tugendhaften, verführerischen Schleier die Tatsachen des Tötens und des Sterbens verhüllt.

Nichts geht verloren, alles verändert sich

Es wäre naiv zu glauben, dass die Organisation, die für die russischen Einflussoperationen die weitaus größte Innovation dargestellt haben dürfte, mit dem Exil und Tod Jewgeni Prigoschins verschwindet. Am 3. Juli 2023, einen Tag nach dem Bekanntwerden der Zerschlagung von Patriot Media, verbreiten sich zügig die Gerüchte bezüglich eines potenziellen Nachfolgers. Es fällt der Name der Sportgymnastin Alina Kabajewa, angeblich Putins Partnerin, die bereits das russische Medienimperium National Media Group leitet. Im Winter 2023 verzeichnet das Handelsregister allerdings noch keine Übertragung irgendwelcher Unternehmen. Noch lehrreicher ist die per Video festgehaltene Wortmeldung von Margarita Simonjan, Chefredakteurin von Russia Today und von Sputnik, die sich über die Professionalität des Wagner-Medienimperiums äußert. «Im Bereich PR gehören sie zu den Besten im Land. Wir möchten die Leute, die für Jewgeni Prigoschin gearbeitet haben, gerne bei uns anstellen, denn wir kennen euch als echte Profis.» Einige Talente sind auch tatsächlich schon ausgeschwärmt, so etwa Alexander Malkewitsch, der von Cherson aus wieder als Journalist für das Staatsfernsehen tätig ist.

Und Julia Afanasjewa spaziert zwischen zwei Sitzungen und Diskussionsrunden in Südafrika vor laufender Kamera durch die paläontologische Fundstätte *Cradle of Humankind*, die «Wiege der Menschheit» etwa 30 Kilometer nordwestlich von Johannesburg.[101] Das Datum ist nicht genannt, ihr leichtes rotes Kleid deutet aber darauf hin, dass auf der Südhalbkugel Sommer ist. Sie ist als Vertreterin von Globus Expert unterwegs, einer im Frühjahr 2022 gegründeten neuen Organisation, deren Experten eine Vision von einer «Post-transformationellen Welt» entwickeln sollen. Seit einem Jahr organisiert Afanasjewa Tagungen zu den Themen künstliche Intelligenz, Grundlagen der Menschheit, geopolitische Spannungen und zur Definition einer neuen Souveränität. Die Experten, von AFRIC her altbekannte Gesichter wie José Matemulane, Clifton Ellis oder Purnima Anand, laufen in Dauerschleife über den Sender Afrique Media, der Prigoschins Interessen nahesteht. Bei einem von Globus organisierten Podiumsgespräch anlässlich des BRICS-Gipfels 2022 trifft man auch Alexander Patruschew, Großneffe von Nikolai Patruschew, Putins Schattenmann und Sekretär des Sicherheitsrates der Russischen Föderation. Unter den anderen Experten findet sich auch ein Franzose, Arnaud Develey, bekannt aus prorussischen und pro-Assad-Verschwörerkreisen; in den Reihen dieser neuen Version von AFRIC will er sich in Afrika einen Namen machen. Wie beim ersten Projekt sieht auch Globus die Zukunft für die neue Weltordnung in Afrika. Im Gespräch mit ehemaligen und aktuellen Mitgliedern im Führungskreis von AFRIC erfahren wir, dass Afanasjewa sich als professionelle Vertreterin der Zivilgesellschaft darstellt, die seit 2010 an Projekten internationaler Bürgerdiplomatie in Russland und im Ausland arbeitet. Sie betont, dass sie nichts Illegales getan, sondern nur Tagungen organisiert hat, was streng genommen auch der Wirklichkeit entspricht. Dennoch sei erinnert, dass sie wegen ihrer Einflusstätigkeit mit Sanktionen der USA und der Ukraine belegt ist. Ihr zufolge wird das Projekt AFRIC, Zugpferd für Prigoschins Einfluss in Afrika, so schnell nicht verschwinden. Erstmals ist auch der Grund dafür zu hören: «AFRIC ist ein Kind von Präsident Wladimir Putin.»

Im Übrigen hat die Mannschaft von AFRIC im August 2023 einen neuen Auftritt bei einer Marketing-Operation, mit der die vom Kreml in den besetzten Gebieten der Ukraine organisierten Wahlen manipuliert werden sollen. Afanasjewa betreut dort Purnima Anand, scheinbare Wahlbeobachterin mit indischer Staatsangehörigkeit in Afrika; gemeinsam mit der kamerunischen Moderatorin Clarisse Wiydorven tritt sie live aus Cherson auf Afrique Media TV auf, beide in schusssicheren Westen und mit breitem Kameralächeln. Gleichzeitig freut sich Nathalie Yamb vor den Kameras der Gesellschaftlichen Kammer der Russischen Föderation, dass sie die Organisation freier Wahlen zu sehen bekommt.

Weit entfernt von Afrika und der Ukraine interessiert sich Russland nach dem Debakel der USA 2021 auch für Afghanistan. Im Dezember 2023 sitzen in einer Gesprächsrunde über humanitäre Hilfe und Soft Power in Afghanistan zwei große Nummern aus Prigoschins Kosmos: Maxim Schugalej als Vorsitzender der Stiftung für die Verteidigung nationaler Werte (FDNV) und Julia Afanasjewa als Vorsitzende von Globus. Ihr Ziel: die Anerkennung der Taliban-Regierung durch Moskau vorzubereiten, während der Westen sich in den Widerspruch zwischen seinen eigenen moralischen Anforderungen und der Realpolitik in der Region verstrickt. Wer immer dem Westen unbequem ist, ist für Russland ein gerne umschmeichelter Verbündeter.

Teil 2

Auf Welteroberung

«Die Zentralafrikanische Republik, Mali und andere Länder der Sahara-Sahel-Region waren einer direkten Bedrohung durch terroristische Einheiten ausgesetzt, nachdem sämtliche ‹Demokratie- und Freiheitskämpfer›, repräsentiert durch Frankreich und andere Nato-Mitglieder, eine offene Aggression gegen Libyen entfacht hatten.»

Sergei Lawrow, 26. Juni 2023

Den afrikanischen Juntas und Regierungen, die sich vom westlichen Einfluss befreien wollen, unterbreitet die Gruppe Wagner ein so einfaches wie wirksames Angebot: Im Austausch für die Ausbeutung ihrer Bodenschätze wird ihnen Schutz und Sicherheit versprochen. Es geht um den Ausbau der Sicherheitsdienste, um Politikberatung, Propaganda- und Desinformationskampagnen und russische Waffenlieferungen. Das System Prigoschin stützt sich auf die simple Formel: Sicherheit und Einfluss gegen Rohstoffe. In Syrien stellt die Organisation ihre Entschlossenheit unter Beweis: Sie geht Risiken ein, nutzt örtliche Verstärkung und profitiert von der Unterstützung durch die russische Armee. Die mit Ölfirmen geschlossenen Verträge zeugen davon, dass sie als glaubwürdiger Geschäftspartner gilt. In Syrien will die Gruppe Wagner zeigen, was sie zu bieten hat. Der dortige Einsatz soll ihre Visitenkarte, eine überzeugende Referenz sein. Und tatsächlich wird das von der Söldnertruppe unterbreitete Angebot Moskau im Laufe dieses vergangenen Jahrzehnts ermöglichen, seinen Einfluss in der Welt zu vergrößern. Im Jahr 2024 warten die Anteile an diesem gigantischen Markt nur darauf, erneut in die Hand genommen zu werden. Es ist nur konsequent, dass die russischen Akteure aus der Deckung kommen und versuchen, ihre Tätigkeit auszuweiten und für Einflussoperationen des Kremls bereitstehen. Die Rolle der PMC gewinnt stetig an Bedeutung, Prigoschins Tod hat keinerlei Auswirkungen auf ihre Aktivitäten.

1

Verkaufsmodell: Die Deir ez-Zor-Offensive

«Auf dem Wagner-Stützpunkt in Russland befinden sich 150 Menschen in Kühlschränken. Ihr Zustand? Hackfleisch.»
Ein Anwerber für Syrien[1]

Was die Einsatzgebiete und den Ausbau von quasi privaten russischen Militärfirmen angeht, nehmen Syrien und die Ukraine eine herausragende Stellung ein. In Syrien wurden die entsprechenden Strukturen 2013 in die Welt gesetzt, erlebten 2015–2017 ihren Höhepunkt und wurden 2018 scheinbar zerstört, nur um im Folgenden als Sprungbrett für weitere Missionen zu dienen.

7. Februar 2018, 5 Uhr morgens: Im Süden der syrischen Provinz Deir ez-Zor versuchen etwa 250 Kämpfer, über eine Pontonbrücke an das Ostufer des Euphrats zu gelangen. Unter ihnen befinden sich Stammesmilizen der *Bakara* und der *Albo Hamad*, die mit iranischer Unterstützung für das Assad-Regime kämpfen. Sie werden von syrischen Elitesoldaten der 4. Division sowie afghanischen und irakischen Kämpfern der *Fatemiyoun-* und der *Zainabiyoun*-Brigade begleitet. Es ist das zweite Mal in dieser Nacht, dass von Russland und den Panzertruppen der 4. Division unterstützte «IS-Jäger»[2] versuchen, das Conoco-Gasfeld am gegenüberliegenden Euphratufer zu erreichen. Dieses Mal sind sie offenbar zu weit gegangen. Ein von der US-Armee abgefeuerter Raketenhagel durchbricht die kühle Nacht und tötet Dutzende von regime-

treuen Kämpfern. Die Männer werden von der russischen Armee im Stich gelassen.

Die Memoiren des Ex-Wagnerkommandanten Marat Gabidullin[3] ermöglichen uns, das Jahr 2018 aus einem besonderen Blickwinkel zu betrachten. Die Journalistinnen Ksenia Bolchakova und Alexandra Jousset, außerdem Autorinnen eines mit dem Albert Londres-Preis ausgezeichneten Dokumentarfilms über die Gruppe Wagner, haben das Vorwort zu dem Buch verfasst. Darin stellen sie gleich zu Beginn klar: «Marat Gabidullin ist kein Mann, der seine Taten bereut. Er ist kein Whistleblower, der sich gegen die Organisation wendet, der er selbst einmal angehört hat, weil ihn das schlechte Gewissen dazu drängen würde.»[4] Durch seinen «Insiderbericht» trägt der Ex-Söldner vielmehr zur Mythenbildung bei. In seinem zweiten, bisher nur auf Französisch erschienenen Buch *Ma Verité* (Meine Wahrheit) gibt er sogar zu, dass Prigoschin einer der ersten Leser seines Berichts war und Korrekturen und Vorschläge eingebracht hat.[5]

Gabidullin und seine Männer beteiligen sich an dem Versuch, die Ölfelder im Osten Syriens zurückzuerobern. Der Angriff vom 7. Februar ist für ihn das einschneidendste Ereignis als Mitglied der Wagner-Truppe. «Auf einmal begann die Hölle», erinnert er sich. Bombardierungen aus der Luft, Drohnen- und Artilleriebeschuss. Das amerikanische Trommelfeuer hält die ganze Nacht an. Nach den Luftangriffen, die sich als tödlichste Konfrontation zwischen Russland und den USA seit dem Kalten Krieg herausstellen sollen, häufen sich die Toten und Verletzten. «Wir hätten nie dort sein dürfen; unsere Führung hat einen Fehler begangen. Die Amerikaner wussten genau, wo wir waren», erklärt Gabidullin. Die Medien berichten von mehreren Hundert gefallenen russischen Söldnern, dagegen ist Gabidullin nur leicht verletzt. Merkwürdigerweise spricht Moskau offiziell von gerade einmal fünf getöteten Russen.

Der Tag danach

Bei Tagesanbruch offenbaren sich die massiven Verluste. Unter den Opfern befinden sich auch Wagner-Kämpfer, die für die Ausbildung, die Ausrüstung und den Einsatz der «IS-Jäger» verantwortlich waren. Diese Truppe besteht hauptsächlich aus Christen und wird seit 2015 von Wagner ausgebildet. Ihr Anführer ist ein Syrer, tatsächlich aber hat Gabidullin das Kommando. «Vor mir waren sie vor allem für die Propaganda da», erzählt der Russe. «Sie haben nur so getan, als wären sie in echte Kämpfe verwickelt. Eigentlich aber haben sie sich nur an den richtigen Stellen gefilmt und fotografiert und die Aufnahmen in die sozialen Netzwerke gestellt. Man wollte damit demonstrieren, dass es syrische Einheiten und nicht die Russen sind, die den Islamischen Staat bekämpfen.»[6]

Auch in den Reihen weiterer Pro-Assad-Milizen entlang der Hauptverbindungslinien im Norden gibt es Tote. Es ist ein verheerender Schlag für das V. Angriffskorps, das aus verschiedenen regierungstreuen Paramilitärs besteht, die seit Beginn des syrischen Bürgerkriegs von Wagner und russischen Abordnungen ausgebildet werden. Wagners Männer sind bekannt für ihren Wagemut und ihre Opferbereitschaft: Es heißt, dass bei der Schlacht zweihundert von ihnen gefallen sein sollen.

Die Soldaten selbst warten zunächst auf die Rückkehr von Zeugen, sie haben nur wenige Informationen, versichern jedoch, dass 200 Opfer auf jeden Fall übertrieben seien und man maximal mit 15 rechnen müsse. Diese Einschätzung bleibt ungenau, da Wagner grundsätzlich keine Meldungen zur Anzahl der getöteten Kämpfer abgibt. Die Nachrichtenagentur Reuters bemüht sich dennoch, Licht ins Dunkel zu bringen. Sie meldet 100 bis 300 Tote und beruft sich dabei auf Aussagen von medizinischem Personal. 50 bis 200 Kämpfer sollen verwundet sein.[7] Viele werden in Krankenhäuser in Rostow, Moskau und St. Petersburg gebracht, die unter der Kontrolle der Söldnertruppe stehen. Sehr wahrscheinlich werden ihre Telefone beschlagnahmt, um vor Putins Wiederwahl einen Skandal zu vermeiden. Die Zeugenaussagen lauten nahezu gleich. Nach der Gegenattacke der Amerikaner hatte man es mit der Evakuierung nicht eilig: «Stellen Sie sich vor, Sie wurden mit Ihrer Einheit bombardiert, dann holt man Sie da raus und lässt Sie mitten in der Wüste zurück, und es ist Winter [...], Sie haben nichts, nur Ihre dünne Uniform, kein Wasser. Erst vierundzwanzig Stunden später hat man den Männern Trockennahrung und Wasser gebracht.»[8]

Eine am 10. Februar auf VKontakte[9] veröffentlichte Nachricht fasst zusammen: «Die Verwundeten sind bereits in Russland, die meisten in einem sehr ernsten Zustand. Die Verletzungen sind furchtbar. Viele haben entsetzlich verstümmelte Gesichter und Kopfverletzungen. Fast alle haben Gliedmaßen verloren oder wurden grausam verletzt.» Alle waren Angestellte der zu Wagner gehörenden privaten Firma Evro Polis.[10]

Der ebenso charakterstarke wie hartgesottene russische Verteidigungsminister Sergej Schoigu ist nicht gut auf Prigoschins Geschäftspartner zu sprechen. Sein Ministerium legt der Wagner-Truppe bei jeder Gelegenheit Steine in den Weg.[11] Von seinen Untergebenen in Syrien hat es keine formelle Reaktion auf die Aufforderung der US-Armee gegeben, jeglichen Vormarsch im Zuge der Auseinandersetzung zu stoppen. Tatsächlich werden die Männer mit Billigung des russischen Kommandos in das Blutbad geschickt, während Moskau vor allem darauf bedacht ist, seine Intervention in Grenzen zu halten. Auf der Pro-Assad-Seite sollen zuletzt 300–600 Söldner und Milizionäre ihr Leben lassen, als die Kampfhandlungen eskalieren und die Amerikaner ihren kurdischen Verbündeten zu Hilfe kommen. Während die zur Bekämpfung des Islamischen Staats (IS) eingesetzten Wagner-Truppen sich auf einmal in einem schweren Feuergefecht mit dem US-Militär wiederfinden, werden auf amerikanischer Seite Funksprüche abgefangen, die belegen, dass Prigoschin der syrischen Armee versichert hat, ein russischer Minister habe grünes Licht für einen

Angriff auf die Amerikaner gegeben. Nach dem Wagner-Debakel verschärfen sich die Spannungen zwischen Prigoschin und Schoigu.

Die Operation am Conoco-Gasfeld endet in einem Fiasko. Fast gleichzeitig verdichten sich Gerüchte über eine mysteriöse Abmachung zwischen der Gruppe Wagner und Syriens staatlichem Ölkonzern, der General Petroleum Corporation. Eben diese Abmachung könnte der Grund für den irrsinnigen Angriff gewesen sein. Das Gerücht wird einige Zeit später bestätigt: Über die Vermittlung des russischen Energieministers kam es Ende 2016 zur Unterzeichnung einer Absichtserklärung zwischen der Firma Evro Polis und dem syrischen Staatsunternehmen. Ein nicht authentifizierter Entwurf des Vertrags wird im Dezember 2017 von der Associated Press veröffentlicht: Das russische Unternehmen soll 25 % der Einnahmen aus der Förderung von Öl und Gas erhalten, wenn seine Sicherheitskräfte die Förderfelder von den IS-Besatzern befreien.[12]

Bei der militärischen Erklärung für das Blutbad bei Deir ez-Zor kommen mehrere Faktoren zusammen, wobei die schlechte Ausbildung der Truppe noch am deutlichsten ins Auge fällt. Wir haben es hier nicht mit erstrangig ausgebildeten, erfahrenen Kämpfern zu tun. 2014, in der Ukraine, konnte man noch mit der hervorragenden Ausbildung und Erstausrüstung der Söldner punkten, die Qualität des in Syrien eingesetzten Personals jedoch ist drastisch gesunken. Tatsächlich hat man die regelmäßigen Schießübungen aufgegeben und ist in Sachen Qualität und Quantität von Waffen und Munition stehengeblieben. Bei Zusammenstößen mit militanten Gruppen konnte Wagner auf überlegene Kampffähigkeiten bauen; die US-Armee aber stellt einen Gegner dar, der über bessere Waffen und mindestens ebenso gute, wenn nicht besser ausgebildete Soldaten verfügt. Durch das Fehlen jeglicher Luftunterstützung sind die Wagner-Kämpfer ein Mittelding zwischen einer regulären Truppe und einer Guerillaformation, was ihre operativen Fähigkeiten stark einschränkt und ihre Schlagkraft verringert. Fehlende Luftunterstützung, fehlende Luftabwehr, immer ältere Waffen und Munition: das alles macht Wagner zu einem leichten Angriffsziel.

Aus den meisten Berichten geht zudem hervor, dass die Wagner-Einheiten nicht mit einem Luftangriff von solchem Ausmaß und solcher Entschlossenheit gerechnet hatten. Die Gruppe marschierte ohne irgendwelche Vorsichtsmaßnahmen durch offenes Gelände, der von den USA geführte Luftschlag kam völlig überraschend. Als die in Syrien eingesetzten Beamten des russischen Verteidigungsministeriums vor dem Angriff von den US-Streitkräften kontaktiert wurden, bestritten sie geradeheraus die Anwesenheit von Wagner-Leuten: «Sie sind nicht dort.» Das US-Militärkommando setzte alles daran, eine direkte Konfrontation zu verhindern, doch nachdem diese Bemühungen gescheitert waren, brauchte seine Luftwaffe weniger als vier Stunden bis zur Einsatzbereitschaft. Artillerie und Javelin-Raketenwerfer bezwangen den Verband aus Wagner-Soldaten und syrischen Kämpfern. Die These, dass die Söldnertruppen durch das Nichteingreifen der russischen Armee gewissermaßen verraten wurden, findet inzwischen unter russischen Experten eine gewisse Verbreitung.[13]

Hinzu kommt die mangelnde Qualität des Personals. Vor 2017 bestand die Gruppe Wagner aus russischen Staatsbürgern mit einer guten militärischen Ausbildung. Doch wie sich aus den Berichten über die Verluste an Menschenleben ablesen lässt, wurde diese Politik offenbar geändert. Unter den russischen Opfern in Syrien oder der Ukraine[14] sind keine Veteranen der Spezialeinheiten: Haben sie die Kämpfe überlebt? Oder standen sie gar nicht auf dem Schlachtfeld?

Dennoch, trotz der Mängel des Unternehmens und der darauffolgenden militärischen Niederlage in Syrien deuten jüngste Beweise darauf hin, dass Russland die Idee nicht aufgegeben hat, Wagner als geopolitisches Instrument zur Konfrontation mit dem Westen zu nutzen.

Der Kampf ums Öl

In Deir ez-Zor kulminieren die Spannungen und die problematische Rolle der Wagner-Präsenz in der Region. Die Söldner-Einheiten sind im Herbst 2015 teilweise aus der Ukraine nach Syrien gekommen und versuchen dort, neue Verträge auszuhandeln. Das Syrien-Kapitel der Wagner-Einsätze unterteilt man am besten in zwei Zeiträume: 2015–2016 und 2017–2018. Abgesehen von der Qualität der Kämpfer und ihrer Ausrüstung liegt ein Hauptunterschied zwischen diesen beiden Abschnitten in der Finanzierung und dem an die Vertragssoldaten gezahlten Sold. Bei maximal 2500 eingesetzten Männern betragen deren Gehälter von August 2015 bis August 2016 zwischen 2,4 Milliarden Rubel (30 Millionen Euro) und 7,5 Milliarden Rubel (95 Millionen Euro). Die Ausrüstung pro Kämpfer schlägt mit bis zu 1000 US-Dollar zu Buche, für Transport und Unterkunft fallen laut Boris Schikin ähnliche monatliche Beträge an. Damit belaufen sich die Kosten für die Stationierung von 2500 Mann exklusive Sold auf mindestens 2,3 Millionen Euro pro Monat.

Die Gehaltspolitik hängt von der Erfahrung und Qualifikation des einzelnen Söldners sowie der Komplexität der Mission ab. Ab 2017 gibt es eine Neuerung, da die Familien der Gefallenen fortan entschädigt werden. Der Standardbetrag im Todesfall reicht von 3 000 000 Rubel (51 100 Euro) für Mitglieder einer Sicherheitstruppe[15] bis zu 5 000 000 Rubel (86 000 Euro) für im Kampf getötete Söldner[16]. Einen ähnlichen Betrag zahlt der russische Staat, wenn ein regulärer Soldat im Einsatz ums Leben kommt. Ob die Angehörigen die ihnen zustehenden Beträge jemals erhalten haben, bleibt jedoch im Dunkeln.

Anfangs griff Wagner noch in die Vollen: «Ich habe für ein Sturmgewehr genauso viel bezahlt wie für ein Auto. Die Kosten für die Ausrüstung eines Soldaten in meiner Abteilung betrugen 12 000 Dollar», berichtet ein Ausbilder.[17] Die Wagner-Kämpfer verfügen über russische T-90 und T-72 Panzer, gepanzerte Truppentransporter und weitere gepanzerte Militärfahrzeuge namens *Vodnik*, *Shot* und *Lynx*. Doch ist beileibe nicht alles neu: «Wir sind hier in Tartus und entladen gerade das große Landungsboot, hier sind Kisten mit Granaten für 120er Mörser, und da steht: ‹Zu verwenden bis 1986.› Als ich die Kiste an den Henkeln genommen habe, sind sie abgerissen, das ganze Ding ist zerfallen. Wir schießen mit diesen Granaten, und die Syrer auch», fährt derselbe, kürzlich degradierte Söldner fort. «Man hat uns gesagt: ‹Ihr wollt kämpfen, dann kämpft euch durch.›»[18] Alles, was zuvor gewährt wurde, wird nun gestrichen. Seit 2016 kämpfen die Wagner-Soldaten mit syrischen Waffen. Auch in den Trainingslagern fehlt es an allen Ecken: Während das Gelände in Molkino zuvor vollständig ausgerüstet war, sind nach den Spannungen mit der russischen Regierung angeblich nur noch 30 automatische Gewehre vorhanden und es findet im Grunde keine Ausbildung mehr statt. Wagners Männer sehen darin jedoch kein großes Problem. «Krieg ist die beste Ausbildung»[19], heißt es hinter vorgehaltener Hand in den Ministerien.

Der Erfolg einer Söldnertruppe hängt von einem funktionierenden Zahlungssystem ab. Ab 2017 soll die Finanzierung von Wagner allein in der Hand von Damaskus liegen, was zu «ständigen Verzögerungen bei der Bezahlung und Auseinandersetzungen über den versprochenen Betrag»[20] führt. Diese Unsicherheit hat immensen Einfluss sowohl auf die Ausbildung als auch auf die verfügbare Ausrüstung. Die Instabilität der Gehälter führt dazu, dass die Qualität der neuen Rekruten sinkt. Dabei bleiben die genauen Zahlungsmethoden unklar, und wir haben es vielfach mit Spekulationen zu tun, da die einzigen Informationen entweder durchgesickerte Dokumente oder indirekte Zeugenaussagen sind. Die Spannungen zwischen Wagner und Moskau sind wahrscheinlich darauf zurückzuführen, dass sich Prigoschin und Schoigu um Einfluss und eine Neuverteilung der Mittel streiten.[21]

Die unzuverlässigen Gehaltszahlungen hängen wohl auch mit der Popularität des Unternehmens zusammen. So gibt es eine große Anzahl Freiwilliger, die sich Wagner anschließen wollen, da es ihnen in den wirtschaftlich daniederliegenden russischen Regionen an Möglichkeiten mangelt, ihre militärischen Fähigkeiten einzusetzen. Schaut man sich die Biografien der in der Ukraine und in Syrien getöteten Kämpfer an, ist das typische Profil eines Söldners ein Mann mittleren Alters (35–47 Jahre) mit Familie, oft ein erfolgloser Kleinunternehmer mit Schulden, aus einer armen Region stammend, mit einer prägenden Vorgeschichte im Militär und nicht in der Lage, sich an das zivile Leben anzupassen oder mit einer schwierigen wirtschaftlichen Situation umzugehen.[22] Die Intransparenz in Bezug auf die Finanzen wird durch die Tatsache verstärkt, dass «die Mitglieder der Wagner-Gruppe immer in bar bezahlt werden … [obgleich] sämtliche Ausgaben von der russischen Regierung und einigen hochrangigen Geschäftsleuten [ob es sich dabei um Russen oder Syrer handelt, wird nicht spezifiziert] getragen werden»[23], wie ein Offizier des Verteidigungsministeriums erklärt. Verspätete Zahlungen, undurchsichtige Gehälter, das Risiko, im Kampf zu fallen – all das sind keine Traumbedingungen. Manche Söldner beklagen sich zudem über die Lebensumstände in Syrien: «Es ist dreckig, alles ist heruntergekommen. Wenn man mal rausfährt, dorthin, wo es keinen Krieg gibt, nach Latakia zum Beispiel, dann sieht man im Stadtzentrum, egal wo, überall an den Straßenrändern Müll, der sich auftürmt, und niemand räumt ihn weg.»[24]

Die Wunden lecken

Die im Dienst von Wagner stehenden Männer genießen keine Vorzugsbehandlung, in europäischen Augen ist ihre Versorgung sogar oftmals fragwürdig. Betrachtet man aber den Zustand von Material und Ausrüstung für die Einberufenen der russischen Teilmobilmachung im Spätsommer 2022, erscheint sie normal. «Die Nahrung der Soldaten besteht aus Trockenrationen, deren Haltbarkeitsdatum längst überschritten ist. Was die Lebensmittel betrifft, so wird alles in Geschäften erworben. Alles, was man konsumiert, wird vom Lohn abgezogen»[25], erklärt ein Söldner der russischen Presse.

2017 ist auch das Jahr, in dem die ersten Leaks zu von Wagner-Söldnern begangenen Kriegsverbrechen auftauchen. Am 30. Juni werden in der Nähe eines Gasfeldes im Norden Syriens Taten von unfassbarer Brutalität aufgezeichnet. Die schockierenden Bilder veranlassen die FIDH (Fédération internationale pour les droits humains), Memorial und einen Angehörigen des syrischen Opfers, in Moskau Klage einzureichen.[26] Die Handyaufnahmen zeigen eine Gruppe maskierter, betrunkener Soldaten, die sich auf Russisch gegenseitig anfeuern, noch brutaler vorzugehen, während sie einen Mann mit einem Vorschlaghammer und einer Schaufel quälen, ihn dann enthaupten, zerstückeln, seinen Körper an den Füßen aufhängen und anzünden. Unvermeidlich, dass bald entsprechende Gerüchte umlaufen. Im Februar 2023 veröffentlicht *Wagner Leaks* die Namen der Henker: Die Männer waren bei Jewgeni Prigoschin unter Vertrag. Dessen Sicherheitsdienst wird übrigens mehr daran gelegen sein herauszufinden, warum diese Söldner den Anweisungen zuwiderhandelten, indem sie sich mit ihren Handys filmten, als daran, die entsetzliche Barbarei zu bestrafen. Es ist diese Tat, aus der das Symbol des Vorschlaghammers hervorgeht, das für die enorme Brutalität der Wagner-Übergriffe steht.

Am 28. September 2017 meldet die Agentur Amaq, der inoffizielle Nachrichtendienst des IS, dass im Zusammenhang mit einem Angriff auf einen Kontrollposten in der Umgebung von Ash Sholah in der Nähe von Deir ez-Zor zwei Russen gefangengenommen wurden. Das als Beweis dienende Video wird fünf Tage später verbreitet. Auf der 37 Sekunden dauernden Aufnahme sind zwei ausgemergelte, verprügelte Männer zu sehen, von denen sich einer vorstellt, den Namen seines Kameraden nennt und erzählt, wie sie in die Hände der Terroristen gelangt sind.[27] «Ich heiße Roman Sergeïvitch Zabolotny, und ich bin Gefangener.»[28] Der zweite Soldat sitzt mit geschwollenem Auge, in einem grauen Kittel, stumm daneben. Nachdem die beiden Männer zwei Monate festgehalten worden sind, vermutet ein russischer Abgeordneter aus der Region des einen Söldners, es bestehe «eine 99-prozentige Chance, dass Roman und der zweite Gefangene nicht mehr unter den Lebenden sind».[29]

Um Verluste und Imageschäden zu vermeiden, überträgt Moskau die Hauptlast des Bodenkampfes (unter anderem) an Wagner. Die Strategie geht im Prinzip auch auf. Offiziell sterben innerhalb von fünf Jahren 116 russische Soldaten während des Einsatzes in Syrien, die meisten von ihnen bei Unfällen.[30] So kommen etwa im März 2018 39 russische Soldaten beim Absturz eines An-26-Transportflugzeugs zu Tode. Im Gegensatz zu den Kriegen in Tschetschenien und der Ukraine im Jahr 2014 hält sich das Interesse der russischen Öffentlichkeit an der Syrien-Operation in Grenzen: Ein Jahr nach ihrem Beginn verfolgt weniger als ein Fünftel der Russen regelmäßig die Entwicklungen des Konflikts. Während die Verluste der konventionellen Truppen im Jahr 2016 offiziell nicht mehr als 30 Personen betragen, werden Wagners Verluste im selben Zeitraum auf 500 bis 600 Mann geschätzt.

Im Februar 2017 ist Marat Gabidullin für einige Monate zurück in Syrien. Auch den größten Teil des Jahres 2018 wird er dort verbringen. «Durch den Einsatz der Wagner-Leute können die russischen Armeeführer die offiziellen Verluste minimieren und sich unsere militärischen Erfolge aneignen, ohne sich mit der immer schwierigen Planung von Operationen herumzuschlagen und ohne einen guten Vorbereitungsstand der Truppen durchzusetzen. Wir machen die Arbeit», erklärt er. «Alle anderen begnügen sich mit schönen Berichten und Bildern. Und dann erhalten die Offiziere der russischen Armee die Auszeichnungen und Beförderungen.»

Bevor er die Wagner-Truppe verließ, war Gabidullin auf dem ihm gut bekannten Luftwaffenstützpunkt Hmeimim tätig. Er hatte dort die Aufgabe, sich um die gefallenen Söldner zu kümmern, und erinnert sich: «Ich musste feststellen, dass wir unsere Soldaten nicht würdig bestatten konnten. Wir hatten keine andere Möglichkeit, als die Leichen in einem Kühlschrank aufzubewahren. Wir mussten sie ins Krankenhaus in Latakia bringen, wo die Syrer sie mit einem Schlauch wuschen und dann zuerst in Zinksärge und später in Sperrholzkisten legten.

Natürlich war niemand da, der die Leichen schminken oder in einen normalen Zustand zurückversetzen konnte. Ich hätte nie gedacht, dass es so schwer sein würde, diese Arbeit zu verrichten [...] Wie viele Menschen auf diese Weise gestorben sind? Wenn ich genaue Zahlen nenne, gebe ich den Regierungsstellen einen Grund, rechtlich gegen mich vorzugehen.»[31] Marat Gabidullins Bericht ist interessant, aber bruchstückhaft. Er sagt und erzählt, was ihm zupasskommt. Er achtet darauf, seine ehemaligen Kameraden nicht zu kompromittieren, und geht bewusst nicht auf mögliche Verbrechen der Wagner-Truppe ein. Seine Aussagen klingen wie die eines «willentlich Unwissenden».

Die Lage vor Ort beruhigt sich indessen nicht, die russische Präsenz hat weiter ihre Berechtigung. Im Februar 2020 stehen private Militärfirmen in der Ghab-Ebene in der Provinz Hama an vorderster Front. Im April 2020, inmitten der Corona-Pandemie, liefert Evro Polis zur Imagepflege 50 künstliche Beatmungsgeräte, 10 000 Testkits und 2000 Schutzanzüge nach Syrien.[32] Ende Dezember nehmen die Angriffe des IS im Osten Syriens zu, nachdem sich die Söldner aus der Provinz Deir ez-Zor nach Latakia zurückgezogen haben.[33] Ein Jahr später nimmt Wagner an einer groß angelegten Militäroperation gegen IS-Zellen in der syrischen Wüste teil.[34] Ab Mitte 2021 rückt Syrien für Wagner in den Hintergrund, es sind nur noch 439 Söldner im Einsatz.[35] Nach der Revolte im Juni 2023 werden die letzten Wagner-Leute demobilisiert. Dabei war es gerade diese Region, die es Prigoschin ermöglichen sollte, sein Geschäftsmodell nach Afrika zu exportieren. Zudem begann der Wagner-Chef eben hier, nützliche Kontakte zum nordkoreanischen Regime zu knüpfen, insbesondere zu Yong Hyok Rim, einem Mitarbeiter des koreanischen Waffenexporteurs KOMID, mit dem er über seine syrische Firma Ende 2022 einen Vertrag über den Erwerb von Waffen abschloss.

Nach dem 23. August 2023 spielt Syrien erneut eine Rolle als Luftdrehkreuz. Zwischen Russland und Afrika ist ein stetes Hin und Her von Flugzeugen zu beobachten, die dem russischen Ministerium für Notsituationen oder dem Militär angehören. Die Flüge führen über

Damaskus oder Latakia. Die Maschinen transportieren Söldner, ermöglichen eine Erneuerung der Kontingente und erleichtern damit auch die Lieferung neuer Waffen.

Andererseits wirkt Damaskus wenig beindruckt von Moskaus Anweisung, die Wagner-Söldner nicht außer Landes zu lassen. Man empfängt russische Beamte wie den stellvertretenden Verteidigungsminister, der ab September eine zentrale Rolle bei der Neuverteilung der geopolitischen Karten einnimmt.

Seit dem Tod von Jewgeni Prigoschin wird der weltweite Einfluss der Wagner-Gruppe durch den Druck Moskaus immer weiter eingedämmt. Die syrische Beobachtungsstelle für Menschenrechte berichtet, dass sich nur wenige Tage nach dem Verschwinden des Oligarchen der stellvertretende Verteidigungsminister der Russischen Föderation, General Junus-bek Jewkurow, zu einem diplomatischen Besuch in Syrien eingefunden hat. In dieser offiziellen Mission soll er das Regime von Baschar al-Assad ausdrücklich aufgefordert haben, die private Militärorganisation rasch aus dem Land zu entfernen.[36]

Vor Beginn der Demobilisierung waren dort rund 2000 Wagner-Soldaten stationiert, mit besonders starker Präsenz in der syrischen Wüste und deren Ölfeldern sowie im Norden des Landes, in der Nähe der von der türkischen Armee kontrollierten Gebiete. Drei Monate nach dem Treffen befinden sich laut der amerikanischen Nachrichten-Website *Al-Monitor* nur noch einige Dutzend Wagner-Söldner in Syrien. Wagner wurde zugunsten von Redut, der bewaffneten Gruppe unter der Kontrolle der GRU, des russischen Militärnachrichtendienstes, aus Syrien verdrängt.[37]

Die GRU ist offenbar darauf bedacht, Wagners Gewinne aus syrischen Rohstoffen unter ihre Kontrolle zu bringen. Ehemals von Wagner durchgeführte Sicherheitsaktivitäten, etwa der Schutz von Ölanlagen, werden nun vom «Afrikanski Korpus» übernommen, dem neuen Label der russischen Söldner in Syrien. Erstmals erwähnt wird die Ersatzbezeichnung für Wagner laut OSINT-Recherchen am 18. Oktober 2023, und zwar von dem kremlfreundlichen Telegram-Kanal

«VChK-OGPU».[38] Dort ist auch zu lesen, das Africa Corps unterstehe Konstantin Mirzayants, dem Anführer von Redut und ehemaligen russischen Fallschirmjäger, gegen den in den 1990er Jahren wegen des Mordes an dem Journalisten Dmitri Cholodow ermittelt wurde. In einer weiteren Nachricht, die am 21. Dezember 2023 auf dem Kanal des Africa Corps gepostet wird, heißt es, etwa die Hälfte der Kämpfer stammten aus den Reihen Wagners, zudem seien Kommandanten übernommen worden. Ehemalige Wagner-Kämpfer, so wird betont, würden bei der Rekrutierung «Vorteile und Prioritäten» genießen, und es sei ihnen keineswegs untersagt, Symbole ihrer PMC zu tragen.[39] All das sind erste wertvolle Hinweise, um die Hintergründe dieses *Rebranding* zu verstehen.

Im Zentrum der syrischen Operation steht RPOST-M LLC, ein Transportunternehmen, das von Maxim Grekhov geleitet wird, einem GRU-Offizier, der früher bei Aeroflot tätig war. Der Logistiker hat in Damaskus eine Zweigstelle eröffnet, die mit der Sicherung von Ölfeldern betraut ist und damit die Rolle von Prigoschins Evro Polis übernimmt. Doch die Beteiligung der GRU geht noch weiter. Timur Iwanow, der im April 2024 wegen Korruptionsverdachts festgenommene ehemalige stellvertretende Verteidigungsminister der Russischen Föderation, soll eine entscheidende Rolle bei der Übertragung von Prigoschins Vermögenswerten nach Syrien und in die Zentralafrikanische Republik gespielt haben. Um die Kontrolle über die syrischen Ölvorkommen wird also weiter gekämpft, und dieser Wettstreit wirft auch ein Schlaglicht auf die wachsende Rivalität zwischen den russischen Geheimdiensten GRU und FSB.[40]

Von Deir ez-Zor aus hat Wagner die Eroberung eines neuen, vielversprechenden Marktes in die Wege geleitet. Der afrikanische Kontinent mit seinen reichen Ressourcen bietet zahllose Möglichkeiten. Zur Erreichung seiner Ziele setzt das Unternehmen sein gesamtes Arsenal an Werkzeugen und Methoden ein. Wagners Vorteil besteht darin, dass die Kosten geringer sind als bei anderen privaten Militärunternehmen und Russland die Menschenrechte weniger streng im Blick hat. Seit

Wagners schwindendem Einfluss steht Moskau überall bereit, in Libyen, der Zentralafrikanischen Republik, Mali, Mosambik … Die Tochterfirmen des Unternehmens sind wild entschlossen, sich ihren Teil des Kuchens zu sichern, und die afrikanischen Länder schauen zu, wie die uniformlosen, dem Kreml ergebenen Soldaten aktiv werden. Und es gibt weitere Länder, die bereit sind, der Versuchung nachzugeben, ob sie nun als Wagner oder in anderer Gestalt kommen mag.

Die Eroberung der Welt

Am 24. Mai 2023 thront Prigoschin in seinem Büro und gibt dem Pro-Putin-Militärblogger Konstantin Dolgow ein Interview. Im Hintergrund ist eine mit bunten Markierungen gespickte Weltkarte zu sehen. Sie hebt Regionen hervor, die für Wagner von Interesse sind und offenbart auch bislang unbekannte Ziele. Das Interview beleuchtet damit neue Aspekte der geschäftlichen Aktivität des Wagner-Unternehmens. In der Weltkarte hinter Prigoschins Schreibtisch stecken 32 Reißzwecken: sieben rote in den afrikanischen Ländern Mosambik, Zentralafrikanische Republik, Sudan, Mali, Burkina Faso, Benin und Eritrea – sie weisen laut dem unabhängigen russischsprachigen Onlinemedium Verstka auf die Anwesenheit von Wagner-Kämpfern hin. Ein naheliegender Schluss. Weiße Pins findet man in 13 Ländern, darunter Simbabwe, Madagaskar, die Komoren, die Demokratische Republik Kongo und Guinea. Diese Länder sind Ziel der vom Kreml unterstützten Operationen zur Einflussgewinnung.

Doch die weißen Pins stecken nicht nur in Afrika, sondern auch in Myanmar, Ecuador und den neuseeländischen Chatham-Inseln. Prigoschins Aktivitäten in Südamerika und Südostasien waren bisher weder belegt noch auch nur bekannt. Die letzten 12 Reißzwecken in grüner Farbe bleiben rätselhaft: Sie entdeckt man in Südafrika, Äthiopien, Gabun und Nigeria, aber auch in Ländern anderer Kontinente, etwa Kolumbien und Bangladesch. Bisher gab es keine Meldungen, dass Prigoschins Strukturen in diesen Ländern aktiv sein könnten. Ob der Interviewtermin tatsächlich Wagners Pläne offenlegt, bleibt unklar.[41] Die Weltkarte an der Wand könnte aber Hinweise auf zukünftige Aktivitäten geben. Dann aber fehlen Botswana und Lesotho, die gelegentlich als Schauplätze künftiger Wagner-Einsätze angekündigt werden.

Seltsamerweise wird auch Haiti auf dieser Karte nicht hervorgehoben. War doch in den *Pentagon Leaks*[42] von Wagners Absicht die Rede, seine Präsenz auf der im Einflussbereich der USA liegenden Insel ausweiten zu wollen. Für Washington stellt dies eine enorme Herausforderung dar, zumal sich die westlichen Länder derzeit als unfähig erweisen, zu einer Lösung der haitianischen Sicherheits- und Versorgungskrise beizutragen. Ein hochrangiger haitianischer Beamter behauptet zwar, es habe keine Gespräche zwischen Prigoschin und Premierminister Ariel Henry gegeben, doch hat dieser inzwischen die internationale Gemeinschaft um Hilfe bei der Entsendung einer Spezial-Einsatztruppe gebeten.[43]

Damit sind die möglichen Einsatzgebiete des Unternehmens offengelegt. Wagner wird seine Kontrolle nicht überall halten können, sicher ist aber, dass Russland über das Geschehen wachen wird. Gehen wir die Gebiete im Nachfolgenden der Reihe nach durch.

2

Das Tor nach Afrika: Der Marsch auf Tripolis

> «Die russische Strategie in Libyen basiert auf der Wiederherstellung der wirtschaftlichen Verbindungen zwischen den beiden Ländern [...], die durch Kontakte mit allen Konfliktparteien erreicht werden soll.»
>
> *Lew Dengow, russisch-belarussischer Unternehmer*[1]

Laut den Vereinten Nationen befinden sich im Dezember 2020 20 000 ausländische Söldner und Soldaten in Libyen, die dort im Kampfeinsatz sind und Truppen überwachen und ausbilden. Es handelt sich um Wagner-Leute, um reguläre Armeesoldaten des Tschad, des Sudan und der Türkei sowie um türkische und syrische Söldner. Die Geschichte hat jedoch etwas früher begonnen, und dies aufgrund einer Ressource, welche die Begehrlichkeiten aller auf sich zieht: Öl. Wagner taucht bereits im Mai 2018 auf libyschem Boden auf, im Gefolge anderer Söldner, die im Jahr zuvor auf Grund eines mit Libyens Ostregierung geschlossenen Vertrags über die Räumung von Minen ins Land gekommen sind. Während der von der Libyschen Nationalarmee (LNA) angeführten Offensive beteiligen sich Männer Wagners an den Vorstößen zur Rückeroberung von Derna, der letzten Hochburg islamistischer Milizen im Osten. In einem dem UN-Sicherheitsrat vorgelegten Expertenbericht ist die Rede von 1200 Vertragssoldaten, die im Dienst von General Khalifa Haftar stehen.

Der ehemalige Waffenbruder von Muammar al-Gaddafi wurde

1987 nach einer schweren Niederlage gegen die Truppen des tschadischen Präsidenten Hissène Habré fallengelassen. Daraufhin sah die CIA in dem gedemütigten Oberst einen Trumpf zur Formierung einer Anti-Gaddafi-Front. Im Jahr 2011 führt Khalifa Haftar die ersten Kämpfe gegen die Machthaber an und profitiert dabei von der Unterstützung der USA. Anfang 2018, kurz nach der Rückeroberung von Benghazi, trifft Haftar eine Vereinbarung mit der CIA und genehmigt die Errichtung einer kleinen ständigen bewaffneten Präsenz auf einem Luftwaffenstützpunkt unweit der Hauptstadt. Mit der Präsidentschaft von Donald Trump verliert sich das Interesse der USA, ihr Engagement nimmt ab, das Terrain wird den Russen überlassen. Auf der diplomatischen Bühne erhält Haftar offene Unterstützung von Kairo und Abu Dhabi, die gegen internationale Sanktionen verstoßen, um den General weiter zu bewaffnen, Russland und Frankreich ihrerseits setzen sich diskreter für ihn ein. Für Moskau ist die Militärhilfe eine Art Rache für die NATO-Operation 2011 in Libyen. Und es ist auch eine Gelegenheit, die Beziehungen zu den Vereinigten Arabischen Emiraten zu stärken, die 2015 als einziger Golfstaat die russische Intervention in Syrien unterstützt haben. Die beiden Länder pflegen enge Beziehungen. Und was die Hilfe aus Europa betrifft, so ist François Hollande der Ansicht, dass sich die Zusammenarbeit mit Haftar in die Logik des «Anti-Terror-Kriegs» in der Sahelzone fügt. Der Einsatz paramilitärischer russischer Verbände ist Teil von Haftars militärischen Expansionsplänen und soll ihm die Möglichkeit eröffnen, das gesamte Land zu erobern und die Einheitsregierung in Tripolis zu stürzen.

Die ersten Einsätze

Im November 2018 reisen «Putins Koch» und seine Leute[2] nach Libyen, nachdem sich zuvor eine Delegation hochrangiger libyscher Militärs unter der Leitung von Khalifa Haftar in Moskau mit Sergej Schoigu und seinem Generalstab getroffen hat. Hinter den Kulissen ist Prigoschin bereits am Werk. Zu diesem Zeitpunkt kommen erste Vermutungen auf über die Rolle Prigoschins in den von Russland ausgetragenen militärischen Konflikten. Eben das ermöglicht Wagner die enge Zusammenarbeit mit den Vereinigten Arabischen Emiraten.[3]

In einer Einschätzung der Defense Intelligence Agency (DIA) vom November 2020 heißt es, die Berichte über die Finanzierungsquellen von Wagners Libyen-Einsatz seien widersprüchlich. Dennoch sei davon auszugehen, dass die Vereinigten Arabischen Emirate Finanzmittel für die Operationen der Gruppe bereitstellen. Die Zusammenarbeit zwischen Abu Dhabi und Moskau wird immer offensichtlicher. So schicken die Emirate das von Russland gekaufte Luftabwehrsystem *Pantsir* zur Unterstützung der Nationalen Armee (LNA) nach Libyen. Beinahe hätte die Berichterstattung[4] über diese militärische Kooperation einen im Dezember 2020 vereinbarten Kaufvertrag über Waffen im Wert von 22,1 Milliarden Euro zwischen den USA und den Vereinigten Arabischen Emiraten gesprengt. Am Ende landet der Vertrag gar im amerikanischen Senat, wird dort aber durchgewinkt.[5]

Detaillierte Berichte vom März 2019 über die Anwesenheit von 300 Wagner-Söldnern auf einem Stützpunkt in Bengasi sprechen von einer Beteiligung der russischen Kämpfer an verschiedenen Operationen der LNA. Zur Abdeckung der russischen Operationen zahlen die Vereinigten Arabischen Emirate einen Betrag in Höhe von 145 Millionen Euro. Obgleich er schon längere Zeit Kämpfer und Söldner entsendet hat und einen Luftwaffenstützpunkt in al-Khadim im Osten Libyens unterhält, hat der Golfstaat eine Finanzierung der Wagner-Truppen jedoch stets bestritten.

Der eigentliche Einsatz der Russen beginnt um den 3. April 2019, nach der Generaloffensive zur Rückeroberung Libyens durch die LNA. In einer ersten, den Süden des Landes umfassenden Phase agiert man noch zaghaft, dann verstärkt sich das Engagement infolge der Eroberung von Sabha zu Jahresbeginn und der Offensive auf Tripolis. An einer der größten Operationen, die Wagner je durchgeführt hat, sind im September rund 2000 Soldaten beteiligt. Die russischen Kämpfer unterstützen den von General Haftar und seiner Armee durchgeführten Angriff auf Tripolis. Dieser endet nur wenige Kilometer vor der Hauptstadt. Dabei bleiben die Zahlen zu den vom Wagner-Unternehmen eingesetzten Truppen Schätzungen. Laut westlichen Geheimdiensten befinden sich etwa 1400 russische Söldner in Libyen. 200 bis 300 von ihnen kämpfen in der Region Tripolis, der Rest ist auf Stützpunkten und Ölfeldern stationiert. Auf der Gegenseite lässt die Verstärkung nicht lange auf sich warten. Als die ersten türkischen Militärberater in Tripolis eintreffen, um die «Regierung der nationalen Einheit» (GNA) zu unterstützen, intensivieren sich die Kämpfe und die Wagner-Kompanie verliert ihre ersten Männer. Der Einsatz von Angriffsdrohnen durch die türkische Schützenhilfe kehrt den Verlauf der Schlacht zugunsten von Tripolis um. Im Süden des Landes hinterlassen die Wagner-Leute vor ihrem Rückzug zahlreiche Hinweise auf ihre Präsenz.[6] Die ersten russischen Gefallenen werden gezählt: Allein im September 2019 sind mehr als 20 Söldner zu Tode gekommen.[7]

Auf dem libyschen Schauplatz kann Wagner seine Rolle behaupten: Seine Kämpfer befehligen das Artilleriefeuer, bringen Kampfflugzeuge wieder auf Vordermann und schicken Scharfschützen an die Front. Ihre Ausbildung und ihre moderne Militärtaktik verschaffen Haftar streckenweise einen entscheidenden militärischen Vorteil.

Im Dezember 2019 gibt der General den Befehl zum entscheidenden Angriff auf Tripolis. «Die Stunde Null hat geschlagen und es beginnt der großangelegte und vollständige Angriff, den alle freien und aufrichtigen Libyer erhoffen.» Die auf Seiten der «Regierung der nationalen Einheit» stehende Türkei reagiert auf diese Aggression, indem sie massive Truppenverbände, große Mengen an Ausrüstung und Tausende von syrischen Söldnern nach Tripolis und Misrata schickt.[8]

Während in der libyschen Wüste die Kämpfe toben, wird im März 2020 von amerikanischen Ermittlern offengelegt, dass ein mit Wagner in Verbindung stehendes Unternehmen einen libyschen Fernsehsender finanziert: Prigoschin investiert in ein traditionelles Medium und verfeinert damit seine Methoden zur Untergrabung der Authentizität der Presse. Russland bezahlt dafür, dass seine Troll-Armee in die Informationssysteme seiner Gegner eindringt, um dort meistenteils Chaos und Verwirrung zu stiften.[9]

Auf dem realen Schlachtfeld kommt es zwischen dem 2. und 9. April 2020 zu einer Reihe von Zusammenstößen,[10] die für weitere schwere Verluste der Söldner sorgen. Die Wagner-Kämpfer und ihre Verbündeten werden regelmäßig von türkischen Drohnen ins Visier genommen.[11] Die UNO bestätigt am 24. April die Anwesenheit von 800 bis 1200 russischen Kämpfern, betont aber, sie sei «nicht in der Lage, den Umfang ihres Einsatzes unabhängig zu überprüfen». Einige Hundert russische Söldner verlassen die Frontlinien in Tripolis. Sie ziehen sich nach Bani Walid, 170 km südöstlich der Hauptstadt, zurück, von dort aus werden sie zu einem noch von den Pro-Haftar-Kräften kontrollierten Stützpunkt in al-Dschufra gebracht. Vom Afrikanischen Kommando der Vereinigten Staaten (AFRICOM) gelieferte Bilder zeigen, dass Russland Wagners Armee mit gepanzerten Fahrzeugen, Luftabwehrsystemen, Kampfflugzeugen und anderem Material ausstattet. Im Mai veröffentlicht das AFRICOM weitere Fotos aus Libyen, auf denen nach eigenen Angaben mindestens 14 russische Kampfflugzeuge zu sehen sind, welche zur Unterstützung der LNA eingesetzt werden.[12]

Die Wagner-Truppe soll durch syrische Kämpfer aufgestockt werden:[13] Moskau beauftragt den ehemaligen Leiter der Versöhnungskommission in Syrien, Oberst Alexander Sorin, mit der Rekrutierung junger Männer aus Syrien.[14] Sorin, der 2016 an den Friedensverhandlungen in Genf beteiligt war, ist Putins Syrien-Gesandter und Mann für alle Fälle. Während seines Einsatzes auf dem Stützpunkt Hmeimim hat er Beziehungen zu verschiedenen Kriegsparteien geknüpft. Während die russische und die syrische Luftwaffe mittels ihrer Übermacht ihre Bedingungen durchsetzen, präsentiert Sorin eine humanitäre Fassade, indem er an Begräbnissen teilnimmt und Beistand und Versöhnung anbietet.

Bedarf an syrischer Verstärkung

Sorin reist Anfang April 2020 in den Süden Syriens[15] – eine Region, die für ihre pro-russische Haltung bekannt ist. In Zusammenarbeit mit Assads Geheimdienstmitarbeitern nimmt der russische Offizier Verhandlungen mit verschiedenen Stämmen auf.[16] Die Rekrutierung beginnt im Dezember 2019 in der Provinz Suwaida und wird in Damaskus und Umgebung fortgesetzt, weitere Regionen folgen im Mai 2020. Kämpfer und Zivilisten kommen mit in Latakia gestarteten Cham Wings-Charterflugzeugen in Libyen an. Nach der Landung werden die Rekruten auf vier Hauptziele verteilt: den Internationalen Flughafen Bengasi-Benina, den Militärflughafen al-Khadim, den Luftwaffenstützpunkt al-Dschufra und den Flughafen von Bani Walid.

Im Mai sterben bei den Kämpfen rund 15 Personen aus Wagners Reihen.[17] Haftars Lager verliert an Boden, ein Rückzug wird unausweichlich. Noch am 23. Mai werden die Russen per Transportflugzeug zusammen mit syrischen Söldnern und schwerer Bewaffnung in Richtung al-Dschufra evakuiert. Der dreitägige Abzug wird zwischen Moskau und Ankara koordiniert.[18] Am 25. Mai 2020 sind es dann einige Hundert Kämpfer, die an Bord einer Antonov-32 die südlich von Tripolis gelegene Front verlassen, ebenfalls in Richtung al-Dschufra.

Am nächsten Tag entscheidet sich Moskau, materielle Verstärkung zu liefern. Es schickt Flugzeuge, Bomber und Hubschrauber in das Operationsgebiet. Mig-29-Kampfjets und Sukhoi-Su-24-Bomber werden über die russische Basis Hmeimim eingeflogen. AFRICOM beschuldigt das private Militärunternehmen, diese Flugzeuge für Offensivmissionen einzusetzen. Die Maschinen sind nicht die einzigen schweren Waffen, die Wagner für seine Einsätze in Libyen erhalten und verwendet hat. Zum Arsenal gehört auch das Pantsir S1, eine Weiterentwicklung des von der LNA bereits verwendeten Flugabwehrsystems, sowie Ausrüstung aus den Vereinigten Arabischen Emiraten. Zum Schutz seiner Flugzeuge nutzt Wagner neben den Radargeräten der Nationalarmee auch die P-18 Spoonrest.[19]

Die Söldner von Khalifa Haftar nutzen die nachlassende Intensität der Kämpfe zur Sicherung ihrer Stellung und errichten einen strategischen Riegel zur Kontrolle von Luftraum und Öl-Halbmond im Nordosten des Landes an der Großen Syrte. Dabei profitieren die Paramilitärs von einer beträchtlichen Ausrüstung. Wagner setzt bis zu 2500 Kämpfer ein, die in vier Abteilungen organisiert sind: Spezialkräfte für die Aufklärung, eine Panzerkompanie, eine kombinierte Artilleriegruppe und eine vierte Abteilung, die Geheimdiensteinheiten, Logistikeinheiten und ein Hauptquartier umfasst. Im Vergleich zu Syrien erhöht die (mit Panzern wenig erfahrene) Wagner-Truppe in Libyen ihre Fähigkeiten bei den Luftstreitkräften und in der Flugabwehr. Nach dem Rückzug aus al-Dschufra im Juni 2020 kommt eine Pionier-Einheit hinzu. Sie soll eine Verteidigungslinie errichten, die Libyen in zwei Teile teilt. Auf militärischer Ebene haben wir es also mit einem festen Kampfverband zu tun. In puncto Ausrüstung hat sich seit den Syrien-Feldzügen nicht viel getan, die besten Waffen bekommt weiterhin nur die Elite der Truppe. Ein Foto auf Telegram zeigt Söldner in billigen Turnschuhen.[20] Russitschs Männer dagegen tun sich als Influencer für militärische Ausrüstung hervor und bewerben diese auf Instagram oder VKontakte. Dabei geben die Uniformen der Wagner-Kämpfer auch bestimmte Informationen preis: Anhand des Multi-Cam-Tarnmusters, das man meist bei Spezialeinheiten findet, lässt sich unterscheiden, ob die Kämpfer vom Militärunternehmen gestellte oder privat erworbene Kleidung tragen. So haben etwa die eigens produzierten MultiCam-Uniformen, die an neue Rekruten und angeworbene Häftlinge ausgegeben werden, keine integrierten Schutzelemente wie Knieschoner. Erfahrene Söldner dagegen sieht man des Öfteren in Schutzkleidung von bekannten Marken. Ebenso tragen die erprobten Kämpfer gerne ältere Kampfkleidung, die mit der Militäreinheit in Verbindung steht, in der sie zuvor gedient haben – so das berühmte blau-weiß gestreifte T-Shirt, das von den russischen Spezialeinheiten stammt. Bei der Open-Source-Recherche wird die Tarnkleidung zu einem wichtigen Indikator zur Ermittlung von Personen von besonderem Interesse. Gleiches gilt für die verwendeten Schusswaffen.

Die türkische Intervention am 5. Juni 2020 führt zum Rückzug der LNA nach Süden und zur Niederlage in Tripolis. Ihr Höhepunkt ist der Verlust des Luftwaffenstützpunkts al-Watiya und der Fall von Tarhuna, der letzten Pro-Haftar-Bastion im Westen. Daraufhin beginnt ein Strategiewechsel. Die neue Aufgabe besteht darin, ein Vorrücken von türkischer Armee und den Streitkräften der GNA (Regierung der Nationalen Einheit) gen Osten zu verhindern, um so Syrte und den Öl-Halbmond zu verteidigen. Im Laufe dieser Mission kommt es in den Jahren 2020 und 2021 zur Errichtung einer Verteidigungslinie, die Tripolitanien von den beiden anderen Großregionen Kyrenaika und Fezzan trennt. Ende Juni meldet die libysche National Oil Corporation (NOC), auf dem 900 Kilometer südlich von Tripolis gelegenen al-Charara-Feld, einem der größten Ölfelder des Landes innerhalb des von General Haftar kontrollierten Gebiets, befänden sich «russische Söldner der Wagner-Gruppe und ausländische Söldner».[21]

AFRICOM veröffentlicht Fotos von Sprengkörpern, die Wagner in und um Tripolis platziert haben soll.[22] Vor ihrem Rückzug aus der Hauptstadt haben die Söldner Landminen und Sprengfallen,[23] darunter Handgranaten mit Stolperdraht, in den Häusern des Vororts Ain Zara ausgelegt. Laut Schätzungen kommen durch diese Minen mehr als 50 Zivilisten zu Tode.[24] Ebenfalls im Jahr 2020 wird bekannt, dass Söldner Sprengfallen beispielsweise in Plüschtieren deponiert haben. Ein von Minenräumern aufgenommenes Foto zeigt einen Teddybären mit einer auf der Rückseite befestigten Bombe.[25] Die hinterhältigste Falle fand man in leeren Getränkedosen. Auf der Straße spielende libysche Kinder und Jugendliche haben oft Spaß daran, diese mit dem Fuß platt zu drücken. Die russischen Söldner hatten die Fallen so konstruiert, dass sie unter dem Druck explodierten, so die Bombenentschärfer. «Sie haben uns ausspioniert, bis hin zu der Art, wie unsere Kinder spielen», erklärt Rabie Aljawashi, Direktor der Free Fields Foundation, dem *Independent.* «Sie wissen, wie wir denken.»[26] Im Oktober 2021 bringen die Vereinten Nationen Wagner in direkten Zusammenhang mit diesen Todesfällen.[27] Landminen sind nach internationalen Übereinkommen verbotene Kampfmittel, die gezielte Tötung von Zivilisten stellt ein Kriegsverbrechen dar.

«Die von Wagners Söldnern durchgeführten Überfälle auf Einrichtungen der National Oil Corporation sowie die widersprüchlichen Botschaften, die in ausländischen Hauptstädten verfasst und von den arabischen sogenannten Streitkräften Libyens überbracht wurden, haben allen Libyern geschadet, die nach einer sicheren und wohlhabenden Zukunft streben», schreibt daraufhin die US-Botschaft, und erklärt gleichzeitig, die Manöver behinderten nicht etwa die Bemühungen ihrer Diplomaten, «die sich verpflichtet haben, zur Wahrung der Souveränität Libyens mit den verantwortlichen libyschen Institutionen wie der Regierung der Nationalen Einheit und dem Repräsentantenhaus zusammenzuarbeiten, um einen dauerhaften Waffenstillstand zu erreichen».[28]

Zur Unterstützung der LNA sichert Russland den strategischen Stützpunkt al-Dschufra, stellt dort am 5. August Flugabwehrkanonen auf und stationiert Wagners Männer. Ein Satellitenbild zeigt sogar die Errichtung des mächtigen Boden-Luft-Raketenwerfersystems S-300 auf dem Militärflughafen. Die Maßnahmen verdeutlichen den russischen Wunsch nach einer starken Bastion – einem Bollwerk, das die Demarkationslinie sichern soll. Bei der Rückeroberung des Stützpunkts al-Watiya durch die GNA nämlich war die Pantsir in ernsthafte Schwierigkeiten geraten.

Diese Entwicklungen stehen weiteren Operationen und einer fortgesetzten Expansion nicht im Wege. Im Januar 2021 landen 160 Wagner-Söldner in al-Khadim im Osten Libyens, nahe dem Mittelmeer. Unter ihnen sind Scharfschützen, Mitglieder von Kampfeinheiten und der mutmaßliche Anführer der Libyen-Mission, ein Mann mit dem Spitznamen «Blanket». Doch nicht alle werden in der libyschen Wüste bleiben: Etwa ein Drittel der Kämpfer begibt sich direkt in die Zentralafrikanische Republik, einen weiteren afrikanischen Hauptschauplatz, wohin auch die 5. Kampfeinheit mit 238 Mann über die Hafenstadt Syrte verlegt wird.

Politisch hat sich die Lage nicht stabilisiert, die Spannungen zwischen beiden Seiten halten an. Aufgrund seiner Verbindungen zu Wagner und dem Kreml erlässt Tripolis im August 2021 einen Haftbefehl gegen Saif al-Islam al-Gaddafi. Gaddafi wird bereits vom Internationalen Strafgerichtshof wegen Verbrechen gegen die Menschlichkeit verfolgt – was ihn jedoch nicht davon abhält, einige Monate später bei der libyschen Wahl zu kandidieren. Diese wird am Ende annulliert.

Das Wagner-Unternehmen macht derweil durch ein neues Leck auf sich aufmerksam: Die Presse wertet den Inhalt eines Tablets aus, das offenbar von einem im Chaos flüchtenden Söldner vergessen wurde. Der BBC-Journalist Nader Ibrahim erinnert sich: «Ich entdeckte Dutzende von Dateien – von Handbüchern über Antipersonenminen und improvisierte Sprengsätze bis hin zu Bildern von Aufklärungsdrohnen. Auch ein paar Bücher waren heruntergeladen worden, darunter *Mein Kampf*, *Game of Thrones* und eine Anleitung zur Weinherstellung.»[29] Aber auch sensiblere Informationen finden sich, etwa die bürgerlichen Namen und die Decknamen der russischen Kämpfer, Listen über den Kauf von Waffen, die nur von der russischen Armee stammen können, und Aufzeichnungen darüber, wo zivile Wohngebiete vermint wurden. Die Dokumente bestätigen also, dass Wagner-Angehörige Antipersonenminen einsetzen.

Im Jahr 2022 belaufen sich die Einnahmen aus dem Verkauf von libyschem Öl auf rund 36 Milliarden Euro. Eine Summe, die dem libyschen Staat zustehen sollte, jedoch von den USA eingefroren wird. Wagners Propagandachef Schugalej nutzt diesen Umstand zur Rechtfertigung des Söldner-Einsatzes: «Ich bin sicher, dass die Libyer in der Lage sind, ihre Einnahmen selbst zu verwalten. Die Libyer müssen die Kontrolle über das Land und die Wirtschaft übernehmen. Und dazu müssen sie zunächst die Amerikaner auffordern, ihre dreckigen Hände von den Staatsschätzen zu lassen.»[30]

Nach dem Waffenstillstand von 2020, der die Feindseligkeiten zwischen den libyschen Lagern beendet hat, werden schätzungsweise einige Dutzend Wagner-Kämpfer in die Ukraine verlegt. Mitte 2021 befinden sich noch 1583 Söldner im Land.[31] Ihre Hauptaufgabe besteht darin, die unter Haftars Kommando im Osten Libyens stationierten Soldaten auszubilden. Die Söldner konzentrieren ihre Aktivitäten hauptsächlich auf die Ölanlagen in der östlichen Provinz Kyrenaika nahe der ägyptischen Grenze. Als General Haftar beim Eid al-Fitr in Bengasi im Frühjahr 2022 ein Bad in der Menge nimmt, wird auch sein russischer Leibwächter gefilmt.[32]

Libyen dient 2023 nach wie vor als Plattform für den Austausch von Kämpfer-Einheiten, für die Einreise nach Mali oder in die Zentralafrikanische Republik oder für die Entsendung syrischer Söldner in die Ukraine. General Haftar kontrolliert weiterhin große Teile des Landes. Im Oktober 2022 wird Prigoschin übrigens selbst nach Libyen reisen, um Haftar zu treffen und die Bedingungen, insbesondere die Bezahlung ihres Geschäfts auszuhandeln. Das Treffen zwischen dem cholerischen Wagner-Anführer und dem alten libyschen General hat zur Folge, dass der Chef der libyschen Zentralbank entlassen wird, um Gelder freizumachen, mit denen Wagner bezahlt werden kann. Um unerkannt zu bleiben und die örtlichen Überwachungssysteme zu täuschen, ist Prigoschin als Milizenführer verkleidet – eine Aufmachung, die doch stark an Sacha Baron Cohens *Der Diktator* erinnert. Ein Foto davon wird Ende Juni 2023 bei einer Durchsuchung seines Büros durch den FSB gefunden und in den sozialen Netzwerken veröffentlicht.

Libyen bleibt ein Schlüsselgebiet für die Gruppe, wie die Flugroute einer Iljuschin 76 mit dem Kennzeichen TL-KPA offenbart, die im April 2023 über Zypern identifiziert wurde:[33] Dieselbe Maschine wurde auch auf libyschen Stützpunkten gesichtet. Für die Wagner-Logistik steht seit Januar in al-Khadim nur noch dieses Flugzeug zur Verfügung, da ein anderes mit dem Kennzeichen TL-KBR versehentlich in Flammen aufgegangen ist. Ein Vorfall von Gewicht, denn das Flugzeug diente als logistische Brücke für sämtliche Wagner-Aktivitäten in Afrika. Auf Satellitenaufnahmen der Planet Labs lassen die Vorher-Nachher-Bilder des auf der Basis gesichteten Flugzeugs keinen Zweifel: Der weiße Rumpf der Maschine ist kurz danach schwarz verkohlt. Ein in der Region stationierter US-Diplomat hat uns im Umfeld des Zwischenfalls mehrere Nachrichten geschickt, in denen er versichert, dass die USA nichts mit dem Brand zu tun hätten: Schuld sei höchstwahrscheinlich ein angetrunkener Söldner, der ohne genügenden Abstand zu dem auf dem Stützpunkt gelagerten Sprengstoff eine Zigarette geraucht habe.

Mitte April beobachten Flugbewegungs-Websites die neue Iljuschin im Pendelverkehr mit Syrien. CNN zufolge[34] liefert das Flugzeug am 17. April nahe der libyschen Grenze Waffen an einen sudanesischen General, der den Konflikt in seinem Land neu entfacht hat. Hinter dieser Waffenlieferung steht Wagner. Die Iljuschin 76 TL-KPA, die zuvor mit dem Kennzeichen TL-KMZ registriert war, gehört nachweislich zum Wagner-Arsenal[35] und wird für Rotationen zwischen der Zentralafrikanischen Republik, Libyen und Syrien eingesetzt. Die Zunahme der Wagner-Aktivitäten in Haftars Stützpunkten legt in Verbindung mit den Aussagen sudanesischer und örtlicher diplomatischer Quellen nahe, dass Russland und der libysche General schon vor dem Gewaltausbruch in Khartum vom April 2023 eine Unterstützung vereinbart haben könnten. Für General Haftar, der auf der diplomatischen Bühne an Bedeutung verloren hat, ist dies ein Glücksfall. Der Tod des Wagner-Chefs bedeutet eine Wiederbelebung der Zusammenarbeit zwischen Russland und den Streitkräften Libyens (NLA). Am Vorabend des Absturzes von Prigoschins Flugzeug befindet sich eine offizielle russische Militärdelegation unter der Leitung des stellvertretenden Verteidigungsministers Junus-bek Jewkurow in Libyen: Man verhandelt dort mit Khalifa Haftar über die Zeit nach Wagner und plant die Einbindung des russischen Militärnachrichtendienstes (GRU) in die libyschen Operationen. Es braucht eine Woche, um Wagner umzustrukturieren und General Haftar der Unterstützung des Kremls zu versichern. Die

Amerikaner unverhohlen verhöhnend, trifft sich Haftar noch mehrmals mit Jewkurow und reist sogar nach Moskau, um die Erneuerung einer Partnerschaft zu feiern, die der Kreml bis dahin gemieden hat.

Die zunehmende russische Präsenz ist Teil einer umfassenderen Strategie Moskaus, mit der man seinen Einfluss in Nordafrika ausweiten und sich den Zugang zum Mittelmeer sichern will. Libyen stellt mit seinen Ölreserven und seiner strategischen Lage ein bevorzugtes Ziel dar. Wichtigster Verbündeter bleibt General Haftar, mit dem Moskau eng zusammenarbeitet. So fanden bereits Treffen zwischen hochrangigen russischen und libyschen Beamten statt und es wurden Waffenlieferungen an die LNA getätigt. Libyschen und russischen Quellen zufolge sind derzeit 1800 russische Soldaten im Land stationiert (wobei ein Teil der Truppen aus dem Niger verlegt wurde).

Zudem verstärkt Russland seine diplomatische Präsenz in Libyen, indem es neue Konsulate eröffnet und erfahrene Botschafter entsendet. Durch den Einsatz arabisch-und französischsprachiger Diplomaten bekundet Russland sein strategisches Interesse an der Region. Es wird sich zeigen, welche Ziele Moskau konkret verfolgt: Wird man versuchen, die Spannungen weiter zu schüren und die Region zu destabilisieren, indem man insbesondere die Migrationsfrage als Waffe einsetzt? Libyen wird somit zu einer neuen und bedeutenden geopolitischen Front, an der die Interessen Russlands, die Interessen der westlichen Mächte und die Interessen der regionalen Akteure aufeinanderprallen. Je nachdem, wie sich die Situation entwickelt, wird dies weitreichende Folgen für die Stabilität der Region und das Mächtegleichgewicht im Mittelmeerraum haben.[36] August 2024: Die Lage in Libyen eskaliert. Der Westen ruft zur Zurückhaltung auf.[37] Im Südwesten des Landes werden Einheiten von General Haftar gesichtet. Russische Söldner könnten die Gelegenheit nutzen und in ihre Fußstapfen treten. Weniger klar ist die Beteiligung des ägyptischen Geheimdienstes. Die libysche Regierung möchte sie aus ihrem Hoheitsgebiet vertreiben.[38] Das Kapitel Libyen ist noch lange nicht abgeschlossen.

3

Das Gold aus Khartum

«Wagner ist nicht im Sudan. Wagner hat sich nach dem Abgang von Omar al-Bashir nie in die innenpolitischen Angelegenheiten des Sudan eingemischt.»

Jewgeni Prigoschin, Mai 2023

Wagners Abenteuer im Sudan beginnen im Jahr 2017. Etwa 500 Kämpfer werden entsendet, um Aufstände gegen die Regierung des sudanesischen Machthabers Omar al-Bashir niederzuschlagen. Bezahlt wird Prigoschin mit Schürfrechten in den Goldgruben des Landes.[1] M-Invest und Meroe Gold, zwei Satelliten des Wagner-Imperiums, sind fortan im sudanesischen Bergbaugeschäft tätig – ermöglicht wurde dies durch Verhandlungen, an denen Putin, die Außen- und Verteidigungsminister und Präsident al-Bashir beteiligt waren.[2]

Am 26. Oktober 2017 unterzeichnet das sudanesische Ministerium für Bodenschätze eine Vereinbarung mit Meroe über den Abbau von Gold und Mineralien. Unterzeichnet wird das Dokument auf sudanesischer Seite von Hashim Ali Salim, dem Minister für Bodenschätze, auf russischer Seite übernimmt dies Michail Potepkin[3] als Vertreter des Unternehmens.[4]

Aus dem Treffen von Putin und Präsident al-Bashir Ende 2017 ist allem Anschein nach eine Vereinbarung hervorgegangen, wonach M-Invest Goldminenkonzessionen im Gegenzug für den Einsatz von Wagner-Truppen erhalten hat. Für die Präsenz russischer Söldner im Sudan gibt es ab Januar 2018 erste Belege. Der ukrainische Geheimdienst findet heraus, dass Wagner Kämpfer rekrutiert, die von der Krim aus in den Sudan geschickt werden.[5] Die entsprechenden Flüge sollen vom 223. russischen Luftwaffenkommando[6] durchgeführt werden. Die Ausstellung von Pässen für die in den Sudan reisenden Wagner-Mitarbeiter wird durch den russischen Militärgeheimdienst oder das Verteidigungsministerium erleichtert. Schätzungsweise 150 bis 500 Wagner-Kämpfer sind im Sudan stationiert und schließen sich den sudanesischen Streitkräften in Süd-Darfur an. In einem Lager etwa 15 km südlich der Stadt Um Dafuq in Darfur, nahe der Grenze zur Zentralafrikanischen Republik, sind im Juli 2018 laut Berichten 500 Söldner tätig. Russische Vertragskämpfer sollen fünf Monate in der Region verbracht haben und dort neben den sudanesischen Truppen auch zentralafrikanische muslimische Rebellen ausgebildet haben.[7] Der Großteil der Männer verlässt die Region Ende des Monats in Richtung der benachbarten Zentralafrikanischen Republik, wo sich ein weiterer Markt eröffnet.

Der 19. Dezember 2018 markiert den Beginn der landesweiten Proteste im Sudan. Zunächst kommt es vereinzelt zu Demonstrationen, bald aber gehen die Leute täglich auf die Straße, um – vordergründig – gegen die Verdreifachung des Brotpreises zu protestieren. Tatsächlich fordern die Menschen schon lange den Rücktritt von Präsident Omar al-Bashir. Das Regime reagiert mit der üblichen Härte: Die Protestierenden werden niedergeknüppelt, Oppositionelle reihenweise verhaftet, die Sicherheitskräfte schießen mit scharfer Munition auf Demonstrationszüge. Dutzende Menschen verlieren ihr Leben, von den vielen Schwerverletzten ganz zu schweigen.[8]

Einen Monat später tauchen in den Netzwerken Fotos von mutmaßlich russischen Söldnern auf, die in einem – üblicherweise von der russischen Armee und den russischen Militärunternehmen eingesetzten – Ural-4320-Transportern durch Khartum gefahren werden. Einheimische bestätigen, dass die russischen Kämpfer die Spezialkräfte der mächtigen sudanesischen Geheimpolizei NISS ausbilden. Wagner ist bestrebt, den langjährigen Diktator Omar al-Bashir an der Macht zu halten und nimmt die Regimegegner ins Visier. «Die Regierung hat ihn angeheuert, um effektiver gegen Demonstrationen vorgehen zu können», erklärt Hafiz Mohamed, Leiter der Menschenrechtsorganisation Justice Africa Sudan. Das Wagner-Unternehmen und Russland starten Fake News- und Desinformationskampagnen,[9] denen ähnliche Operationen in der Zentralafrikanischen Republik folgen. Die Demonstranten werden in Artikeln und Videos als anti-islamisch, pro-israelisch und pro-LGBT dargestellt, wobei die Taktiken ähnlicher Kampagnen übernommen werden.[10] In einem geleakten Memo, das die Beteiligung Russlands offenlegt, wird gar versehentlich das Wort «Sudan» mit «Russland» vertauscht – wobei sich das Dokument in eine Vielzahl von Daten reiht, an die Hacker gelangt sind. Das Wagner-Universum wähnt sich oftmals zu sehr in Sicherheit, und es gibt nach wie vor zahlreiche Beispiele für nach außen gedrungene interne Dokumente.

Die russische Hilfe wird jedoch die Revolution 2019 und den Sturz von al-Bashir nicht verhindern. Wagner hält sich an den ehemaligen Milizenführer Mohamed Hamdan Dogolo, genannt Hemeti, in dem viele den neuen starken Mann im Sudan sehen. Die Russen helfen bei der Ausbildung junger Sudanesen, die Hemeti in den Krieg im Jemen schickt, wo sie an der Seite Saudi-Arabiens kämpfen. Über seine Tarnfirma Meroe Gold liefert Wagner Sanitätsausrüstungen zur Bekämpfung der Corona-Pandemie und gibt sich einen humanitären Anstrich.[11] Der Sudan behält für die Russen strategische Bedeutung.

Vor seinem Sturz im April 2019 hatte Präsident al-Bashir Moskau einen Marinestützpunkt am Roten Meer angeboten.[12] Wladimir Putin unterzeichnet einen 25-Jahres-Vertrag mit der neu an die Macht gekommenen Khartumer Militärjunta. Am 16. November 2020 wird der Bau und Betrieb eines russischen Marinestützpunkts in Bur Sudan am Roten Meer genehmigt. Offiziell handelt es sich bei dem Projekt lediglich um einen Versorgungs- und Wartungsstützpunkt für russische Kriegsschiffe im Rahmen der Terrorismusbekämpfung. Für den Kreml ist das Abkommen jedoch von großer strategischer Bedeutung, denn er konkretisiert damit sein Bestreben, sich dem afrikanischen Kontinent anzunähern und seine militärischen Aktivitäten in Richtung Indischer Ozean auszuweiten. Schon einen Monat später kommt es zu einem weiteren Abkommen. Russland und der Sudan bestätigen den Entwurf eines Vertrags, der den Aufenthalt russischer Kriegsschiffe, einschließlich atomgetriebener Schiffe, am Roten Meer ermöglichen soll. Gemäß dem Wortlaut der Vereinbarung[13] soll die geplante Marinebasis als Logistikzentrum und strategischer Stützpunkt am Horn von Afrika fungieren. Offiziell soll sie der Koordinierung von Maßnahmen zur Bekämpfung der Piraterie dienen, doch schon ihre bloße Existenz könnte weiterreichende geopolitische Auswirkungen haben. Von der Presse wurden bereits Gerüchte über eine Absage des Projekts aufgegriffen,[14] welche die russische Botschaft in Khartum jedoch umgehend dementiert hat.[15]

Am 27. Mai 2021 löscht Facebook eine Reihe von Konten, die mit gefälschten Profilen, Seiten und Gruppen daran arbeiteten, die pro-russische Haltung im Sudan zu stärken. Die Inhalte zielten darauf ab, das Bild Moskaus als Freund des sudanesischen Volkes zu fördern und gleichzeitig das oberste sudanesische Führungspersonal als Marionetten der USA darzustellen. Die Seiten und Profile verbreiteten bemüht positive Geschichten über Russland, betonten dabei insbesondere die von Jewgeni Prigoschin geschickten Hilfspakete und führten die Vorteile der Einrichtung eines russischen Militärstützpunkts in Bur Sudan aus.

Obgleich die russische Präsenz belegt ist, dementieren die sudanesischen Behörden am 22. März 2022, dass sich Wagner-Leute im Land aufhalten. Sie reagieren damit auf eine gemeinsame Erklärung der Vereinigten Staaten, Norwegens und des Vereinigten Königreichs, in der Khartum vorgeworfen wird, den Russen Anteile an den Goldminen überlassen zu haben.[16] Wenig verwunderlich, dass die sudanesische Junta am 6. Mai eine öffentliche Erklärung herausgibt, mit der sie den russischen Überfall auf die Ukraine unterstützt. Die Sicherheitsbehörden genehmigen zudem eine russische Parade mitten durch Khartum, mit der der Sieg über den Nationalsozialismus gefeiert wird.[17]

Am Beispiel des Sudan lässt sich gut zeigen, wie das System Wagner funktioniert: Das Unternehmen unterstützt nicht nur Omar al-Bashir, sondern auch die Opposition, und kann sich so im Land halten. Die Aufhebung der US-Sanktionen im ersten Halbjahr 2022 führt zu einem Zustrom russischen Kapitals, das sich einen nicht unerheblichen Teil der Goldreserven sichert. Da der Sudan eine lange Grenze mit der Zentralafrikanischen Republik teilt, kann die Gruppe ihre Güter und Geschäfte ohne Schwierigkeiten von einem Land ins andere verlagern. Einmal etabliert, macht sich das Unternehmen an die Kontrolle der Medien.

In Khartum eskalieren im April 2023 über drei Tage gewaltsame Auseinandersetzungen zwischen der Armee und einer starken paramilitärischen Truppe – die beiden Lager werden von rivalisierenden Generälen angeführt. Im Laufe der Kämpfe sterben rund 200 Menschen, 1800 werden verletzt. Ursache der Zusammenstöße ist ein Machtkampf zwischen dem Armeechef Abdel Fattah Burhan, der de facto die Kontrolle über das Land innehat, und seinem Stellvertreter General Hemeti, der die Rapid Support Forces (RSF) befehligt. 18 Monate zuvor haben die beiden Männer einen Staatsstreich inszeniert, um sämtliche verbliebenen Zivilisten aus ihren Machtpositionen zu drängen und demokratische Bestrebungen zu sabotieren.

Doch gibt es einen erheblichen Streitpunkt zwischen ihnen: die künftige Integration der paramilitärischen Kräfte in die reguläre Armee und die Kontrolle über Soldaten und Waffen. General Hemetis frühere Kontakte zu den Russen lassen Washington aufhorchen. US-Außenminister Antony Blinken zeigt sich besorgt angesichts der potenziellen Verwicklung Wagners und fordert die «externen Kräfte» auf, den Sudan «in Ruhe zu lassen»[18]. Zwischen Syrien und Libyen (und dort bis knapp vor der Grenze zum Sudan), aber auch von der Zentralafrikanischen Republik bis nach Darfur ist ein seltsamer Flugzeug-Pendelverkehr zu beobachten. Womöglich handelt es sich dabei um Waffenlieferungen.[19] Prigoschin behauptet derweil, dass «seit über zwei Jahren nicht ein Wagner-Kämpfer im Sudan»[20] gewesen sei. Im

Sommer 2021 waren es in der Tat nur noch sechs Mann. Und bislang ist kein einziger Söldner mehr in den Netzwerken aufgetaucht. Waffen und Ausrüstung sind fortan die einzigen Spuren in dem auf das ganze Land ausgeweiteten Konflikt.

Am 15. Januar 2023 nimmt die Polizei in der nordsudanesischen Stadt Atbara einen Russen fest, der bei Meroe Gold als Leiter für Sicherheit und Gefahrenabwehr tätig war. Er hatte versucht, sieben Kilogramm Gold zu schmuggeln. Im Februar erhebt die sudanesische Staatsanwaltschaft Anklage wegen Wirtschaftssabotage: 35 der 43 angeklagten Mitarbeiter von Meroe Gold sind Russen.[21] Natürlich kann dem Wagner-Konzern zur Wahrung seiner Geschäftsinteressen nicht egal sein, wer den Machtkampf gewinnt.

Im September 2023 scheint es, als würde sich der Ukraine-Krieg nach Afrika ausweiten, da es zu einer Reihe von Drohnenangriffen kommt, hinter denen Kiew stehen könnte. In den Vororten der sudanesischen Stadt Omdurman, die gleich gegenüber von Khartum liegt, wollte Kiew Moskau womöglich zeigen, dass weder Russlands Bürger noch seine Interessen sicher sind, auch nicht in Tausenden Kilometern Entfernung. Am 23. September bestätigt Selenskyi die Einmischung der Ukraine, indem er sich mit General Abdel Fattah Burhan trifft.

4

Das zentralafrikanische Labor

«Ich bin kein Vertreter dieser Firma [Wagner], daher kann ich solche Fragen nicht beantworten. Was unsere Organisation betrifft, so hat die COSI ein Abkommen zwischen der russischen Regierung und der zentralafrikanischen Regierung, unsere Organisation arbeitet im Rahmen dieser Übereinkunft.»

Alexander Iwanow[1]

Die Zentralafrikanische Republik hat fünf Staatsstreiche und unzählige Versuche eines bewaffneten Machtwechsels überstanden – es ist ein endloser Krieg aller gegen alle, an dem zahlreiche inländische, aber auch ausländische Akteure beteiligt sind.

Der Abzug der französischen Streitkräfte, die im Dezember 2013 im Rahmen der Operation Sangaris nach Bangui gekommen sind, wird über Monate geplant, aber erst Ende Oktober 2016 anlässlich einer Reise des Verteidigungsministers Jean-Yves le Drian offiziell bekannt gegeben. Der Rückzug – mehrfach verschoben aufgrund der Situation vor Ort und der Verlegung der Präsidentschafts- und Parlamentswahlen – steht für das schwindende Engagement Frankreichs in seinen ehemaligen Kolonien. Immerhin bleiben 300 bis 350 mit Beobachtungsdrohnen ausgerüstete Soldaten in der zentralafrikanischen Hauptstadt stationiert. Teil dieser Truppenstärke sind die der UN-Friedensmission MINUSCA und der multinationalen Ausbildungsmission der Europäischen Union EUTM-RCA zugewiesenen Kräfte.

Die Bilanz von Sangaris ist durchwachsen: 500 Millionen Euro

Kosten, mehr als 1000 Einsatztage, fast 2500 Soldaten vor Ort, drei Tote, Sexskandale – und das alles, damit Frankreich am Ende einer UN-Operation den Vortritt lässt. Rund 10 000 Blauhelme übernehmen. Mit dem Machthunger Moskaus hat man dabei jedoch nicht gerechnet.

Um aus der politischen Instabilität in seinem Land herauszukommen, bittet Präsident Touadéra den Kreml um die dringende Entsendung von «tödlichen Mitteln und gepanzerten Truppentransportern» und fordert eine russische Intervention zugunsten einer vollständigen Aufhebung des 2013 von den Vereinten Nationen verhängten Waffenembargos. Tatsächlich erhöht Russland im Dezember 2017 den Druck und erreicht eine Ausnahme. Im darauffolgenden Monat entsendet die russische Regierung mit Zustimmung des Sicherheitsrats fünf Militärausbilder und 170 Zivilisten nach Bangui. Russland stellt dem Präsidenten offiziell und inoffiziell Waffen und militärische Beratung zur Verfügung. So werden zwei Bataillone der Zentralafrikanischen Streitkräfte (FACA) mit einer Stärke von insgesamt 1300 Mann ausgebildet. Der russische Generalstab richtet sich im Palast des ehemaligen Kaisers Jean-Bedel Bokassa ein.[2] Die Zentralafrikanische Republik verteidigt die russische Mitwirkung, mit der sie das ihrer Ansicht nach unrechtmäßig von Rebellen besetzte Gebiet zurückgewinnen will.

Im Dezember 2020 gelingt es Russland mit Hilfe von Blauhelmen und der Unterstützung Ruandas, die Rebellen vor Bangui zurückzudrängen. Zum Schutz der Institutionen der Zentralafrikanischen Republik sind seltsame Allianzen am Werk: Sie eint das Bestreben, einer Koalition aus ehemaligen Feinden entgegenzuwirken – Kräften, die an sämtlichen (erfolgreichen wie erfolglosen) Staatsstreichen ab 2003 beteiligt waren. Dieses Mal werden fast 10 000 Blauhelme und Hunderte ruandischer Soldaten eingesetzt – unterstützt von einer unbekannten Anzahl russischer Paramilitärs, die im Rahmen eines bilateralen Abkommens zum Einsatz kommen. Trotz seines militärischen Rückzugs stellt Frankreich immerhin zwei Mirage-Maschinen bereit, welche die Rebellentruppen zweimalig überfliegen. Am 27. Dezember

2020 wird Präsident Touadéra für eine zweite Amtszeit wiedergewählt, obgleich sich die Hälfte der Bevölkerung aufgrund der Rebellenoffensive nicht zu den Wahlurnen begeben konnte.

Bald nach ihrer Ankunft beginnen die Russen mit der Lieferung von Waffen und Ausrüstung zum Ausbau ihrer Strukturen. M-Finans lässt Lobaye Invest am 25. Januar 2018 einen Mehrzweck-Militärlastwagen vom Typ Ural-4230 zukommen. Die Ausfuhranmeldung der Sendung trägt den Namen von Jewgeni Chodotow, dem Wagner-Vertreter vor Ort.[3]

Um eine Erklärung gebeten, vermeldet das russische Außenministerium der Presse: «Mit Zustimmung des Ausschusses 2127 des Sicherheitsrats der Vereinten Nationen ist eine Lieferung von Kleinwaffen und Munition vom russischen Verteidigungsministerium an die Armee der Zentralafrikanischen Republik erfolgt [...] Mit Kenntnis des Ausschusses wurden zudem fünf russische Militärausbilder und 170 zivile Ausbilder [eine Umschreibung für Wagner-Leute] zur Ausbildung der zentralafrikanischen Armee entsandt. Geleistet wird diese Unterstützung in strikter Übereinstimmung mit den Anforderungen des vom Sicherheitsrat der Vereinten Nationen gegen die ZAR beschlossenen Sanktionsregimes.»[4] Die Ausrüstung stammt aus Russland, und die russischen Ausbilder sind Mitarbeiter der Sewa Security Services, wie man an ihren Uniformaufnähern erkennen kann, die auf manchen Fotos zu sehen sind.

Insgesamt sollen mehr als 300 Wagner-Leute im Einsatz sein. Auf dem Papier sind die meisten von ihnen bei Sewa angestellte Zivilisten. Eine erste Gruppe ist per Direktflug von Damaskus nach Bangui gekommen. Vor Ort schließen sie sich weiteren, aus dem Sudan einreisenden russischen Söldnern an, die dort im Winter 2017 gelandet sind. Wagner hat noch immer Rekrutierungsprobleme, in den Reihen der Kämpfer befinden sich Söldner aus Syrien oder Libyen, die nur Arabisch sprechen. Die Kommunikation ist nicht einfach, es kommt öfter zu Missverständnissen.

Zentralafrika: eine russische Kolonie

Gleich nach der Ankunft in der Zentralafrikanischen Republik beginnt Wagner eine Zusammenarbeit mit dem Rebellenführer Ali Darassa – dieser kontrolliert den Zugang zur wichtigsten Mine des Landes, der Goldmine von Ndassima. Auch die sudanesischen Bodenschätze sind für Prigoschin von Interesse.[5] Ali Darassa trifft im August 2018 zu Friedensverhandlungen in Khartum ein. Der geheime Austausch wurde über Monate vorbereitet. Die Anführer der Milizen im Aufstand gegen Faustin-Archange Touadéra werden hier einer Riege weißer Männer entgegentreten und verhandeln. Im Namen der Regierung von Bangui spricht der anwesende Prigoschin von einer Win-Win-Partnerschaft und schlägt die Aufteilung der Ressourcen zwischen den Provinzen vor. «Ein Teil für Bangui, ein Teil für die bewaffnete Gruppe in der Region, ein Teil für Wagner.»[6] Putins Koch kennt den Sudan gut, er begibt sich regelmäßig dorthin.

Einige Monate später, am 5. Februar 2019, bringt Prigoschin die Protagonisten ein letztes Mal in seinem Hotel in Khartum zusammen. Er ist fest entschlossen, ein Friedensabkommen zu erreichen und dort erfolgreich zu sein, wo die Vereinten Nationen versagt haben. Neben den Milizenführern sind mit Firmin Ngrébada und Marie-Noëlle Koyara zwei Minister der Zentralafrikanischen Republik anwesend. Nach abschließenden Verhandlungen wird das sogenannte Khartum-Abkommen noch am selben Tag unter der Schirmherrschaft der Afrikanischen Union (AU) unterzeichnet. Im Präsidentenpalast von Bangui setzt kurz darauf auch Touadéra seine Unterschrift unter das Dokument.[7] Einen Monat später werden die für schreckliche Gräueltaten verantwortlichen Milizenführer zu militärischen Sonderberatern im Büro des Premierministers ernannt. Die Posten sind ein Zugeständnis im Rahmen des Friedensabkommens.[8]

In einem UN-Expertenbericht vom 18. Dezember 2018 heißt es: «Bis April 2018 war die Anwesenheit russischer Ausbilder innerhalb der Präsidentengarde an deren Teilnahme an Ausbildungsübungen geknüpft. Danach wurden die Ausbilder durch sechs russische Mitarbeiter der zentralafrikanischen Privatfirma Sewa Security ersetzt.» Diese Firma ist aber offenbar niemandem bekannt. Die mittlerweile 500 vor Ort stationierten Wagner-Soldaten sind im Goldabbau tätig, beteiligen sich an der Ausbildung der Armee[9] und sorgen für die Sicherheit von Faustin-Archange Touadéra.

Die Einsätze «haben geholfen, die schwierige Sicherheitslage zu bewältigen», räumt UN-Generalsekretär António Guterres in ungewohnter Anerkennung für Wagner ein. Die Ausbilder werden in anderen Ländern rekrutiert und stammen unter anderem aus Libyen und Syrien. Im Rahmen eines dreimonatigen Vertrags werden von Dezember 2020 bis Anfang März 2021 um die 60 ausschließlich arabischsprachige Ausbilder eingesetzt.[10]

An drei Tagen um den 23. Januar 2021 liefern zwei im Sudan registrierte und von der sudanesischen Luftwaffe genutzte Antonows Waffen, Munition und militärische Ausrüstung nach Bangui. «Die Lieferungen gingen in einem Tempo voran, das es so seit der Verhängung des Waffenembargos 2013 nicht mehr gab», lautet das Fazit eines UN-Berichts. Eine Woche später stellen Russen und Zentralafrikaner die militärische Koordination mit den Blauhelmen ein.

Am 17. April 2021 ruft Emmanuel Macron seinen zentralafrikanischen Amtskollegen an, um ihm die Streichung von Frankreichs Finanzhilfen anzukündigen. Gleichzeitig lässt er das französische Personal aus der Zentralafrikanischen Republik abziehen und beendet damit jegliche Zusammenarbeit mit Bangui. Scheinbar, um sich zu rechtfertigen, beteuert Touadéra mehrmals, er sei ein Gefangener der Russen. Am Tag darauf vermeldet Moskau, 532 Ausbilder ins Land entsandt zu haben – tatsächlich dürften es aber eher 2000 sein. Knapp 1000 Mann sollen allein im Berengo-Palast, dem von Kaiser Bokassa erbauten Präsidentenkomplex, stationiert sein. Im Jahr 2023 sind weiterhin 1000–1500 Söldner in der Zentralafrikanischen Republik tätig.

Im September 2021 macht Russland im Sicherheitsrat von seinem

Vetorecht Gebrauch und verhindert damit, dass UN-Experten die Verstöße gegen die in der Zentralafrikanischen Republik, im Südsudan, in der Demokratischen Republik Kongo und in Somalia geltenden Sanktionen überwachen. Zur Rechtfertigung dieser Entscheidung prangert Moskau eine geografisch unausgewogene Zusammensetzung der Mission und eine angebliche Voreingenommenheit der Kontrolleure an.

Das diplomatische Spiel geht weiter, denn auf Druck der Weltbank, des IWF und Europas beschließt Bangui im Oktober 2021 die Aussetzung der durch russische Vertragspartner bereitgestellten technischen Unterstützung mehrerer zentralafrikanischer Zollämter. Die Entscheidung schürt den russischen Zorn auf die Männer im Präsidentenpalast. Das Ende der Zusammenarbeit wird mit mangelnder Rentabilität begründet. Nach Sicht des Westens war die Zollmission außerdem keinesfalls Teil des offiziellen Kooperationsabkommens zwischen Russland und der Regierung der Zentralafrikanischen Republik.[11] Am Tag nach der Bekanntgabe durch das Finanz- und Haushaltsministerium fordern die Wagner-Söldner eine Entschädigung in Höhe von 40 Milliarden CFA-Francs (60 Millionen Euro), zu zahlen bis zum 13. Oktober. Touadéra nimmt sich daraufhin seinen Premierminister Henri-Marie Dondra vor und ordnet an, dass das Kooperationsprotokoll zwischen der Regierung und dem Wagner-Unternehmen unter einer anderen Rechtsform wiederhergestellt wird.[12] Moskau ist nicht mehr eingebunden, stattdessen verhandeln die zentralafrikanische Regierung und Wagner direkt miteinander. Überraschenderweise kommt dazu keine Reaktion aus Kremlkreisen.

Am 15. Oktober wird bei einer offiziellen Zeremonie in der Nationalversammlung der Zentralafrikanischen Republik ein gewisser Alexander Iwanow geehrt. Er ist einer der Wagner-Unterhändler im Land und Vorsitzender der Gemeinschaft der Offiziere für internationale Sicherheit (COSI), einem Unternehmen, das den Einsatz der russischen Ausbilder in der Zentralafrikanischen Republik koordiniert. Im Plenarsaal gratuliert Mathieu Simplice Sarandji, Sprecher der Nationalversammlung und politischer Mentor Touadéras, der «russischen Abordnung» in Person von Iwanow und Dmitri Syty, einem weiteren Wagner-Verantwortlichen in Bangui. Syty ist Absolvent der privaten französischen Wirtschaftshochschule SKEMA und hat einen Abschluss in Marketing. Nach Angaben des Dossier Centers hat er beim Übersetzungsdienst der Internet Research Agency als Spezialist für die Manipulation der öffentlichen Meinung gearbeitet.[13] Der Russe kommt im Herbst 2017 in die Zentralafrikanische Republik, weil er dort eine von M-Invest verantwortete Studie durchführt, die auf eine Einladung von Präsident Touadéra zurückgeht. Vor Ort sieht man Syty in Begleitung von Walerij Sacharow und Jewgenij Kopot, einem Experten für Kommunikation und Politik. Syty ist bei allen strategischen Treffen zwischen Wagner und dem Präsidenten der Zentralafrikanischen Republik zugegen und macht sich dadurch unentbehrlich. Er begleitet Touadéra sogar auf seinen Reisen nach Russland, etwa zum Internationalen Wirtschaftsforum in St. Petersburg im Jahr 2018.

Am 26. Oktober 2021 wird eine weitere Kooperationsvereinbarung zwischen der Regierung und Wagners neuer Scheinfirma unterzeichnet. Tatsächlich geht es bei dem Abkommen darum, Steuern und Zölle der Zentralafrikanischen Republik umzuleiten.[14] Das System funktioniert immer gleich: Zentralafrikanische Machthaber dienen als Strohmänner, im Hintergrund aber haben Russen das Sagen und die neue Firma wird nach und nach dem Prigoschin-Universum einverleibt. Wagners Leute sind in Bangui gut vernetzt, und die Inbesitznahme erfolgt inzwischen in aller Öffentlichkeit. Allmählich gibt das russische Vorgehen jedoch Anlass zu Besorgnis. Am 8. Mai 2022 twittert ein nigerianischer Journalist: «Ein hochrangiger Militär der Zentralafrikanischen Republik sagte mir, die russischen Wagner-Söldner im Land seien unkontrollierbar geworden.[15] Niemand könne sich ihnen entgegenstellen.»[16]

Am 15. Dezember 2022 berichtet der Telegram-Kanal der COSI,[17] dass Dmitri Syty eine Paketbombe erhalten hat und ins Krankenhaus eingeliefert wurde.[18] Über den Pressedienst von Concord beschuldigt Jewgeni Prigoschin Frankreich, hinter dem Anschlag zu stecken.[19] Über soziale Netzwerke und russische Medien werden Bilder[20] der vorläufigen polizeilichen Untersuchung mit dem Ort der Explosion verbreitet.[21] Syty, eine strategische Figur in der Zentralafrikanischen Republik, ist nach Angaben des russischen Außenministeriums am 19. Dezember zur Behandlung nach Russland geflogen worden.[22] Und schon im Januar rufen seine Unterstützer bei Demonstrationen in Bangui seinen Namen: «Dmitri».[23] Er ist zurückgekehrt, wenn auch mit kaputter Hand, und nichts hat sich geändert: Wagner ist immer noch da, das Land wird weiterhin von Russland beherrscht. Ein dem Finanzministerium nahestehender Kontaktmann von uns äußert sich besorgt darüber, dass Touadéra kaum Kontrolle über das Militärunternehmen hat. Er schätzt, dass der zentralafrikanische Staat monatlich rund 5,13 Milliarden FCFA (78,2 Millionen Euro) an Wagner zahlt. Auf das Jahr gerechnet sind das rund 20 % des Staatshaushalts. Unser Kontakt fügt hinzu: «Und wenn man jetzt bedenkt, wie viele Jahre Wagner schon bei uns ist, wird einem klar, wie ungeheuerlich diese Sache ist. Das gesamte Entwicklungsgeld der Zentralafrikanischen Republik […] wird an Wagner überwiesen. Mit welchem Ergebnis?» Seit ihrer Ankunft soll die Wagner-Gruppe rund 391 Millionen Euro erhalten haben.

In gewisser Weise sind die Zentralafrikaner in einer neuen Form der Kolonialisierung gefangen: «Wir waren das erste afrikanische Land, das sich den Franzosen widersetzt hat. Aber jetzt benötigen wir einen russischen Militärstützpunkt mit 5000 bis 10 000 Soldaten», verkündet Léon Dodonu-Punagaza, der Botschafter von Bangui in Moskau, gegenüber der *Iswestija.*[24] Sind seine Worte als Provokation gemeint oder handelt es sich um ein konkretes Kooperationsprojekt? Zunächst sieht es so aus, als würden der Ankündigung rasch Taten folgen. Ein Abkommen zwischen der Zentralafrikanischen Republik und Moskau kann der Westen nur als Affront verstehen. Russland käme damit seinen Zielen bedeutend näher. Aus einem Bericht des deutschen Außenministeriums aus dem Jahr 2020 geht hervor, dass Russland die Errichtung von sechs Militärstützpunkten in Afrika anstrebt. Als mögliche Zielländer werden die Zentralafrikanische Republik, Ägypten, Eritrea, Madagaskar und der Sudan genannt.

Noch im August stand Prigoschin im Russischen Haus in Bangui, verteilte Hilfspakete und ließ sich fotografieren. Durch seinen Tod ändert sich nicht viel an Wagners weiterem Vorgehen in der Zentralafrikanischen Republik: Die Söldner bleiben präsent, die Propagandaaktivitäten werden fortgesetzt, die Geschäfte laufen weiter. Ende August wird Dmitri Syty in Kamerun gesichtet, auch dort ist er für das Wagner-Unternehmen aktiv. Währenddessen sprechen US-amerikanische Beamte bei Faustin-Archange Touadéra vor, doch ihre Koffer voller Dollar können den Präsidenten nicht davon überzeugen, den Forderungen aus Washington nachzugeben. Der Staatschef hält sich die Möglichkeiten offen, spielt Russland und Frankreich gegeneinander aus und treibt die Gebote in die Höhe,[25] trifft sich derweil aber weiterhin mit der russischen Führung in Moskau.[26]

Als sich im September 2023 das amerikanische Sicherheitsunternehmen Bancroft Global Development auf zentralafrikanischem Boden niederlässt, stößt es auf die russische Propagandamauer. Die seit Monaten angekündigte Präsenz des US-Unternehmens wird am 22. Dezember offiziell: Der Präsident der Zentralafrikanischen Republik rechtfertigt sie mit der Ausbildung der FACA. Die Russen wollen keine Konkurrenz und versuchen mit allen Mitteln, Bancroft loszuwerden: Man startet Diskreditierungskampagnen und verweigert den Mitarbeitern die Einreise.[27] Das amerikanische Unternehmen bemüht sich, so gut es geht, sich als Alternative zu präsentieren.[28] «Es gibt keinerlei Belege dafür, dass Bangui mit ihm zusammenarbeiten möchte», erklärt jedoch der zentralafrikanische Premierminister Félix Moloua gegenüber Sputnik.[29] Als die amerikanische Botschafterin in Bangui, Patricia Mahoney, auf die Anwesenheit von US-Paramilitärs angesprochen wird, erwidert sie, ihre Regierung sei «in keiner Weise an der Präsenz dieser Firma beteiligt». Ihr Land arbeite an der Seite der zentralafrikanischen Behörden, um eine «Rückkehr zur Normalität» zu erreichen.[30] Gleichzeitig finden die russischen Beamten beim Regierungsapparat offenbar weiterhin ein geneigtes Ohr. 180°-Wende im Sommer 2024: Bancroft ist nicht wirklich erfolgreich, Russland hat bislang keine Militärbasis errichtet. Dennoch geht das Geschäft für die Überbleibsel der historischen Wagner-Galaxie weiter. «Wir arbeiten wie bisher, wir werden weiterhin bezahlt, es hat sich nichts geändert», teilt eine Quelle den Journalisten Ilya Barabanov und Anastasia Lotareva mit.[31] Die einzigen größeren Veränderungen sind, dass Figuren wie Perfilev und Zakharov vom Radar verschwunden sind. Dmitri Syty scheint angesichts der diskreten Ankunft des Africa Corps der alleinige Herrscher zu sein. Er will zeigen, dass sich seine langjährige Erfahrung und seine Netzwerke im Land sowohl auf der politischen und sicherheitspolitischen Seite als auch im Bergbau- und Kulturgeschäft auszahlen.

5

Maputo: Chronik eines Scheiterns

«Das ist eine völlig andere Art von Krieg als das, was sie in Syrien oder Libyen erlebt haben.»

Neal Ellis, südafrikanischer Söldner

Herbst 2019. Mit einem Dutzend getöteter Kämpfer und etwa 30 Verletzten nach nur zweimonatigem Einsatz entwickelt sich Wagners Präsenz in der Provinz Cabo Delgado im Norden Mosambiks zu einem Fiasko. Mehr noch als der Verlust von Menschenleben waren das mangelnde Verständnis der Kultur und die fehlende Erfahrung im Dschungelkampf die Hauptgründe für den Misserfolg. Cabo Delgado, eine von 420 000 mehrheitlich muslimischen Menschen bewohnte Provinz wird seit Oktober 2017 vom Islamischen Staat terrorisiert. Nach Kämpfen zwischen Mitgliedern der IS-nahen al-Shabaab[1] und den mosambikanischen Sicherheitskräften in den Bezirken Macomia und Palma im Juli und August 2018 bewegen sich die Kämpfer auf Muidumbe zu.[2] Die Behörden sind alarmiert, sie benötigen Unterstützung zur Durchführung der Militäroperationen.

Angesichts der erstarkenden Rebellion wendet sich die Regierung an den alten Verbündeten Russland. Moskau verfolgt Bergbauinteressen in der Region und beauftragt Wagner mit der Stationierung von Truppen. Später soll sich herausstellen, dass die Regierung von Mosambik mit dem Einsatz der russischen Armee gerechnet hatte – nicht aber mit der Einmischung eines privaten Militärunternehmens.

Im August 2019 trifft sich Präsident Filipe Nyusi mit Wladimir Putin in Moskau. Es ist der erste Besuch eines mosambikanischen Staatsoberhaupts seit zwanzig Jahren. Man vereinbart eine wirtschaftliche und militärische Unterstützung durch Russland. In das behördenübergreifende Abkommen ist das Militärkommando eingebunden, um die Zusammenarbeit zwischen den beiden Ländern zu stärken.[3] Für Russland geht es vor allem um die Lieferung von Waffen und technischer Ausrüstung, für Wagner um die Möglichkeit, die Kontrolle über wertvolle Bodenschätze zu erlangen. Nyusi sieht sich wahrscheinlich gezwungen, mit Prigoschins Leuten zusammenzuarbeiten, da Moskau verspricht, dem Land mehr als 90 % seiner Schulden zu erlassen.

Wichtigste Folge des Staatsbesuchs: Schon einen Monat später, am 13. September, werden Söldner entsandt. Putin und Nyusi unterzeichnen Abkommen über Bodenschätze, Energie, Verteidigung und Sicherheit. Es kommen 160 Wagner-Leute in Mosambik an – laut Flugdaten in einem Großflugzeug, einer Antonow An-124. Zwei Wochen später, am 25. September, landet eine weitere Antonow in Nacala. Das russische Verteidigungsministerium hat mit einem Prigoschin-Unternehmen einen Vertrag über den Einsatz von Transportflugzeugen des 223. Luftwaffenregiments geschlossen.[4] Aus Ungeduld und wohl auch aus der Sorge, dieses Angebot könne ihm doch noch durch die Lappen gehen, stellt Wagner sein Mosambik-Kontingent ohne jegliche Vorbereitung zusammen. Die Söldnertruppe tritt zunächst zu einem Vorzugstarif in Aktion, um die Sicherheit der bevorstehenden Wahlen zu gewährleisten. Im Gegenzug erhalten russische Unternehmen Exklusivrechte an einem Teil der Gasvorkommen.[5] Die Militärfirma verspricht, den Konflikt schnell zu lösen.[6]

Insgesamt landen 203 Söldner in Mosambik, begleitet von einem russischen Frachtflugzeug mit drei MI-17-Kampfhubschraubern. Für sein Engagement verlangt Wagner – Gerüchten zufolge, die Vereinbarung kommt nie an die Öffentlichkeit – 1730 bis 4530 Euro pro Mann und Monat.[7] Die Truppen werden letztendlich zur Bekämpfung des

Aufstands im Norden von Cabo Delgado eingesetzt. Gleichzeitig veröffentlicht eine mit Wagner verbundene russische Denkfabrik eine Meinungsumfrage,[8] die Nyusi bei den Wahlen im Oktober 2019 einen deutlichen Vorsprung einräumt. Die Dinge verkomplizieren sich.

Vor dem Engagement der Wagner-Leute hatte die Regierung in Maputo Gespräche mit den Konkurrenten Black Hawk und Osprey Asset Management (OAM)[9] geführt, zwei privaten, in Subsahara-Afrika tätigen Militärunternehmen. Deren Entstehen geht auf das Ende der Apartheid in Südafrika zurück, als viele qualifizierte Soldaten freigesetzt wurden, die sich von afrikanischen Regierungen für die Eindämmung inländischer Aufstände bezahlen lassen wollten. Viele dieser Soldaten sind heute zwischen 55 und 65 Jahre alt und verfügen über das nötige Wissen und die Erfahrung für einen Einsatz in Afrika. Als John Gartner, ehemaliger rhodesischer Soldat und Geschäftsführer von OAM, von einem mosambikanischen Staatsvertreter kontaktiert wird, der Unterstützung bei der Bekämpfung des islamistischen Aufstands im Norden des Landes sucht, glaubt er, kurz vor einem lukrativen Auftrag zu stehen. «Wir haben ihnen ein erstklassiges Angebot unterbreitet […] Wir haben viel Erfahrung mit Operationen in Mosambik und kennen uns in diesem schwierigen Umfeld bestens aus. Glauben Sie mir, wir hätten einen hervorragenden Job gemacht», führt er gegenüber der *Moscow Times* aus. Das Angebot von OAM sah vor, etwa 50 hochqualifizierte Militärexperten nach Mosambik zu bringen, mit Kosten von 14 400 bis 24 000 Euro pro Person und Monat. Auch Dolf Dorfling, ehemaliger Oberst der südafrikanischen Armee und Gründer von Black Hawk, hat einen soliden Vorschlag für Mosambik – ein Land, das er «wie seine Westentasche» kennt.[10]

Erik Prince, ehemaliger Angehöriger der US-Spezialeinheit Navy Seals und Kopf von Blackwater, der größten Söldnerfirma der Welt, soll sich Anfang 2019 mit einem Wagner-Vertreter getroffen haben, dem er anbot, sich an den Operationen in Libyen und Mosambik zu beteiligen. Der Anwalt von Prince bestreitet zwar, dass es ein solches Treffen gegeben hat, doch dass der Blackwater-Gründer Interesse hat, in den beiden afrikanischen Brennpunkten militärische Dienstleistungen zu erbringen, lässt sich nicht leugnen. Das Unternehmen, das seinen Namen seither in Xe, dann Academi und schließlich Constellis geändert hat, ist vor allem für seine Beteiligung an Massakern im Irak und für die Jagd auf Bin Laden in Afghanistan bekannt. Dabei profitierte es von Verträgen mit den USA im Rahmen der Terrorismusbekämpfung. Und nun kommt also von Prince das Angebot, die Söldneroperationen in der im Nordosten gelegenen mosambikanischen Provinz Cabo Delgado mit Bodenkräften und Luftüberwachung zu verstärken. Wagner und Russland lehnen ab. Man gibt nicht gerne zu, dass man Hilfe benötigt – schon gar nicht, wenn das Angebot von einem Amerikaner mit so engen Verbindungen zu Trumps Weißem Haus stammt (Prince ist der Bruder von Ex-Bildungsministerin Betsy De Vos).[11]

Für die südafrikanischen Söldnerfirmen ist die Ablehnung besonders frustrierend – selbst mit ihren großen Erfahrungen in der Region und ihrer schnellen Verfügbarkeit kommt es nicht zum Vertragsabschluss. Die südafrikanischen Veteranen müssen erkennen, dass sie mit den niedrigen Preisen und den hochrangigen politischen Beziehungen des Wagner-Unternehmens nicht mithalten können. «Aber jetzt [hat Wagner] dort Probleme», schließt Gartner.[12]

Im Land gewinnen die IS-Terroristen immer mehr an Boden. Im Sommer 2019 bekennt sich die Regionalgruppe des Islamischen Staats in Zentralafrika (IS-CAP) zu zahlreichen Anschlägen in Mosambik; mit Fotos dokumentiert werden sie vom IS-Medienapparat veröffentlicht. Am 5. Juli nimmt der IS einen Angriff der al-Shabaab auf eine Kaserne der mosambikanischen Armee in Nangade für sich in Anspruch und veröffentlicht tags darauf ein Foto von den erbeuteten Waffen.[13] In der IS-Videoreihe mit dem Titel «Und der beste Ausgang ist für die Gerechten», in der fast alle Mitgliedsorganisationen auftreten, die nach dem Fall der IS-Bastion im syrischen Baghuz erneut ihre Kampfesbereitschaft bekräftigen, sieht man Bilder aus dem Ostkongo und Mosambik, auf denen sich Kämpfer im Kreis versammeln und ihre Hände aufeinanderlegen.[14] Da die mosambikanische Regierung zu Recht davon ausgeht, dass die Nähe der al-Shabaab zum IS die Aussichten auf neue Investitionen in das Gasprojekt von Cabo Delgado beeinträchtigen könnte, bezeichnet sie die Aufständischen als Banditen und bestätigt ihr Vertrauen in ihre Verteidigungs- und Sicherheitskräfte.[15] Unterstützt von Wagners Männern können diese die Islamisten im Oktober bis zur Grenze nach Tansania zurückdrängen.[16] Zu Beginn der Operationen wird ein Kommandant mit dem Spitznamen «Granit«[17] getötet, zwei weitere werden in einem Hinterhalt verwundet. Wenig später werden bei Gefechten in Marere mehr als dreißig Aufständische von der Armee getötet. Den Kämpfen fallen auch zwei russische Staatsangehörige zum Opfer. Bei einem weiteren, noch brutaleren Angriff werden neun Rebellen in den Dschungel verschleppt, gefoltert und anschließend verbrannt. Wagner spürt die Terroristen mit Drohnen und Hubschraubern auf und richtet sie hin.[18] Daraufhin werden mindestens fünf Söldner getötet,[19] an einer Straßensperre werden ihre Leichen von Aufständischen enthauptet und zerstückelt.

Und damit nimmt Wagners Scheitern in Mosambik seinen Anfang. Im November wird deutlich, dass der fehlende Erfolg im Kampf gegen die Islamisten Wagners Unfähigkeit geschuldet ist, mit der örtlichen Armee zu kooperieren. Die Sprachbarriere hindert die Söldner daran, sich mit den Regierungstruppen zu verständigen, die sie ohnehin für unzureichend vorbereitet und «undiszipliniert» halten. Die mosambikanischen Streitkräfte hingegen werfen der Gruppe vor, zu selbstsicher aufzutreten und die einheimischen Soldaten schlecht zu behandeln.[20] Und es gibt weitere Unstimmigkeiten: Wagner plant offenbar die Bombardierung von Orten, die man als Stützpunkte der Aufständischen ausgemacht hat, die mosambikanischen Kollegen aber lehnen dies strikt ab. Das Vertrauen schwindet endgültig, als die Söldner einen Überraschungsangriff der Aufständischen in ihrem eigenen Lager erleben: Die Kämpfer dringen in Uniformen der mosambikanischen Armee in den Stützpunkt ein. Auf Seiten der Russen ist damit der gute Willen dahin. Die gemeinsamen Patrouillen mit mosambikanischen Soldaten werden eingestellt.[21] Endgültig zerstört wird das Vertrauen mit dem Tod von Russen durch «friendly fire».[22]

Wenige Monate nach ihrer Ankunft räumen die Wagner-Truppen Cabo Delgado – der Beleg für ihr Versagen bei der Eindämmung des IS-CAP-Aufstands. Ihnen bleibt nichts anderes übrig, als die Segel zu streichen. Der Rückzug aus dem so verlustreichen Kriegsgebiet erklärt sich auch durch einen wenig rentablen Devisenmarkt. Trotz der Unterstützung durch die Russen (und später durch das südafrikanische Privatunternehmen Dyck Advisory Group) verliert die mosambikanische Armee beim Vorstoß der Dschihadisten einen Teil ihres Territoriums. Die Gruppe Wagner erleidet in der Region schwere Verluste.[23] Man darf nicht vergessen, dass der Dschungel spezielle operative Techniken und Taktiken erfordert, welche die Söldner nie erprobt haben. Sie bewegen sich lieber mit Hubschraubern fort, als zu Fuß unterwegs zu sein. Die Häuserkämpfe, denen die Wagner-Soldaten in Cabo Delgado ausgesetzt sind, erinnern an die Konfrontationen in Syrien, doch kennen sich die al-Shabaab-Kämpfer viel besser mit der besonderen Architektur der Städte aus, eine Informationsasymmetrie zu ihrem Vorteil. Zu den russischen und südafrikanischen Rückschlägen kommen zudem Misserfolge bei der Befriedung der Grenzländer.

Es hat sich erwiesen, dass die zentralafrikanische Provinz des Islamischen Staats in Mosambik sich nicht beherrschen oder eindämmen lässt. Das stellt ein Schlüsselelement der russischen Außenpolitik in Afrika infrage. Das Scheitern der Kampagne beendete das Ansinnen der mosambikanischen Regierung, ihre Maßnahmen zur Aufstandsbekämpfung durch eine ausländische Intervention zu verstärken.[24]

Diese Unfähigkeit zur Krisenbewältigung verdeutlicht einen Trend, der sich seit den 1990er Jahren unter den Regierungen in Subsahara-Afrika abzeichnet: Regierungen, denen es an militärischen Kapazitäten mangelt, greifen zunehmend auf private militärische Auftragnehmer zurück, um Aufstände zu bekämpfen, Bürgerkriege einzudämmen und vor allem die natürlichen Ressourcen des Landes zu schützen. So haben etwa Angola, Kongo, Zentralafrika, Uganda und Nigeria Söldnerfirmen zur Friedenssicherung eingesetzt. Unternehmen wie Executive Outcomes und Sandline haben in der Vergangenheit vielen Regierungen militärische Unterstützung gewährt, oftmals mit großem Erfolg. Auch heute noch greifen afrikanische Länder auf die Dienste privater Militärunternehmen zurück. Deren Attraktivität besteht in überschaubaren Kosten, einem begrenzten Einsatz und der Möglichkeit, eine Beteiligung an Kriegsverbrechen zu leugnen. Doch zeigt das Scheitern in Mosambik die Grenzen dieser Strategie auf und deutet darauf hin, dass ein umfassender, regional koordinierter Ansatz zur Aufstandsbekämpfung womöglich immer noch am wirksamsten ist.

6

Ein Hinterhof in Mali

«Assimi Goïta versteht die asymmetrische Kriegsführung. Deshalb hat er eine asymmetrische Lösung vorgeschlagen. Dem asymmetrischen Krieg begegnen wir mit einer asymmetrischen Lösung. Das ist eben Wagner. Mali ist derzeit ein großer, kranker Körper. Aber das Medikament Barkhane ist das falsche Medikament.»

Adama Ben Diarra, malischer Politiker

Nach der Ukraine, Syrien und Libyen hat Wagner auch in der Zentralafrikanischen Republik rasch Fuß gefasst. Gleichzeitig bestätigen sich erste Hinweise auf eine Söldnerpräsenz in Mali. Moskau macht seinen Einfluss auf diplomatischer Ebene geltend: Im Juni 2019 unterzeichnen der malische Verteidigungsminister General Ibrahim Dahirou Dembélé und Sergej Schoigu ein Abkommen zur militärischen Zusammenarbeit. Russland, das von den westlichen Wirtschaftssanktionen gebremst wird,[1] startet eine groß angelegte Operation zur Eroberung neuer Märkte. Man will sich den Zugang zu kostbaren Rohstoffen sichern – ein Bestreben, das die zahlreichen, von 2017 bis 2022 unterzeichneten Kooperationsabkommen zeigen. In Kamerun etwa unterhält Russland eine sehr große Botschaft, doch Geheimdiensten zufolge ist das Gebäude in Wirklichkeit ein Kommunikations- und Abhörzentrum, über das auch ein Teil der Nachrichten der Gruppe Wagner in der Zentralafrikanischen Republik läuft. Im Jahr 2018 treffen sich die Russen mit Vertretern von Kameruns Präsident Paul Biya. Laut einem

Schreiben, das Letztere bei dieser Gelegenheit erhalten und im Anschluss von dem Medienunternehmen *Proekt* zitiert wird, bietet man den Kamerunern Geheimdiensttätigkeiten für den Wahlkampf und die «Neutralisierung von Proteststimmungen sowohl auf der Straße als auch im Informationsraum«[2] an. Eben dieses System wird kurz darauf in Bamako eingeführt.

Seit dem von Mitgliedern der Streitkräfte angezettelten Staatsstreich im August 2020 und dem anschließenden Sturz der Übergangsregierung im Mai 2021 durch Oberst Assimi Goïta durchläuft Mali turbulente Zeiten.[3] Goïtas Junta verfolgt das Ziel, das Land von seinen Bündnissen mit «korrupten, an eine kolonialistische Vergangenheit erinnernden» westlichen Staaten zu befreien.

Noch bevor Söldner vor Ort erscheinen, arbeitet die russische «Soft Power» bereits an der Beeinflussung der öffentlichen Meinung. Schon 2016 startet eine Organisation namens «Gruppe der Patrioten Malis»[4] eine Petition, in der sie eine russische Intervention im Kampf gegen den Terrorismus fordert. Im Januar 2021 verlangt die panafrikanische NGO «Yerewolo Debout sur Les Remparts» in den sozialen Netzwerken und bei Demonstrationen den Abzug der französischen Truppen und die Beendigung der Operation Barkhane. Kopf von Yerewolo ist Adama Ben Diarra alias «Ben le Cerveau» («Ben das Gehirn»), der ehemalige Anführer des politischen Bündnisses M5-RFP.[5] Mit der Unterstützung dieser beiden Organisationen hat der besonders einflussreiche malische Aktivist im August 2020 am Sturz von Ibrahim Boubacar Keita mitgewirkt. Er macht sich vehement für eine russische Präsenz in Bamako stark. Seine Aktivitäten werden von dem Panafrikanisten Kemi Seba[6] unterstützt, der ebenfalls davon träumt, dass Frankreich vom Schachbrett Afrika verschwindet.

Nach der Machtübernahme durch Oberst Goïta werden die Bemühungen fortgesetzt, mit denen man die allgemeine Stimmung zugunsten eines Bündnisses mit Russland beeinflussen und die Ankunft der Gruppe Wagner vorbereiten will. Von der Wagner-eigenen «Stiftung für die Verteidigung nationaler Werte» (Foundation for the Defence of

National Values - FDNV) werden seit dem Militärputsch von 2021 Umfragen durchgeführt und veröffentlicht, nach denen eine russische Intervention befürwortet und die Operation Barkhane durchweg negativ gesehen wird. Seit Beginn der Verhandlungen zwischen Wagner und Malis Junta verbreitet die Russische Föderale Nachrichtenagentur (RIA FAN) einen Diskurs, der das Vorgehen der russischen Ausbilder legitimiert. Parallel dazu organisieren lokale panafrikanische Aktivisten antifranzösische Demonstrationen und Pro-Junta-Kampagnen in den sozialen Netzwerken. Während sie in Bamako ihre Methode der asymmetrischen Kriegsführung einstudiert, kann die Gruppe Wagner ihre kostengünstigen Techniken weiterentwickeln und schafft es dank der weitgehend von ihr finanzierten Demonstrationen, die an den Operationen Barkhane und Takuba beteiligten Truppen zu vertreiben. Am 18. Februar 2022 wird Frankreich aus Mali hinausgedrängt und aufgefordert, seine Truppen abzuziehen. Die Junta beginnt nun die offene Zusammenarbeit mit den russischen Söldnern.

Raub, Selbstbedienung, Gewalt

Das Gerücht einer Annäherung zwischen Bamako und dem Militärunternehmen wird durch eine Reuters-Meldung vom 20. September 2021 bestätigt: «Mali steht kurz davor, ein Abkommen mit der russischen Söldner-Truppe Wagner zu schließen.» Moskau hält sich bedeckt. Reuters nennt auch Zahlen: Für monatlich 6 Milliarden CFA-Francs (9,1 Millionen Euro) sollen 1000 Paramilitärs entsandt werden. AFRICOM, das US-Kommando für Afrika, bestätigt die Angaben. Das Abkommen mit Bamako soll die Ausbildung der malischen Armee und den Schutz hochrangiger Politiker beinhalten. Einige Tage später kommt die Bestätigung aus dem Kreml, doch das Außenministerium betont, es handele sich «um eine Aktivität, die auf einer legitimen Grundlage ausgeübt wird […], wir haben damit nichts zu tun».[7] Kurz zuvor hat Paris angekündigt, sein Engagement in Mali zu reduzieren. Wo Wagner ist, ist auch der russische Militärnachrichtendienst GRU nicht weit. Durch eine Quelle vor Ort erfahren wir, dass ab Dezember 2021 Geheimdienstoffiziere in Mali eingesetzt werden. Eindeutige Beweise sind schwer zu erbringen – sicher aber ist, dass die GRU konkrete Interessen verfolgt. General Andrej Awerjanow, Leiter der für verdeckte Operationen und Sabotage zuständigen Einheit 29155, begleitet die Delegation des stellvertretenden Verteidigungsministers Jewkurow nach Mali und wird dort zusammen mit Assimi Goïta fotografiert. Später wird er in Burkina Faso und in der Zentralafrikanischen Republik gesehen, was erneut den parastaatlichen Aspekt der Operation Wagner belegt.

Während Mali gegen eine wachsende terroristische Bedrohung kämpft, kommen Ende 2021 Berichte[8] über einen Einsatz von Wagner dort auf. Um die Ankunft des Unternehmens und seine Aktivitäten zu verbergen, gibt es ein Sperrfeuer gezielter Desinformationen.[9] Anonyme Quellen aus Sicherheitskreisen[10] bestätigen, dass sich Wagner am 23. Dezember mit größerer Sichtbarkeit auf dem Stützpunkt in Bamako einrichtet. Dieser ist nun voll funktionsfähig und für die Aufnahme von Söldnereinheiten gerüstet. Am gleichen Tag empören sich die Europäer in einer gemeinsamen Erklärung: «Wir bedauern den Schritt der malischen Übergangsbehörden, die ohnehin knappen öffentlichen Mittel für die Bezahlung ausländischer Söldner zu verwenden, anstatt die malischen Streitkräfte und die Daseinsvorsorge zum Nutzen der Bevölkerung zu fördern.»[11] Währenddessen sieht man auf Satellitenbildern, wie Wagners Zelte immer zahlreicher werden: Sie bilden die erste Militärbasis nahe dem Flughafen von Bamako.

Fernab vom Außenministerium agiert vor allem eine Peron vor Ort: Iwan Alexandrowitsch Maslow. Der ehemalige Angehörige der russischen Spezialeinheiten (Spetsnaz) ist Mitte vierzig. Kein Wunder, dass eine so hochrangige Persönlichkeit eine Vergangenheit im Militärgeheimdienst hat: gleiches gilt für Dmitri Ukin.[12] Maslow ist mit Beginn des Ukrainekriegs vom russischen Militärgeheimdienst zum Söldnerdasein gewechselt und hat am Angriff auf den Flughafen von

Lugansk teilgenommen,[13] den die von Söldnern unterstützten Separatistenkräfte am Ende für sich entschieden haben.

Um seine Identifikation zu erschweren, bewegt sich Maslow möglichst unauffällig. In Bamako übernimmt er auf Bitten Prigoschins die Führung einer im Entstehen begriffenen Einheit. Schon bald befehligt er eine kleine Truppe russischer Kämpfer. Auf malischem Boden wird er von einem hochrangigen Offizier empfangen, der als eifrigster Unterstützer Wagners innerhalb der Armee gilt: Alou Boi Diarra, Stabschef der Luftwaffe, frisch zum General befördert. In Absprache mit dem Malier setzt der ehemalige Spion seine Ausspähung fort und organisiert die Ankunft der ersten Söldnerkontingente. Er berichtet direkt an Wagners «Big Boss».

Nach ihrer Ankunft in Bamako bringt man die Söldner auf dem Land- oder Luftweg zu ihren Einsatzorten. Im Januar werden russische Transporthubschrauber aus der Zentralafrikanischen Republik nach Mali verlegt. Seit November gibt es einen regelmäßigen Pendelverkehr zwischen dem Lager Kassaï – einem Hauptstützpunkt der zentralafrikanischen Armee, der heute fast ausschließlich von Wagner betrieben wird – und Mali. Alexander Maltsev, ein Wagner-Kommandant, der aus dem zentralafrikanischen Bria operiert, wird Ende Oktober 2021 nach Mali entsandt, um mit Iwan Maslow an der Stationierung der Truppen zu arbeiten.

Währenddessen verschlechtert sich die Beziehung zwischen Söldnern und lokalen Streitkräften. Malische Soldaten begehren gegen das Verhalten von Maslow und seinen Männern auf. Die im Zentrum des Landes eingesetzten Söldner betrachten die Einheimischen nicht als Partner, sondern als Untergebene. Augenzeugen berichten sogar von der Anwendung physischer Gewalt, mit der man die malischen Streitkräfte (FAMa) zu unterwerfen versucht. Rassistisches Verhalten wird angeprangert, doch die Junta ist bestrebt, diese dunkle Seite ihrer neuen Partner zu verbergen, da sie diese doch dringend benötigt, um ihre Macht zu festigen. Es bleibt unklar, ob es den Söldnern gelingt, die malischen Soldaten so erfolgreich zu kontrollieren wie in der Zentralafrikanischen Republik. Die Person Maslow demontiert den Mythos einer angeblich fairen Allianz, die der Regierung in Bamako so sehr am Herzen liegt.

Wagner nimmt nun mehrere Zonen, darunter Kayes und Sikasso, ins Visier. Im November 2021 entdecken französische Spionagesatelliten ungewöhnliche Aktivitäten in der Nähe des Flughafens von Bamako, dann Erdarbeiten und die Errichtung von etwa fünfzehn Zelten, an denen im Anschluss Dutzende russische Panzerfahrzeuge vorfahren. Das benachbarte Niger gibt den Moskauer Militärbehörden keine Überfluggenehmigung, Algerien hingegen schließt seinen Luftraum nicht und stößt damit auf heftige Kritik seitens der Wirtschaftsgemeinschaft Westafrikanischer Staaten (ECOWAS). Die Errichtung des Wagner-Stützpunkts wirkt sich auf die gesamte Region aus und fordert manche zu einer Stellungnahme heraus. Mehrere Hauptstädte der ECOWAS, darunter Niamey, verurteilen die «stillschweigende Beteiligung» Algeriens an den paramilitärischen Aktivitäten.

Westliche Mächte, die sich im Kampf gegen den Dschihadismus und in der Ausbildung einheimischer Soldaten engagieren, prangern die Ende 2021 mit Hilfe Moskaus begonnene Entsendung von Wagner-Leuten besonders scharf an. Die Regierung Malis glaubt, «die Stationierung von Söldnern auf ihrem Territorium und die Beteiligung der Russischen Föderation an der Bereitstellung materieller Unterstützung zur Stationierung der Wagner-Gruppe» dementieren zu müssen. «Wir sind der Ansicht, dass die oberste Priorität unsere Sicherheit ist, daher kann kein Betrag und keine Milliarde die Seele der Malier übersteigen», erklärt Adama Ben Diarra, Mitglied des Nationalen Übergangsrates.[14]

Die Söldner nehmen an der Seite der Streitkräfte Malis an Operationen zur Terrorismusbekämpfung teil, deren Erfolg jedoch gemischt ausfällt. Ziel ist es, den extremistischen Aufstand der Jama'at Nusrat al-Islam wal-Muslimin (JNIM) zu bekämpfen, den Mali seit mehreren Jahren nur unter großem Einsatz unterdrücken kann. Laut Informationen, die wir von unseren Quellen vor Ort erhalten haben, werden die

Wagner-Kämpfer bei Militäroperationen häufig in der zweiten oder dritten Reihe eingesetzt. Die Söldner dienen vor allem dem Machterhalt der herrschenden Junta, wie uns unsere Quellen bestätigen. Im Januar legen französische Dienste auf Websites wie ACLED[15] mehrere Operationen mit Söldnerbeteiligung offen. Die Paramilitärs führen Aufklärungsmissionen durch und erhalten zum Teil Luftunterstützung durch Hubschrauber oder Kleinflugzeuge. Nach einem ersten Zwischenfall (ein Fahrzeug der FAMa explodiert auf einem Sprengsatz, obgleich im selben Sektor Wagner-Leute patrouillieren) wird im Nachbardorf eine Strafexpedition durchgeführt. «In der ersten Aprilwoche [haben wir] einen Soldaten der russischen Wagner-Truppen in der Region Ségou gefangengenommen», heißt es auf der arabischen Website der mit Al-Qaida in Verbindung stehenden JNIM, dem größten dschihadistischen Bündnis in der Sahelzone. In einer auf ihrer Plattform *Al-Zallaqa* veröffentlichten Erklärung behauptet die JNIM, sie habe im Zentrum des Landes weitere Wagner-Kämpfer gefangengenommen. Die Vorfälle setzen sich im Herbst 2022 fort, als zwei Söldner, die mit dem Motorrad unterwegs sind, durch eine selbstgebaute Bombe getötet werden und es zu einem weiteren Angriff von Dschihadisten[16] auf eine gemeinsame Patrouille von FAMa und Wagner in Bandiagara kommt.

Nach Ansicht von Emmanuel Macron ist Wagner vor allem zur eigenen Bereicherung in Mali tätig, und auch hier nach dem Prinzip: Sicherheit gegen Rohstoffe (oder Bargeld).[17] Es sollen sich rund 800 Söldner im Land befinden, die darauf aus sind, Reichtum zu ernten und Gewalt zu säen. Davon sind etwa 200 Mann auf dem Stützpunkt in Bamako stationiert, 150 in Sikasso und weitere 150 in Timbuktu, wo sie sich gar – Ironie der Geschichte – in der ehemaligen französischen Kaserne einquartiert haben. Seit Ende Januar patrouillieren die Russen in der Umgebung von Timbuktu, ohne sich jedoch auf Kämpfe mit dschihadistischen Gruppen einzulassen. In Diabali in der Region Segu beginnt das Militärunternehmen mit der Ausbildung von Soldaten der FAMa.

Im Juni 2022 werden Vorstöße der Russen gemeldet. Im Feldlager in Gao bemerken Zeugen weiße Söldner in Uniformen der malischen Streitkräfte.[18] Einige Wochen später sieht man Wagner-Leute in Bamako. Satellitenbilder belegen besonders rege Aktivitäten in der Hauptstadt. Der Militärstützpunkt verfügt nun über einen Sicherheitsposten am Eingang, und in den südlichen und westlichen Zonen werden neue Gebäude errichtet. Nach Gao und Bamako wird nun auch Gossi den Wagner-Strukturen einverleibt. Dabei kommt es zunehmend zu Spannungen zwischen Russen und Maliern. Auf dem Stützpunkt in Gossi herrscht Wasserknappheit, die Russen beanspruchen die Ressource für sich.

Dennoch, mit Unterstützung der FAMa stellen sich die Wagner-Leute der Realität der Kämpfe. Der Islamische Staat meldet, er habe in der Nähe von Ménaka eine Überwachungsdrohne mit «Mittelkaliberwaffen» abgeschossen.[19] Auch eine Orlan-10-Drohne haben militante Kämpfer zerstört.[20] Aus den Reihen der Islamisten werden immer mehr Selbstmordattentäter rekrutiert, denen vor allem die malischen Streitkräfte der FAMa und die Männer der UN-Mission MINUSMA zum Opfer fallen. Ungleich größeren Schaden hätte die Terrorgruppe mit einem Anschlag auf zivile Ziele anrichten können.[21]

Im Sommer 2022 verüben Dschihadisten der JNIM einen Angriff auf Regierungsstellungen in Nara in der Region Koulikoro und erbeuten Maschinengewehre, Sturmgewehre und Munition.[22] Dieselbe Gruppe bekennt sich zu einem Sprengstoffanschlag auf einen «FAMa- und Wagner-Panzer» zwischen Dala und Boni[23], sowie einen weiteren, vier Todesopfer fordernden Anschlag auf Söldner, die auf Motorrädern in der Region Bandiagara unterwegs waren.[24] Wagners Vergeltungsschlag trifft nicht nur Islamisten, sondern auch Tuareg: Am 12. September werden in der Nähe von Niani vierzehn Bella-Tuareg hingerichtet, nachdem ein Söldner auf einem Motorrad von einem improvisierten Sprengsatz getötet worden ist. Vereinzelt wird auch in Form von Raubzügen in Geschäften und Häusern Rache genommen.[25]

Die Präsenz der Russen in Gourma, einem Wüstengebiet im Norden Malis, dient als Katalysator für die JNIM: Nach dem schrittweisen Rückzug der Operation Barkhane, die von der Bevölkerung als Bedrohung und Besatzung wahrgenommen worden ist, kann die Terrorgruppe immer mehr Kämpfer rekrutieren. Die der JNIM angegliederte islamistische Terrorgruppe Katiba Macina verbreitet über WhatsApp-Kanäle Sprachnachrichten, in denen dazu aufgerufen wird, Söldner gegen eine Prämie zu töten oder gefangenzunehmen.

Zivile, politische und mediale Institutionen bekräftigen ihre Besorgnis angesichts der Stationierung von Söldnern, die sie als eine Bedrohung für die Stabilität des Landes ansehen. In Bamako demonstrieren derweil viele Bewohner gegen die Präsenz der Franzosen.[26] Ende Januar 2023 verlangen die Vereinten Nationen eine unabhängige Untersuchung zu Menschenrechtsverletzungen und «möglichen Kriegsverbrechen und Verbrechen gegen die Menschlichkeit, die ab 2021 von den Regierungstruppen und dem russischen paramilitärischen Unternehmen Wagner in Mali begangen wurden».[27] Zur gleichen Zeit erschießen Wagner-Söldner 33 Angehörige der Volksgruppe der Fulbe.[28]

Im Sommer 2022 werden die Statements präziser: «Mali und Russland haben eine Partnerschaft, es handelt sich um eine zwischenstaatliche Zusammenarbeit, die vor Ort Ergebnisse schafft», sagt ein malischer Beamter und fügt hinzu: «Wir wissen nichts über Wagner.»[29] Gleichzeitig werden auf dem Stützpunkt Gao russische Söldner in FAMa-Uniformen gesichtet.[30] Kurz nach dem Abzug der an der Operation Barkhane beteiligten Franzosen besetzen die Söldner auch das Lager Meneka.[31] Weitere Truppen kommen ins Land.

Letztendlich kann sich Wagner in Mali nicht so leicht behaupten wie in der Zentralafrikanischen Republik. Auch der Zugriff auf die Ressourcen des Landes erweist sich als schwierig. Die Junta ist nicht in der Lage, die dem Militärunternehmen geschuldeten Kosten aufzubringen, was die Söldner dazu veranlasst, in den Streik zu treten und Dörfer zu plündern.[32] Sie weigern sich, an geplanten Operationen teilzunehmen und setzen die Junta unter Druck. Ende 2022 enthüllt ein von uns beschafftes Dokument der malischen Regierung, dass das monatliche Budget für die Bezahlung Wagners in Höhe von 9 Millionen Euro aus dem Geheimdienstbudget stammt (welches für das Jahr 2022 von 3 auf 108 Millionen Euro erhöht wurde).[33] Laut Berechnungen der *Deutschen Welle* können von diesem Betrag 1000–1400 Söldnern entlohnt werden, für «ein Monatsgehalt von 7000–9000 Euro pro Mann». Die jährlichen Kosten entsprechen dem «doppelten Jahresbudgets des Justizministeriums und etwa der Hälfte des Budgets des Gesundheitsministeriums».[34] Die Junta kann die Rechnung nicht begleichen, der Staat muss sich verschulden. Eine Finanzierung wäre über Schürfrechte der malischen Minen möglich, doch das Bergbauministerium hat die entsprechenden Abkommen ausgesetzt, um sie einer Prüfung zu unterziehen. Ziel dieser Maßnahmen ist die Rückgewinnung von sogenannten «ruhenden Lizenzen», also kaum oder gar nicht genutzten Genehmigungen, die zu Spekulationsobjekten geworden sind.[35]

Als wir Anfang Juni 2023, mitten in der westafrikanischen Regenzeit, an einer Konferenz teilnehmen, führt uns ein malischer Kontakt aus, mit welchen Tricks Bamako die russischen Söldner bezahlt. Unser Kontaktmann, mit dem wir uns regelmäßig über unsere gesicherten Kanäle austauschen, wusste zu berichten, dass die Staatskassen leer sind und Wagner direkt mit Gold bezahlt wird, das die Regierung von den Minenbetreibern einzieht.

Als ein Online-Leak[36] enthüllt, dass einige der in Tessit stationierten Söldner in die Ukraine geschickt werden sollen, wird deutlich, dass Wagners Erfolg in Mali auch vom Bedarf auf anderen Kriegsschauplätzen abhängt. Nach dem Tod des Wagner-Chefs hat Bamako zunehmend Schwierigkeiten, den Fortgang der Antiterroroperationen zu gewährleisten. Nach den Ereignissen im Juni und dann im August 2023 nehmen die Truppenbewegungen zwischen den verschiedenen Schauplätzen ein Ende. Die Lage in Mali verschlechtert sich. Die Azawad-Bewegungen im Norden des Landes werfen der Goïta-Junta vor, den im Friedens- und Versöhnungsabkommen von 2015 vereinbarten Waffenstillstand verletzt zu haben, und bereiten sich auf einen Krieg vor. Die

Dschihadisten verüben beispiellose Angriffe auf die Bevölkerung. Die malischen Streitkräfte verlieren die von den russischen Verbündeten gelieferte Ausrüstung.

Als im September 2023 in der Nähe des Bundeswehrlagers in Gao ein Flugzeug mit Wagner-Kämpfern an Bord abstürzt, stellt sich bei den nachfolgenden Ermittlungen heraus, dass die Militärmaschine der malischen Armee gehörte. Sie soll mit Verbündeten, also russischen Söldnern, auf einer Mission in Gao gewesen sein. Der Hergang des Unfalls bleibt unklar. Ein Vertreter des Einsatzführungskommandos der im Rahmen der UN-Mission MINUSMA in Mali tätigen Bundeswehr erklärt, womöglich habe das in Russland hergestellte Flugzeug vom Typ IL-76 die Landebahn überflogen[37] oder sei einfach zu schwer beladen gewesen. Auch wenn technische oder menschliche Ursachen am wahrscheinlichsten sind, tut der Zwischenfall den russischen Bestrebungen in Mali keinen Abbruch. Das Unternehmen Wagner hat Grund zur Freude, denn der 31. Dezember markiert das offizielle Ende der UN-Mission in Mali. Der angekündigte Rückzug überlässt dem Chaos das Feld.

Und es wird nicht so bald Ruhe einkehren. In den acht Monaten vor Prigoschins Tod ist Wagner an 50 gewalttätigen Vorkommnissen beteiligt. Beim Africa Corps sind es von August 2023 bis März 2024 allein 95 – was auf einen aggressiveren Ansatz zur Verteidigung russischer Interessen hindeutet.[38] Während Wagner hauptsächlich nahe der Südgrenze Malis operierte, hat das Africa Corps seine Reichweite in nördlicher gelegene, zuvor von Separatistengruppen und der JNIM kontrollierte Gebiete ausgedehnt.

Obgleich es der von Wagner-Truppen unterstützten malischen Armee am 14. November 2023 nach dreimonatiger Offensive gelingt, die Stadt Kidal von den Rebellen der CSP-PSD[39] -Koalition zurückzuerobern, bleibt die Sicherheitslage vor Ort besorgniserregend. Für die JNIM stellen diese beiden Ereignisse eine neue Etappe in ihrem Kampf dar. Die Präsenz der russischen Paramilitärs dokumentieren Bilder aus den sozialen Medien, auch wird eine Aufnahme verbreitet, auf der eine über der Festung von Kidal wehende Wagner-Flagge zu sehen ist.[40]

Am 9. Februar 2024 erobern das Africa Corps und die FAMa die Goldmine von Intahaka. Im Gegensatz zum Süden Malis, wo der Bergbau staatlicher Regulation unterliegt und von multinationalen Unternehmen dominiert wird, die Rohstoffabbau im industriellen Maßstab betreiben, finden sich im Norden des Landes zahlreiche illegale Kleinbergwerke.[41] Deren Produktionspotenzial ist aufgrund des unregulierten, manuellen Abbaus schwer zu ermitteln. Doch selbst bei vorsichtiger Einschätzung der Rentabilität könnte eine effektive Kontrolle über den Goldabbau in Intahaka die Einnahmen des Africa Corps erheblich steigern. Immerhin soll das von Wagner in Afrika geförderte Gold dem Kreml seit Beginn des Ukrainekriegs bis zu 2,5 Milliarden US-Dollar eingebracht haben.[42]

Mit der zunehmenden Konsolidierung und Industrialisierung des Kleinbergbaus in Nordmali könnte das Africa Corps womöglich Hunderte Millionen Dollar an monatlichen Einnahmen generieren. Ein weiteres strategisch wichtiges Element ist die Kontrolle über die nordmalischen Flughäfen, darunter Gao, Tessalit und Kidal, denn diese könnten eine entscheidende Rolle für die Bergbaulogistik und den Transport des abgebauten Goldes spielen. In Erwartung eines zunehmenden Goldabbaus hat Russland seine Investitionen in die Region bereits verstärkt. So wurde etwa mit den malischen Behörden ein neues Abkommen über den Bau einer Goldraffinerie unterzeichnet, die 200 Tonnen Gold pro Jahr verarbeiten kann.

Somit ist Intahaka ein Schlüsselfaktor für die Zukunft des Africa Corps. Die effektive Ausbeutung der Goldminen könnte erhebliche Einnahmen generieren und Russlands Stellung in der Region festigen. Dabei sind die mit dem manuellen Abbau und der politischen Instabilität verbundenen Herausforderungen nicht zu unterschätzen. Der Erfolg des Africa Corps wird von seiner Fähigkeit abhängen, diese Schwierigkeiten zu meistern und eine stabile und sichere Produktion zu gewährleisten. Anlässlich einer Militäroperation der FAMa/Wagner in Nordmali Ende Juli 2024 gerät die Kolonne in der Nähe der Bergbaustadt Tin Zaouatine in einen sorgfältig vorbereiteten Hinterhalt. Die Kämpfe fanden zwischen dem 25. und 27. Juli statt und waren besonders heftig. Die in unwegsamem Gelände eingeklemmte Kolonne geriet ins Kreuzfeuer. Ein Hubschrauber, der von den gegnerischen Kräften ins Visier genommen wurde, stürzte in der Nähe von Kidal ab. Am Ende gab es auf Seiten der Wagnerianer fast 80 Tote und einige Gefangene. Diese Schlacht ist eine der blutigsten für Wagner in Afrika. Es gelingt uns, Dokumente vom Schlachtfeld zu retten. Mehr als 100 Wagner-Kämpfer sind seit der symbolträchtigen Einnahme von Kidal Ende 2023 in Nordmali im Einsatz: 13. Sturm-Bataillon, Nachrichteneinheiten, Artillerie, Drohnen usw. Aus den Dokumenten[43] geht hervor, wie engmaschig die temporären Militärposten in Kidal, Aguelhoc, Tessalit und Anefis vernetzt sind. Wagner ist nach wie vor in Mali präsent.

7

Sahelzone: Raumgewinn durch Waffen und Desinformation

«Wagner wird seine Dienste überall auf der Welt anbieten.»
Wladimir Putin

Syrien, Libyen, Zentralafrikanische Republik, Mosambik, Mali – wer ist als Nächstes an der Reihe? Burkina Faso vereint die beiden wichtigsten Trümpfe, nach denen die Männer im Kreml Ausschau halten: eine frisch an die Macht geputschte Militärjunta und riesige Goldvorkommen. Hinzu kommen eine Sicherheitskrise, militärische Veränderungen, Bergbaupotenzial und große Unzufriedenheit mit Frankreich. Das «Vaterland der Ehrenhaften»[1] erfüllt die Bedingungen aufs Beste, und «Wagner versucht ganz klar, hier Fuß zu fassen»[2], bestätigt ein ehemaliger Minister von Roch Marc Christian Kaboré, dem im Januar 2022 gestürzten Präsidenten. Schugalej sieht im russischen Engagement «die ideologische Fortsetzung der Befreiungsbewegung gegen den Kolonialismus, die unter Beteiligung der UdSSR auf dem schwarzen Kontinent begonnen hat […] Jetzt jagen russische Helden Terroristen und zwingen den IS und al-Qaida zur Flucht. Allein der Westen ist unzufrieden und verhängt Sanktionen gegen Wagner, von denen nun alle im Ausland arbeitenden russischen Staatsbürger betroffen sind».[3] Französische Dienste spüren Söldner und deren Helfer auf, die zum Schutz der von der Gruppe anvisierten Minenstandorte abgestellt sind.[4]

Bei der Ausweitung seiner Aktionen kann sich das Wagner-Universum auf Anna Ratchina Coulibaly stützen, die seit achtzehn Jahren als russische Honorarkonsulin tätig ist. Über die diplomatischen Kanäle steht sie einem ganzen Netzwerk von Sympathisanten in Burkina Faso und der Elfenbeinküste vor. Ebenso ist Wagner die Unterstützung des Hauptaktionärs der russischen Bergbaugesellschaft Nordgold sicher. Coulibalys Kontakte zu Unternehmen und Netzwerken in Politik und Wirtschaft erweisen sich als strategisch wichtig – im November 2021 etwa empfängt sie ein vierköpfiges Besucherteam, das sich als russische Forschergruppe ausgibt und mit handverlesenen Akademikern aus Burkina Faso zusammenkommt. Thema des vermeintlich wissenschaftlichen Austauschs sind die geopolitische Lage in der Sahelzone und mögliche Schwachstellen der französischen Militärintervention Barkhane. Es wird überlegt, wie man die antifranzösische Stimmung verstärken kann. Das Gespräch fügt sich in die Bestrebungen des Afrika-Russland-Gipfels in Sotschi 2019.

Die burkinische Dämmerung

Als im Januar 2022 Staatschef Roch Marc Christian Kaboré durch einen Putsch gestürzt wird, kann Moskau die Gelegenheit nutzen und vor Ort an Einfluss gewinnen.[5] Angeführt hat den Militärputsch Oberstleutnant Paul-Henri Sandaogo Damiba, der eben erst mit der Sicherheitsaufsicht in der Hauptstadt Ouagadougou betraut worden ist. Der prorussische Militär hat in der Vergangenheit zwei Mal versucht, den seit 2015 amtierenden Roch Kaboré davon zu überzeugen, die russischen Paramilitärs ins Land zu holen. «Der Präsident hat den Vorschlag, Wagner zur Kontrolle der Kämpfe einzusetzen, schnell abgelehnt und Damiba sogar daran erinnert, dass die europäischen Regierungen kurz zuvor den Einsatz russischer Söldner in Mali verurteilt hatten», berichtet ein von der *Daily Beast*[6] zitierter Beamter des ehemaligen burkinischen Regimes. Kaboré wollte anscheinend nicht riskieren, «durch eine

Annäherung an Russland Schwierigkeiten mit dem Westen zu bekommen.»

Der Rest läuft nach demselben Muster ab wie in Mali. Die *Soft Power* zieht ihre Fäden. Die nötigen Gelder kommen offenbar über Mali, insbesondere über die Bewegung «Yerewolo Debout», oder aber über die Zentralafrikanischen Republik. In Westafrika aktive politische Organisationen wie die Koalition der Afrikanischen Patrioten (COPA/BF), «Faso Kounawolo debout» oder die Bewegung «Burkinabè Halala» erhalten Gelder von Prigoschin und seinen Verbündeten. Unmittelbar nach dem Staatsstreich, der Oberstleutnant Damiba am 24. Januar an die Macht bringt, schicken die durch russischen Einfluss manipulierten Organisationen ihre Mitglieder zu Protesten auf die Straße. Im Demonstrationszug sind russische Flaggen zu sehen, dazu Schriftbänder, die Frankreich zum «Abhauen» auffordern und eine Annäherung an Moskau verlangen. Maxim Schugalej schreibt dazu auf Facebook: «Was wir jetzt erleben, ist die neue Befreiung Afrikas.»[7]

Am Tag nach dem Putsch feiert eine Menschenmenge auf dem staubigen Hauptplatz von Ouagadougou die Machtübernahme durch das Militär und ruft der Außenwelt zu: «Nein zu Frankreich und Ja zu Russland!»[8] Jewgeni Prigoschin begrüßt den Putsch mit den Worten: «Alle diese sogenannten Staatsstreiche sind darauf zurückzuführen, dass der Westen versucht, diese Staaten zu regieren und ihre nationalen Prioritäten zu unterdrücken. Man will den Afrikanern fremde Werte aufzwingen und macht sich dabei manchmal unverhohlen über sie lustig [...] Das alles geschieht, weil der Westen bestrebt ist, die Bevölkerung dieser Länder in einem halb-animalischen Zustand zu halten.»[9]

Bei den Demonstrationen versammeln sich zuweilen Hunderte oder gar Tausende zum Protest gegen die französische Präsenz in der Sahelzone, vor allem in Ouagadougou und Bobo-Dioulasso. Eine der größeren Protestveranstaltungen wird von Roland Bayala, einem Abgeordneten der gesetzgebenden Übergangsversammlung, angeführt. Seine «COPA»[10] steht der malischen Bewegung Yerewolo (unter Adama

Ben Diarra alias «Ben das Gehirn») nahe und tritt immer militanter für eine Intervention Wagners ein.

Diese Entwicklungen werden im Westen genau beobachtet. Allen voran von Paris, das aus Bangui und Bamako verjagt wurde, um Wagner Platz zu machen, und nun befürchtet, dass es ihm in Ouagadougou ähnlich ergehen könnte. Die französischen Geheimdienste weisen darauf hin, dass Rebellen – unter denen sich auch Dschihadisten befinden – zum Schutz der Minenstandorte rekrutiert werden. Um sich an diesen Standorten zu etablieren und ihren Profit zu sichern, verlässt sich die Söldnergruppe auf lokale Multiplikatoren (wie die oben genannte Konsulin Anna Ratchina Coulibaly). Nordgold, der wichtigste Wirtschaftsakteur in der Region, ist in London registriert, führt das operative Geschäft jedoch aus Moskau. Das Unternehmen muss die Goldmine in Taparko aufgrund von Terrordrohungen schließen. Laut den *Financial Times*[11] hat der Oligarch Alexej Mordaschow mit Inkrafttreten der ersten EU-Sanktionen im Februar 2022 seine (über eine zypriotische Firma gehaltenen) Anteile am deutschen Reisekonzern TUI an ein Unternehmen auf den Britischen Jungferninseln überführt, das von seiner dritten Frau geleitet wird. Vor allem aber hat er ihr eine Mehrheitsbeteiligung an seinem in London ansässigen Bergbauunternehmen Nordgold übertragen – und zwar zwei Wochen vor der Verhängung von Sanktionen seitens des Vereinigten Königreichs. Coulibaly mit ihrem Netzwerk panafrikanischer Aktivisten empfiehlt den Behörden Wagners Dienste – doch das Minengelände bleibt geschlossen.

Unzufriedenheit macht sich breit. Das mit seinem Amtsantritt gegebene Versprechen, die Dschihadisten im Norden des Landes zu zerschlagen, hat Damiba nicht eingehalten. Ende September kommt es erneut zu einem Staatsstreich: Übergangspräsident Hauptmann Ibrahim Traoré stürzt seinen ehemaligen Weggefährten. Der junge Offizier, Jahrgang 1988, will es besser machen. Im Kampf gegen die Islamisten setzt er zunächst auf seine Landsleute und kehrt den Russen den Rücken.[12] Eine Machtergreifung durch Waffengewalt ist eine Sache, der Machterhalt aber eine ganz andere Herausforderung! Wie bleibt man ohne Söldnerunterstützung am Ruder? Man braucht Waffen und Geld – zwei Dinge, die dem Regime fehlen. Und wer ausländische Militärkräfte engagiert, bezahlt seine Sicherheit mit kostbaren Bodenschätzen. Während die Regierung noch über eine Lösung grübelt, begrüßt Prigoschin die Machtübernahme durch Hauptmann Traoré. Aus seinen immensen Bergbau-Ressourcen kann Burkina Faso seit 2013 keinen großen Gewinn ziehen. Denn das Land verfügt nur «über einen Anteil von maximal 10 % an diesen Unternehmen, die zudem von zahlreichen Steuerbefreiungen profitieren».[13]

Bei seinem Besuch in Moskau im Dezember 2022 möchte Premierminister Apollinaire Kyélem de Tambèla erörtern, wie eine Partnerschaft zwischen Burkina Faso und Russland aussehen könnte. Man bietet Russland die Eröffnung einer Botschaft in Ouagadougou an.[14] Kyélem möchte die verschiedenen Optionen offenlegen, bis «die richtige Formel für die Interessen von Burkina Faso» gefunden ist. Und er stellt klar: «Es kommt nicht infrage, dass wir uns von einem Partner dominieren lassen, wer auch immer das sein mag.»[15] Dennoch deutet alles darauf hin, dass man in Ouagadougou ähnlich entscheiden wird wie in Bamako. Nana Akufo-Addo, Präsident Ghanas, kommt jedenfalls zu dem Schluss, Burkina Faso habe «eine Vereinbarung zum Einsatz von Wagner-Truppen getroffen, um ebenso wie Mali Wagner-Truppen einzusetzen». Besorgt fügt er hinzu: «Die russischen Söldner stehen an unserer Nordgrenze.» Der Ghanaer glaubt an einen Deal[16] und nimmt an, «dass ihnen eine Mine im Süden Burkina Fasos als Bezahlung für ihre Dienste zugesprochen wurde». Aus einem Datenleck des US-Geheimdienstes geht hervor, dass die Elfenbeinküste Signale abgefangen hat, die auf die Anwesenheit von Wagner-Leuten an der Grenze zwischen Mali und Burkina Faso hinweisen. Ein Informant vor Ort berichtet uns, dass sich die Söldner Ende Dezember 2022 im Hotel *Fleurette* in der Hauptstadt aufgehalten haben sollen. Eine kleine Gruppe soll bereits im Umfeld der Junta tätig sein. Dennoch bleiben die Männer unsichtbar. Sollte Burkina Faso der Versuchung Wagner etwa widerstanden haben?

Den Militärs in Ouagadougou passen Akufo-Addos Kommentare nicht. Sie bestellen den ghanaischen Botschafter ein und teilen ihm ihre Missbilligung mit: Die Aussagen, so versichern sie, seien «schwerwiegend und unzutreffend». Man habe keinerlei Vereinbarung getroffen, heißt es. «Es wurde keinem russischen Unternehmen eine Genehmigung erteilt»,[17] beharrt Bergbauminister Simon Pierre Boussim. Hauptmann Traoré hat bisher nicht mehr Erfolge nachzuweisen als sein Vorgänger. Er braucht dringend Militärhilfe, und das von einer Organisation, die möglichst nicht auf Menschenrechtsfragen achtet. Die Junta weiß um ihre wichtigsten nationalen Ressourcen: Gold und Baumwolle.

In den vergoldeten Palästen von St. Petersburg nimmt der russische Militärgeheimdienst GRU die unvollendete Arbeit der Gruppe Wagner wieder auf. Bei bilateralen Treffen zwischen Burkina Faso und Russland am Rande des Russland-Afrika-Forums hört sich der für geheime Spezialoperationen verantwortliche General Andrej Awerjanow ganz genau an, was Hauptmann Traoré zu sagen hat. Er wird ihn im Spätsommer 2023 in Ouagadougou wiedersehen. In Erwartung dessen, was die beiden Männer ausgehandelt haben, hat sich Hauptmann Traoré von der Reinkarnation eines Thomas Sankara zur afrikanischen Stimme Wladimir Putins gewandelt.

Seit Oktober 2022 vergibt das Land neue Konzessionen an Nordgold zur Ausbeutung der Goldvorkommen, etwa am Standort Yimiougou, dessen Gesamtproduktion auf 2,53 Tonnen Gold pro Jahr geschätzt wird.[18] Nordgold ist nicht Wagner, dennoch steht die Konzession für eine Annäherung an Russland. Die Chefs von Wagner und Nordgold pflegen beide enge Beziehungen zu Wladimir Putin.

Kurz darauf, am 22. Januar 2023, verlangt die Junta den Abzug der französischen Truppen aus Burkina Faso. Paris hat genau einen Monat Zeit, um der Forderung nachzukommen, und das in einer Situation, in der «die Zahl der Anschläge zugenommen hat», wie Traoré zugibt. Das Staatsoberhaupt präzisiert: «Wir werden alles darangeben, um unsere Feinde zu bekämpfen, denn ihre neue Strategie besteht darin, die Zivilbevölkerung anzugreifen.»[19] Ab dem Herbst 2023 sind russische Kämpfer im Land.[20] Im Januar 2024 landen die Truppen des Africa Corps in Burkina Faso: Es ist der erste massive Einmarsch der neuen Söldnerformation in ein afrikanisches Land. Am 24. Januar sollen rund 100 russische Militärspezialisten mit militärischer Ausrüstung und Waffen in der Hauptstadt Ouagadougou eingetroffen sein – so berichtet die African Initiative auf Telegram.[21] Dabei handelt es sich um eine neu gegründete Nachrichtenagentur unter der Leitung von Artjom Kurejew, die den «Brückenbau» zwischen Russland und Afrika fördern will. 300 russische Kräfte seien nun in Burkina Faso stationiert, weitere 200 würden noch folgen. Die Bilder zu den Nachrichten zeigen die russischen Söldner, wie sie am Abflugort in das Flugzeug steigen und in Ouagadougou landen. Aufnahmen bestätigen hartnäckige Gerüchte über die Anwesenheit russischer Paramilitärs an der Seite des Juntachefs Ibrahim Traoré. Videos vom 25. Juli 2024[22] zeigen zwei bewaffnete Männer, die in Kampfanzügen gekleidet und mit verdeckten Gesichtern für seine Sicherheit sorgen. Ihre Abzeichen sind aufschlussreich: eine russische Flagge, das Wappen der *Bear Brigade* und ein *Jolly Roger*, ein Piratensymbol, das häufig von Söldnern verwendet wird. Diese Bilder, die der von der Regierung verbreiteten offiziellen Montage widersprechen, verdeutlichen den wachsenden Einfluss Moskaus in der Region. Die *Bears* lassen sich in Afrika nieder. «Es handelt sich um ein Beispiel für eine halbformalisierte Struktur unter der Kontrolle des Verteidigungsministeriums, das sie als eine Art Subunternehmer nutzt, der Vorteile bei der Rekrutierung und Flexibilität bietet», erklärt Jack Margolin, ein amerikanischer Spezialist für russische nichtstaatliche bewaffnete Gruppen, gegenüber *Le Monde*.[23] Im Gegensatz zu Jewgeni Prigojins Führung ziehen sie es jedoch vor, ihre Verbindungen zum russischen Geheimdienst und zum russischen Militärapparat offen zu legen. Die letzten Flecken des französischen Imperiums in der Sahelzone schwinden.

Gerüchte als wirksame Waffe

Wagner streut Gerüchte über den Einsatz der Gruppe in verschiedenen Ländern. Auch in Karabach sollen die Paramilitärs im September 2020, am Vorabend des Konflikts mit Aserbaidschan, gelandet sein. Am letzten Tag der russischen Militärübungen landet eine Antonow An-124 des Verteidigungsministeriums in Eriwan. In der Transportmaschine sind angeblich Wagner-Kämpfer, die sich an der Eindämmung der Offensive in Bergkarabach beteiligen sollen. Laut regionalen Medien folgt ihr Eintreffen auf Berichte über einen Transfer syrischer Söldner über die Türkei. Die türkische Zeitung *Türkiye* berichtet, «Arzach» (ein anderer Name der Region) sei von 380 «blonden, blauäugigen» Männern verteidigt worden.[24] Es soll sich um Wagner-Kämpfer handeln.

Die Gerüchteküche brodelt, doch Bellingcat deckt den Schwindel auf: Zwar zeigen die Bilder ein Großraumflugzeug vom Typ Iljuschin 96–300 auf dem Rollfeld des Flughafens von Eriwan und auch die Landung einer dem Wagner-Imperium zugehörigen Truppe – doch diese Truppe, die sich angeblich sofort den armenischen Separatisten angeschlossen hat, die gegen die Offensive Aserbaidschans kämpfen, ist nichts weiter als ein Mythos. Eine genauere Analyse ergibt, dass das vom Telegram-Kanal RSOTM veröffentlichte Foto nicht die in Armenien eingetroffene IL-96–300 zeigt. Tatsächlich handelt es sich um ein älteres Foto, das schon am 14. Januar auf demselben Kanal aufgetaucht ist.[25]

In Karabach feiern armenische Separatisten Putins Geburtstag mit einer Militärparade: Zur Bekräftigung ihrer Verbindungen zu Russland sind die Logos der Gruppe Wagner, des Propagandakanals *Russia Today* und Symbole aus dem Ukraine-Krieg zu sehen.[26] An der Grenze zu Armenien sollen aserbaidschanische Militärkonvois unterwegs sein, deren Fahrzeuge aufgemalte weiße Markierungen nach dem Vorbild der Z- und V-Zeichen tragen, die man gleichfalls bei den russischen Streitkräften vor der Invasion der Ukraine beobachtet hat.[27] Die Nähe zum russischen Nachbarn ist unbestreitbar, doch gibt es keine konkreten Spuren von Prigoschins Männern.

Dabei finden sich Hinweise auf mehr oder weniger offizielle Wagner-Operationen überall auf der Welt. So sind Prigoschins Einflussagenten im Juni 2018 über Belarus auf die Komoren gereist, um dort «politische Technologien» zu testen, die den Konflikt zwischen Paris und der Regierung in Moroni anheizen sollen.[28] Im Juni 2021 wird Prigoschin an der Seite der nigerianischen Regierung und des Generalstabschefs der Armee, Farouk Yahaya, in Lagos gesichtet.[29] Das Treffen fällt mit einem Flug seiner Gulfstream G550 mit dem Kennzeichen P4-BAR zusammen,[30] was ein nigerianisches Medium dazu veranlasst, die Ankunft der Russen als Verstärkung im Kampf gegen die Terroristen von Boko Haram anzukündigen.[31] Auf den Komoren wie in Nigeria kann Wagner seine Ziele nicht erreichen. Das Unternehmen hat zudem ein Auge auf die geostrategisch attraktiven Küstenländer Zentralafrikas (Kamerun, Guinea, Kongo) geworfen, kann sich dort aber ebenfalls nicht erfolgreich etablieren.

Der Fall der Demokratischen Republik Kongo (DRK, auch Kongo-Kinshasa) ist bezeichnend: Bei Redaktionsschluss dieses Buches hat Wagner dort (noch) nicht Fuß gefasst, dennoch ist die russische Präsenz sichtbar. Für ihre Operationen in der benachbarten Zentralafrikanischen Republik passieren die Russen derzeit Bur Sudan im Osten oder den kamerunischen Hafen Douala im Westen,[32] der unter strenger Bewachung der israelischen Firma Portsec steht. Aus einem internen Dokument aus dem Jahr 2019, das dem Dossier Center vorliegt, geht hervor, dass Kamerun in der logistischen Weiterentwicklung des Unternehmens eine hervorgehobene Rolle einnimmt. Auf einer Skala von 1 bis 5 (von hoher bis geringer strategischer Bedeutung) steht Kamerun nach Sudan, Madagaskar und der Zentralafrikanischen Republik auf Platz 2.

Die Aushandlung eines Zugangs zum Hafen von Pointe-Noire (der wirtschaftlichen Lunge des benachbarten Kongo-Brazzaville) ist 2022 der erste Spielzug, den Wagner gegenüber Kongo-Kinshasa tätigt. Paris hat ein scharfes Auge auf eine mögliche Ankunft von Wagner-Truppen in dem kongolesischen Hafen, da beide Länder eine lange und solide Sicherheitszusammenarbeit verbindet. Die französischen Geheimdienste stehen in regelmäßigem Kontakt mit dem Nationalen Sicherheitsrat in Brazzaville. Der aktuelle Kenntnisstand lässt eher darauf schließen, dass es andere, insbesondere rumänische Unternehmen sind, die den Markt für paramilitärische Sicherheitsdienste übernommen haben. Félix Tshisekedi, Präsident der Demokratischen Republik Kongo, bestreitet seit jeher die Anwesenheit von Wagner-Leuten auf seinem Staatsgebiet. «Ich weiß, dass das derzeit in Mode ist [...] Nein, wir haben keinen Bedarf an Söldnern.»[33] Doch ein Blick in die Presse und die sozialen Netzwerke verrät mehr über die «weißen Männer». Im Mai 2022 wohnt Verteidigungsminister Kabanda einer Vorführung von Suchoi-Kampfjets auf dem Militärflugplatz von Kinshasa bei. Im Anschluss gratuliert er europäischen Uniformierten mit den Abzeichen der bulgarischen Sicherheitsfirma Agemira: Die Männer haben alte Kampfhubschrauber instandgesetzt und dafür gerade einmal 57 Tage gebraucht.[34]

Tschad: Den strategischen Riegel aufbrechen

Nach ihrer Gründung im Jahr 2016 wird die politisch-militärische Gruppe «Front pour l'alternance et la concorde au Tchad» (FACT) zur wichtigsten Oppositionsbewegung gegen Präsident Déby. Um noch mehr Einfluss zu gewinnen, verbündet sie sich mit den libyschen Streitkräften (LNA) und dem lybischen IS und setzt sich in der Wüstenprovinz Fezzan fest, wo sie sie sich Zugang zu Ausbildungsstützpunkten verschafft. Die Stellungen in diesem Gebiet werden größtenteils von der Gruppe Wagner kontrolliert, die die Kämpfer im Umgang mit russischen Waffen schult.[35] Im April 2021 startet FACT aus dem Süden Libyens eine Offensive. Im Laufe dieser Operation wird Präsident Idriss Déby durch Schüsse getötet. Die Rebellen unterstützen die Koalition von Marschall Haftar. Von ihr sollen sie auch ihr Waffenarsenal erhalten haben. Am 14. September 2021 wird eine Delegation russischsprachiger Geologen und Bergbauexperten in Tibesti gesichtet. Bei ihren Verhandlungen mit den Tubu soll es darum gegangen sein, im Austausch gegen Waffen Rechte zum Uranabbau zu erhalten.[36] Man erzielt keine konkreten Ergebnisse, der zugrundeliegende Fahrplan ist aus unseren Ermittlungen jedoch hinlänglich bekannt.

Der an den Sudan und den Tschad grenzende Nordosten Zentralafrikas ist eine umkämpfte Region, in der Flüchtlingsströme und Schwarzhandel für Konflikte sorgen. Zudem wird in dem Grenzdreieck um die Kontrolle über die Goldminen gefochten. Es ist ein wichtiges Treffen, das im April 2022 zwischen dem sudanesischen De Facto-Staatsoberhaupt Abdel Fattah Burhan und dem Übergangspräsidenten des Tschad, Mahamat Déby alias «Kaka», stattfindet: Die Rolle, die der sudanesische Führer Hemeti an der Seite Wagners spielt, sorgt in N'Djamena, der Hauptstadt des Tschad, für Beunruhigung. Tatsächlich ist die Beziehung zwischen der Übergangsmacht und Wagner eisig zu nennen: Man misstraut den russischen Begehrlichkeiten im Tschad. Wagner nutzt vor allem Hemetis kriminelle Netzwerke, um Gold insbesondere über die Grenzstadt Um Dafoug außer Landes zu schaffen.[37]

Anfang Dezember 2022 lässt Hemeti die Grenze zur Zentralafrikanischen Republik schließen – offiziell, um Ausschreitungen zwischen loyalistischen Kräften und Rebelleneinheiten zu verhindern. In Wirklichkeit wurde ein informelles Abkommen mit Bangui geschlossen, um ein Einschreiten seiner Miliz, den «Forces de Soutien Rapide» (FSR), in den drei nördlich gelegenen Präfekturen Vakaga, Haute-Kotto und Bamingui-Bangoran zu ermöglichen. Die FSR sind ein zentrales Instrument des Regimes: Das Konglomerat aus ethnischen Milizen und Militärunternehmen, eine transnationale Söldnertruppe, hat die Kontrolle über den Staat übernommen. Schwerlich mit Wagner vergleichbar, genießt sie dennoch die Unterstützung der russischen Militärfirma. Die Kämpfer der FSR haben mit ihren Anfängen als abgerissene arabische

Milizionäre nicht mehr viel gemein: Sie sind durch den Abbau und Verkauf von Gold reich geworden.[38] Die Modalitäten des Abkommens werden bei einem Treffen mit dem zentralafrikanischen Minister für Viehzucht und Tiergesundheit Hassan Bouba festgelegt.[39] Der ehemalige Rebellenführer ist 2020 ins Regierungslager übergelaufen.

Am 9. Januar 2023 geht ein YouTube-Video online, in dem zwei tschadische Rebellen in Tarnkleidung aus ihrem Stützpunkt in der Zentralafrikanischen Republik «einen bevorstehenden Angriff auf N'Djamena von Süden her» ankündigen. Ziel soll sein, «die verfassungsmäßige Ordnung mit Unterstützung der paramilitärischen Gruppe Wagner zu stürzen».[40] Für die russische Botschaft im Tschad ist das Video Teil einer «Kampagne in sozialen Netzwerken, die Russland in den Augen der afrikanischen Regierungen kompromittieren und den Eindruck erwecken soll, Wagner schaffe ernsthafte Hindernisse für das politische Fortkommen und die Handelsinteressen der großen afrikanischen Akteure».[41]

Die Lage in der Region bleibt äußerst angespannt, und auch wenn es unwahrscheinlich erscheint, dass Frankreich den Tschad aus seinem Einflussbereich entlassen wird, sind doch Überraschungen möglich. Paris unterstützt den Déby-Clan seit 1990 und möchte, dass er an der Macht bleibt. Frankreichs militärischer Beitrag mag diskret erfolgen, dennoch verbleiben seine Einsatzkräfte in der Region.

Als die Bürger des Tschad am 6. Mai 2024 zu den Urnen gehen, um ihren Präsidenten zu wählen, tritt in Ndjamena eine umstrittene Figur in Erscheinung: Maxim Schugalej. Und er ist nicht allein. Mit einem unauffälligen Flug der Ethiopian Airlines sind eine Woche vor den Wahlen 130 russische Militärangehörige in N'Djamena angekommen. Der Flug wird von Beamten der Nationalen Sicherheitsbehörde (ANSE) abgefertigt, die die Männer im Anschluss auch in die Stadt bringen. Laut mehreren, von TchadOne[42] abgeglichenen Geheimdienstquellen gehören die Einreisenden dem Africa Corps an. Der Ablauf ist derselbe, den man einen Monat zuvor im Niger beobachten konnte: Dort sind am 10. April russische Militärausbilder in der Hauptstadt Niamey eingetroffen, die dabei beobachtet werden, wie sie Material, darunter ein Luftabwehrsystem, aus einem Frachtflugzeug entladen. Auf den vom nigerianischen Staatsfernsehen ausgestrahlten Bildern ist ein Iljuschin-Flugzeug mit Ausrüstung und Männern an Bord zu sehen. Im Tschad lässt sich nun ganz Ähnliches beobachten. Gegenüber dem französischen Sender RFI[43] erklärt Schugalej: «Es ist das zweite Mal, dass ich den Tschad besuche. Die Behörden geben mir freundlicherweise Gelegenheit, mein wissenschaftliches Interesse zu befriedigen, für eine ‹Meinungsumfrage›, deren Ergebnisse demnächst veröffentlicht werden.» Zum Sieger der Präsidentschaftswahlen vom 6. Mai wird Mahamat Idriss Déby Itno erklärt. Frankreich und Russland entsenden Delegationen zu seiner am 23. Mai stattfindenden Amtseinführung.

Nachdem sie in Mali und Burkina Faso Erfolge erzielt haben, wenden sich Wagners «Ingenieure des Chaos» nun dem Niger und der Elfenbeinküste zu und halten die Behörden in Aufruhr. Ziel ist die Destabilisierung der Regierungen unter Mohamed Bazoum und Alassane Ouattara, Frankreichs Schlüsselverbündeten in der Region. Im Frühjahr 2023 starten Prigoschins Agenten eine groß angelegte Desinformationskampagne zur Schwächung des nigrischen Präsidenten. Sie beginnt mit einer Facebook-Nachricht, in der fälschlicherweise ein Staatsstreich während Bazoums Besuchs in Frankreich angekündigt wird.

Als treuester Verbündeter des Westens in der Region drückt Bazoum kurz nach seinem Besuch seine Unterstützung für die von Paris geführten Aktionen in der Sahelzone aus und verurteilt die Propagandaversuche als anti-neokolonialen Populismus.[44] «Es stimmt, dass die französische Politik in Afrika derzeit nicht sehr erfolgreich ist», sagt er dennoch gegenüber den *Financial Times*. Und dann, am 26. Juli 2023 kommt der Schlag, ohne Vorwarnung: General Abdourahmane Tchiani, Chef der Präsidentengarde, der Gefahr läuft, seinen Posten zu verlieren, begehrt gegen Bazoum auf und setzt den Präsidenten ab. Alles geht sehr schnell. Die neue Militärjunta spult das Handbuch der Sahel-Putschisten ab: Ansprachen und Demonstrationen, bei denen die antifranzösische Stimmung voll ausgespielt wird, Zensur von RFI und France 24, Aufkündigung der Militärabkommen mit Frankreich. Am 2. August findet ein Besuch in Mali statt. Am Tisch sitzen die Vertreter der malischen Junta, aber auch Wagner-Leute. Prigoschin gratuliert dem nigrischen Volk zur Erlangung der Unabhängigkeit, während die Pro-Wagner-Netzwerke die Gefahr eines vom Westen ausgelösten Sahel-Krieges heraufbeschwören. Im April 2024 dann landet «Wagner 2.0» in Niamey. Die USA haben die Schließung ihres Luftwaffenstützpunkts in Agadez angekündigt, an dem Drohnen und 1100 US-Soldaten im Einsatz gewesen sind. Diese Entscheidung ist Teil einer «umfassenden Neuausrichtung der US-Streitkräfte in Afrika». Nun übernehmen Russen die Quartiere des amerikanischen Stützpunkts: Die nigrische Junta hat das Verteidigungsabkommen mit den USA aufgekündigt.[45] Der Abzug der Amerikaner hinterlässt ein Sicherheitsvakuum, das die im Niger verbleibenden deutschen und italienischen Streitkräfte nur schwer füllen können. Deutschland hat etwa 100 Soldaten in Niger stationiert, die für die Ausbildung von Spezialkräften zuständig sind. Auch rund 300 italienische Soldaten befinden sich im Rahmen einer bilateralen Zusammenarbeit im Land. Die größten Veränderungen im Sommer 2024 sind der Abzug der Amerikaner von ihrem Stützpunkt und die Annäherung der *African Initiative* an zahlreiche nigrische Influencer, um sie für die Verbreitung von pro-russischen und pro-junta Botschaften zu gewinnen.

Die Sahelzone ist das Experimentierfeld einer neuen Weltordnung. Eine Bühne, auf der die großen Momente eines Kalten Krieges nachgespielt werden, in dem Moskau bestrebt ist, in Afrika eine neue Konföderation antiwestlicher Staaten zu schaffen.

Teil 3

Frankenstein oder der russische Prometheus

«Wir wissen, sie lügen. Sie wissen, sie lügen. Sie wissen, dass wir wissen, sie lügen. Wir wissen, dass sie wissen, dass wir wissen, sie lügen. Und trotzdem lügen sie weiter.»

Alexander Solschenizyn

Von Carl von Clausewitz, einem preußischen Offizier, der 1812 auf russischer Seite gegen Napoleon kämpfte, stammt die Aussage: «Der Krieg ist eine bloße Fortsetzung der Politik mit anderen Mitteln.» Die berühmte militärgeschichtliche Maxime gewinnt mit dem Blick auf Wagner brennende Aktualität. Die Gruppe hat bewiesen, dass es sowohl Einfluss als auch Stärke braucht, um eine Region zu beherrschen.

Versucht man, das Wagner-Putin-Verhältnis zu verstehen, könnte man an Mary Shelleys Schauerroman «Frankenstein» denken. Die titelgebende Figur des Romans ist der Wissenschaftler Victor Frankenstein, der unvorsichtige Erfinder des Monsters, das selbst keinen Namen hat. Und in eben diesem Victor könnte man Wladimir Putin erkennen. Er hat eine Kreatur aus Leichen geschaffen, die in dieser modernen Version Moran Security Group, Slawisches Korps, Redut-Antiterror und anders heißen. Im Buch überlässt Victor sein Abscheu und Angst auslösendes Monster sich selbst, das sich daraufhin an verschiedenen Orten durchzuschlagen versucht und um sein Überleben kämpfen muss. In der Reality-Show des Kremls jedoch wurde Wladimir Putin offenbar von seiner schlechten Kriegsführung eingeholt und steht nun vor einer mächtigen Kreatur, die bereit ist, die ersten Risse in Putins Macht zu füllen. Bevor es zu dieser Hydra wurde, war das Wagner-Unternehmen nicht nur die Gans, die goldene Eier legte, sondern auch eine Referenz für andere private russische Militärfirmen. Durch Massaker und Kriegsverbrechen wurde es zum Feind, den es von westlicher Seite aus zu bekämpfen galt, und am Ende zum Problem des Kremls.

1

Die Hydra füllt sich die Taschen

«Ich glaube», sagte Iwan zu Wolodja, «dass wir das reichste Land der Welt sind.
– Warum?
– Weil fast sechzig Jahre lang jeder den Staat bestohlen hat und es immer noch etwas zu stehlen gibt.»

Lydia Rosner, The Soviet Way of Crime

Fernab des schmutzigen Krieges führt Familie Prigoschin ein angenehmes Leben. Auf Instagram[1] inszenieren sich ihre Kinder im Haus der Familie in St. Petersburg, an Bord ihres Privatjets M-VITO oder in ihrem Ferienhaus an der Schwarzmeerküste. Prigoschins Anwesen bei St. Petersburg soll über 15 Millionen US-Dollar wert sein. Es verfügt über einen Hubschrauberlandeplatz, einen Basketballplatz und große Glasdächer auf den eher klassisch gehaltenen weißen Gebäuden.[2] In der Nähe von Gelendschik, zwei Stunden vom Stützpunkt Molkino entfernt, können die Prigoschins in einem großen Pool mit Blick auf das Schwarze Meer baden. Im Sommer halten sie sich gerne auf der *Saint Vitamin* auf, einer 37 Meter langen Jacht, deren gesamte Inneneinrichtung von Versace entworfen wurde. Das 6,7 Millionen US-Dollar teure Schiff hat der Wagner-Gründer 2014 über eine auf den Seychellen ansässige Firma erworben, zusammen mit zwei weiteren Privatjets mit den Registrierungen VP-CSP und M-SAAN.[3] Eine Jacht, Flugzeuge, Villen à la Beverley Hills, Kunstobjekte und sogar Rennpferde – Prigoschins Zeiten als Hotdog-Verkäufer sind lange vorbei. Aber welches Vermögen hat der zum Kriegsherrn gewordene Koch wirklich angesammelt? Und wer ist inzwischen im Besitz der rund 600 Unternehmen des Wagner-Imperiums? Über die russische Plattform für öffentliche Ausschreibungen lassen sich Verträge nachverfolgen, die manche Unternehmen seiner Concord-Holding abgeschlossen haben. Von 2014 bis 2021 haben diese einen Umsatz von rund 5,6 Milliarden Euro verbucht. Doch das ist nur die Spitze des Eisbergs, denn der Koch ist ein Meister im Verschleiern seiner Firmen, um so seine Chancen auf Regierungsverträge zu vervielfachen. Der Geschäftsmann ist in erster Linie ein Baron der öffentlichen Vergabe. So stammt bis zu diesem Zeitpunkt der Großteil der Gelder für den Betrieb der Wagner-Gruppe vom russischen Staat.[4] Doch dann eröffnet sich ein neuer Geldsegen, der die staatlichen Ausschreibungen weit übertrifft.

Der Lohn: Schätze aus Afrika und dem Nahen Osten

> «Die Russen werden immer wieder kommen. Selbst wenn sie unsere Diamanten wollen, geben wir sie ihnen. Sie wollen Uran, wir geben es ihnen. Wir geben ihnen Holz. Selbst wenn sie verlangen, mit unseren Frauen zu schlafen, werden wir es ihnen gewähren.»
>
> *Fidèle Gouandjika*[5]

Risikoversicherung für Prigoschin, Betriebskapital für das im Ausland tätige Unternehmen oder Versorgungsader des Kremls zur Finanzierung seines Krieges in der Ukraine – durch seine Reichtümer hebt sich das Wagner-System deutlich von anderen Militärunternehmen ab. In Ergreifung einer geopolitischen Gelegenheit, die zuweilen auch Frühindikator für das Vordringen Russlands ist, besteht die erste Maßnahme von Prigoschins Männern darin, sich die natürlichen Ressourcen ihrer Einsatzgebiete unter den Nagel zu reißen. Seit dem Syrien-Einsatz wird ein reger Handel aufgebaut.

Die Liste der an Wagner gegangenen Konzessionen und Standorte ist lang, auch wenn diese Kooperationen zum Teil noch als Gerücht existieren. Ein Beispiel ist die staatliche Chromit-Abbaugesellschaft von Madagaskar, Kraoma, die im August 2018 ein Joint Venture mit dem zu Prigoschins Imperium gehörenden russischen Unternehmen Ferrum Mining eingeht. Im Jahr 2020 endet die Kooperation, der madagassische Partner und seine Beschäftigten werden durch unerhörte administrative Auflagen ins Abseits gedrängt. Bezeichnend ist der Fall der Meroe Gold Mining Company, die im Juni 2017 vom M-Invest-Direktor Michail Potepkin (der 99 % der Anteile besitzt) und einem lokalen Partner (der nur das letzte Prozent kontrolliert) gegründet wird.[6] Das in Al Solag umbenannte Unternehmen dient Wagner fortan als Fassade für seine wirtschaftliche Tätigkeit im Sudan. Auf Betreiben des sudanesischen Präsidenten erhält Al Solag im Gegensatz zu anderen Bergbauunternehmen erhebliche Steuervergünstigungen. M-Invest und das Bergbauministerium unterzeichnen Konzessionsverträge für den Goldabbau.[7] Vier Jahre später, im Oktober 2021, kommt dann die Bestätigung: Die Minen werden von Söldnern bewacht.[8] Das Abbaugebiet liegt 320 Kilometer nördlich von Khartum und umfasst eine schwer geschützte, von leuchtenden Türmen umgebene Fabrik, welche die Einheimischen die «russische Firma»[9] nennen.

Während der Sudan zerrissen wird, wacht Prigoschin über seine Minen und bleibt an der Seite seiner einheimischen Partner. Im Frühjahr 2023 werden Nachrichten abgefangen,[10] die zwischen ihm und General Hemeti, dem Anführer der Rapid Support Forces, hin und her gehen. Mithilfe von Satellitenbildern, sozialen Netzwerken und Flug-Trackern lassen sich die Bewegungen von Wagners Iljuschin-Flugzeugen von Syrien über Libyen bis in den Sudan verfolgen – der Weg der Waffenlieferungen.[11]

In Syrien konzentriert sich das Unternehmen auf die Ölressourcen. Sie sind auch der Grund, warum Moskau Söldner zur Unterstützung von Baschar al-Assads Streitkräften aussendet. Die erste Wagner-Niederlassung des Orients befindet sich in Damaskus. Evro Polis besitzt

25 % der Ölfelder in den von Dschihadisten kontrollierten Gebieten. Firmenchef ist Waleri Tschekalow, der für den Sicherheitsdienst und die logistische Unterstützung der Söldner zuständig ist und am 23. August 2023 beim Absturz von Prigoschins Flugzeug ums Leben kommen wird. Die Abmachung zwischen dem syrischen Staat und Prigoschin ist ganz einfach und lautet: Tote Dschihadisten gegen Ölreserven. Die «IS-Jäger«[12], wie sich die Wagner-Leute vor Ort auch nennen, stellen der Terrorgruppe nach, um an das schwarze Gold zu kommen. Am 27. Dezember 2019 gewährt das syrische Parlament den beiden russischen Unternehmen Mercury LLC und Veleda LLC Verträge zur Erdölgewinnung. Und als sich Baschar al-Assad im April 2021 mit Michel Aoun, dem Präsidenten des Libanon, bespricht, geht es vor allem um die Seegrenzen der beiden Länder. Warum das? Assad vergibt Block 1, eines der größten Offshore-Ölfelder des Landes, über eine neue Firma namens Kapital LLC an Prigoschin.[13] Beim Ausbau des Wagner-Universums dreht sich alles um die Kontrolle über die Ölreserven und die Zirkulation von Arbeitskräften. Wie Evro Polis im Öl- und Gassektor engagiert auch das im Phosphatabbau tätige Stroïtransgaz[14] im Juni 2017 lokale Söldnerfirmen wie Sanad Guard and Security,[15] Al Maham Security[16] und Al Sayad.[17] Die zum Schutz der Anlagen oder bei Kampfoperationen eingesetzten Männer werden auf russischen Militärstützpunkten von Wagner ausgebildet und trainiert. Evro Polis hat darüber hinaus Fachleute nach Syrien entsandt, die auf die Gewinnung von Phosphat, Gas und Öl spezialisiert sind. Aus einem das zivile Vertragspersonal betreffenden Dokument geht hervor, dass rund 15 Experten für Geologie und Ölförderung auf der Gehaltsliste von Prigoschins Unternehmensnetz stehen. Es sind monatlich 18 Millionen Euro,[18] die diese Firmen aus den 2018 freigewordenen Gebieten ziehen. Wohin das Öl verkauft wird, lässt sich unmöglich eruieren, aber es könnte die gleichen Wege nehmen wie zu der Zeit, als noch der IS die Fäden in der Hand hatte, zumal russische Söldner auch den Antiquitätenhandel von Palmyra aus wieder aufgenommen haben sollen, wie wir aus einem Interview mit dem Überläufer Alexander Slodejew erfahren.

Eben dieses Szenario wiederholt sich mit Ankunft der Russen in Mali. Im November 2021 trifft dort der über die Zentralafrikanische Republik kommende Geologe Sergej Laktionow ein. Der 55-Jährige ist den westlichen Geheimdiensten nicht unbekannt. Er ist ein Mitarbeiter von Andrei Mandel, der sich um die Rohstoffgewinnung im Sudan und in der Zentralafrikanischen Republik kümmert. Mandel hat sich übrigens Ende 2021 in Bamako aufgehalten, um dort wie in Bangui die Bergbauinteressen von Wagner zu überwachen.[19] Laktionow arbeitet für M-Invest und inspiziert Möglichkeiten für den Abbau von Gold und anderen Bodenschätzen im Zentrum und im Süden des Landes. Während einer weiteren Erkundungstour in Mali – wo sich Laktionow zeitgleich mit Iwan Maslow, dem dortigen Landeschef der Gruppe Wagner, aufhält – tauchen von Strohleuten geführte Unternehmen nach malischem Recht auf. Darunter ist Alpha Development, das künftig die russischen Interessen im Bergbausektor vertreten soll.

Wagner hat zudem ein Auge auf den Kleinbergbau im Norden Malis geworfen. Die dortigen Unabhängigkeitsbewegungen schließen sich zusammen, sie wollen nicht um ihre neugewonnenen Bodenschätze betrogen werden. Tatsächlich patrouillieren parallel zu Wagners Ankunft in Gao und Ménaka im Sommer 2022 gemischte Einheiten auf dem Gelände von N'Tahaka westlich von Gao. Auf einen Vorstoß in das von ihnen kontrollierte Gebiet reagieren die unter der Coordination des Mouvements de l'Azawad (CMA) zusammengefassten bewaffneten Gruppen im September 2022 mit verstärkter interner Kommunikation, es kommt zum Schusswaffengebrauch.

Geheimer Koordinator des Goldschmuggels der Wagner-Gruppe in Mali ist der auch «Kep» genannte Andrei Iwanow. Er ist ein Veteran der Söldnertruppe und hat an deren Operationen in Syrien und der Zentralafrikanischen Republik teilgenommen. Nach dem Vorbild von «Ratibor», der an der Sicherung der Wagner-Minen im Sudan beteiligt war, überlässt das Unternehmen die heikle Organisation des Goldhandels lieber seinen erfahrenen Söldnern, die mit ranghohen malischen Armeemitgliedern zusammenarbeiten. Ein Großteil der Wagner-Geschäfte läuft über die Vereinigten Arabischen Emirate, wohin nicht nur Gold, sondern auch Diamanten verkauft werden. Obgleich der Golfstaat für den Gewinn und die Logistik des Wagner-Apparats eine Schlüsselrolle einnimmt, ist er kaum Gegenstand von Ermittlungen.

Dennoch, die internationale Gemeinschaft widmet sich der Verfolgung von Wagners Geschäftsaktivitäten. Die Gruppe wird im Dezember 2021 aufgrund «schwerer Verletzungen und Verstöße auf dem Gebiet der Menschenrechte» auf Sanktionslisten gesetzt.[20] Doch gibt es zum Wagner-Imperium gehörende Unternehmen, die nicht von allen westlichen Ländern namentlich genannt werden. So dauert es bis zum ersten Jahrestag des Ukrainekriegs im Februar 2023, bis beispielsweise Lobaye Invest auf die europäische Liste gesetzt wird, obwohl es seit 2020 auf der Sanktionsliste des US-Finanzministeriums steht.

Theoretisch ist etwa die Einfuhr von «Konfliktholz» aus zwei Gründen verboten: aufgrund der europäischen Verordnungen gegen illegalen Holzeinschlag und aufgrund der EU-Sanktionen gegen Wagner. Am 15. Juli 2020 ergreift das US-Finanzministerium weiterführende Maßnahmen im Rahmen der Sanktionen gegen Jewgeni Prigoschin.[21] Diese richten sich gegen Unternehmen im Sudan, in Hongkong und in Thailand, die es Prigoschin bisher ermöglicht haben, Sanktionen zu entgehen. Die beiden asiatischen Finanzplätze gehören zu den wenigen, die bereit sind, mit russischen Geldern zu arbeiten. Die nun ins Visier genommenen Akteure haben direkte Hilfe bei den weltweiten Geschäften des Wagner-Imperiums geleistet und zudem versucht, sudanesische Reformbewegungen zu diskreditieren. Einen Monat später wird Jewgeni Prigoschin im Zusammenhang mit der Libyen-Untersuchungskommission mit EU-Sanktionen belegt. Seit Februar 2021 gehört er aufgrund seiner mutmaßlichen Einmischung in die US-Wahlen 2016 und 2018 zu den meistgesuchten Personen des FBI: Für Hinweise, die zu seiner Festnahme führen, wird eine Belohnung von 250 000 US-Dollar ausgesetzt.[22]

Aktuell kommen noch die Sanktionen hinzu, die nach der Ukraine-Invasion gegen russische Unternehmen und Bürger verhängt wurden:

Bois Rouge beispielsweise bezieht seine Waren von dem russischen Stahlunternehmen Severstal, dessen Hauptaktionär Alexei Mordaschow wir in Mali begegnet sind. Im Dezember 2021 ist die Europäische Kommission zu dem Schluss gekommen, dass die Sanktionsinstrumente ihre Ziele nicht vollständig erreicht haben.

Abräumen in der Zentralafrikanischen Republik

An der Zentralafrikanischen Republik lässt sich beispielhaft zeigen, wie Prigoschins Einflussnahme funktioniert: Durch ein Sicherheitsunternehmen, das den Streitkräften Ausbildung und Unterstützung bietet, durch Aktivitäten im Bergbausektor und durch zahlreiche Investitionen in lokale Medien wie den Radiosender Lengo Songo oder auch die Organisation der «Miss RCA»-Wahlen. Dieses Muster wird immer weiter perfektioniert. Zur Erinnerung: Seit Dezember 2020 sind durch den Konflikt in der Zentralafrikanischen Republik über 1000 Zivilisten getötet und 200 000 Menschen vertrieben worden. Beide Seiten, also zum einen Wagner und die Regierungstruppen und zum anderen die Rebellenbewegungen, begehen schwere Menschenrechtsverletzungen (Vergewaltigungen, Massaker, Folter), die in mehreren Berichten der Vereinten Nationen dokumentiert sind. Von den Gewaltexzessen ist insbesondere die Volksgruppe der Fulbe betroffen.

Dabei gibt es vor allem zwei Unternehmen, die Wagners Interessen dienen. Lobaye Invest unter Jewgeni Chodotow, einem ehemaligen Polizisten, der auch M-Finans leitet, ergattert die Bergbaukonzessionen. Die 2015 gegründete Firma mit Sitz in St. Petersburg widmet sich dem Abbau von Edelsteinen, Quarz und Glimmer.[23] Mit ihrer Spezialisierung auf den Bergbausektor ähnelt sie dem Profil des in Syrien tätigen Wagner-Unternehmens Evro Polis.

Um für Bergbauinvestoren attraktiver zu werden, hat die Führung in Bangui den Sektor in der Vergangenheit durch Verordnungen geregelt, 2009 wird dann ein Bergbaugesetz verabschiedet. Dieses Gesetz legt fest, dass jede natürliche oder juristische Person, die eine Bergbautätigkeit ausüben möchte, zunächst eine Vereinbarung mit dem zentralafrikanischen Staat unterzeichnen muss. Noch im Februar 2006 hat Aurafrique, ein Unternehmen der kanadischen AXMIN-Gruppe, ein Abkommen mit der Zentralafrikanischen Republik geschlossen, welches die Erkundung, Entwicklung und Durchführung von Bergbauaktivitäten auf einem 2000 Quadratkilometer großen Grünsteingürtel bei Bambari regelt.

Doch die Wahl Touadéras im Jahr 2016 beendet die Aktivitäten von Aurafrique. 2019 beschließt Bangui, die Genehmigung zu widerrufen und vergibt sie stattdessen an Midas Ressources – ein Unternehmen, das der Wagner-Gruppe nahestehen soll.[24] Um den Entzug der Konzession zu rechtfertigen, führt der zuständige Minister an, es habe seit 2012 keine Aktivitäten der kanadischen Tochtergesellschaft mehr auf dem Gelände gegeben. Dabei hat das Unternehmen seit 2018 dauerhaft ein Team vor Ort.[25] Auch um die Ndassima-Mine wird AXMIN erleichtert.[26] Es ist das übliche Vorgehen. Obgleich in Bangui niemand Chodotow kennen will, wird er in offiziellen Dokumenten als Geschäftsführer von Lobaye Invest aufgeführt, und das auch in einem am 25. Juli 2018 vom Bergbauminister unterzeichneten Erlass. Das mit russischem Kapital operierende Unternehmen hat eine – zunächst auf ein Jahr beschränkte, aber verlängerbare – Genehmigung zur bergbaulichen Erkundung in der Region Pama erhalten, um mögliche Gold- und Diamantenvorkommen zu untersuchen.[27] Außerdem hat man Lobaye die Ausbeutung von fünf Gold- und Diamantenfeldern zugestanden, von denen vier in vom Kimberley-Prozess[28] definierten «roten Zonen» liegen: Bangassou, Ouadda, Bria und Sam-Ouandja. Das Abkommen ist drei Jahre gültig und kann verlängert werden. Unterzeichnet hat es der Minister für Bergbau und Geologie Léopold Mboli Fatran. Zuvor hat er Lobaye Invest die Erlaubnis erteilt, in der Region um Yawa nach Bodenschätzen zu suchen.[29] Auch Chodotow erhält im Juni 2018 eine dreijährige, verlängerbare Genehmigung zur Goldsuche in Yawa.

Wagners zweites Standbein in der Zentralafrikanischen Republik sind die Sewa Security Services, ein ebenfalls in Bangui ansässiges Unternehmen, das für militärische Beratungsmissionen mit Russland genutzt wird. Unter diesem Deckmantel unterstützen die Söldner die Streitkräfte der Zentralafrikanischen Republik. Die Firma ist zudem für die Sicherheit von Lobaye Invest zuständig. Von einer unserer zentralafrikanischen Kontaktpersonen erfahren wir, dass die Regierung unter Touadéra rund 7,6 Millionen Euro pro Monat für die Sicherheitsdienste der Firma zahlt, die Betriebskosten nicht eingerechnet. Seit 2018 soll die Gruppe Wagner fast eine halbe Milliarde Euro kassiert haben. Eine schwindelerregende Summe für ein Land, in dem es an allem mangelt.

Auch das Geschäft mit Edelsteinen gerät in die Hände von Wagner, wie der auf Facebook entdeckte Fall der Diamville-Diamanten offenlegt.[30] Über das am 8. Januar 2020 eingerichtete Konto «Lanadiamanter» werden online Diamanten verkauft. «Wir bieten Ihnen alle möglichen Diamanten [...] bei Diamville werden Ihre Träume wahr», heißt es im ersten Post. Die Herkunft der Steine wird nicht angegeben. Doch eine Nachricht auf Instagram vom 11. September 2020 legt nahe, dass sie aus der Zentralafrikanischen Republik stammen: «Wir können Ihnen ein exklusives Angebot für Rohsteine aus dem Herzen Afrikas machen.»

Laut Handelsregister wird die Firma Diamville im März 2019 gegründet, ihr Sitz befindet sich gleich neben der Universität von Bangui. Die im Handelsregister hinterlassene E-Mail führt zurück zur Facebook-Seite von Diamville, auf der die Gemmologin Svetlana Troitskaia als Vertreterin des Unternehmens auftritt und sich regelmäßig mit den zum Verkauf stehenden Diamanten inszeniert. Von 2018 bis 2020 arbeitet sie für das St. Petersburger Unternehmen Service K Ltd an einem russisch-afrikanischen Handelsprojekt. Im September 2018 taucht die Edelsteinexpertin neben Dmitri Syty und Jewgeni Kopot auf einem Foto[31] auf, das in Mbaïki in der Präfektur Lobaye aufgenommen wurde – einer Region, in der mehrere Unternehmen des Wagner-Netzwerks angesiedelt sind. In der Hauptstadt unterhält eben dieser Kopot zusammen mit Waleri Sacharow ein Büro, das in Anspielung auf die dorthin gelieferten Luxusgüter auch «Bangui Hilton» genannt wird. An der Wand hängt eine Karte von Zentralafrika, in einer Ecke stapeln sich Waffen. Wie man auf Fotos sehen kann, macht Sacharow hier zuweilen ein Nickerchen. Auch der Präsidentenberater ist abgelichtet worden, mit einer Kalaschnikow in der Hand. Er trägt ein T-Shirt mit dem Logo des Staatsfernsehens RT.[32] Ihnen zur Seite steht Witali Perfilew, ein ehemaliger Fremdenlegionär, der mittlerweile hohes Ansehen genießt. Während Sacharow sich von Bangui distanziert, avanciert Perfilew zu Dmitri Utkins rechter Hand für die Zentralafrikanische Republik. Als es im Dezember 2020 zur Offensive bewaffneter Gruppen kommt, befehligt Perfilew die Verteidigung von Bangui und im Anschluss den russisch-zentralafrikanischen Gegenangriff zur Zerschlagung der Hauptstadt-Enklave.

Politische Instabilität und zahlreiche Staatsstreiche schwächen die Bergbauindustrie im Herzen Afrikas. Von 2013 bis 2015 wird durch den Kimberley-Prozess die Ausfuhr von «Blutdiamanten» aus Zentralafrika unterbunden, in der Absicht, die gewalttätigen Konflikte einzudämmen. Seit 2015 dürfen nur noch Steine aus bestimmten Minen exportiert werden, und zwar über autorisierte Exportunternehmen und unter Befolgung internationaler Regeln. Schon 2011 empfahl Annie Dunnebacke von der NGO *Global Witness*, dass «der Diamantenhandel Kontrollen einführt, um die Rückverfolgbarkeit von Diamanten über die gesamte Lieferkette hinweg zu gewährleisten, auch wenn die Diamanten nicht mehr von dem Zertifikat begleitet werden»[33] – eine Maßnahme, die bis heute nicht durchgesetzt wurde.

2022 listet die United States Agency for International Development (USIAD)[34] Diamville als einen der vier größten Diamantenexporteure neben CCO, Badica und Dunta. Das ständige Kimberley-Sekretariat in Bangui hat von Januar bis Juni 2021 43 562 exportierte Karat nachgehalten, was 42 % der im gesamten Jahr ausgeführten 103 647 Karat entspricht. Nach Angaben des Bergbauministeriums sind 80 % der Diamanten von Edelsteinqualität.[35] Bezogen auf die Güte der Steine steht das Land im Weltrang an fünfter Stelle. Nach Ansicht der Weltbank finanziert ein Teil der Bergbaueinnahmen des letzten Jahrzehnts Rebellengruppen, und mindestens 30 % der abgebauten Diamanten verlassen die Zentralafrikanische Republik illegal.

Im Jahr 2019 ist der Diamantenschmuggel weit verbreitet, USAID nennt ihn sogar «dominant». Auch wenn sie potenziell nur einen Teil der Aktivitäten des Wagner-Unternehmens offenlegen, ist aus den UN- und den US-Exportzahlen ersichtlich, dass die Diamanten vornehmlich in Dubai, zum Teil aber auch auf europäischem Boden vermarktet werden.

Als Reaktion auf diese Ermittlungen gehen die Verwalter der Diamville-Konten fortan unauffälliger vor. Am 25. November 2022 wird das Facebook-Konto von Lanadiamanter geschlossen. Auf Medienanfragen zu diesem Thema trollt Prigoschin: «Ich habe Details über die Firma Diamville aufgedeckt. Sie befindet sich über einen Strohmann im Besitz von Emmanuel Macron. Der Coup wird von NATO-Spezialeinheiten mit dem Namen SDFA (Steal Diamonds from Africa) durchgeführt. Der tägliche Umsatz aus dem Diamantenverkauf beläuft sich auf 7,4 Milliarden US-Dollar. Berichten zufolge werden sie jeden Mittwoch um 18 Uhr nach Paris gebracht – wie genau, ist noch nicht ganz geklärt.»[36]

Die Plünderung der Wälder

Weit vor Diamanten ist Holz das wichtigste Exportgut der Zentralafrikanischen Republik. Laut einem Bericht der Ernährungs- und Landwirtschaftsorganisation der Vereinten Nationen (FAO) wird es von nur elf Unternehmen verwertet.[37] Im Februar 2021 fällt der Gruppe Wagner ein riesiges Waldstück in die Hände. Es kommt zum gleichen Szenario wie beim Diamantenhandel.

Ende 2019 widerruft Bangui die Genehmigung für die Nutzung eines 137 000 Hektar großen Waldstücks, die an die «Industries forestières de Batalimo» (IFB) vergeben ist. Achtzehn Monate später gibt es eine Ausschreibung, die Lizenz in der Präfektur Lobaye geht an einen neuen Akteur: Die zentralafrikanischen Behörden verscherbeln einen Teil ihrer natürlichen Ressourcen, indem sie dem mit russischem Kapital operierenden Unternehmen Bois Rouge[38] die intensive Ausbeutung des Areals genehmigen, und das gegen lächerlich geringe Steuern.

Und so gerät der von Gorillas und Leoparden bewohnte Wald Anfang 2021 unter die Kontrolle eines Unternehmens, das sich als 100 % zentralafrikanisch ausgibt, in Wirklichkeit aber russische Interessen vertritt. Bois Rouge ist seit März 2019 im Handelsregister eingetragen, Geschäftsführerin ist eine Staatsangehörige der Zentralafrikanischen Republik. Im Oktober 2019, also einige Monate nach seiner Gründung,[39] taucht das Unternehmen auf einer Holzmesse in Shanghai auf: Es wird dort als russischer Teilnehmer gelistet und von einem russischen Verkaufsleiter vertreten. Diese Verbindungen werden durch Fotoaufnahmen[40] aus dem Holzabbaugebiet bestätigt, auf denen mehrere Weiße neben einheimischen Arbeitern zu sehen sind sowie russische LKW, Schachteln mit russischen Medikamenten und eine Tür mit der kyrillischen Aufschrift «medizinisches Zentrum».

Zunächst ergibt sich allein über die Chronologie eine Verbindung von Bois Rouge zu Wagner, denn die Vergabe der Konzession fällt mit der Ankunft der Söldner in der Provinz Lobaye zusammen. Am 24. Januar 2021 berichtet ein Soldat einer Spezialeinheit der FACA,[41] die Truppe befinde sich kurz vor Boda, in Schlagbereitschaft. Und am 9. Februar (also zwei Wochen nach der Rückeroberung der Stadt Boda durch die FACA und Wagner) weist die Regierung das ehemalige IFB-Waldgebiet dem Unternehmen Bois Rouge zu.

Doch auch über Finanzströme sind das Holzunternehmen und das Wagner-Imperium verknüpft. Da Bangui über keinen Zugang zum Meer verfügt, muss es seine Ausfuhren über Häfen in den Nachbarländern tätigen. Die zentralafrikanischen Importe und Exporte werden vorrangig über den Hafen von Douala in Kamerun abgewickelt. Rund

260 Transaktionen sind dort für Bois Rouge verzeichnet: Das Unternehmen versorgt sich mit russischem Material, das aus dem russischen Hafen Noworossijsk geschickt wird. Die Daten aus den online verfügbaren Ladescheinen für Bois Rouge belegen den Kauf von Ausrüstung über Broker Expert LLC. Allein für November und Dezember 2021 sind 28 Transaktionen vermerkt: Innerhalb von zwei Monaten hat das Forstunternehmen einen Traktor, Baumaterial, Asbestplatten und einen Industriestaubsauger importiert.

Ein genauerer Blick auf Broker Expert wirft ein Licht auf die Logistik des Wagner-Netzwerks. Denn das Unternehmen ist bereits 2019 als einer der Lieferanten der Wagner nahestehenden Bergbaufirma Ferrum Mining in Madagaskar aufgetaucht. 2019 und 2020 hat Broker Expert Schutzausrüstung in den Sudan geschickt.[42] Das russische Unternehmen übernimmt offenbar die Logistik des Wagner-Imperiums. Zugleich liefert es Ausrüstung an das zentralafrikanische Unternehmen «Logistique Économique Étrangère»[43], was darauf hindeutet, dass es fester Bestandteil von Wagners operativem Geschäft in der Zentralafrikanischen Republik ist.

Die Nutzungsbedingungen, die die zentralafrikanische Regierung dem Unternehmen Bois Rouge gewährt, kann man nur als Geschenk betrachten, sie entsprechen keiner klassischen Geschäftsbeziehung. Dies wird beim Vergleich der offiziellen Dokumente nur allzu deutlich: Bois Rouge hat das Recht, den Wald intensiv zu bewirtschaften und genießt Vorteile, die anderen Unternehmen niemals zugestanden worden wären.

Trotz dieser Vorzugsbehandlung hält Bois Rouge nicht alle seine Verpflichtungen ein. Das Unternehmen nimmt den Betrieb im Juli 2021 auf, ohne einen Bewirtschaftungs- und Nutzungsplan oder eine Umweltverträglichkeitsprüfung durchzuführen, obgleich beides vorgeschrieben ist. Das Fehlen des Bewirtschaftungsplans wird in der endgültigen Betriebsvereinbarung vom 3. Dezember 2021 ausdrücklich erwähnt, was die Regierung jedoch nicht davon abhält, das Dokument zu unterzeichnen. «Die Einführung von Bewirtschaftungsplänen zum

Erhalt der Waldressourcen bleibt unsere Priorität, und wir werden die Kontrollen intensivieren», hatte die Forstministerin 2016 noch in *Le Monde* versichert.[44] Das zentralafrikanische Umweltministerium bestätigt die fehlende Umweltverträglichkeitsprüfung. Es kommt noch hinzu, dass Bois Rouge als Gegenleistung für die Konzession eigentlich drei Jahrespachten zahlen soll. Auch das tut das Unternehmen nicht, ohne dass es daraufhin zum Entzug der Lizenz kommt.

Sieben Monate nach der mit den *European Investigative Collaborations* durchgeführten Untersuchung taucht dann die Wood International Group im Internet auf. Sie hat keine eigene Website, ist aber auf Handelsplattformen vertreten. Wagner hat offenbar aus früheren Fehlschlägen gelernt und tarnt seine Aktivitäten nun besser. Bois Rouge war zu exponiert, es brauchte eine Nachfolge. Kaufmännischer Leiter der Wood International Group ist Artem Tolmachev, der bereits für die mit Prigoschin in Verbindung stehenden Unternehmen Service K und Ferrum Mining tätig ist. Ein neu zusammengestelltes Team übernimmt die Struktur und Verträge, die Vereinbarungen und Netzwerke von Bois Rouge. Es handelt sich um ein einträgliches Geschäft: Wagner könnte in den nächsten dreißig Jahren an die 60 Millionen Euro Einnahmen aus dem Unternehmen ziehen. Zur Umgehung von Kontrollen nutzt das Unternehmen ein undurchsichtiges Logistiksystem, über das das Holz nach Kamerun gebracht wird. Seit den ersten Fällungen wurden keinerlei Maßnahmen zum Umweltmanagement oder zum Schutz der indigenen Gemeinschaften ergriffen. Die anhaltenden industriellen Aktivitäten, Umweltverschmutzung und Lärmbelastung haben dazu geführt, dass das Volk der Baka die Region verlassen hat.

Die Handelstätigkeit des Wagner-Universums nimmt vor allem zwei Wege: Midas Resources wird mit Ausrüstung beliefert, und über die Wood International Group wird Holz an europäische und internationale Kunden verkauft. Bei der Veröffentlichung unseres zweiten Berichts über das Geschäft mit Tropenholz mussten wir feststellen, dass nicht alle Compliance-Abteilungen der beteiligten Unternehmen in Europa mit den Geschäftsmustern von Wagner vertraut sind. Derzeit geht es bei unserer Arbeit auch darum, dass die Unternehmen und der Logistiksektor über die Handelsgeschäfte von Wagner und die Taktiken, mit denen der Endbegünstigte dieser Transaktionen verschleiert wird, informiert werden.[45] Es ist ein ständiges Katz-und-Maus-Spiel, mit dem man Sanktionen umgehen und einen schlechten Ruf vermeiden will. Nachdem auch die Hintermänner der Wood International Group identifiziert sind, ändert das Unternehmen erneut seinen Namen und wird zu Ripperwood International, während man es im Diamant- und Goldhandel fortan mit der Mining Industries GmbH zu tun hat – auf die endlose Umbenennung folgt stets eine neue Liste von Unternehmen, die von Washington unter Sanktionen gestellt werden.[46]

Die zentralafrikanische Wirtschaft unter russischer Kontrolle

Im November 2021 sieht man in den sozialen Medien und auf Banguis Straßen immer öfter Werbeanzeigen für die neuen lokalen Wodkas «Bamara» und «Wa Na Wa». Hinter den beiden Marken steht ein breites Marketing mit Plakaten, Wandwerbung, Partys,[47] Influencern und Studien.[48] Auf den Websites und den Werbeplakaten von Bamara und Wa Na Wa stößt man auf dieselbe Telefonnummer, die zu demselben Produzenten führt: die in Bangui ansässige Firma First Industrial Company (FIC). Und die Spur führt weiter nach Russland. Ein Hinweis ist das in kyrillischer Schrift verfasste Marketingmaterial, mit dem das Produkt als «mit russischer Technologie hergestellter Wodka» angepriesen wird. Auf der Website ImportGenius finden sich 135 Frachtbriefe für aus dem Hafen Noworossijsk kommende Güter. Während die *Corbeau News* noch vermuten, dass die First Industrial Company eine Fassade für Wagners Aktivitäten ist,[49] bestätigt *Jeune Afrique*: «Die auf den Namen Dmitri Syty registrierte Firma mit zwei russischen Ingenieuren und rund zwanzig zentralafrikanischen Angestellten hat sich auf die Produktion von Bier und anderen Alkoholika verlegt.»[50] Importiert wird der minderwertige Alkohol über die kamerunische Filiale der FIC. Oftmals stammen die Lieferungen aus dem benachbarten Nigeria. Die in den Fässern der First Industrial Company gelagerte, dann weiterverarbeitete, doch recht fragwürdige Flüssigkeit geht als «Wodka» unter die Leute.[51]

Die Getränkebranche erscheint vielversprechend, und so hat das Wagner-Konglomerat gerade sein erstes Bier namens «Africa TI l'or» auf den Markt gebracht.[52] Zugleich wird eine Publicity-Kampagne gegen die französische Brauerei Castel gestartet: Wagner will sich einen Marktvorteil verschaffen, indem es darauf aufmerksam macht, dass Castel in die Finanzierung von Rebellengruppen verwickelt ist.[53] Dennoch, der Verkauf von Wodka und später von Bier «made by Wagner» kommt nicht recht in Gang, trotz großangelegter Werbekampagnen oder auch Einschüchterungsversuchen gegenüber den Händlern der Hauptstadt, um sie zum Kauf von russischem Alkohol zu zwingen. Im März 2023 wird das Gelände der Brauerei Castel durch Brandstiftung verwüstet.[54] Angesichts der von den zentralafrikanischen *Corbeau News* geäußerten Vermutungen dürfte sich der Einstieg in den Markt extrem schwierig gestalten. Das als eher pro-europäisch und unabhängig wahrgenommene Blatt schreibt: «Der Konsum von Wagner-Alkohol ist offenbar schädlich: Weit verbreitete Erscheinungen bei Männern sind derzeit Verdauungsprobleme und Erektionsstörungen.»[55] Unbeirrt greift die FIC nach weiteren Branchen, etwa dem Markt für Kaffee oder Zucker. Wagner diversifiziert sich mit mehr oder weniger Erfolg: Hauptziel des Konzerns ist es, den noch bestehenden französischen Aktivitäten Konkurrenz zu machen.

Und natürlich greift Wagner auch nach dem so aussichtsreichen Erdölsektor. Zu den traditionellen Konzernen Total, Tradex und Sarp-Oil kommen mit Capex und Petrolex zwei neue Unternehmen auf den zentralafrikanischen Markt. Von pro-russischer Seite heißt es, der Markteintritt bestätige «den Willen russischer Investoren, sich am Wiederaufbau der Wirtschaft zu beteiligen».[56]. Finanzierung und Entscheidungen bleiben russisch, während die Geschäfte augenscheinlich von einem Strohmann geleitet werden: «Diese Scheinfirmen verschleiern in gewisser Weise den Treibstoffschmuggel.»[57] Vorgegangen wird nach einem einfachen Muster: Über Douala wird massenweise Treibstoff aus Nigeria importiert, dieser wird, wo immer die FIC freie Kapazitäten hat, in Depots gelagert – die im Übrigen nicht den geltenden Vorschriften entsprechen.[58] Capex leitet russische Waren über Kamerun in die zentralafrikanische Stadt Bambari weiter. Die Firma ist in einem Dokument vom 20. September 2021 des «Groupement des transporteurs terrestres du Cameroun», einem kamerunischen Transportunternehmen, aufgeführt. Wie aus den 76 von uns eingesehenen Frachtbriefen hervorgeht, ist ein Teil der Lieferungen für Capex-Aktivitäten wie geologische Erkundungen und Bohrungen bestimmt. Der kamerunische Hafen Douala, an dem die Waren von Bord gehen, dient offenbar als Basis.

Bei unseren Recherchen stoßen wir auch auf das zweite Unternehmen Petrolex, das in einer Informationsnotiz des Ministeriums für Energie und Wasserressourcen erwähnt wird. Am 9. Juli 2021 prüft Bangui die Zulassungsanträge von drei Ölgesellschaften. Das Unternehmen passt in das Capex-Schema und könnte durchaus nach gleichem Muster operieren. Dabei lässt sich dem Fall Petrolex nur schwer mit offenen Quellen nachgehen, da ein Unternehmen dieses Namens ohne Verbindung zu Russland in den Nachbarländern der Zentralafrikanischen Republik existiert.

Nicht zuletzt wecken Gewinne aus der Viehzucht Wagners Appetit. Die Kämpfe zwischen Regierungstruppen und Rebellen finden hauptsächlich in Gebieten mit Wanderweidewirtschaft statt: Es geht darum, wer die Kontrolle über die Herden erlangt. Den Russen ist klar, dass Viehbesitz ebenso lukrativ ist wie Bergbau. Und so kommt es zu Guerilla-Aktionen von Söldnern und zur Erpressung von nomadischen Viehzüchtern. Es lockt reicher Lohn – man bedenke, dass die Viehzucht in der Zentralafrikanischen Republik etwa 13 % des Bruttoinlandsprodukts ausmacht. Wagners Köpfe wollen die Kontrolle über die Weidewirtschaft erlangen, indem sie die Männer des Ministers für

Viehzucht und Tiergesundheit, Hassan Bouba, für sich gewinnen.[59] Eben dieser mit großer Macht ausgestattete Minister ist es auch, der im Juni 2022 den Verkauf der staatlichen «Gesellschaft zur Verwaltung der Schlachthöfe» an einen Russen durchwinkt. Die Transaktion ist von einem Wagner-Vertreter und dem russischen Botschafter eingefädelt worden.[60] Ende 2022 setzt man die Expansion in den anderen Sektoren fort. Mitte November 2022 trifft in Ndassima, einem Bergbauort in der Präfektur Ouaka im Zentrum der Zentralafrikanischen Republik, ein aus Bangui kommender Konvoi aus zehn Sattelschleppern mit Bergbauausrüstung ein. Die Fahrzeuge sind nicht unbemerkt geblieben, da Söldner die Strecke gesichert und Warnschüsse abgefeuert haben.[61] Die neuen Maschinen ermöglichen Wagner eine noch höhere Ausbeute.

Die Tentakel der Wagner-Krake greifen nach sämtlichen Sektoren in sämtlichen Ländern. RIA FAN-Journalist Kirill Romanowski[62] drückt es so aus: «Willkommen bei der neuen Version der Ostindien-Kompanie.»[63] Im 18. Jahrhundert habe Letztere mit ihrer Miliz und ihren Handelsposten große Streifen Südostasiens erobert, die moderne Ausgabe der Kompanie beschränke sich auf die Eroberung Afrikas.

Nach dem Wagner-Aufstand vom 23. Juni fackelt der FSB nicht lange. Der Föderale Sicherheitsdienst lässt Fotos von den Durchsuchungen in Jewgeni Prigoschins Anwesen durchsickern. Die russischen Beamten entdecken Waffen, Pässe, Medaillen, Goldbarren.[64] Es tauchen Ehrenauszeichnungen auf, welche die Verbindungen zwischen dem Wagner-Chef und verschiedenen afrikanischen Ländern bestätigen, etwa das im März 2021 verliehene Tapferkeitskreuz der Zentralafrikanischen Republik und Geschenke aus Mali. Noch interessanter sind die Siegel und Dokumente von rund 600 Unternehmen: «Sechshundert juristische Personen, sechshundert verschiedene Unternehmen, die in keiner formellen Verbindung stehen, aber in Wirklichkeit Prigoschins Imperium bilden.»[65] Das Wagner-Universum ist noch größer als bisher angenommen.

Wie alle übermäßig gierigen Oligarchen wird er wahrscheinlich nicht sein gesamtes Imperium behalten. Dennoch konnte er einen Großteil dessen, was nach der Hausdurchsuchung beschlagnahmt worden ist, zurückerhalten und bekommt weiterhin öffentliche Aufträge von der russischen Regierung. In den Handelsregistern hat es seit Juni keine Veränderungen gegeben. Prigoschins Business Angels wachen offenbar weiter über ihn. Die Gruppe Wagner überlebt das Verschwinden ihres Anführers. Wie das? Hierfür gibt es viele Erklärungen. Zunächst einmal ist die Schließung von Unternehmen und die Neustrukturierung ihres Kapitals aufgrund der Verwaltungsverfahren zeitaufwändig. Unsere Überwachung der verschiedenen Handelsregister ergibt, dass die Strukturen immer noch existieren. Die Mitglieder der Wagner-Kompanie verdienen nach wie vor prächtig. Das Geschäft geht weiter, *business as usual.*

2

In der Ukraine kämpfen Bär und Hydra

> «Wagners Erfolg ist nicht nur auf den Syrien-Konflikt zurückzuführen, sondern auf jene Kriege, die Wagner in den fast zehn Jahren vor dem Konflikt in der Ukraine erfolgreich durchgestanden hat.»
>
> *Jewgeni Prigoschin*[1]

Schon vor Beginn des Ukraine-Kriegs gab es Gerüchte über einen geplanten Einsatz von Wagner. Bereits im Oktober 2021 deutete Russitsch auf Instagram an, die Gruppe könnte bald in Charkiw tätig werden. Ein ehemaliger Vertragssoldat, der in Syrien gekämpft hatte, erhielt im Herbst 2021 einen Anruf von russischen Anwerbern, die ihn für ein «neues Projekt» gewinnen wollten: Die Einsatzvorbereitung solle in einem Trainingszentrum bei Rostow am Don stattfinden. Derselbe Söldner berichtet uns, die russische Armee mobilisiere mit dem ukrainischen Terrain vertraute Kämpfer, die schon 2014 im Donbass waren. Im Anschluss an den ersten Konflikt dort sollen in den neu ausgerufenen Volksrepubliken Donezk und Lugansk zwei militärische Verbände aus ehemaligen russischen Strafgefangenen zusammengestellt werden.[2] Besteht die Mission dieser neuen Trupps in offensiven Kampfhandlungen oder sind es reine Sicherheitsaufgaben, die sie im Donbass erfüllen sollen?

Am 15. Januar 2022 wird der Krieg zur offenen Tatsache. Aufgrund von Analysen ihrer Geheimdienstinformationen warnen die USA die Ukraine vor einer Operation «unter falscher Flagge» mithilfe von Wagner-Einheiten.[3] Sogenannte «Maskirowka»-Techniken der Täuschung und Ablenkung sind seit langem eine Spezialität der russischen Armee, sie wurden schon während des Ersten Weltkriegs unter General Alexej Brussilow perfektioniert. Brussilow befahl beispielsweise seinen Artillerietruppen, in einem Überraschungsangriff so nah wie möglich an die Front vorzurücken und tiefe Schläge ins gegnerische Feld herbeizuführen, dann ließ er über Nacht Verstärkung heranholen. Die Brussilow-Offensive war die verlustreichste Schlacht des Ersten Weltkriegs, und das auf sämtlichen Frontabschnitten. Die Wagner-Truppen greifen diese Taktik auf, indem man unmittelbar an der Front agiert, falsche Uniformen verwendet und auch vor Irreführung und Desinformation nicht zurückschreckt. Und so beginnt in der zweiten Hälfte des Jahres 2022 das von Wagners Kommandeuren organisierte Gemetzel, bei dem zahllose Söldner in Bakhmut und Soledar zur Schlachtbank geschickt werden. Den Kreml rührt das wenig, da es sich um freigelassene Strafgefangene handelt, welche die Reihen der Paramilitärs auffüllen. Tragischerweise ist nicht vorgesehen, dass diese Männer wieder hinter Gittern landen: Sollte das Kanonenfutter überleben, gewinnt es die Freiheit. Ebenso wenig nimmt Moskau Anstoß an den Kriegstricks der Wagner-Soldaten, die sich etwa ukrainische Tarnanzüge anziehen,[4] um ihre Gegner zu täuschen. Zeugenaussagen zufolge schleichen sich die Söldner in städtische Gebiete und strecken Ukrainer hinterrücks durch Schüsse nieder. Die russischen Kämpfer errichten falsche Straßensperren und locken die Soldaten in Hinterhalte.[5]

Die «Spezialoperation» mit Wagner als Speerspitze

Mittwoch, 23. Februar 2022, 21.46 Uhr. Der Krieg ist noch nicht erklärt, beginnt aber bereits in den sozialen Netzwerken. Die Cyberkrieger werden aktiv. Ein erster Tweet von einem Pro-Wagner-Konto lautet: «Are you ready?»[6] Dann, achtzehn Minuten später, heißt es: «Day Z».

Und der letzte Tweet warnt: «Заходим».[7] Was soviel heißen soll wie: «Wir kommen.» Andere sprechen von der «Ankunft des Nordwinds»,[8] man verkündet mit einem «wir warten»[9] Schlagbereitschaft. Während Wagners Einheiten in anderen Ländern meist verdeckt operieren, wird die Beteiligung der Gruppe im Ukraine-Konflikt offen zur Schau gestellt (mit Fotos von Prigoschin und Schugalej, Soldaten mit Abzeichen und Symbolen der Gruppe sowie vor Ort aktiven Telegram-Kanälen). Am 24. Februar präsentiert sich ein Soldat der Separatisten mit den Symbolen und einem Aufnäher der Gruppe Wagner.[10] Die *Times* berichtet, dass 400 Söldner unterwegs nach Kiew sein sollen, um Selenskyi zu beseitigen. Doch der so präzise formulierte Auftrag ist letztendlich nur ein weiteres Gerücht, das Angst und Misstrauen streuen soll.

Zur Verstärkung seiner Truppen wirbt das Militärunternehmen auch um Kämpfer aus seinen derzeitigen Einsatzgebieten. So werden etwa in Syrien zwei Rekrutierungszentren eröffnet. Omar Abou Layla, Leiter des Senders *Deir Ezzor 24*, schätzt: «Wagner ist für die Kampagne in Deir ez-Zor verantwortlich, bisher haben sich nur ein paar Dutzend Leute gemeldet.» Nach Angaben der Syrischen Beobachtungsstelle für Menschenrechte hingegen werden «mindestens 18 000 weitere Männer in die Dienste der undurchsichtigen Gruppe Wagner gestellt», wobei niemand einen Transport syrischer Rekruten Richtung Ukraine beobachtet.[11] Ab dem 10. März werden die dortigen Reihen durch die Ankunft tschetschenischer und syrischer Söldner und neuer Wagner-Leute verstärkt. Diese Kämpfer sind erfahrener als die jungen Armeerekruten. Zwanzig Tage später informiert London in einer Pressemitteilung, dass mehr als 1000 Söldner, darunter auch Funktionäre der Organisation, zur «Durchführung von Kampfeinsätzen» in der Ostukraine eingesetzt werden sollen. Im April 2022 wird die Rückkehr von Russitsch-Paramilitärs in die Ukraine offiziell bekannt gegeben, ebenso bestätigt man die Anwesenheit von Söldnern aus Libyen oder der Zentralafrikanischen Republik.[12]

Das Wagner-Unternehmen setzt derweil seine Geschäfte fort. So haben es britische Ermittler mit der rätselhaften Geschichte eines

Privatjets zu tun, der zwei Tage lang auf einem Londoner Flughafen festgehalten wird. Die Gulfstream G550 ist ohne einen einzigen Passagier an Bord am London Luton Airport gelandet. Die Flugdaten ergeben, dass die Maschine aus Dubai gekommen ist.[13] Sie wird von den britischen Behörden auf dem Rollfeld beschlagnahmt. Der in Aruba registrierte Jet mit dem Kennzeichen P4-BAR hat lange Zeit einem afrikanischen Verbündeten Moskaus zur Verfügung gestanden: Marschall Khalifa Haftar.[14] Am Ende stellt sich heraus, dass es sich um das Privatflugzeug von Jewgeni Prigoschin handelt.

Am 4. Mai 2022 werden zum ersten Mal Wagner-Söldner bei Kampfhandlungen gefilmt. Drohnenaufnahmen zeigen sie in der Stadt Popasna im Osten der Ukraine, wo sie in Häuserkämpfe mit Ukrainern verwickelt sind. Letztere ergeben sich, als die Söldner beginnen, Granaten in die Gebäude zu werfen. Gleichzeitig unterstreicht eine Erklärung des britischen Verteidigungsministeriums die Schwierigkeiten der regulären russischen Armee: Den in der Donbass-Schlacht kämpfenden Truppen fällt es offenbar schwer, «die Verteidigungslinien zu durchbrechen und eine Dynamik zu entwickeln», schreibt London. Mehrere Telegram-Kanäle berichten, dass eine Wagner-Stellung in Popasna von einer HIMARS-Rakete der ukrainischen Streitkräfte getroffen wurde. Gerüchteweise heißt es, Prigoschin habe sich vor dem Treffer eben dort aufgehalten.[15] Ein Pro-Wagner-Account antwortet mit vor Ort geschossenen Fotos vom «Koch». Eine geschickte Inszenierung, die Gerüchte über den Tod des Wagner-Chefs unterdrücken und zugleich sein direktes Engagement demonstrieren sollen.[16]

Am 9. Mai – also mit einigem Symbolwert, da es sich um den Tag des Sieges über den Nationalsozialismus handelt – verkündet Wagner die Einnahme der Stadt: «Wir können bestätigen, dass unsere Stoßtrupps das in der Republik Lugansk gelegene Popasna von feindlichen Kräften befreit haben.» In der Nachricht heißt es weiter: «Dabei soll nicht versäumt werden, auf die Hilfe der gewöhnlichen Kämpfer aus Lugansk aufmerksam zu machen, die zur Befreiung der Gebiete ihrer Heimatrepublik beigetragen haben.»[17]

In diesem neuen Krieg manifestiert das private Militärunternehmen seine Vormachtstellung. Wagner ist derzeit die mächtigste Söldnertruppe der Welt und die einzige, die über Flugzeuge, Raketenwerfer, Großraumflugzeuge und Kampfpanzer verfügt. Zwar besitzt das Unternehmen nicht das allerneueste schwere Gerät, doch seine Mittel übersteigen bei Weitem das ansonsten Übliche. Die überdurchschnittliche Ausstattung der Gruppe ist seit dem Libyen-Konflikt bekannt. Das United States Africa Command (AFRICOM) beschuldigt Moskau, Wagner mit Waffen zu beliefern. Als Beweis werden Satellitenbilder des libyschen Luftwaffenstützpunkts al-Khadim vorgelegt, auf dem mindestens zwei SAM Pantsir-S1, Il-76- und Su-24-Bomber sowie MiGs stationiert sind.[18] Das Militärunternehmen «verfügt seit eineinhalb Jahren über fast zwei Dutzend Satelliten, wovon einige Radarsatelliten und andere optische Satelliten sind»,[19] wie Prigoschin persönlich verkündet. Doch die Paramilitärs haben nicht nur die Waffen, sondern auch die Mittel des russischen Staates.

Es ist der Wagner-Logistiker Waleri Tschekalow, später einer der Toten bei dem Flugzeugabsturz vom 23. August, der sich um die Waffenbeschaffung kümmert. Aus den Telefonkontakten und E-Mails, die ihn mit seinem Kollegen Iwan Mechetin in Verbindung bringen, geht hervor, dass Prigoschins Unternehmen im Krieg mit der Ukraine staatliche Unterstützung aus Asien bekommen. In Syrien organisiert Tschekalow den Transport nordkoreanischer Munition, indem er über den Wagner-Stützpunkt in Damaskus mit einem Vertreter der nordkoreanischen Waffenverkaufsagentur KOMID Kontakt aufnimmt. Mechetin nutzt eine auf den Verkauf von Lebensmitteln spezialisierte Tochtergesellschaft der Concord-Gruppe und kann so über einen mit dem militärisch-industriellen Komplex in Verbindung stehenden chinesischen Vermittler Satelliten der Firma Head Aerospace erwerben. In Vertragsunterlagen, die durch eine Recherche der Nachrichtenagentur AFP zugänglich geworden sind, ist zu lesen, dass sich Wagner zudem mit hochwertigen Aufnahmen chinesischer Satelliten beliefern lässt: Für eine Zeitspanne von fünf Jahren zahlt das Unternehmen 30 Millionen

US-Dollar für die hochauflösenden Bilder. Von Mali bis zur Ukraine: Wagner hat seine Augen überall.

In der Ukraine sind auch Piloten der Gruppe Wagner im Einsatz, und das nicht ohne Verluste, wie die Beisetzung der am 2. Dezember ums Leben gekommenen Soldaten Wladimir Nikischin und Alexander Antonow bezeugt: Als ihre Su-24 von Luftabwehrsystemen getroffen wird und daher nicht mehr zu ihrem Stützpunkt zurückkehren kann, ziehen Pilot und Navigator es vor, Selbstmord zu begehen, indem sie sich in ukrainische Stellungen stürzen. Die Männer erhalten posthum die Medaille «Helden Russlands». An der Zeremonie nimmt auch Jewgeni Prigoschin teil.[20]

Drei Monate später zeigt sich der Oligarch beim Besteigen einer Suchoi, welche die ukrainischen Streitkräfte bombardieren soll.[21] Er fordert Selenskyi zu einem Luftduell heraus und verspricht: Wenn er den Kampf verliert, «schenkt» er ihm Bachmut, wenn er aber gewinnt, rückt er bis nach Dnipro vor.[22] Es kommt vermehrt zu Luftkämpfen, Wagner-Flugzeuge werden beschädigt.[23] Die Piloten der Gruppe fliegen in jenen Sektoren Angriffe auf ukrainische Streitkräfte, in denen ihre Männer Bodenoperationen durchführen. Die auf Militärthemen spezialisierte Website SOFREP (Special Operations Forces Report) stellt entscheidende Fragen: «Wenn Wagner Bachmut eingenommen hat, oder aber die Idee der Einnahme aufgegeben hat, werden seine Piloten dann Teil eines größeren Luftwaffenprojekts seitens Russlands? Oder sollen die Piloten, die Regierungsmaschinen fliegen, weiterhin ausschließlich die Söldnertruppen unterstützen?»[24]

Die Wagner-Soldaten vor Ort teilen ihre Erfahrungen freimütig in Blogs mit. Durch den Bericht eines auf der Seite der Volksrepublik Lugansk (LNR) in Rubischne eingesetzten Söldners[25] erfährt man Details über den Einsatz in Popasna im Frühjahr 2022. Das Durchschnittsalter der Kämpfer liegt bei etwa 30 Jahren. In diesen ersten Wochen des Konflikts verfügen die Männer über Hightech-Ausrüstung. Die ausländischen Söldner sind gut ausgestattet, aber wie verloren: «Die Jungs waren alle gut ausgerüstet. Rüstungen, Stiefel, Helme und andere Dinge, von denen wir nicht einmal träumen konnten. Dabei waren sie in Sommerkleidung angekommen, aus Afrika direkt in den Schnee. Die Jungs begriffen nicht, wo sie hier gelandet waren und fragten mich, wo sie sind und wie sie bei der Russischen Föderation anrufen könnten.» Ihr Hauptstützpunkt ist offenbar in Perwomajsk, Prigoschin wird dort gesichtet. Die Söldner plündern und rauben.[26]

Zurück zur Ukraine – einem Gebiet, das unter anderem vom Bundesnachrichtendienst (BND) überwacht wird. Dieser hat am 6. April 2022 den Funkverkehr zwischen russischen Soldaten abgehört, der Hinweise auf die Kriegsverbrechen gibt, die in Butscha nördlich von Kiew begangen wurden. Die Gespräche bestätigen, was die schockierenden Bilder vermuten lassen, die nach dem Rückzug der russischen Armee um die Welt gegangen sind: In Massengräbern und auf den Straßen sieht man die Leichen von mehreren Dutzend Zivilisten. Einigen sind die Hände gefesselt, während andere Zeichen der Folter tragen.[27]

Insgesamt 500 bis 1500 Wagner-Soldaten sollen sich im Mai 2022 in der Ukraine aufhalten. Eine 200 Mann starke Einheit ist nach Angaben des Generalstabs der ukrainischen Streitkräfte in der Region Nowobachmutiwka stationiert.[28] Das Stadion der Stadt Stachanow, Wagners wichtigste Militärbasis während der Kämpfe im Jahr 2014, wird am 9. Juni 2022 von den ukrainischen Streitkräften zerstört.[29] Der Vormarsch der Truppen erfolgt Schritt für Schritt, Dorf für Dorf.

Im selben Monat identifiziert der ukrainische Geheimdienst drei Wagner-Mitglieder,[30] denen vorgeworfen wird, während der vorübergehenden Besetzung der Region Kiew Gewalt gegen Zivilisten ausgeübt zu haben. Die Männer sollen Strafgefangene gefoltert haben, um an Informationen über die Standorte von Einheiten der ukrainischen Streitkräfte und Reservisten zu gelangen. Eine Gräueltat, die sich an Dutzende weitere reiht.

Bei all dem ist Prigoschins Einfluss und vor allem sein Talent als Superkommunikator nicht zu unterschätzen. So sagt etwa Marat Gabidullin in einem Interview: «Wagners Verdienste in der Ukraine sind vor allem das Ergebnis einer starken PR-Kampagne. Die russische Bevölkerung soll glauben, dass Wagners Männer die Hälfte der Linien und der Front eingenommen haben, obwohl sie nur in einer einzelnen Zone operieren.»[31] Im Mai 2022 haben die Russen etwa 20 % der Ukraine besetzt, im Dezember sind es eher 17 % oder 18 %. Noch dazu haben sie keine Kontrolle über die vier im September annektierten Regionen. Was in den Köpfen der Söldner vor sich geht und wie ihr Verhalten zu erklären ist, lässt sich am besten anhand ihrer Aussagen nachvollziehen. So berichtet etwa Andrej Medwedew, ein nach Norwegen übergelaufener Wagner-Deserteur, von seinem Söldnereinsatz in der Ukraine. Im Widerspruch zu Jewgeni Prigoschins späteren Behauptungen besteht in den Reihen Wagners auch die Gefahr, von den eigenen «Kameraden» getötet zu werden. In Medwedews Abteilung überlebt nur ein Zehntel der Männer – und manche kommen eben auch zu Tode, weil sie wegen Kampfverweigerung oder «Fehlverhaltens» von ihren Kommandeuren erschossen werden. Medwedew wird Zeuge von Morden und Misshandlungen insbesondere an ehemaligen russischen Strafgefangenen, die man rekrutiert und an die Front geschickt hat. Im Juli kehrt er zunächst nach Russland zurück und geht dann nach Skandinavien.[32]

Im Oktober 2022 richtet Prigoschin das Wagner-Hauptquartier in einem modernen, ganz mit Glas verkleideten Gebäude in Sankt Petersburg ein. Er räumt ein, dass seine Männer in der Ukraine, und dort vor allem im Osten des Landes, unter enormen Verlusten kämpfen, auf die er jedoch nicht näher eingeht. Schugalej dagegen berichtet aus dem Feld: «Es gibt hier keine leichten Tage. Und es gibt keine sinnlose Arbeit. Jeder an seinem Platz tut alles für den Sieg.»[33] Die Gruppe bereitet sich auf einen langen Krieg vor und beginnt mit der Errichtung einer «Wagner-Linie», mit der die ukrainischen Truppen aus den Territorien in der Region Lugansk ferngehalten werden sollen. Es ist ein symbolisches Projekt ohne klare Konturen – es werden vornehmlich Panzerhindernisse aufgestellt –, soll es doch vor allem das Narrativ der Wagner-Truppen als ultimative Verteidiger des russischen Gebiets untermauern und die fehlende Unterstützung der «feindlichen Bürokraten» Moskaus anprangern.

Ende Dezember bestätigen Aufnahmen aus Opytnoje, einem Vorort von Bachmut[34], dass Wagner das zu diesem Zeitpunkt heftig umkämpfte Gebiet[35] zu mehr als 90 % unter Kontrolle hat. Wie immer ist Propaganda am Werk: Auf Schnappschüssen von der Front ist unter den Kämpfern auch Prigoschins Sohn Pawel zu sehen.[36] In diesem Sinne setzt auch die Wagner-Produktionsfirma Aurum ihre Beeinflussung fort. Prigoschin kündigt die Veröffentlichung des Films *Die Besten in der Hölle* an. Dem Plakat nach zu urteilen, steht die Rolle Wagners in der «militärischen Spezialoperation» im Mittelpunkt des Machwerks.[37] Russitsch warnt auf Telegram, Russland sei nicht auf eine ukrainische Winter-Gegenoffensive auf Saporischschja vorbereitet.

Nach der Eroberung von Soledar nahe Bachmut bricht zwischen Schoigu und der Söldnerarmee erneut Streit darüber aus, wem die Ehre gebührt. Zunächst gibt es vom Verteidigungsministerium keinerlei Erwähnung, dass Wagner an den Kämpfen beteiligt war,[38] später dann wird der «mutige und selbstlose«[39] Einsatz gelobt. Prigoschin lässt sich im Kreis seiner Männer im Bergwerk der Stadt fotografieren und stellt klar: «Ich möchte noch einmal betonen, dass außer den Kämpfern der PMC Wagner keine andere Einheit an der Erstürmung von Soledar beteiligt gewesen ist.»[40]

Ist das Unternehmen Wagner auch hinter ukrainischen Rohstoffen her? So schätzen es zumindest amerikanische Experten ein, die dieses Motiv als Erklärung für die russische Hartnäckigkeit bei der Rückeroberung von Bachmut anführen. Die strategische Rolle der Stadt ist nicht so bedeutsam, wie behauptet wird. Schließlich ist Bachmut nur ein Glied des «Donbass-Gürtels», einer befestigten Zone, zu der auch die Städte Slowjansk und Kramatorsk gehören. Mit der Einnahme der Märtyrerstadt hat man noch keine Kontrolle über die Dnepr-Route, welche einen schnellen Sieg über die Ukraine ermöglichen würde. Der ukrainische Generalstab scheint uneins darüber, ob Bachmut verteidigt werden soll oder nicht. Offenbar will man die Stadt in erster Linie als geheiligtes Symbol bewahren. Mal wird ein Rückzug erwogen, dann wieder werden Tausende Soldaten entsandt. Die Situation ist von widersprüchlichen Entscheidungen und einer inkonsequenten Befehlskette geprägt.

Die Einnahme von Bachmut rechtfertigt monatelange Anstrengungen und schwere Verluste und treibt die Gruppe dazu, ihre Bodenangriffe fortzusetzen. Zur Strategie der Gruppe Wagner gehört die Aussendung von Stoßtrupps: Durch die erweiterbare Infanterie kann bei einem Patt auf dem Schlachtfeld ein Durchbruch erzielt werden. Das Militärunternehmen demonstriert seine Professionalität an der Front – auch zur Anwerbung neuer Kämpfer. Und so soll wohl auch der Angriff auf Soledar dem Ansehen von Wagner dienen. Es ist nicht auszuschließen, dass hinter der russischen Verbissenheit im Kampf um diese vor dem Krieg gerade einmal 10 000 Einwohner zählende Stadt ein Kräftemessen zwischen Armee und Söldnern steckt. Die ukrainische Stadt wäre damit Opfer eines versteckten Machtkampfes zwischen Prigoschin und seinen Gegnern im Kreml.

Hinzu kommt natürlich, dass die Region ein Bergbaugebiet ist: In Soledar befindet sich ein großes Salzbergwerk. Das Unternehmen Artemsil gewinnt dort in guten Jahren etwa 6,8 Millionen Tonnen nahezu verunreinigungsfreies Salz.

Strafgefangene als Kanonenfutter

Anfang 2016 hatte Wagner 1000 Vertragssoldaten,[41] im August 5000,[42] im Dezember 2017 dann 6000. Ende 2022 kommt aus den USA die Schätzung, dass rund 50 000 Wagner-Kämpfer in der Ukraine stationiert sind. 10 000 dieser Männer sollen Vertragssoldaten sein, 40 000 dagegen ehemalige Strafgefangene, deren Lohn allein im Straferlass besteht. Zu Beginn des Jahres 2023 heißt es, Prigoschin habe Ausgaben von rund 100 Millionen US-Dollar pro Monat.[43] Auf Vkontakte teilt Wagner mit, dass für Afrika und den Nahen Osten vorerst keine Anwerbungen mehr stattfinden. Alle neuen Rekruten sind für die «militärische Spezialoperation» in der Ukraine vorgesehen.[44] In Jekaterinburg sind Anwerbeschilder zu sehen,[45] außerdem wird die Kampagne im Internet geführt.

Die Rekrutierungsprofile sind sehr verschieden. Für Afrika und den Nahen Osten hat man 24 bis 45 Jahre alte Männer gesucht, die Erfahrungen bei der Polizei, beim Militär oder in Sondereinheiten vorwiesen und womöglich durch Geschäftsreisen mit tropischem und heißem Klima bekannt waren.[46] Gefordert wurde eine überdurchschnittliche körperliche Verfassung und vor allem: die Bereitschaft zu töten. Der ideale Kandidat für die Ukraine dagegen ist 24 bis 50 Jahre alt und hat keine militärische Erfahrung. Aber auch «Spezialisten» – also Männer mit Militärerfahrung – werden akzeptiert, solange sie bei Gesundheit sind. Bei einer Infektion mit Schuppenflechte, Hepatitis und HIV ist die Aufnahme ins Korps ausgeschlossen. Es wird außerdem verlangt, dass die zukünftigen Kämpfer keine Verwandten in der Ukraine oder außerhalb der Gemeinschaft Unabhängiger Staaten haben, um jegliche Beeinflussung zu vermeiden. Bewerber erhalten ein monatliches Gehalt von 240 000 Rubel (2000 Euro), ohne jeglichen Kampfbonus. Für die Ukraine muss Prigoschin auch andere Strategien anwenden. Er erklärt: «Die Taktiken im Kampf gegen den IS durch in verschiedenen Gebieten eingesetzte Auftragstruppen sind keinesfalls dieselben wie die Taktiken gegen die ukrainische Armee, [die] keine Terrororganisation ist, sondern eine vollwertige Armee, welche die in ihrer Verantwortung stehenden Gebiete verteidigt.»[47] Prigoschin liegt zu Beginn des Krieges vor allem daran, mit dem Einsatz seiner Männer den bestmöglichen Eindruck bei Putin zu hinterlassen. Er darf Gefängnisinsassen rekrutieren, indem er ihnen eine Amnestie verspricht.

In diesem Zusammenhang macht Prigoschin gar aus seiner Vergangenheit als Häftling eine Stärke. Am 11. November 2022 antwortet er auf eine schriftliche Frage einer sibirischen Website mit folgender Theorie: «Strafgefangene besitzen ein hohes Maß an Moral, viel mehr als die russische Elite. Denn die Gefangenen […] haben in ihrem Leben kein Glück gehabt.»[48] Prigoschins über den Pressedienst von Concord verbreitete Erklärungen verdeutlichen, welche Art von politischer Bewegung er im Sinn hat: eine ultranationalistische Gruppierung, die sich an die russische Provinz wendet. Am 24. Juni 2023 kommt es zum Aufstand der Wagner-Söldner gegen die Machthaber im Kreml. Die Welt reagiert entsetzt. Dabei hat sich Prigoschin schon seit geraumer Zeit kritisch gegenüber dem Regime geäußert. Seiner Meinung nach stellen die russischen Eliten «ihre Bequemlichkeit über das Wohl des Volkes» – etwa, indem sie sich weigern, ihre Kinder in den Kampf zu schicken.

Die ersten rekrutierten Gefangenen tauchen im Juli 2022 in Wuhlehirsk in der Region Donezk auf. Die Transport- und Ausbildungswege ähneln jenen normaler Rekruten. Am 16. September bringen acht Gefangenentransporter 400 Männer von Tambow zu einem Lager nahe des Schwarzen Meeres[49] (wahrscheinlich zum Stützpunkt Molkino), anschließend geht es in die Ukraine. Rekrutierte Häftlinge kämpfen und sterben für Russland an der Front – aber es kommt auch vor, dass sie überleben, wie in einem Video zu sehen ist, in dem ein ehemaliger Häftling die NRL-Heldenmedaille von einem Kommandanten der Gruppe erhält.[50]

Die ehemaligen Gefangenen werden in Kamikaze-Frontalangriffe geschickt. Die ukrainische Armee steht Kämpfern gegenüber, die ihre Angriffe trotz sehr hoher Verluste wiederholen – so als wüssten die Männer, dass doch nur der Tod auf sie wartet. Der Aufbau der Wagner-Truppen unterscheidet sich von dem der russischen Armee: Es gibt eine kleine Elite, die einer Spezialeinheit ähnelt, darunter eine breite Schicht aus einfachen Soldaten, und schließlich das Kontingent der ehemaligen Häftlinge. Letztere tragen Uniformen mit dem Buchstaben «K». Diese Männer sind reines Verbrauchsmaterial: Für sie gibt es nur den Vorstoß oder den Tod. Wie man aus Telegram-Videos und den vielen erschreckenden Berichten ukrainischer Militärangehöriger erfährt, können sich die Kämpfer nie lange halten. Üblicherweise werden die unerfahrenen Einwegsoldaten am frühen Abend, bei Einbruch der Dämmerung, für etwa zehn Minuten ins ukrainische Feuer geschickt. Wer nicht fällt, rückt weiter vor. Zurückweichen ist nicht erlaubt: Es stehen Truppen bereit, die auf Verweigerer schießen. Ziel der blutigen Aktion ist die Auskundschaftung der ukrainischen Stellungen. Denn im Anschluss werden die Artillerie oder andere, erfahrenere Kommandos nach Westen geleitet. Durch den rigorosen Einsatz des «Kanonenfutters» können die russischen Streitkräfte im Frühsommer an Boden gewinnen und schließlich Bachmut erreichen. Die Verluste sind erschreckend: 99 % der Kämpfer bleiben auf dem Feld.

Es ist uns gelungen, die Lebensläufe einiger ehemaliger Häftlinge zu rekonstruieren – etwa den von Lemekhani Nathan Nyirenda, einem in der Ukraine gefallenen jungen Sambier, der aus dem Gefängnis angeworben wurde. Im Dezember 2022 hat sein Heimatland von Russland eine Erklärung zu den Umständen seines Todes gefordert.[51] Nyirenda hatte in Moskau Kerntechnik studiert und verbüßte eine Strafe von neun Jahren und sechs Monaten wegen Drogenhandels. Ein ganz ähnlicher Hintergrund wurde uns mit dem Fall eines Tansaniers[52] zugetragen. Prigoschin weiß diesen Todesfall zu nutzen. In einer über seinen Telegram-Kanal weitergeleiteten Rede heißt es:

«Ich habe ihn persönlich in einer Strafkolonie in der Oblast Jaroslawl rekrutiert. Er ist heldenhaft gestorben – er hat seine Kameraden beschützt. Als wir in einem Raum der Strafkolonie Nr. 2 unterhielten, sagte ich zu ihm:

– Sie haben sieben Jahre. Fast zwei davon haben Sie abgesessen. Sie werden bald auf Bewährung entlassen. Warum sollten Sie das tun wollen?

Daraufhin antwortete er mir:

– Die Menschen im Donbass befinden sich seit vielen Jahren in der gleichen Situation wie der schwarze Mann auf dem afrikanischen Kontinent. Wir sind da, aber wir eben auch nicht da, weil jeder Weiße, der über den Ozean kommt, dich wie ein Tier behandelt. Deshalb will ich lernen, sie zu bekämpfen.

Genau das hat er mir gesagt. Er hat mich davon überzeugt, dass er sich einbringen muss, und das habe ich ihm ermöglicht. Er ist ein guter Kerl, und es war richtig, dass er gekämpft hat. Schade, dass er gestorben ist, er wäre nach Afrika zurückgekehrt und hätte dort aufgeräumt.»[53]

Ähnlich abstrus ist die Aussage des Serienmörders Michail Popkow, der wegen der Ermordung von fast 80 Frauen in Russland zu lebenslanger Haft verurteilt wurde und öffentlich den Wunsch mitteilt, sich Wagner anzuschließen. Er bekundet dies auf allen Fernsehkanälen, wobei seine einzige Einschränkung lautet, es möge bei seinem Einsatz doch besseres Wetter sein. Aus der Presse ist zu erfahren, dass er sich im November 2023 weiterhin in Haft befindet und auf eine Begnadigung durch Putin hofft.[54]

Im Januar berichten Telegram-Posts von Versuchen, Gefangene aus Zentralasien zu rekrutieren. «Es ist wirklich schwer, Leute zu finden. Es meldet sich schon der letzte Rest aus den Randzonen, den niemand haben will […] Und ohne eine großangelegte Mobilisierung wird auch die Verpflichtung der *Refuseniks*[55] nicht weiterhelfen. Woher sollen so viele kommen? Wir brauchen Zehntausende, und quasi täglich Nachschub.»[56] Mitte Februar 2023 wird «die Rekrutierung von Strafgefangenen durch die Wagner-Gruppe komplett eingestellt», räumt Prigoschin ein. «Sämtliche Verpflichtungen, mit denen sie für uns arbeiten, sind erfüllt»,[57] erklärt er. Westliche Geheimdienste stellen fest, dass sich die Rekrutierung von Gefangenen seit mehreren Monaten deutlich verlangsamt hat. Die von uns analysierten Zahlen des russischen Strafvollzugsdienstes zeigen, dass im ersten Quartal noch 23 000 Personen aus dem Gefängnis entlassen wurden, während es im zweiten offenbar nur noch 6000 waren.

Im Frühjahr 2023 verschärft sich die Lage. Prigoschins Truppen stecken zwischen Donezk und Lugansk fest. Die Einnahme von Bachmut wird für «März/April» angekündigt, «obwohl das sehr schwer vorherzusagen ist. Sie erhalten jetzt neue Waffen. Wir werden diese Leoparden[58] zerstören und herausfinden, wie wir sie in Brand setzen können», verlautbart Prigoschin.[59] Es sollen sämtliche ukrainischen Nachschubwege abgeschnitten werden,[60] und das trotz der erschreckend hohen Verluste. Nach russischen Schätzungen gehen in der Ukraine allein im Februar 11 000 Tote auf Wagners Konto. Es erstaunt wenig, dass die Kampffähigkeit der Wagner-Leute denen der russischen Armee überlegen ist.

Eine erste Gruppe von Rekruten der Abteilung K, die es geschafft haben, sechs Monate in der Ukraine zu überleben, wird Ende Januar freigelassen. Prigoschin schickt die Männer in ihre Heimatstädte zurück[61] und fordert die russische Polizei auf, sie mit «größtem Respekt» zu behandeln. Der Koch steht zu seinem Wort. Zumindest ist das die Botschaft, die er vermitteln will. Im Laufe der Monate steigt die Zahl der Demobilisierten auf 5000 – so die nicht überprüfbaren Schätzungen des Concord-Pressedienstes. Für Prigoschin ist «das Wichtigste, dass die ehemaligen Gefangenen, die den Krieg in den Reihen Wagners bewältigt haben, zehn- bis zwanzigmal weniger Verbrechen begehen als zuvor und zu wahren Patrioten ihres Landes werden».[62]

Da die Zahl der aus Strafanstalten rekrutierten Männer sinkt, müssen neue Lösungen gefunden werden. In rund 40 russischen Städten eröffnet die Wagner-Organisation Rekrutierungszentren in Sportvereinen. «Sie kommen her, wir testen Sie, bewerten Ihre körperliche Eignung und erklären Ihnen dann, wie Sie sich uns anschließen können»,[63] heißt es ganz unkompliziert. Und an noch ungewöhnlicherer Stelle wird um Rekruten geworben: Auf Pornoseiten wird russischen Nutzern Wagner-Werbung gezeigt. Die amerikanischen Websites reagieren mit der sofortigen Löschung der Anzeigen, doch bis dahin sind Anwerbevideos schon um die Welt gegangen.

Und dann gewinnt Prigoschin die bislang wichtigste Schlacht des Krieges: «Am 20. Mai 2023 wurde Bachmut vollständig eingenommen», verkündet er in einem Video, in dem er neben bewaffneten Männern vor zerstörten Gebäuden steht. «Die Operation zur Eroberung von Bachmut hat 224 Tage gedauert […] Hier war niemand anderes als Wagner.» Die Schlacht hat viele Menschenleben gekostet: 20 000 Tote sind es in den Reihen der Söldner.[64] Der Koch blickt pessimistisch in die Zukunft und fordert «Kriegsrecht und die Produktion von Munition».[65] Auf diese Weise ließe sich ein Feldzug an weiteren Fronten vorbereiten.

Nach der Meuterei im Juni verlässt Wagner die Ukraine. Ab dem 1. Juli sieht man in den sozialen Netzwerken Aufnahmen von Bussen, mit denen Wagner-Kämpfer von der Front zurückkehren. Das Unternehmen gibt an, fortan nicht mehr vor Ort zu operieren. Wie viele Söldner sind in die russische Armee eingetreten? Schwer zu sagen, aber die Pro-Wagner-Kanäle pochen in Endlosschleife auf die Loyalität und den Patriotismus ihrer Getreuen. In diesem Spätsommer 2023 wird die Marke Wagner ziemlich ramponiert, doch Lawrow beeilt sich, bereits am 26. Juni zu vermelden, dass die Paramilitärs ihre afrikanischen Operationen fortsetzen. Ende Juli sammeln sich rund 3500 Kämpfer in Belarus und warten dort auf den nächsten Einsatz. Auf einem Telegram-Kanal dominieren schon seit Januar die Unkenrufe: «Das Ziel ist nicht, effiziente Privatarmeen zu schaffen, sondern den Einfluss von Prigoschin zu verringern, Wagner zu ‹verwässern› (das dann nur noch eine private Projektmanagementfirma unter einem Dutzend anderer sein wird) und das bestens ausgebildete Personal abzuziehen.»[66]

Putin ist von der Ukraine besessen, sie ist die Arena für den Kampf gegen die NATO, die USA. «Im Moment ist nichts anderes von Bedeutung. Alle Ressourcen werden trotz der enormen menschlichen und wirtschaftlichen Verluste in den Krieg gesteckt. Putin sagt, es gehe um das Überleben Russlands. Das ist der Wahnsinn seiner Welt», resümierte ein russischer Journalist bereits im Oktober 2022.[67] Der von Putin angezettelte Zermürbungskrieg[68] könnte die Gruppe Wagner jedoch noch an weiteren Fronten benötigen, um Russlands Einfluss zu wahren und das westliche Lager auszulaugen.

Nach dem Marsch auf Moskau verlässt Wagner die Ukraine und seine Einheiten verlagern sich von Molkino und Rostow nach Belarus, wo das Unternehmen versucht, Fuß zu fassen. Das Folgende ist schnell erzählt: Der Plan scheitert, die Ausbildung der Spezialeinheiten in Minsk ist nicht rentabel, und nach dem Tod ihrer Anführer packen die Wagner-Leute ihre Sachen. Die übriggebliebenen Kämpfer werden in Afrika eingesetzt.

3

Die russische Privatarmee als Exportmodell

«Es ist die PMC Aksjonow, aber das gesamte Kommando besteht aus ehemaligen Wagner-Leuten. Diese Männer kennen sich schon lange.»

Ein ehemaliges Mitglied von Convoy

Die älteste nach dem Ende der UdSSR gegründete Söldnerorganisation ist die der Kosaken. Seit 1992, als sie erstmals in Transnistrien auftaucht, zieht die Gruppe von einem Kriegsschauplatz zum nächsten. Derzeit, also 31 Jahre später, sind Südossetien, die Krim und der Donbass ihre Spielplätze. In den letzten Jahren sind gut ausgerüstete Stoßtrupps mit einer klaren Befehls- und Kontrollstruktur entstanden. Zu Wagner haben sich Organisationen wie MAR, E.N.O.T. Corp und Patriot oder auch mit großen Unternehmen verbundene Paramilitärs gesellt und markieren so eine neue Ära im Stellvertreterkrieg. Sie sind sozusagen die Freibeuter des 21. Jahrhunderts, nur dass sie auf dem Land statt auf dem Meer aktiv sind.

Die Truppenstärke der privaten russischen Militärfirmen hat sich in den vergangenen Jahren merklich erhöht. Rekrutiert wird in verschiedenen Kreisen: unter ehemaligen Mitgliedern von Spezialeinheiten, unter Strafgefangenen, Extremisten, Landstreichern und Drogenabhängigen. Die Vertragssoldaten sind zum Teil weltweit tätig und operieren nicht nur in Gebieten, in denen auch Wagner anwesend ist, sondern auch im Jemen, in Brunei, Burundi, Lateinamerika … Die von diesen Gruppen ausgehende Bedrohung wird vom Westen unterschätzt. Nur wenige Analysten und Amtsträger haben auf die Gefahr hingewiesen, die diese privaten Militärfirmen für die globale Stabilität darstellen. Berichten zufolge sucht der serbische Präsident Vučić zur Bewältigung der Situation im Kosovo Putins Hilfe und könnte diese über das Unternehmen Patriot erhalten,[1] das eng mit dem Verteidigungsministerium verbunden ist.

Tatsächlich ist die für ihre Diskretion bekannte Patriot-Gruppe eine verbesserte Version von Wagner. Ihre Mitglieder sind Militärexperten, die Spezialeinsatzkräften oder dem Geheimdienst angehören. Ihre Gehälter liegen zwischen 6100 und 15 200 US-Dollar pro Monat.[2] Das russische Parlament, die Duma, hat sich mehrfach mit der Legalisierung dieser privaten Unternehmen befasst. Der jüngste, kurz vor Prigoschins Meuterei diskutierte Gesetzesvorschlag sieht vor, die Finanzierung dieser Strukturen den Regionen zu überlassen, jedoch unter Aufsicht des Präsidenten. Weit davon entfernt, der Verwässerung des Gewaltmonopols entgegenzuwirken, scheint Putin einen Plan zur massiven Ausweitung von Hybridarmeen zu verfolgen. Verschwindet Wagner, stehen Nachfolger bereit, die seine Aufgaben übernehmen.

Die Ukraine als ideales Testgelände

Die Ukraine bleibt das bevorzugte europäische Übungsgelände, um die aus der regulären Armee herausgelösten Strukturen zu erproben. Dabei haben sich die Betätigungsfelder der paramilitärischen Gruppen im Laufe der Jahre erweitert. Wagner, als besonders sichtbare PMC, hat bei seinen Auslandseinsätzen nur selten allein gearbeitet, sondern unterstand stets der Koordination durch das russische Verteidigungsministerium. Die wichtigsten Entwicklungen betreffen die von den privaten Militärunternehmen übernommenen Aufgaben und die ihnen zugestandene Rolle. Als sich beispielsweise der Konflikt in der Südostukraine ab 2014 verschärft, übernehmen Wagner und die E. N. O. T. Corp.

eine zentrale Rolle bei den in der Region Lugansk durchgeführten Operationen. Diese umfassen insbesondere stoßtruppartige Frontalangriffe (etwa bei den Schlachten um den Flughafen von Lugansk und Debalzewe), Informationsbeschaffung, Aufstandsbekämpfung, klassische Guerillamanöver (wie 2014 der Abschuss einer Il-76), aber auch subversive Aktionen wie die Ausschaltung oppositioneller Kräfte unter den Separatisten.

Die Söldnergruppen übertragen ihr in anderen Konflikten erworbenes Wissen erfolgreich auf aktuelle Kampfsituationen. In der Ukraine haben sich die Wagner-Soldaten in kleinen, sehr wendigen Abteilungen bewegt und Geländefahrzeuge eingesetzt – eine Lektion, die man in Syrien gelernt hat, da doch das Slawische Korps mit eben dieser Taktik von den Dschihadisten vernichtet worden ist. Zu den Unternehmen im Kielwasser von Wagner gehört seit 2014 auch MAR. Ein kurzer Überblick zeigt, dass sich die Organisation auf verschiedene Aufgaben spezialisiert hat: Sie bietet Nachrichtendienste, militärische Aktivitäten sowie Schutz von Konvois, Personen, Gas- und Ölpipelines an. Ein weiterer Tätigkeitsbereich ist der Schutz der russischsprachigen Bevölkerung auf dem Gebiet von Nachbarstaaten, der laut den Informationen auf der Website des Unternehmens zur Unterstützung der Handlungen des Präsidenten der Russischen Föderation durchgeführt wird. MAR gibt zu, dass man gegen nationale Gesetze verstößt, da die Privatarmee auf als russisch angesehenen Territorium interveniert und plündert.

Die in St. Petersburg ansässige Firma beteiligt sich an der Annexion der Krim und den anschließenden Feindseligkeiten in der Südostukraine, nimmt aber im Gegensatz zu Wagner nicht an militärischen Operationen teil, sondern widmet sich stattdessen logistischen Aufgaben und dem Schutz der Infrastruktur, also eher untypischen Tätigkeiten für bewaffnete Gruppen. Die Ereignisse nach 2017 zeigen, dass sich die Rolle von MAR in der Ukraine hauptsächlich dahin entwickelt hat, zur Unterstützung eines quasi unabhängigen, moskautreuen Regimes und zur Ausbildung vor Ort rekrutierter Kämpfer zu dienen – was mit der Aufgabe vergleichbar ist, die russische Militärunternehmen in Afrika erfüllen.[3]

Laut Jewgeni Prigoschin sieht ein wachsender Teil der wohlhabenden russischen Elite in privaten Militärunternehmen eine vielversprechende Investition. So gibt es inzwischen nicht nur die Söldnereinheit Redut, auch Gazprom und der Milliardär Andrei Bokarev haben je eine eigne PMC gegründet. Nach Prigoschins Aussage wurden externe Söldner zur Unterstützung des Wagner-Vormarsches auf Bachmut eingesetzt, doch hätten sich diese Einheiten aufgrund mangelnder Vorbereitung, Ausrüstung und angemessener Führung zurückziehen müssen. Eine zwischen Anfang April und Ende Mai aufgezeichnete Tonaufnahme bringt Licht in die Verbindungen zwischen dem russischen Energieriesen Gazprom und den Militärunternehmen: Während eines Verhörs erklärt ein russischer Kriegsgefangener – der aus Orenburg stammende Alexander Tkatschenko –, die Ortschaft Potok stehe unter der Kontrolle von Redut. Überraschender ist jedoch Tkatschenkos Aussage, Gazprom betreibe zwei weitere PMS namens Fakel («Fackel») und Plamya («Flamme»), die letztlich dem russischen Verteidigungsministerium unterstünden.[4]

Russische Söldner in Lateinamerika

Auch der russische Ölriese Rosneft bedient sich paramilitärischer Einsatzkräfte. Dies offenbart die merkwürdige Rolle von Wagner in Lateinamerika. Das Beispiel Venezuela ist bezeichnend dafür, wie der Wagner-Mechanismus funktioniert und von Moskau genutzt wird. Zur Erinnerung: 2018 kommt es zu den ersten Einsätzen russischer Söldner außerhalb Afrikas. In Caracas – der Hauptstadt eines Landes, das aufgrund seiner Ölreserven ein wichtiger Wirtschaftspartner für Russland ist – finden damals gerade Wahlen statt. Für den amtierenden venezolanischen Präsidenten Nicolas Maduro gibt es aufgrund eines Wahlboykotts keinen Gegenkandidaten. Juan Guaidó, der Oppositionsführer, bestreitet Maduros Legitimität. Die Wirtschaftskrise wird seit 2015 von Streiks, Demonstrationen und Amtsenthebungsverfahren begleitet, die am Ende wiederholten Regionalwahlen gewinnt das Maduro-Lager. Dennoch kommt das Land nicht zur Ruhe.

Ein Regimewechsel in Venezuela wäre für Russland katastrophal. Seit den 2000er Jahren haben Moskau und seine Großunternehmen dort erhebliche Investitionen getätigt und Kredite im Wert von mindestens 15 Milliarden Euro gewährt. Ende 2018 erreichen die Spannungen aufgrund der Beteiligung Moskaus ihren Höhepunkt, da bei einer gemeinsamen Militärübung russische Flugzeuge eingesetzt werden. Offenbar ist hier das Terrain für einen neuen Kalten Krieg entstanden. Mit einer diplomatischen Offensive sichert sich Russland Zugang zu den venezolanischen Häfen, wo seine U-Boote stationiert werden sollen. Durch die Platzierung von Söldnertrupps in Caracas versucht Moskau, seinen Verbündeten vor dem Zusammenbruch zu bewahren. Schließlich hat dieser bei Russland Schulden in Höhe von 3 Milliarden Dollar, und noch dazu hat Rosneft nicht weniger als 9 Milliarden[5] an die staatliche Ölgesellschaft Petróelos de Venezuela (PDVSA) verliehen.

Wagner soll seine ersten Söldner bereits vor den Präsidentschaftswahlen in das Pulverfass Venezuela geschickt haben. Von ihrem Einsatz finden sich in offen zugänglichen Quellen nur wenige Spuren, es gibt keine Bilder von Uniformen oder Abzeichen. Dies lässt sich ganz einfach dadurch erklären, dass die für Wagner arbeitenden Vertragssoldaten ab und an auch für andere Organisationen tätig sind. Ob es sich tatsächlich um Prigoschins Männer handelt, lässt sich nicht eindeutig feststellen. Dass aber Rosneft bei der Rekrutierung seiner Wachleute gezielt Kontakt zu Russen mit militärischem Hintergrund aufnimmt, ist gesichert. Im Januar 2019 befinden sich zu Maduros Schutz etwa 400 russische Söldner in Caracas. Am 5. Januar 2019 ernennt die Nationalversammlung Guaidó zum Präsidenten. Washington sieht in ihm das «einzige legitime Staatsorgan» des Landes und lehnt eine weitere Amtszeit Maduros ab, obwohl dieser bei den Präsidentschaftswahlen 2018 mit einer Mehrheit von 68 Prozent der Stimmen zum Sieger erklärt worden ist.

Im Gegenzug für die politische, militärische und geheimdienstliche Unterstützung vergibt Caracas Bergbaulizenzen an ausländische Mächte. Im Dezember 2019 bestätigt sich die starke Präsenz russischer Soldaten in Venezuelas Bundestaat Bolívar,[6] zugleich erhält Russland zusammen mit dem Iran den Zuschlag für die exklusive Ausbeutung von Thorium – einem Schwermetall, das für den Bau von Raketen benötigt wird.[7]

Im Jahr 2020 kommt der Bericht[8] der Umweltorganisation SOS Orinoco[9] zu dem Schluss, dass «die tiefe, das gesamte Land erfassende Wirtschaftskrise durch die von den USA verhängten Sanktionen noch verschlimmert wird. Diese haben die Regierung zunehmend von der Gewinnung von Gold und anderen Bodenschätzen aus der Region Guayana abhängig gemacht.» Die NGO weist darauf hin, dass es nur wenig Informationen über die Ankunft russischer Soldaten in dem Gebiet gibt, nimmt aber an, dass dies «mit der verstärkten Präsenz, Überwachung und militärischen Kontrolle des Regimes zusammenhängen könnte».

Im Jahr 2023 tauchen weiter südlich erneut Gerüchte über Söldnereinsätze auf. Dieses Mal könnte der Wagner-Mechanismus in Peru Fuß fassen. Die innenpolitische Lage ist immer angespannter, die Bergbaustätten werden von regierungsfeindlichen Demonstranten besetzt. Minen unter schweizerischer,[10] chinesischer[11] oder brasilianischer[12] Kontrolle schließen oder drosseln ihre Produktion, da der Druck der Bevölkerung immer stärker wird. Die unsicheren Bedingungen behindern den Abbau von Bodenschätzen. Es gibt erste starke Anzeichen, dass sich das typische Szenario wiederholt. Eine unserer Quellen hat ein peruanisches Datenleck analysiert und berichtet, dass sich bei den Geheimdiensten eine wachsende Unruhe bemerkbar macht. Es sind sämtliche Vorrausetzungen für ein Szenario gegeben, in dem die peruanische Bevölkerung die Russen als Retter willkommen heißt.

Wagner ist es gelungen, zu einer weltweiten Marke, einem Symbol, ja zum *pars pro toto* zu werden, mit dem jegliche russische Söldneraktivität außerhalb des eigenen Staatsgebiets bezeichnet werden kann.

4

Die Übergriffe häufen sich

«Der Mangel an Transparenz und der unklare rechtliche Status der Wagner-Gruppe, kombiniert mit Repressalien gegen diejenigen, die es wagen, sich zu Wort zu melden, sorgen für ein allgemeines Klima des Terrors unter den Opfern und die völlige Straflosigkeit der Missbräuche seitens der Wagner-Gruppe.»
Unabhängige Berater des UN-Menschenrechtsrats

Was bleibt nach den Einsätzen der Wagner-Gruppe? Hinterlassen die Aktivitäten des Militärunternehmens etwas anderes als Gewalt und Zerstörung? Kommt die Söldnerpräsenz den jeweiligen Ländern zugute? In Westafrika gewinnen dschihadistische Bewegungen seit der Beendigung der französisch geführten Militärinterventionen Barkhane, Sabre und Sangaris an Boden, obwohl Wagner den Auftrag hat, Sicherheitsdienste anzubieten und den Terror zu bekämpfen. Überall zeigt sich die gleiche Bilanz: Menschenrechtsverletzungen, Tötungen, Folter … und eine mundtot gemachte Presse, wenn nicht gar die schlichte Ermordung von Journalisten. Nicht alle Verbrechen sind direkt den Söldnern zuzuschreiben. Manchmal reicht ihre Anwesenheit jedoch aus, um die Tat zu motivieren.

Der Mord an der Presse

Allzu neugierige Journalisten verschwinden nach einer in Russland bewährten Methode. Am 15. April 2018 stirbt Maxim Borodin, ein Journalist, der über den Wagner-Einsatz in Syrien berichtet hat, nach einem «Sturz» vom Balkon seiner im fünften Stock gelegenen Wohnung in Jekaterinburg. Die Umstände seines Todes werden als verdächtig eingestuft. Der Menschenrechtsaktivist Wjatscheslaw Baschkow berichtet: «Einige Tage vor seinem Tod hat Maxim Borodin um fünf Uhr morgens in Panik einen Freund angerufen und berichtet, dass jemand mit einer Waffe auf seinem Balkon stehe und Leute in Tarnkleidung in seinem Treppenhaus seien. An diesem Abend ist ihm nichts geschehen, Borodin selbst nannte es einen Fehlalarm. Aber kann man da wirklich von einem Zufall sprechen?«[1] Für die Polizei handelt es sich um einen Unfall, ein krimineller Hintergrund wird ausgeschlossen.

Am 30. Juli desselben Jahres sterben drei russische Journalisten in der Zentralafrikanischen Republik. Laut dem Kreml sind sie Plünderern zum Opfer gefallen, laut unseren Quellen in der russischen Opposition sind sie in einem von Profis gestellten Hinterhalt ermordet worden. Orkhan Djemal, Alexander Rastorgujew und Kirill Radtschenko haben für den im Londoner Exil lebenden Kreml-Kritiker Michail Chodorkowski gearbeitet. Sie waren einige Tage zuvor in Bangui gelandet, weil sie «einen Film über die Aktivitäten des privaten Militärunternehmens Wagner drehen»[2] und über die von dem Söldnerunternehmen kontrollierte Ndassima-Mine recherchieren wollten. Nach ihrer Ermordung fällt der Verdacht natürlich auf Prigoschins Männer. Die Mitarbeiter von RIA FAN starten daraufhin Desinformationsoperationen gegen die von Chodorkowski finanzierte NGO «Dossier Center», um ihn für den Tod der eigenen Journalisten verantwortlich zu machen. Zwei Monate nach den Morden, im September, wird Louis Kottoy,[3] ein unabhängiger zentralafrikanischer Journalist, der seinerseits den Tod der russischen Journalisten untersucht, in Bangui von drei bewaffneten Männern zusammengeschlagen, die ihm außerdem Telefon und Laptop entreißen. Seine Angreifer lassen ihn mit einer ausgekugelten Schulter und einer Schnittwunde über dem rechten Auge zurück.

Als zwei Jahre später ein CNN-Team nach Bangui reist, merkt es schnell, dass es beschattet wird. Ihrem Kontaktmann vor Ort fällt auf, dass die Journalisten vor ihrem Hotel und in der Nähe des Stadtzentrums von zwei Männern auf Mopeds verfolgt werden. Als CNN am nächsten Tag Waleri Sacharow, den Wagner-Verantwortlichen in der Zentralafrikanischen Republik, für ein Interview trifft, ist der offenbar bestens informiert über ihre Bewegungen und weiß etwa auch, dass sie ein paar Stunden zuvor in der Nähe seines Wohnhauses eine Runde gedreht haben.[4]

Die CNN-Recherchen werden im August gesendet: Sie belegen die Verflechtung von Sicherheitsoperationen und russischen Geschäftsaktivitäten in der Zentralafrikanischen Republik. Die Reporter konnten das allererste Kamerainterview mit einem ehemaligen Wagner-Söldner führen. Der Mann mit dem Spitznamen «Oleg» gibt offen zu, dass die Hybridarmee im Auftrag des Kremls arbeitet.

Sylvain Onana, ein weiterer in der Zentralafrikanischen Republik tätiger Journalist, beginnt im November 2020 mit Recherchen zu russischen Übergriffen auf die Bevölkerung Bambaris. Er schaut sich in der Umgebung der Ndassima-Goldmine um, stellt den Leuten Fragen und möchte wissen, was es mit den Gewaltvorwürfen auf sich hat: Ein Markthändler soll von den Russen brutal misshandelt worden sein. Doch auf dem Gelände des Bergwerks wird er überraschend von russischen Soldaten empfangen, die ihm sein Handy und seine Kamera wegnehmen und ihn auffordern, sich nie wieder dort blicken zu lassen.[5]

In dieses bedrohliche Klima fügt sich der plötzliche, ungeklärte Tod des zentralafrikanischen Journalisten Jean Sinclair Maka Gbossokotto am 23. Februar 2022 – ein weiterer dunkler Fleck in der Bilanz des Regimes.[6]

Auch in Bamako wird die Pressefreiheit seit dem Militärputsch vom Mai 2021 mit Füßen getreten. Die Kontrolle der Medien und eine gezielte Einflussnahme sind Teil der Vereinbarung zwischen der Regierung und Wagner. Es geht darum, den Ruf des Militärunternehmens zu stärken. Ab dem Herbst 2021 tauchen in den sozialen Netzwerken zahlreiche Pro-Junta-Konten auf. Die dort geteilten Informationen und der Sprachgebrauch deuten auf eine ähnliche Quelle hin, die offenbar den russischen Trollfabriken nahesteht. Zwischen Frankreich, der Wirtschaftsgemeinschaft westafrikanischer Staaten (ECOWAS) und der malischen Junta spitzt sich im November und Dezember das diplomatische Tauziehen um die Abhaltung der Wahlen zu. In den sozialen Netzwerken mehren sich Inhalte, die eine Annäherung an Moskau befürworten. Ausländische Journalisten werden beschuldigt, Neokolonialisten oder französische Spione zu sein.

Aufgrund seiner Erfahrungen gelingt Wagner in Mali innerhalb von sechs Monaten, wofür es in der Zentralafrikanischen Republik drei Jahre gebraucht hat: Journalisten zum Schweigen zu bringen, den französischen Einfluss zu stören und NGOs einzuschüchtern. Die Maulkorb-Maßnahmen beginnen Ende Januar 2022 in Bamako, als das Ministerium für Kommunikation eine Informationsveranstaltung für ausländische Korrespondenten abhält. Am Eingang müssen die Telefone abgegeben werden. Es wird erklärt, dass es bald neue Akkreditierungsformulare geben werde, ohne die Journalisten nicht tätig werden dürfen. Im März werden die Genehmigungsanträge mehrerer Medienteams vom Minister abgelehnt: Einem Team von France 2 erklärt man, es könne zwar in Mali bleiben, Filmaufnahmen seien ihm jedoch untersagt. Im Sommer wird ein Korrespondent von TV5 verhaftet, weil er auf der Straße gefilmt hat. Er wird vor Gericht gestellt, immerhin wird die Anklage am Ende fallengelassen. Einheimische Journalisten schreiben selten im eigenen Namen über Wagner. Und auch wir gehen vorsichtig vor: *All Eyes on Wagner* beauftragt keine malischen Journalisten mit Recherchen im Handelsregister. Die offenen Quellen in unseren Berichten füllen wir mit Informationen, an die wir über verschiedene im Laufe unserer Veröffentlichungen geknüpfte Kontakte gelangen. Vor allem wollen wir das Vertrauen unserer Kolleginnen und Kollegen vor Ort gewinnen und ihrer Arbeit Gehör verschaffen. Dabei müssen wir feststellen, dass selbst ein Bericht, der auf der Grundlage öffentlicher Informationen verfasst wurde, zum Gegenstand zahlreicher Kritiken, Drohungen und Dementis wird: So geschehen nach der Veröffentlichung von «Ein Jahr Wagner in Mali«[7] im November. In manchen Tweets werden wir als die Enkel Adolf Hitlers bezeichnet.

Die Bluttat von al-Shair

Die Dokumentation von Verbrechen gehört zu unseren wichtigsten Rechercheaufgaben. Damit die Täter strafrechtlich verfolgt werden können, müssen wir Beweise sammeln und Puzzlestücke zusammensetzen. Dazu gehört, uns erreichende Aufnahmen von verstümmelten Leichen zu analysieren. Zur Bestätigung einer Information bedarf es verschiedener Indizien: Aufschluss können Details wie Kleidung und Ausrüstung des Toten oder die Personen im Hintergrund geben. Aber das reicht nicht aus, um einen Fall vor Gericht zu bringen, die Akte muss durch weitere Zeugenaussagen und Dokumente ergänzt werden. In Mali, wo sich die Vorwürfe wegen Menschenrechtsverletzungen durch Wagner häufen, wo systematisch Razzien in Dörfern stattfinden und internationale Journalisten ausgewiesen werden, wird es immer schwieriger, die Vorfälle sorgfältig zu dokumentieren.[8]

Die Söldner sind zur Geheimhaltung verpflichtet, aber es kommt immer wieder vor, dass sie in einem Anflug von Begeisterung Fotos und Kommentare in sozialen Netzwerken veröffentlichen, um mit ihren Taten zu prahlen. Sie veröffentlichen sogar Videoaufnahmen von ihren Massakern. Beispielhaft ist der Fall eines syrischen Deserteurs, der im Juni 2017 im Gouvernement Homs von vier Söldnern auf brutalste Weise ermordet wird. «Nach Angaben eines ehemaligen Mitglieds der Wagner Group hat Dimitri Utkin persönlich angeordnet, den Deserteur bis zum Tod zu foltern und diese Tat zu filmen», heißt es in einer Untersuchung der Europäischen Union.[9]

Das erste der von Wagner begangenen Kriegsverbrechen, das umfassend dokumentiert ist, wird Ende November 2019 bekannt, als die *Nowaja Gaseta* eine Untersuchung veröffentlicht,[10] die Wagner den Foltertod des syrischen Armeedeserteurs Mohammed Taha Ismail al-Abdullah zur Last legt. Auf Videos, die in einer Wagner-Newsgroup gepostet werden (drei weitere Videos werden auf Vkontakte hochgeladen), sieht man, wie Männer mit Schaufeln und Vorschlaghämmern auf ihr Opfer einschlagen und versuchen, den Syrer mit einem Messer zu enthaupten, bevor sie ihn verbrennen. Der Gefolterte mit dem Spitznamen «Bouta» war in den Libanon geflohen, dann zurückgekehrt und als mutmaßlicher Dschihadist zwangsrekrutiert worden. Er stirbt unter unvorstellbaren Qualen.[11]

Zur Rekonstruktion seines Martyriums und zur Identifikation seiner Peiniger haben russische Journalisten frei verfügbare Quellen genutzt: Sie durchsuchen Google, Yandex und soziale Netzwerke nach Informationen und identifizieren schließlich den einzigen nicht maskierten Täter. Mithilfe von Gesichtserkennungsprogrammen verfolgen sie die Spur bis zu einem gewissen Stanislaw Dychko zurück. Der ehemalige Polizist aus der Region Stawropol hat sich Wagner laut Dokumenten 2016 angeschlossen, um «die Interessen Russlands im Ausland zu verteidigen».

Die 2020 von der *Nowaja Gaseta* erstattete Anzeige wegen Folter und Kriegsverbrechen bleibt unbeachtet, ein Jahr später aber kommt es zu einer Anklage vor Gericht. Alexander Tscherkassow, Leiter des Menschenrechtszentrums Memorial, erklärt uns das Vorgehen: «Wir als Verteidiger der Menschenrechte waren gezwungen, uns an die russischen Ermittlungsbehörden zu wenden, und es passierte dasselbe wie vor 20 Jahren, als das Verschwindenlassen, die Folter und die außergerichtlichen Hinrichtungen während des bewaffneten Konflikts im Nordkaukasus nicht untersucht wurden.» Die Anklage macht deutlich, dass die russische Regierung faktisch die Kontrolle über die

Privattruppe ausübt, aus der heraus der junge Syrer während eines Einsatzes auf dem Gasfeld von al-Shair[12] getötet worden ist. Von der Folterszene existieren vier verschiedene Mitschnitte. Am 15. März 2021 reichen eine französische, eine russische und eine syrische NGO sowie die Familie des Opfers in Moskau Klage gegen die Gruppe Wagner ein und fordern die Einleitung einer Untersuchung. Doch wen wundert es: Die Untersuchungskommission der Russischen Föderation verschleppt die Angelegenheit. Daraufhin klagen Menschenrechtsaktivisten im Juni 2022 vor dem Europäischen Gerichtshof für Menschenrechte – und zwar gerade noch rechtzeitig, da Russland dem EGMR bald nicht mehr angehören wird. Neben der an dem syrischen Opfer begangenen Gräueltat wird der EGMR auch die völkerrechtlich wichtige Frage erörtern, welche Verbindungen Wagner und Prigoschin zu Moskau unterhalten und welche Verantwortung die russische Regierung für die Verbrechen der Söldner trägt.

Das Blut der Zentralafrikanischen Republik

Die Liste der in der Zentralafrikanischen Republik begangenen Übergriffe wird immer länger. In der Nähe von Paoua und Grimari werden im Januar 2021 zwei Menschen mit Behinderung erschossen, die Täter sind vermutlich Russen.[13] Größeres Ausmaß hat ein am 15. Februar begangenes Massaker in der riesigen Taqwa-Moschee in Bambari: Söldner, angeblich auf der Suche nach Rebellen, töten etwa 25 Menschen, bevor sie die umstehenden Gebäude niederbrennen. Hauptziel der Aggression war offenbar der Imam: Er soll wiederholt die Menschenrechtsverletzungen der Armee und ihrer russischen Helfer angeprangert haben. Unter den Toten befindet sich nicht ein Rebell.

Vor dem UN-Sicherheitsrat verurteilt Generalsekretär António Guterres im Februar 2022 die Übergriffe durch die «Zentralafrikanischen Streitkräfte (FACA) und ihre ausländischen Unterstützer» – eine kaum verhohlene Anspielung auf die russischen Paramilitärs.[14] Er berichtet von einer im Zentrum des Landes, nahe der Stadt Bria, durchgeführten Razzia von Armee und russischen Söldnern zur Vertreibung mutmaßlicher Rebellen. Die drei Tage andauernde Operation fordert den Tod von Zivilisten und die Vertreibung von Menschen, die aus der Gefahrenzone flüchten. Insgesamt werden 70 Menschen getötet und etwa 100 verletzt. Bangui dementiert, dass es zivile Opfer gegeben habe und bezeichnet die Berichte als Fake News.[15] Im Rahmen der MINUSCA-Friedensmission wird ein humanitäres Team in die Region entsendet, welches die Lage beurteilen und die Morde untersuchen soll.

Die Gewalttaten umfassen noch mehr als Tötungen und Folterungen. So kommt es am 10. April zu Übergriffen in einem Krankenhaus im Militärlager Henri Izamo in Bangui. Die Täter sind drei russische «Ausbilder». Laut *The Daily Beast* haben sie die Entbindungsstation gestürmt und die dort aufgenommenen Frauen sexuell missbraucht.[16]

Von den Vereinten Nationen heißt es am 15. April, die MINUSCA habe eine weitere Untersuchung eines mutmaßlichen Massakers eingeleitet: «Schwer bewaffnete, von FACA-Soldaten unterstützte russische Söldner der Firma Wagner, unterwegs in insgesamt zehn Militärfahrzeugen, haben die Stadt Ndélé in Richtung Vakaga verlassen. Als sie Gordil erreichen, riegeln sie die Ortschaft ab [...] und töten mindestens 22 Personen.»[17] Die Kämpfer fangen die Überlebenden ab, als diese auf Motorrädern durch die dichten Wälder rund um den Bergbaustandort zu entkommen versuchen. Ein Zeuge präzisiert: «Wagners russischen Streitkräften ist es gelungen, neun aus der Mine fliehende Personen in der Nähe ihres Zusammentreffens zu töten.»[18]

Wann immer es zu spontanen Massakern an Zivilisten kommt, ist Wagners Schatten zu sehen. So auch im Fall der 17 Zivilisten, die am 28. April 2022 auf dem Markt von Kouki aus bislang ungeklärten Gründen kaltblütig erschossen werden. Zeugen haben Söldner und deren Helfer erkannt.[19] Erwähnt sei auch der Angriff auf ein von einem chinesischen Unternehmen kontrolliertes Goldbergwerk in Chimbolo, bei dem ein Dutzend Menschen asiatischer Herkunft getötet werden.

Dass die zur Sicherung der Anlage abgestellten FACA-Soldaten verschont blieben, lässt den Schluss zu, dass Rebellengruppen wahrscheinlich nicht für den Angriff verantwortlich sind. Alles deutet auf russische Täter hin. Aus einem Bericht des Armed Conflicts Location and Event Data Project (ACLED)[20] geht Wagner im Jahr 2020 als der gewalttätigste Akteur in der Zentralafrikanischen Republik hervor. Seit Dezember 2020 machen Angriffe auf Zivilisten 52 % von Wagners Verwicklungen in Gewaltvorfälle aus. Das ist ein höherer Anteil als der der FACA (26 %) und der Rebellenkoalition «Patrioten für den Wandel» (42 %). Wann immer Wagner allein agiert, machen diese Gewalttaten gegen die zentralafrikanische Zivilbevölkerung sogar 70 % der Vorfälle aus. Im Jahr 2022 werden allein für den Monat September nicht weniger als dreiundzwanzig Vergewaltigungen und neun Morde an Dorfbewohnern verzeichnet.

Massenmorde in Mali

Dasselbe Bild der Gewalt zeigt sich in Mali. Dort lassen sich die eklatanten Menschenrechtsverletzungen in fünf Kategorien unterteilen: Morde, Angriffe auf Zivilisten und Verhaftungen, Plünderungen, sexueller Missbrauch, Vertreibung, Einschüchterung der Presse und Zensur. Auch wenn die Dokumentation dieser Übergriffe durch die Söldner erschwert wird, finden doch viele Vorfälle ihren Weg in die Medien und sozialen Netzwerke und sorgen für internationale Empörung.

Von 2018 bis 2021, als die Medien noch freier agieren konnten, hat die in Mali ansässige unabhängige Nachrichtenseite sahelien.com sechs Vorfälle mit insgesamt 43 getöteten Zivilisten verzeichnet, die bei Militäraktionen im Rahmen der zusammen mit den malischen Streitkräften durchgeführten französischen Barkhane-Operation ums Leben gekommen sind. Nur der Vorfall in Bounti[21] (bei dem Luftangriffe auf eine Hochzeitsgesellschaft in Zentralmali 22 Todesopfer forderten) wurde von den Vereinten Nationen untersucht. Es ist nicht bekannt, ob die malische Regierung oder Frankreich den Schlussfolgerungen des Berichts gefolgt sind, der ihnen empfahl, ihre «Prozesse und Vorsichtsmaßnahmen im Hinblick auf derartige Luftschläge gründlich zu überprüfen» sowie «mögliche Verstöße gegen das humanitäre Völkerrecht und die Menschenrechte zu untersuchen» und die Opfer zu entschädigen. Während die Wagner-Propaganda beständig den Fokus auf diese belastenden Vorfälle legt, wird doch mit Blick auf die von der Söldnergruppe begangenen Übergriffe das ganze Grauen deutlich. Im Jahr 2022, in den ersten fünf Monaten der Mali-Wagner-Partnerschaft, registriert ACLED 456 Todesfälle.[22] Insgesamt sind 812 Zivilisten direkt von Gewalt betroffen, ein Anstieg um 151 % im Vergleich zum ersten Quartal 2021. Die Mehrheit der Verstöße betrifft die Tötung von Zivilisten, hier gibt es einen Anstieg um 324 %.

Die Anklagen wegen Massakern setzen sich fort. In der Umgebung von Niono ziehen die malischen Streitkräfte (FAMa) und Wagner am 20. Februar 2022 von Dorf zu Dorf, verhaften Menschen, plündern Häuser. Am 2. März entdecken Bewohner der Region ein Massengrab, Bilder davon kursieren in den sozialen Netzwerken.[23] Anfang März 2022 werden in einer weiteren Grube in der Nähe des Dorfes Dangere-Wotoro etwa 30 verkohlte Leichen gefunden. Die Bewohner beschuldigen seither die malische Armee, für das Massaker verantwortlich zu sein. Laut einem Bericht der Friedensmission MINUSMA sollen Regierungssoldaten zusammen mit Wagner-Söldnern die Morde begangen haben.

Ein Video einer «kollektiven summarischen Hinrichtung der Zivilbevölkerung durch die FAMa in der Siedlung Diabali in der Nacht vom 1. auf den 2. März» beurteilt die malische Armeeleitung als «haltlose Montage» für die sozialen Netzwerke. Und fügt hinzu: «Der Generalstab der Streitkräfte widerspricht sämtlichen Behauptungen. Die Vorwürfe sind geeignet, die die Menschenrechte und das humanitäre Völkerrecht achtende FAMa in Misskredit zu bringen. Die [malischen Streitkräfte] können nicht für eine solche Abscheulichkeit verantwortlich gemacht werden. Bei den Meldungen handelt sich um Desinformation.»[24]

Die Serie der Übergriffe reißt nicht ab. Gut dokumentiert ist das Massaker von Gouni Habé in der Nähe von Sofara im Herbst 2022. Am 19. September geht ein Facebook-Video von einem Interview des Senders Mali Kibaru TV mit zwei Dorfbewohnern online. Urheber des Massakers waren laut den beiden Männern bewaffnete Gruppen, die den traditionellen Schmuck der Dozo-Jäger,[25] aber auch Militärkleidung trugen. Verschiedene Zeugenaussagen legen nahe, dass russische Söldner, Soldaten der malischen Streitkräfte und Angehörige der Dozo am 17. September per Hubschrauber in das Dorf Gouni geflogen sind, tags darauf seine Bewohner in der Moschee zusammengetrieben und grausam ermordet haben. Die Leichen wurden im Freien zur Schau gestellt. Von der FAMa heißt es, es habe sich um eine Antiterroroffensive gehandelt.[26] In der Pressemitteilung der Armee ist von 20 neutralisierten Terroristen die Rede, zudem sollen Waffen, Komponenten für Sprengfallen und eine Drohne beschlagnahmt und zerstört worden sein. Es wird eine Untersuchung[27] im Zusammenhang mit der Ermordung von 53 Zivilisten (so die nach oben korrigierte Zahl der Opfer) eingeleitet, was laut lokalen Medien belegt, dass die Armee die Morde tatsächlich aufklären möchte.

Das besonders blutige Massaker von Moura ging um die Welt. Opferaussagen und Leichenzählungen bestätigen, dass Soldaten der FAMa und Wagner-Söldner Ende März 2022 in der zentralmalischen Region Mopti etwa 300 Menschen getötet haben. Die «Antiterror»-Operation beginnt am 27. März mit dem Einfall von Regierungstruppen.[28] Militärhubschrauber landen in der Nähe des Marktes, die Mannschaften steigen aus und nähern sich einer Gruppe von etwa 30 Dschihadisten, die daraufhin mindestens zwei weiße Soldaten (höchstwahrscheinlich Russen) und mehrere malische Soldaten erschießen. Die FAMa erwidern das Feuer. Zivilisten, die alles beobachtet haben, versuchen zu fliehen, werden aber von einem Hubschrauber verfolgt, der gezielt Schüsse auf sie abfeuert.[29] Malische und weiße

Soldaten umzingeln die Stadt und töten jeden, der zu entkommen versucht. Ein Zeuge bekommt mit, wie ein Regierungsbeamter über Funk sagt: «Hört auf, die Leute zu töten, lasst sie gehen», woraufhin das Morden ein Ende nimmt. An dem Massaker sind etwa 100 weiße, nicht Französisch sprechende Soldaten beteiligt. Die Dorfbewohner vermuten, dass es sich um russische Söldner handelt, da sie Gerüchte über deren Beteiligung an dem Konflikt gehört haben.[30] Die Soldaten verhaften und verhören Hunderte Zivilisten und beschlagnahmen deren Eigentum, darunter auch ihre Telefone. Menschen, die sich weigern, mitgenommen zu werden, werden an Ort und Stelle von den Weißen erschossen oder zum Flussufer getrieben, wo sie in kleinen Gruppen gesammelt und massenhaft hingerichtet werden. Angehörige der Volksgruppen der Bobo und Iklan werden gezwungen, Massengräber auszuheben.[31] Die Zeugen sind sich im Nachhinein nicht einig, nach welchen Kriterien die Opfer ausgewählt wurden: Einige sagen, dass vor allem Männer mit Bärten und traditioneller islamischer Kleidung ins Visier gerieten, weil ihr Aussehen jenem von Dschihadisten ähnelte, andere meinen, dass man die Opfer aufgrund ihrer Zugehörigkeit zur Volksgruppe der Fulbe aussuchte. Eine genaue Klärung der Umstände erfordert zusätzlich zur Konsultation offener Quellen Untersuchungen vor Ort. Erschreckend ist die Anzahl der gesicherten Zeugenaussagen, in denen die Gewalttätigkeit der weißen Söldner deutlich wird. In einem im Juni in den Netzwerken veröffentlichten Video legt der Islamistenführer Amadou Mohammed Koufa die Gräueltaten Wagner und der malischen Armee zur Last und betont, dass sich unter den Getöteten in Moura nur etwa 30 Kämpfer befunden hätten, die anderen seien «Unschuldige» gewesen.

Anfang April wird im UN-Sicherheitsrat ein russisches Veto gegen eine unabhängige Untersuchung des Massakers eingelegt. Letzten Endes leiten die Vereinten Nationen eine eigene Untersuchung ein: Zur Rekonstruktion des Massakers werden Zeugenaussagen, forensisches Beweismaterial und Satellitenaufnahmen zu Rate gezogen, das

Dorf wird für die mehrmonatigen Ermittlungen abgeriegelt. Der ein Jahr später, im Mai 2023, veröffentlichte Untersuchungsbericht fällt vernichtend aus: «Die Ermittlungsmission ist zu dem Schluss gekommen, dass die luft- und bodengestützte Militäroperation [...] unter Missachtung der Regeln des humanitären Völkerrechts durchgeführt wurde.»[32] Auch wenn die UN-Kommunikation auf Diplomatie setzt, bleibt wenig Anlass, die Anwesenheit von Russen in Zweifel zu ziehen: «Der Bericht identifiziert die ‹Ausländer› nicht ausdrücklich, doch nennt die UN von ihren Ermittlern zusammengetragene Zeugenaussagen, in denen diese Ausländer als weiße Männer in Kampfanzügen beschrieben werden, die eine ‹unbekannte› Sprache sprechen.»[33]

In Reaktion auf die Vorwürfe gibt sich die malische Regierung überrascht darüber, dass die Ermittlungskommission «ohne Genehmigung und ohne Wissen der malischen Behörden» Drohnen für Luftaufnahmen von Moura eingesetzt habe. Sie spricht von «Spionage, Gefährdung der äußeren Sicherheit des Staates» und einer «militärischen Verschwörung» und fordert – wohl vergeblich – die sofortige Einleitung einer Untersuchung.[34]

Der in den Niederlanden lebende nigerianische Politikwissenschaftler Rahmane Idrissa liefert eine erschreckende Analyse der Geschehnisse und äußert sich pessimistisch angesichts einer möglichen Gegenreaktion. «Das Massaker von Moura ist kein Ausrutscher wie das in Bounti (durch französische Luftangriffe), sondern eine Operation, wie sie in der Doktrin der malischen Armee fest verankert ist. Sie ist – so schrecklich es auch sein mag, dies auszusprechen – in dieser Hinsicht ‹normal›. Man kann in diesem Zusammenhang nur hoffen, dass das um dieses Grauen ausgelöste Aufsehen die genozidalen Gelüste der FAMa/Gruppe Wagner mäßigen wird.»[35] Washington drückt aus, was viele Länder denken: «Die Vereinigten Staaten sind bestürzt über die Missachtung menschlichen Lebens, die Teile der malischen Streitkräfte in Zusammenarbeit mit der Gruppe Wagner, einer vom Kreml unterstützten transnationalen kriminellen Organisation, bei der Operation in Moura unter Beweis gestellt haben.»[36] Im Sommer 2023 stimmen die

Vereinten Nationen dennoch für das Ende des MINUSMA-Mandats. Für den Abzug aus Mali bleiben sechs Monate Zeit. Unterdrückte Volksgruppen und Überlebende sind in Sorge: Die Malier stehen ihren Henkern nun allein gegenüber.

5

Dem Westen werden die Augen geöffnet

«Man hat nicht wirklich vorausgesehen, welche Bedeutung die Gruppe Wagner erlangen würde.»
Ein französischer Politiker

Wenn der Westen die Bedeutung der Gruppe Wagner lange Zeit nicht sehen konnte oder sehen wollte, so beschleunigt nun der Krieg in der Ukraine die Erkenntnis über die Absichten des Kremls und die Härte, mit der Wladimir Putin diese verfolgt.

Das Problem Prigoschin ist westlichen Regierungen seit 2016 bekannt. Als er Moskau im ersten Krieg in der Ukraine unterstützt, beginnt man mit Sanktionen gegen ihn und seine Organisation. Während sich die Gruppe Wagner im Sudan und in der Zentralafrikanischen Republik niederlässt und ihre politische Einmischung auch in anderen Ländern des afrikanischen Kontinents verstärkt, sind es vor allem drei Ereignisse, welche die Maschinerie der westlichen Wirtschaftssanktionen gegen die Gruppe und ihren Anführer in Gang setzen.

Die erste Bombe platzt in den USA: Die Einmischung Russlands in die Präsidentschaftswahlen 2016 löst einen Schock aus. Im Februar 2018 erhebt eine amerikanische Grand Jury Anklage gegen Jewgeni Prigoschin, die Internet Research Agency sowie seine Tochtergesellschaft Concord: Ihnen wird eine Beteiligung an der russischen Manipulation und die Finanzierung der Trollfabriken zur Last gelegt. Doch geht der Schuss ins Leere, da Washington auf ein Gerichtsverfahren verzichtet.

Als zweites knallt es in Europa. Die internationale Gemeinschaft hat Schwierigkeiten, ein Embargo für Waffenlieferungen an Libyen durchzusetzen, derweil sich die Gruppe Wagner aktiv am Libyen-Konflikt beteiligt. Im Oktober 2020 verhängt die Europäische Union Sanktionen gegen Jewgeni Prigoschin: Für ihn gilt ein Einreiseverbot für den «alten Kontinent», seine Vermögenswerte werden eingefroren und europäischen Unternehmen ist untersagt, mit ihm Handel zu treiben. Mit der Unterstützung europäischer Kanzleien und eines französischen Anwalts ficht Prigoschin die Entscheidung an.

Im weiteren Verlauf landen Personen wie Dmitri Syty und Unternehmen aus der Galaxis wie Lobaye Invest auf westlichen Sanktionslisten, doch erst nach der Ohrfeige des Ukraine-Kriegs im Februar 2022 beschleunigen sich die Maßnahmen der internationalen Diplomatie. Die Schlüsselrolle des Unternehmens im Ukraine-Konflikt macht es zu einem Hauptziel der westlichen Gegenwehr. London enthüllt nun in über Twitter/X verbreiteten Briefings die Zahl der in der Ukraine eingesetzten Wagner-Söldner; der Ausschuss für auswärtige Angelegenheiten leitet eine über ein Jahr andauernde Untersuchung ein, um alle Ermittlungsgruppen und Anwaltskanzleien anzuhören, die an dem Thema arbeiten.

Nach dem ersten Schock, den ihm Wagners Ankunft Ende 2021 in Mali versetzt hat, reagiert Frankreich im April 2022 auf die Fake News rund um ein in Gossi entdecktes angebliches Massengrab. Erstmals entscheidet sich das Verteidigungsministerium für eine rasche Kommunikation und gibt Drohnenaufnahmen frei, die zeigen, wie die Söldner der Gruppe Leichen begraben, die aus einige Tage zuvor von ihnen begangenen Übergriffen stammen. Der französische General Pascal Ianni wird zum Gesicht der Armee und erklärt, was die Gruppe Wagner ist und wie sie vorgeht. Von nun an sind Diplomaten und Militärs an sämtlichen Wagner-Fronten im Einsatz. Das Außenministerium unternimmt einige mehr oder weniger glückliche Versuche, der russischen Propaganda über die Social Media-Konten von Diplomaten[1] entgegenzuwirken. Doch die sind zu wenig vertraut mit den Kommunikationscodes bei Twitter und werden zum bevorzugten Ziel afrikanischer Trolle. Alle involvierten Ministerien, aber auch einzelne Parlamentarier setzen sich zum Ziel, Wagners Machenschaften in der Ukraine und auf dem afrikanischen Kontinent offenzulegen. Im Oktober 2022 erlässt das Innenministerium ein Einreiseverbot gegen die putinnahe schweizerisch-kamerunische Bloggerin und Aktivistin Nathalie Yamb.[2] Sie gewinnt daraufhin zahlreiche Follower für ihre Rolle als Opfer der hegemonialen französischen Afrikapolitik. Anfang 2024 leitet der französische Staat ein Verfahren zur Aberkennung der Staatsbürgerschaft von Kemi Seba ein: Der Franzose beninischer Abstammung hat ein Video verbreitet, in dem er vor einer Gruppe Sympathisanten seinen französischen Pass verbrennt. Vor einem Untersuchungsausschuss in geheimer Sitzung,[3] der im späten Frühjahr 2023 stattfindet, verkündet Bernard Émié, Chef des französischen Auslandsgeheimdienstes DGSE, die Gruppe Wagner stehe für «Einflussnahme, Destabilisierung und Zwang» und sei damit eine Bedrohung für die französischen Interessen.

2020 pokert der ukrainische Geheimdienst SBU ziemlich hoch, doch der beabsichtigte Coup geht schief und bleibt als «Wagnergate» in Erinnerung. Was ist geschehen? Ende Juli berichten weißrussische Medien, der nationale Sicherheitsdienst habe 33 Kämpfer festgenommen, die angeblich zu einer 200 Mann starken Söldnergruppe gehören, die ins Land gekommen sei, um die Lage vor den Anfang August stattfindenden Präsidentschaftswahlen zu destabilisieren. In Wahrheit hat der ukrainische Geheimdienst die Männer angelockt. Auf der Suche nach kleineren Aufträgen zwischen ihren Einsätzen sind die Söldner im Internet auf gefälschte Rekrutierungsanzeigen gestoßen, mit denen der SBU vor allem jenen Kämpfern eine Falle stellen will, die in der Ukraine Kriegsverbrechen begangen haben. In den plausiblen und gut ausgearbeiteten Anzeigen werden Jobs für hochspezialisierte Fachkräfte wie Scharfschützen angeboten. Angeblich geht es bei dem Einsatz darum, die Einrichtungen des staatlichen Ölkonzerns Rosneft in Venezuela zu schützen. Der ukrainische Plan sah vor, das in Minsk startende Flugzeug, mit dem die Söldner zu ihrem angeblichen Einsatzort gebracht würden, zu einer Landung in Kiew zu zwingen und die Männer dort festzunehmen. Nach einem Anruf aus dem Umfeld des ukrainischen Präsidenten wird der Transport aufgrund der geplanten Verhandlungen mit Moskau um einen Tag verschoben. Letzten Endes werden die Söldner von Belarus festgenommen und nach Russland abgeschoben, womit das Vorhaben platzt. Der gescheiterte Coup ist ein gefundenes Fressen für die pro-russische Propaganda. Die politischen Auswirkungen des Vorfalls sind noch immer spürbar, die moskaufreundlichen Netzwerke haben ihre helle Freude daran. «Seit fast einem Jahr verspricht die CIA-Marionettengruppe Bellingcat, eine Untersuchung vorzulegen, aber in all dieser Zeit hat sie nie etwas veröffentlicht, und jedes Mal verschiebt sie den Termin. Dafür gibt es eine Erklärung. Ich habe umfassende Informationen über die Geschehnisse, ich habe sie von zuverlässigen Quellen erhalten, auch von Quellen in Tripolis, die direkt involviert waren»: Maxim Schugalej ist sich sicher, dass die wahre Geschichte der Inhaftierung der «33 Helden»[4] zu einem katastrophalen Reputationsverlust für die ukrainischen und amerikanischen Dienste führen würde. Der Zwischenfall in Minsk hat keine Auswirkungen auf den Verlauf von Wagners Operationen, das Ganze ist ein Schlag ins Wasser.

Die Amerikaner äußern sich um einiges direkter zum Thema Wagner. Washington hat beschlossen, sich die Söldnergruppe vorzunehmen und setzt entsprechende Mittel ein. Bei einem Besuch des CIA-Chefs William Burns in Tripolis ist die Botschaft klar: Wagner muss Libyen verlassen. Auch mit dem Präsidenten der Zentralafrikanischen Republik führen die Vereinigten Staaten Verhandlungen, die sich im Kern darum drehen, welchen Preis Faustin-Archange Touadéra für den Abzug der Truppen verlangt. Doch die Söldner patrouillieren weiter durch Bangui, und Wagner nutzt Libyen als Drehkreuz für Waffenlieferungen. Presseagenturen berichten immer offensiver über die Militärfirma, um ihre Unternehmungen – etwa die Bewaffnung der Milizen im Sudan und das Anheizen des dortigen Konflikts – zu stören. In als geheim eingestuften US-Dokumenten,[5] die von einem Discord-Server abgerufen werden, finden sich rund 15 Vorschläge, wie sich Wagners Aktionen in Zusammenarbeit mit ausländischen Partnern physisch behindern ließen. Es gibt jedoch keinen Hinweis darauf, ob diese Maßnahmen erfolgreich waren oder überhaupt stattgefunden haben. Es ist nur eine einzige nicht näher zugeordnete Aktion bekannt, die sich gegen ein Transportflugzeug der Wagner-Gruppe in Libyen gerichtet hat.[6] Die beste Waffe der Amerikaner bleiben in der Breite verhängte Sanktionen. Mitte 2023 stellt das US-Finanzministerium sogar das malische Verteidigungsministerium wegen seiner Kooperation und Beziehung zur Gruppe Wagner unter Sanktion.

Obgleich Wagner zu den privaten Militärunternehmen gehört, deren Übergriffe und andere Vergehen weitgehend dokumentiert und in den Medien veröffentlicht werden, ist die Gruppe doch besonders schwer strafrechtlich zu verfolgen: Es gibt keinen Begriff, mit dem die Organisation eindeutig zu charakterisieren wäre, und internationale Mechanismen oder Institutionen der Justiz wie der Internationale Strafgerichtshof sind wenig geeignet, sich mit einer solchen Struktur zu befassen. Beim Start des Projekts *All Eyes on Wagner* verabredet sich unsere noch kleine Gruppe in einem Pariser Café mit Jelena Aparac, einer klugen und engagierten Frau, die für das UN-Hochkommissariat für Menschenrechte eine Arbeitsgruppe zum Söldnerwesen leitet. Sie scheut sich nicht, die betreffenden Regierungen direkt anzusprechen und ihnen von den Übergriffen der von ihnen beschäftigten Gruppe zu berichten. Ihre Arbeit trägt dazu bei, dass die Vergehen der Organisation bekannt werden und rechtliche Verfahren eingeleitet werden. Dabei hat der Krieg in der Ukraine die Lage verändert, denn es werden Aufzeichnungen zu den von der russischen Armee, aber auch von den Söldner-Einheiten begangenen Kriegsverbrechen gesammelt. Wird Wagner in der Ukraine verurteilt, dann eröffnet dies die Möglichkeit, die Gruppe ebenso für ihre Vergehen in Syrien, Libyen und auf dem übrigen afrikanischen Kontinent zur Verantwortung zu ziehen.

Staaten, die eine strafrechtliche Verfolgung des Militärunternehmens anstreben, fragen sich, wie sie Wagner qualifizieren sollen: Handelt es sich um eine kriminelle Vereinigung? Oder um eine Terrorgruppe? Die USA entscheiden sich im Januar 2023, die Gruppe als «transnationale kriminelle Organisation» einzustufen, womit sich recht umfangreiche Ermittlungsmöglichkeiten eröffnen. Europa wählt eine andere Option und spricht von einer terroristischen Vereinigung. Im November 2022 stimmt das Europäische Parlament für eine Resolution, in der Russland ein «staatlicher Sponsor des Terrorismus» genannt wird. Wenige Minuten nach der Abstimmung kommt es zu einem Cyberangriff auf die Computersysteme des Parlaments. Außerdem kursiert ein Video, in dem zu sehen ist, wie Prigoschin einen blutbefleckten Vorschlaghammer an die Europäische Union schickt. Eine Botschaft, die schaudern lässt. Doch das hält europäische Parlamente nicht davon ab, über die Definition als Terrorgruppe abzustimmen. Und so stufen Litauen, die Niederlande, Belgien und Frankreich Wagner im Frühjahr 2023 als terroristische Vereinigung ein – Schweden, das sich für eine Benennung Wagners als Terrorgruppe eingesetzt hat, übernimmt eben zu diesem Zeitpunkt die EU-Ratspräsidentschaft.

Und doch bleiben drängende Fragen: Was will und kann der Westen besonders verwundbaren Staaten als Ersatz für Wagners Unterstützung bieten? Und was geschieht in Mali, wo die Dschihadisten auf dem Vormarsch sind?

6

Wagner ist tot – es lebe Wagner

«Die meisten Machtmenschen beziehen ihre Aura aus der Position, die sie innehaben. Sobald sie diese verlieren, ist es, als habe man ihnen den Stecker gezogen.»

Giuliano da Empoli, Der Magier im Kreml

In der politischen Kultur Russlands wäscht man seine schmutzige Wäsche nicht in der Öffentlichkeit. Man ist im Gegenteil bestrebt, sämtliche Konflikte hinter den Kulissen zu lösen. Dass dennoch immer wieder Informationen über die Streitigkeiten zwischen Prigoschin und Schoigu durchsickern, deutet auf ernstzunehmende Spannungen hin. Auf einer so hohen Ebene werden Entscheidungen normalerweise still und leise im Vorzimmer der russischen Macht getroffen.[1] Die interne Auseinandersetzung ist auch ein Zeichen für das von Wladimir Putin errichtete Regime. Ein Regime des organisierten Verbrechens, in dem der Reichtum, immer unter Aufsicht des Paten, unter den Clanmitgliedern aufgeteilt wird, und in dem Gesetze über mehrere Banden von den Spitzen der Sicherheitsdienste ausgekungelt werden. Und so ist wahrscheinlich eben diese Erregtheit der Auslöser für den Sturz des Kochs.

«Don Prigoschin»: Schlussakt einer russischen Tragödie?

Prigoschin brauchte, wie jede dramatische Figur, einen besten Feind. Wenig überraschend wird diese Rolle von Sergej Schoigu besetzt, dem (beinahe) unumstößlichen Verteidigungsminister von 2012 bis Mai 2024. General Schoigu ist ein Vermächtnis Jelzins an den Präsidenten, er verkörpert das tragische Phänomen der Unabänderlichkeit der Macht. Prigoschin stammt aus Sankt Petersburg, der intellektuellen Hauptstadt Russlands. Schoigu hingegen kommt aus Tuwa in Sibirien: «der wohl antirussischsten Region der Föderation – selbst in den Kaukasusrepubliken behandeln die Einheimischen die Russen besser als die Tuwiner».[2] Im Januar 2018 werfen die dem russischen Geheimdienst nahestehenden *URA News* Schoigu vor, er betrachte Syrien als seine Melkkuh und weigere sich, die dortigen Ressourcen zu teilen.[3] Zwischen den regulären russischen Streitkräften und den Söldnern kommt es vermehrt zu Auseinandersetzungen. Auch in Marat Gabidullins Buch finden sich erhellende Passagen über die Konkurrenz zwischen den beiden Armeen. Es beginnt ein abgekartetes Spiel: Man kämpft nicht für einen gemeinsamen Sieg, sondern für seinen persönlichen Vorteil. Als die Russen Palmyra befreien, berichten sowohl Prigoschin als auch Schoigu an Putin und stellen die Eroberung als eine Leistung ihrer jeweiligen Truppe dar. Der Sieg hat viele Väter … Dass Wagner und seine Leute zu einem feierlichen Empfang im Kreml geladen sind, wird die russischen Offiziere nicht erfreut haben. Sie wittern Konkurrenz.

Vier Jahre später hat sich nichts geändert. Im Herbst 2022 will Prigoschin Schoigus angebliche Inkompetenz entlarven, indem er Wagners Durchschlagskraft im Ukraine-Krieg der Unfähigkeit der regulären Armee entgegensetzt – auch wenn er betont, «keine politischen Ambitionen» zu haben. Wagners Aufgabe sei «die Verteidigung der Interessen der Russischen Föderation».[4] Prigoschin geht den Minister oftmals direkt an. Als ein Journalist ihn um eine Stellungnahme zur Befreiung Bachmuts durch russische Truppen bittet, erwidert er knapp: «Ich kann die Äußerungen von Herrn Schoigu beim besten Willen nicht kommentieren. Ich bin ihm in Artemiwsk[5] nicht begegnet.» Prigoschin glaubt, dass der Minister nicht länger für das Amt des Verteidigungsministers geeignet ist: «Seinen Posten sollten der ehemalige stellvertretende Verteidigungsminister Michail Mizinzew und Generalstabschef Sergej Surowikin einnehmen.»[6] Die Dinge beschleunigen sich, als ein neues Gesetz sämtliche russischen paramilitärischen Unternehmen zwingt, einen Vertrag mit dem Verteidigungsministerium zu unterzeichnen: Mit dieser Maßnahme will sich Schoigu den verschiedenen in den ukrainischen Konflikt verwickelten Bataillonen und Gruppen überstellen. Für Prigoschin kommt es jedoch nicht in Frage, sich seinem Erzfeind unterzuordnen. So kommt es zu einer immer aggressiveren Kommunikation über seine sozialen Netzwerke, in denen Prigoschin Schoigu beschimpft und die unzureichende Unterstützung der russischen Armee für seine Truppen anprangert.

Am 23. Juni 2023 gerät Prigoschin ein weiteres Mal in Rage, da das russische Militär ein Lager der Gruppe Wagner getroffen haben soll. Daraufhin tut er das Unwiderrufliche: Er lässt seine Männer auf Moskau marschieren. Und niemand wird sie aufhalten. Die Erzählung der Ereignisse schwankt zwischen Fiktion und Realität, bedient sich an Filmaufnahmen und an von Prigoschins Reich produziertem Propagandamaterial. Ein amerikanischer Brettspielverlag hat dieses Muster aufgegriffen und aus dem Söldnermarsch ein Brettspiel gemacht, das den Regeln des Gänsespiels folgt.

Was Prigoschin als «Marsch der Gerechtigkeit»[7] bezeichnet, ist in Wirklichkeit ein Putsch. Hohe Offiziere,[8] darunter ein gewisser Junusbek Jewkurow, werden bei Verhandlungen mit dem Wagner-Chef gesehen. Am Ende gibt Prigoschin den Plan auf, den Kreml zu erreichen. Er hat da bereits alle Register gezogen, sein Schicksal ist besiegelt.

Prigoschins Beinahe-Putsch könnte ein Symptom für die Schwächung von Putins Reich sein, die erste Erschütterung auf dem Weg zum möglichen Sturz des Zaren. Putin weiß das, er wird in die Enge getrieben und zum Verhandeln gezwungen, um heil aus der Sache herauszukommen. Der Chef des britischen Auslandsgeheimdienstes MI6 meint dazu: «Beim Frühstück wurde Prigoschin noch als Verräter bezeichnet, beim Abendessen wurde er begnadigt. Und zwei Tage später wurde er zum Tee eingeladen.» Tatsächlich erhält der Wagner-Chef die vom FSB beschlagnahmten Vermögen zurück, die Anklage gegen ihn wird fallengelassen.[9] Wahrscheinlich hat der von mehreren Angehörigen des russischen Serails als putintreu bezeichnete Militärunternehmer seine zehn erfolgreichen Jahre im Dienste Russlands ins Spiel gebracht. Zusammen mit den Hauptverantwortlichen seiner Organisation wird er anlässlich eines längeren Austauschs mit Wladimir Putin im Kreml gesichtet. Über den Inhalt des Gesprächs sind keine Informationen durchgesickert.

Doch für Wladimir Putin bleibt ein Verräter eben ein Verräter.

Die russischen Medien dürfen Prigoschins Namen nicht mehr erwähnen und die Geschichte nicht mehr kommentieren. Beim Russland-Afrika-Gipfel Ende Juli 2023 sitzt er nicht am Verhandlungstisch, stattdessen zeigt ihn ein Foto[10] in einem seiner Hotels, das eine zentralafrikanische Delegation beherbergt: Es wirkt, als wäre er in seine erste Rolle in der diplomatischen Welt, in die Küche, zurückverwiesen worden. Das Wagner-Trainingslager Molkino verlegt der Militärunternehmer nach Belarus. Nach zwei Monaten Funkstille tritt Prigoschin im August erneut in Erscheinung: Er taucht in einem in der Zentralafrikanischen Republik und in Mali aufgenommenen Anwerbevideo auf. Sicher will er damit seinen afrikanischen Partnern, vor allem aber dem Kreml seinen Wert aufzeigen. Am 23. August ist Prigoschin mit seinen wichtigsten Führungskräften in einem Privatjet unterwegs. Das Flugzeug explodiert, als es eben Putins Landhaus überfliegt. Der Kreml hat offenbar einen Plan B gefunden, mit dem er sich der bisherigen Wagner-Führung entledigen kann.

Ungewissheit, Desillusionierung und zweite Flitterwochen

Dennoch schaden Prigoschins Beinahe-Putsch und die Reaktion des Kremls den afrikanischen Angelegenheiten. Westliche Diplomaten bestürmen den zentralafrikanischen Präsidenten, wie er denn einer Organisation vertrauen könne, die den eigenen Staat bedrohe, oder eben einem Land, das ohne Federlesens seine Milchkuh aus dem Weg räumt. Ob sich diese Leute denn wirklich für ihn und sein Land einsetzen würden? Im Sommer nimmt Touadéra die Verhandlungen mit Frankreich und den USA wieder auf. Bei den malischen Obersten, die die Meldung vom Flugzeugabsturz zwar nicht kommentieren, herrscht Eisesstimmung. Außenminister Sergej Lawrow verbringt das Wochenende am Telefon[11] und beeilt sich, seinen afrikanischen Partnern zu versichern, dass sich nichts ändern und die russischen Ausbilder weiterhin zur Verfügung stehen würden. Dennoch, das Image des verlässlichen Partners bekommt ordentliche Kratzer.

Auch für die Trollfabriken der Gruppe Wagner ist es ein Moment der Ungewissheit. Gerüchteweise heißt es, das «Projekt Lakhta«[12] habe seine Büros verlassen, die Mitarbeiter hätten die Festplatten der Computer mitgenommen. Die Presseorgane des Medienkonzerns Patriot Media schweigen. Es ist die Rede von einer Übernahme, aber über Wochen kommt kein klares Statement. Die panafrikanischen Influencer, die dafür bekannt sind, die von Wagner fabrizierten Nachrichten weiterzuleiten, geben kaum noch etwas von sich. Doch dann werden die gefälschten Profile wieder aktiv.

Anlässlich des Russland-Afrika-Gipfels tritt offenbar eine neue Führung an, nämlich in Person von General Andrej Awerjanow, einem hochrangigen Mitarbeiter des russischen Militärgeheimdienstes (GRU) – der breiten Öffentlichkeit ist er wegen seiner Schlüsselrolle bei der Nowitschok-Vergiftung im britischen Salisbury bekannt. Awerjanow nimmt an sämtlichen bilateralen Gesprächen teil, die mit den

Delegationen afrikanischer Länder geführt werden, in denen die Gruppe Wagner präsent ist. Putins Aufmerksamkeit gilt insbesondere dem jungen Hauptmann Ibrahim Traoré, Staatsoberhaupt von Burkina Faso. Die beiden Männer beschließen eine neue Zusammenarbeit, die zur Stationierung russischer Truppen führen wird. Doch nicht nur in Burkina Faso ist man in den Flitterwochen. Am Tag vor Prigoschins Tod trifft sich die Nummer 2 des russischen Verteidigungsministeriums, Junus-bek Jewkurow, in Libyen mit General Haftar. Es ist der erste offizielle Besuch von hochrangigen russischen Militärs in Tobruk. In den Gesprächen geht es um die Neuordnung nach Wagner. Haftar, dem im April 2019 der Einmarsch nach Tripolis misslang, wurde von Russland nicht weiter beachtet, nachdem man seine Angelegenheiten an Prigoschin delegiert hatte. Doch nun hat sich das Blatt gewendet. Der General steht erneut in der Gunst des Kremls. Russland entsendet seine besten Diplomaten in die Region und will in beiden Teilen Libyens Botschaften und Konsulate eröffnen. General Sergej Surowikin, ehemaliger Kommandeur der russischen Militäroperationen in der Ukraine, der wegen seiner Nähe zu Prigoschin in Ungnade gefallen ist, betätigt sich nun offenbar im Zentrum der russischen Aufmerksamkeit zwischen Algerien und Libyen. Dort winkt ein Riesengewinn: ein Marinestützpunkt am Mittelmeer. Und Syrien? Als Jewkurow in Damaskus Halt macht, bemüht sich der Vizeminister gemeinsam mit seinem syrischen Amtskollegen, die Mitglieder der Gruppe Wagner dazu zu bringen, einen Vertrag mit dem russischen Verteidigungsministerium zu unterzeichnen oder sie andernfalls nach Russland zurückzubringen.

Der Kreml übernimmt die Geschäfte

Mit dem Absturz von Prigoschins Flugzeug beginnt der Aufstieg von Wagner 2.0: Die Geschäfte des Militärunternehmens werden vom Kreml übernommen. Die genaue Organisation dieser neuen Wagner-

Ära bleibt undurchsichtig, doch in offenen Quellen aufgefundene Teilinformationen ermöglichen es uns, die Entwicklung von Putins Schattenarmee nachzuvollziehen.

Die Unterscheidung zwischen Wagners ursprünglichen Truppen und dem Status der Mitglieder des Africa Corps ist noch nicht ganz klar, im Übrigen sprechen die auftraggebenden Länder weiterhin von «russischen Ausbildern». Der Aufschwung des Africa Corps geht weiter, auch wenn angeblich eine kleine Gruppe alter Wagner-Kämpfer, vornehmlich in der Zentralafrikanischen Republik, weiter eigene Geschäfte macht. Wagner bleibt eine erfolgreiche und gewichtige «Marke», und der Kreml hat keine Absicht, diese vollkommen zu zerschlagen. Denn Wagner hat eine Geschichte, eine Legende und ganz eigene Codes – das schafft Zusammenhalt und schürt die Attraktion. Weit entfernt von ihrer Vernichtung ist die Marke weiterhin stark und aktiv, und das in Mali, in der Zentralafrikanischen Republik und auch online auf Telegram-Kanälen und bei Rekrutierungskampagnen.

Am Tag nach dem Tod von Putins Koch reist eine von Jewkurow angeführte Delegation zu den afrikanischen Verbündeten und Freunden: Auf dem Programm stehen Mali, Burkina Faso, die Zentralafrikanische Republik und sogar der Niger.

Jewkurow wird von Schlüsselpersonen begleitet, die bereits beim Russland-Afrika-Gipfel gesichtet wurden: Andrej Awerjanow, Leiter der geheimen Spezialoperationen der GRU, sowie die Verbindungsbeamten des russischen Auslandsgeheimdienstes SWR in den jeweiligen Ländern. Auch ehemalige Mitarbeiter des militärischen Geheimdienstes, die inzwischen private Interessen vertreten, sind zugegen, darunter Viktor Bojarkin vom Büro Legint, einer Art Beratungs- und Kommunikationsfirma. Allmählich zeichnet sich die neue Devise ab: Fortführung der Operationen und Aufteilung der Aufgaben auf mehrere Akteure. Das Konzept, das den russischen Einfluss sichert, wird weiter genutzt, dabei soll jedoch vermieden werden, dass erneut ein charismatischer Führer emporkommt, der die Macht von Wladimir Putin gefährden könnte. Bei der Wiederaufnahme der Operationen nimmt daher die GRU eine zentrale Rolle ein,[13] indem sie verschiedene paramilitärische Organisationen und insbesondere Redut und Convoy mobilisiert, die einen Vertrag mit dem Verteidigungsministerium unterzeichnet haben, um Rekrutierungs- und Unterstützungsnetzwerke für internationale Operationen zu schaffen. Auf ukrainischem Gebiet werden ehemalige Wagner-Söldner, die sich erneut verpflichten wollen, auf Einheiten der Nationalgarde (Rosgwardija), aber auch auf Kampfeinheiten des Militärgeheimdienstes oder dem Geheimdienst angegliederte Gruppen wie Medvedi verteilt.

Im November 2023 geht das Africa Corps online[14] – die Bezeichnung ist an Adolf Hitlers Afrikafeldzug angelehnt. Laut dem ukrainischen Geheimdienst ist die neue Marke von der GRU ins Leben gerufen worden: Sie soll ehemalige Mitglieder der Gruppe Wagner und neu gewonnene Rekruten zusammenfassen. Unter der neuen Bezeichnung kann Russland ab Dezember zunächst in Burkina Faso und ab April 2024 im Niger Fuß fassen. Ab 2024 werden zahlreiche GRU-Offiziere nach Libyen abkommandiert, die dort einen logistischen und strategischen Korridor zwischen dem Mittelmeer und der Sahelzone schaffen sollen. Für die russischen Operationen in Nordafrika dient, wie schon unter Wagner, Libyen als Drehkreuz. Es sind russische Kämpfer vor Ort und Moskau plant, an der libyschen Küste einen Marinestützpunkt einzurichten.

Die Namen mögen sich ändern, das Produkt bleibt dasselbe. Dazu gehört der Erhalt des Kundenstamms. Das Africa Corps wird stets von einer Abteilung für Einflussnahme und Kommunikation begleitet, die von einer neuen, im September 2023 gegründeten Organisation repräsentiert wird: der African Initiative.[15] Hinter der von Artjom Kurejew geleiteten Nachrichtenagentur steht die Firma Initiative 23 LLC. Sie soll sich «afrikanischen Themen» widmen, tatsächlich aber handelt es sich um eine Einrichtung zur Einflussnahme, in der ein Großteil von Prigoschins ehemaligem Afrika-Büro wiederzufinden ist: politische Berater, Kommunikatoren und Blogger. In den Ländern, in denen das Africa Corps tätig ist, nimmt die African Initiative eine besonders offensive Rolle ein. So wird in Burkina Faso auf Betreiben des Bloggers Viktor Lukowenko, Prigoschins ehemaligem Berater bei den Wahlen in Madagaskar, der Verein «African Initiative Burkina Faso» gegründet. Diesen preist man als lokale, von den russischen Medien abgekoppelte Organisation an, in Wirklichkeit aber ermöglicht er Moskau, die Zivilgesellschaft und Bevölkerung mit antiwestlichen Botschaften zu erreichen.[16] Die Militärjuntas als Kunden der Russen machen lokale Journalisten mit der African Initiative bekannt, um sie dazu zu bringen, sich pro-russisch zu äußern und ihnen gelegene Botschaften an die Bevölkerung weiterzugeben.

Auf Geheimdienstseite ist nicht nur die GRU involviert, auch der SWR ist bei den Treffen zugegen. Die Aufteilung des Wagner-Kuchens überträgt ihr die eher politischen Aufgaben, die mit der Aufrechterhaltung der öffentlichen Ordnung, vor allem aber mit Wirtschaftszielen verbunden sind. Seit Prigoschins Tod stehen russische Unternehmen Schlange, um afrikanischen Ländern so ziemlich alles zu verkaufen – von Weizen über Öl bis hin zu Atomkraftwerken, die in terroristischen Krisengebieten gebaut werden sollen. Sogar Reisen ins Weltall sind im Angebot – so führt die Partnerschaft mit Russland direkt in den Himmel.

Ein ehemaliger Wagner-Akteur hat offenbar seinen Kopf aus der Schlinge gezogen: Dmitri Syty, Prigoschins junger Gehilfe in der Zentralafrikanischen Republik. Seit dem späten Frühjahr 2023 ist er wieder in Bangui, seit einem Paketbombenattentat trägt er eine Handprothese. Man sieht ihn wahlweise als Begleitung von Präsident Touadéra bei einem Treffen mit Dmitri Medwedew in Russland oder als Kriegsherrn eines Kontingents alter Wagner-Kämpfer im Busch. Als Leiter des Russischen Hauses in Bangui brüstet er sich mit seinen Verhandlungen zu Handelsabkommen zwischen Russland und seiner Wahlheimat. Ob als russischer Oligarch in der Zentralafrikanischen Republik oder als Schattenmann seiner Dienste – Russland hat schon immer kleine, nützliche Herren überleben lassen, solange sie die Macht des Größeren nicht bedrohen.

Im Mai 2024 startet Viktor Lukowenko, eine Art verbesserte Version von Maxim Schugalej, in einem in der kirgisischen Hauptstadt Bischkek aufgenommenen Youtube-Video[17] die «Central Asian Initiative», eine exakte Kopie der African Initiative. Einige Wochen später kündigt der Kreml an, die Taliban als offizielle Regierung Afghanistans anzuerkennen. Die politische Entscheidung wurde über Monate von zwei «Stars» der afrikanischen Wagner-Sphäre vorbereitet: Julia Afanasjewa und Maxim Schugalej. Mit zehn Jahren Abstand wird das mit Jewgeni Prigoschin und der Gruppe Wagner geschaffene und in Afrika, fernab der russischen Komfortzone, ausgekochte und verbesserte Konzept in die russische Nachbarschaft exportiert, um an China abgetretene und seit dem Abzug der westlichen Streitkräfte aus Afghanistan unbesetzte Einflussgebiete zurückzugewinnen.

Putins Geheimarmee zwischen Hydra und Phönix

Putins Geheimarmee gehört zu den größten Erfolgen Russlands im letzten Jahrzehnt, mit deren Hilfe man sich vor den Augen des Westens Gebiete aneignen konnte – sie ist aber zugleich die gefährlichste Bedrohung für das System Putin. Und auch wenn die Zeit nach Prigoschin zeigt, dass das Wagner-Erbe fortbesteht, ist es doch nicht vor allem gefeit. Es wird sich im Wettbewerb mit anderen russischen Militärunternehmen im alles niederwalzenden Ukraine-Krieg beweisen müssen.

Das Konzept Wagner wird von anderen Ländern kopiert und fordert so das russische Original heraus. Im Niger und in Mali, wo Wagner zum Schutz der Junta engagiert wurde, reißt die türkische paramilitärische Organisation SADAT bereits Marktanteile an sich, und auch in Libyen arbeitet sie gegen die Russen. Ankara und Moskau vertreten dort unterschiedliche Lager: Russland unterstützt Marschall Haftar, während die Türkei auf der Seite der Regierung in Tripolis steht. So ergibt sich mit der Ankunft von SADAT in der Sahelzone eine problematische Koexistenz von zwei paramilitärischen Gruppen mit teilweise gegensätzlichen Interessen. Die niedrigeren Vergütungen, die die Türkei Söldnern im Vergleich zu Wagner zahlt, könnten Russlands Marktstellung schwächen. Einen klaren Vorteil hat die Türkei durch ihren wirtschaftlichen Aktivismus. Ihre Wettbewerbsfähigkeit und solide Stellung auf dem afrikanischen Kontinent lässt sie zu einer Alternative zu russischen Unternehmen werden. Die russisch-türkische Rivalität in Afrika äußert sich in der Präsenz paramilitärischer Gruppen mit auseinandergehenden Interessen. Das Aufkommen von SADAT und das wirtschaftliche Engagement der Türkei mischen die Karten nun zum Teil neu und bieten den afrikanischen Ländern eine Wahlmöglichkeit.

Für die öffentliche Sicherheit in der Demokratischen Republik Kongo sorgen gleich mehrere private Militärunternehmen mit Führungskräften vom Kaliber Prigoschins – beispielsweise der Franzose Olivier Bazin von Agemira.[18] Auch Bulgaren und Rumänen sind seit vielen Jahren im Land präsent und gelegentlich Gegenstand von Presseartikeln.[19] Regierungen, internationale Organisationen und die Zivilgesellschaft üben weiter Druck aus, um die Tätigkeit von Wagner 2.0. aufzudecken. Die gerichtlichen Verfahren befinden sich in der Anfangsphase.

Mehr als alles andere aber hat das Abenteuer Wagner die westlichen Demokratien aufgewühlt und infrage gestellt. Es hat zum Teil auch Widersprüche in ihren außenpolitischen Entscheidungen, ihrem Umgang mit Werten und der Vergangenheit aufgedeckt. Das Abenteuer Wagner hat dem Westen die Fähigkeit abverlangt, der Expansion eines eroberungshungrigen Russlands entgegenzuwirken und – nicht immer erfolgreich – zusammenzuarbeiten. Wie Giuliano da Empoli in *Der Magier im Kreml* beschreibt, drängt Wagner dazu, «aus der westlichen Logik des Gadgets auszubrechen, aus der Debatte zwischen Bürokraten, die statistische Kurven gegenüberstellen, um ein System aufzubauen, das die grundlegenden Bedürfnisse des Menschen befriedigt: Das ist die Aufgabe, der wir uns von diesem Moment an verschrieben hatten. Die Politik der Tiefe, Tag und Nacht, ohne Unterlass.»

Dank

Diese Untersuchung war immer auch eine Obsession, und es ist eine echte Herausforderung, ein Fazit zu ziehen. Es war ein Abenteuer, das ohne die Unterstützung und das Wohlwollen unserer jeweiligen Partner und Partnerinnen nicht möglich gewesen wäre. Wir möchten Muriel und der «D. A. S. B»-Familie für ihre Geduld und ihren Mut danken. Über lange Zeit haben sie uns über fast nichts anderes als die Söldnergruppe sprechen hören. Zu Beginn des *All Eyes on Wagner*-Projekts gab es dieses großartige OpenFacto-Team – ein Riesendank an dieser Stelle an Hervé für seine Beiträge und Ideen –, das dann mit *European Investigative Collaborations* in die umfassende Ermittlungsarbeit einsteigen durfte. Wir haben dort beindruckende, von ihrer Tätigkeit begeisterte Menschen kennengelernt. Durch die Zusammenarbeit konnte sich unser Kollektiv bekannt machen und an Legitimität gewinnen. Großer Dank deshalb auch an Justine, Kasper, Nicola, Nicolas, Wubby und Stefan und all die anderen für ihr Engagement.

Das fertige Buch in Ihren Händen hat mehrere Leben durchlaufen. Ermöglicht wurde es durch die Éditions du Faubourg, die von Anfang an von unserem Projekt überzeugt waren, trotz der Unwägbarkeit der aktuellen Entwicklungen. Wagners «Marsch der Gerechtigkeit» und der Tod von Jewgeni Prigoschin haben das Vertrauen in das öffentliche Interesse weiter gestärkt, wie Pierre Haski im französischen Vorwort betont. Ohne die Beteiligung des Verlags wäre diese Arbeit einem kleinen Kreis von Eingeweihten vorbehalten geblieben. Die verschiedenen Übersetzungen und Aktualisierungen unserer Untersuchung lassen aus einem aktuellen Thema ein Stück Gegenwartsgeschichte werden.

Hinter unserem Werdegang steht Vincent, unser stets bescheidener und wachsamer Ritter, der unsere Aufmerksamkeit immer wieder auf die neuesten Entwicklungen bei Wagner lenkt. Adam und Quentin unterstützen ihn dabei. Wir sind quasi die *Fünf Freunde* und bilden ein kleines Detektivteam, das über die Gruppe Wagner und seit dem 23. August 2023 vor allem auch über die verschiedenen Zweigunternehmen der russischen PMC Nachforschungen anstellt. Vielen Dank allen, die sich in dieses adrenalinreiche Projekt eingebracht haben: Isabella, Matt, Joseph und die herausragenden französischen Experten zu diesem Thema, mit denen wir in ständigem Dialog standen. Nicht zu vergessen die Betreuer der Twitter/X-Konten *Calibra Obscura* und *Gerjon*, deren mit der OSINT-Gemeinschaft geteilten Arbeiten und Analysen lebenswichtig sind. Obwohl sämtliche der von ihnen kostenlos zu Verfügung gestellten Informationen aus offenen Quellen stammten, sahen sie sich aufgrund des Drucks auf ihre Person gezwungen, das soziale Netzwerk zu verlassen und ihre Arbeit einzustellen.

Zum Schluss gilt unser offizieller Dank auch Jewgeni Prigoschin, der unfreiwillig die Durchführung einer Open-Source-Untersuchung möglich gemacht hat. Ohne seine Interventionen auf Telegram oder VKontakte hätten wir kaum so viel über die wahren Gedanken unserer Protagonisten erfahren.

Dieses Buch wurde kurz nach dem russischen Überfall auf die Ukraine im Jahr 2022 begonnen und schließt vorerst mit den Entwicklungen im August 2023 – dem Zeitpunkt, in dem der Verlag auf eine Endfassung unseres ebenso historischen wie aktuellen Berichts über Putins nicht ganz so geheime Armee gedrängt hat. Die für Übersetzungen vorgenommenen Aktualisierungen zeigen, dass wir vor neuen dramatischen Wendungen nicht sicher sind …

Lou und Dimitri

15. August 2024

Anmerkungen

1 Ehemaliger der französischen Fremdenlegion, Vertreter Wagners in der Zentralafrikanischen Republik und Berater von Präsident Touadéra. Siehe die Online-Bibliografie, Julia Steers (11. Mai 2022).

Vorwort

1 Walter Bruyère-Ostells, Dans l'ombre de Bob Denard. Les mercenaires français de 1960 à 1989, Paris: Nouveau Monde Éditions, 2014.
2 Jeremy Scahill, Ü Bernhard Jendricke und Rita Seuß, Blackwater: der Aufstieg der mächtigsten Privatarmee der Welt, München: Kunstmann 2008.

Prolog

1 Dieses Kofferwort bedeutet übersetzt etwa «machthabende Oligarchen». Einfacher gesagt handelt es sich um die russischen Geldeliten, die ihre Netzwerke im FSB oder in der Armee zur persönlichen Bereicherung nutzen konnten. Sie gelten als mächtiger und einflussreicher als die Oligarchen.
2 Beides Politiker und Vertraute des weißrussischen Präsidenten, siehe Šarūnas Černiauskas, Ales Yarashevich, Mafira Kureva (8. Oktober 2021).
3 Paul Gogo (19. Januar 2023).
4 Zitiert nach Mathieu Olivier (22. Januar 2024).
5 Ilya Barabanov und Anastasia Lotareva (28. Juni 2024).

Einführung

1 Zitiert in «Actualité de Benjamin Constant», Vorwort zu Benjamin Constant, *De l'Esprit de conquête*, Lausanne: M. Favre, 1980.
2 Kofferwort aus *rumor* und *intelligence*: Informationen von zweifelhafter Glaubwürdigkeit, vor allem deshalb, weil sie auf Gerüchten beruhen.
3 [AEOW], 7. Dezember 2023.
4 Siehe auf https://ddosecrets.com/.
5 Diese Struktur wird von einer amerikanischen NGO in San Francisco betrieben und hat zum Ziel, in Form einer digitalen Universalbibliothek Zugang zum gesamten Wissen zu bieten.

6 [NHK] (23. Januar 2024).
7 [Bundestag], 15. Mai 2023.
8 Name aus Sicherheitsgründen geändert.
9 Isabelle Facon (2021, S. 89).
10 Dieser Film von Pavel Lounguine (2002) zeichnet den Aufstieg des Oligarchen Platon Makowski nach, der mit der Realität der Macht im Kreml in Konflikt gerät.

Teil 1
Die Marke Wagner oder die Lancierung eines russischen Geschäftsmodells

1 [RIA] (2. März 2020).
2 Sergey Sukhankin (20. März 2019).
3 Комлева, Н. А. (2012, S. 28–33).
4 Future War, Foreign Military Studies Office, Fort Leavenworth, 2007. Makhmut Akhmetovich Gareev, Vladimir Slipchenko (2007, S. 33).
5 Agnieszka Paczyńska (2020).
6 F. Joseph Dresen (o. D.).

1. Russische Söldner und die Möglichkeit, alles abzustreiten

1 Art. 47 Abs. 1 I. Zusatzprotokoll zum Genfer Abkommen.
2 Entstanden auf gemeinsame Initiative der Schweiz und des Internationalen Komitees des Roten Kreuzes ab Anfang 2006. Dieser Text nennt eine Reihe von Empfehlungen, etwa die Einhaltung des humanitären Völkerrechts und die Achtung der Menschenrechte.
3 EDA, CICR (2008).
4 Menschenrechtsrat (5. Juli 2022).
5 Christiaan Triebert, @trbrtc, Twitter (16. September 2022).
6 Valère Llobet (August 2021).
7 Laure Marchand, Guillaume Perrier (2022, S. 22–23).
8 Thomas Grove (18. Dezember 2015).
9 [Russische Regierung] (29. Dezember 2016).
10 Willi Neumann, Steffen Dobbertin (6. Februar 2017).
11 Alexey Nikolsky, Svetlana Bocharova (4. September 2018).
12 Als Konflikt in der Grauzone gilt jede Konfrontation, die über den diplomatischen Wettbewerb hinausgeht, aber nicht die Schwelle zum Krieg überschreitet.
13 General Didier Castres (2. Januar 2022).
14 Tor Bukkvoll, Åse G. Østensen (2020).
15 Paul Goble (28. November 2017).
16 Radio Free Europe/Radio Liberty, YouTube (6. April 2018).
17 Candace Rondeaux (7. November 2019).
18 Mattia Pacella (30. Januar 2023).

19 Gegründet 1981 als Ergänzung von ALFA für Operationen im Ausland. Die Einheit konzentriert sich ebenfalls auf Antiterror-Operationen und nukleare Sicherheit.
20 ALFA (Gruppe A des Sondereinsatzzentrums des FSB), gegründet 1974 im KGB zur Terrorismusbekämpfung im Inland, Schwestereinheit von Wympel.
21 Igor Popov (2. September 2010).
22 Lilia Rakshenko (28. Dezember 2012).
23 Luftlandetruppen der russischen Streitkräfte.
24 Mehmet Erkan Kıllıoğlu (24. Mai 2022, S. 643–644).
25 [Redut], «От Афгана до... Ирак».
26 [Redut], «В числе наших партнеров и заказчиков консультационных услуг».
27 [Unian] (20. Dezember 2018).
28 Asymmetric Warfare Group (April 2020).
29 Siehe die Archivversion (2008) der Website: https://archive.vn/qeXzk.
30 Igor Popov (1. April 2013).
31 Es handelt sich dabei um vier rüstige Rentner: Wadim Gussew (einst für RusCorp im Irak tätig) und Jewgeni Sidorow, die Gründer des Slawischen Korps; Boris Schikin, später Ausbilder in den meisten dieser Strukturen, und Dmitri Utkin, die Ikone der Gruppe Wagner.
32 Igor Popov (1. April 2013).
33 Sergey Lyutykh (1. Februar 2018).
34 [Reuters] (23. Oktober 2012).
35 Denis Korotkov (25. Februar 2013).
36 Caroline Britz (21. Februar 2013).
37 Denis Korotkov (14. November 2013).
38 Sergey Sukhankin (18. Dezember 2019).
39 [Interpreter] (16. November 2013).
40 Irek Murtazin (6. Oktober 2017), und [War is Boring] (18. November 2013).
41 Michael Weiss (21. November 2013).
42 Nach diesem Artikel sind die Anwerbung von Söldnern, ihre Ausbildung, Finanzierung, jede weitere materielle Unterstützung sowie ihr Einsatz in bewaffneten Konflikten oder bei Militäroperationen verboten.
43 Asymmetric Warfare Group (April 2020).
44 Europäische Union (25. November 2021).
45 Als Bezahlung erhält Executive Outcomes einen Teil der örtlichen Diamantminen; dieses Schema wird Wagner bei seinen Afrika-Missionen perfektionieren.
46 Irina Malkova, Anton Baev (29. Januar 2019).
47 Siehe dessen Präsentation: https://archive.vn/iJnv2.
48 Irina Malkova, Anton Baev (29. Januar 2019).
49 Andrew Roth (2. Juni 2017).
50 Paramilitärischer Arm der Russischen Reichsbewegung, siehe Candace Rondeaux (8. Juni 2020).
51 Имперский Легион, VK, [Startseite].
52 Goldilok, @Garevao1, Twitter (14. April 2022).
53 [UA Wire] (30. Januar 2020).

54 [*Novaya Gazeta*] (6. April 2020).
55 [Treasury] (15. Juni 2022).
56 Michel Foucher (13. September 2022).
57 Caroline Paulhus (24. Januar 2003).
58 Anna Colin Lebedev (29. August 2022).
59 Michel Eltchaninoff (2022, S. 134).
60 Zitiert von Juliette Faure (April 2022).
61 Следственного комитета России, «Председатель…» (24. August 2022).
62 Friedrich Schmidt (12. März 2016).
63 Ralf Wiegand, Petra Blum, Sebastian Pittelkow, Katja Riedel und Jörg Schmitt (25. März 2022, S. 6).
64 Alexej Hock (23. August 2022, S. 5).
65 Andreas Umland (18. November 2023).
66 Michel Eltchaninoff (2022, S. 105).
67 Michel Eltchaninoff (2022, S. 154).
68 Partei, gegründet unter anderen von Wladimir Putin.
69 Vincent Monnet (2022, S. 41).
70 Michel Eltchaninoff (2022, S. 10).

2. Vom Koch zum Condottiere: Prigoschins seltsames Schicksal

1 Evgeny Vyshenkov (28. Februar 2011).
2 Отдел расследований (26. Juni 2013).
3 ЦУРреализм (10. Mai 2017).
4 Evgeny Vyshenkov (28. Februar 2011).
5 Ilya Zhegulev (17. März 2013).
6 LLC oder Limited Liability Company: Unternehmen mit beschränkter Haftung. CJSC oder Closed Joint Stock Company: Geschlossene Aktiengesellschaft. OJSC oder Open Joint Stock Company: Öffentliche Aktiengesellschaft, die an der Börse gehandelt wird.
7 Nina Petlyanova (14. Oktober 2011).
8 Luke Harding (2021, S. 162).
9 Proekt (12. Juli 2023).
10 Peter Mironenko (1. Februar 2019).
11 Ilya Zhegulev (17. März 2013).
12 Вёрстка, Telegram (24. Mai 2023).
13 [Kreml] (25. Mai 2002).
14 Alice Speri (2. März 2023).
15 Sébastien Seibt (2. Oktober 2019).
16 Seit 2011 Vorsitzende des russischen Föderationsrats.
17 Aktuell Gouverneur von Sankt Petersburg.
18 Russischer Ökonom, stellvertretender Ministerpräsident in der Regierung Dimitri Medwedew 2012–2018.
19 Evgeny Vyshenkov (28. Februar 2011).
20 Da der Wert des Rubels starken Schwankungen ausgesetzt ist, sind die Angaben

in Euro eher als Größenordnung zu verstehen und nicht als zuverlässige Umrechnung.

21 Logistikbetreiber für die Armee.

22 Als Kleptokratie bezeichnet man ein politisches System, in dem eine oder mehrere Personen in einer Staatsführung in erheblichem Umfang Korruption betreiben.

23 Luke Harding (2021, S. 162).

24 Margarete Klein (2016).

25 [RIA] (26. September 2022).

26 РИА Новости, Telegram (26. September 2022) und [AFP] (26. September 2022).

27 РИА Новости, Telegram (26. September 2022) und [AFP] (26. September 2022).

28 Denis Korotkov (12. Januar 2016).

29 Unter der Zusicherung, seine Anonymität zu wahren, konnten wir insbesondere mit einem seiner hochrangigen Mitarbeiter sprechen.

30 Luke Harding (2021, S. 163).

3. Die Wagner-Triade

1 Denis Korotkov (16. Oktober 2015).

2 Luke Harding (2021, S. 153).

3 Denis Koroktov (10. April 2023).

4 Datenleck aus einer «Hack-and-Leak»-Aktion einer Piratengruppe, die sich als anti-Putinsche Cyber-Hacktivisten präsentiert.

5 1488 ist eine Kombination zweier Zahlensymbole, die von weißen Rassisten benutzt werden. Die 14 ist eine Abkürzung für die Fourteen Words, in denen es heißt: «Wir müssen die Existenz unseres Volkes und eine Zukunft für weiße Kinder sichern.» Die 88 kann sich auf den «Hitlergruß» beziehen oder auf die Buchstaben SS (das S ist der achtletzte Buchstabe des Alphabets).

6 Denis Korotkov (28. März 2016).

7 Denis Koroktov (10. April 2023).

8 Rostislav Bogushevsky, Ilya Yushkov (19. Dezember 2018).

9 [Bellingcat] (14. August 2020).

10 Sergey Khazov-Kassia (7. März 2018).

11 Strömung eines slawischen Neopaganismus.

12 Petra Ramsauer (30. Januar 2022, S. 6).

13 [Bellingcat] (14. August 2020).

14 Denis Korotkov (28. März 2016).

15 Fredy Gsteiger (8. März 2018, S. 6).

16 [Bellingcat] (14. August 2020).

17 [Bellingcat] (14. August 2020).

18 [Radio Free Europe] (2. September 2022).

19 Denis Korotkov (21. August 2017).

20 [Fontanka] (6. Juni 2017).

21 Laut einem Datenleak, das im Sommer 2021 die Kampfordnung der Gruppe Wagner wiedergibt.

22 Größeres Verwaltungsgebiet in Russland.
23 Denis Korotkov (21. August 2017).
24 Пресс-служба Пригожина, Telegram (2. März 2023).
25 Пресс-служба Пригожина, Telegram (2. März 2023).
26 Nima Elbagir, et al. (29. Juli 2022).
27 Tancrède Chambraud (19. August 2020).
28 Salomé Kourdouli (8. April 2023).
29 Salomé Kourdouli (8. April 2023).
30 Die Aktualisierung dieses Personalverzeichnisses endet im September nach nur wenigen Änderungen zwischen Juli und September.
31 Siehe unter https://myrotvorets.center/.
32 ФИЛ– [franzusky inostranny legion].
33 *All Eyes on Wagner* konnte dem Gespräch mit ihm beiwohnen; wir geben hier dessen wichtigste Elemente wieder.
34 Dieser Verein kümmert sich um Strafgefangene in Russland und setzt sich gegen Folter und Korruption im Justizvollzug ein.
35 Барабанов, Telegram (8. November 2021).
36 Пресс-служба Пригожина, Telegram (13. November 2022).
37 КИБЕР ФРОНТ Z, Telegram (23. November 2022).
38 Пресс-служба Пригожина, Telegram (13. Februar 2023).

4. Rückgrat eines konturlosen Gebildes

1 IT ARMY of Ukraine, Telegram (19. September 2022).
2 [Закупки] (o. D.).
3 Ilya Rozhdestvensky, Anton Baev, Polina Rusyaeva (25. August 2016).
4 Siehe den Fall A56–20277/2015 auf der Website http://www.spb.arbitr.ru.
5 Dieser zivile Flug der Malaysian Airlines wurde am 17. Juli 2014 über dem Donbass abgeschossen. Bellingcat konnte durch seine Recherchen nachweisen, dass die Rakete von den Reihen der prorussischen Separatisten aus gestartet worden war.
6 [Bellingcat] (14. August 2020).
7 Siehe ihre Website https://rkn.gov.ru/.
8 [DDOS] (14 février 2023).
9 [Meduza] (23. April 2021).
10 Siehe die Website http://unro.minjust.ru/.
11 Leonid Volkov, Telegram (1. September 2020).
12 [Reuters] (14. März 2023).
13 Siehe dazu Teil 3, Kapitel 1: Die Hydra füllt sich die Taschen.
14 Dimitri Zufferey, Justine Brabant (2. Dezember 2022).
15 [Dossier Center] (18. März 2023).
16 Zum Einsatz kommt dieses Gerät: https://www.polyconius.ru/production/diana-07/.

5. Generalprobe für die Truppen im Donbass

1 InformNapalm ist eine ehrenamtliche Initiative, die sich seit 2014 zum Ziel setzt, die Bürger der Ukraine und das ausländische Publikum über den russisch-ukrainischen Krieg zu informieren, siehe [InformNapalm] (4. September 2018).
2 Der gemeinsam mit Alexandra Jousset gedrehte Film wurde Anfang 2022 ausgestrahlt, siehe unter https://archive.vn/fHDil.
3 Ronan Tésorière (18. Februar 2022).
4 Michael Weiss, Holger Rooneema (19. Dezember 2021).
5 Vadym Skibitsky (17. Juni 2020).
6 Sergey Sukhankin (13. Juli 2018).
7 [Voyennoe Obozrenie] (19. März 2017).
8 Denis Korotkov (21. August 2017).
9 Sergey Khazov-Kassia (7. März 2018).
10 Denis Korotkov (16. Oktober 2015).
11 Denis Korotkov (16. Oktober 2015).
12 [Vbloknot] (14. Juli 2018).
13 Interfax-Ukraine (7. Oktober 2017).
14 [Ukrainische Regierung] (14. Juni 2019).
15 2022 waren die drei bekanntesten Telegram-Kanäle für die Verbreitung von Informationen aus der Einheit https://t.me/rosich_rus, https://t.me/rosich_pristanishchce und https://t.me/signalman_diary.
16 CzarTalks, YouTube (26. Dezember 2020).
17 Dmitry Kozhurin (27. Mai 2022).
18 CzarTalks, YouTube (26. Dezember 2020).
19 Siehe die verfügbaren Archive unter https://archive.ph/9GxEZ.
20 In den Kommentaren zu einem VK-Post von Miltschakows Freundin Lisa Issajewa wird die Finanzierung der «DSHRG Rusich» durch Jewgeni Prigoschin erwähnt, siehe den Artikel des Kollektivs Molfar: ttps://archive.vn/ofAxp.
21 Candace Rondeaux (26. Januar 2022).
22 Rechtsextreme russische Gruppen benutzen das Kolowrat anstelle des Hakenkreuzes. Ursprünglich handelt es sich um ein Symbol der slawischen Mythologie; es bedeutet «drehendes Rad» und ist dem slawischen Gott des Feuers und der Schmiedekunst gewidmet.
23 Nicholas Potter (1. März 2022).
24 V., @sweetgroove69, Twitter (22. September 2022).
25 Symbol aus der nordischen Mythologie mit Bezug zum Kriegsgott Odin. Heute steht es für im Kampf gefallene Krieger. Es wird von russischen und westlichen nationalistischen Bewegungen verwendet.
26 Michael Sheldon (23. Januar 2024).
27 Grey Zone, Telegram (9. August 2022).
28 Tom Ball (7. April 2022).
29 Волчанске, Telegram (2. Juni 2022).

30 Govorit Topaz, Telegram (6. April 2022).
31 Govorit Topaz, Telegram (6. April 2022).
32 Rusichdshrg, Telegram (17. August 2022) und (19. August 2022).
33 Rusichdshrg, Telegram (18. Juli 2022).
34 ДШРГ Русич, VK (23. Dezember 2022).
35 Obozrevatel (4. November 2016).
36 Rusichdshrg, Telegram (14. Juni 2022).
37 RSOTM Division, Telegram (25. Oktober 2022).
38 Sladkov_plus, Telegram (27. August 2022).
39 Rusichdshrg, Telegram (16. September 2022).
40 ДШРГ Русич, VK (23. Dezember 2022).
41 Mark Townsend (11. Dezember 2022).
42 Eetu Ruonakoski (25. August 2023).
43 Eetu Ruonakoski (8. Dezember 2023).
44 AP (17. Dezember 2023).
45 Monopoly on Violence, Instagram-Post (12. Januar 2024).
46 Saint Javelin, Instagram-Post (19. Januar 2024).
47 Siehe etwa die Website: https://de.wikipedia.org/wiki/Alexei_Jurjewitsch_Miltschakow.
48 2022 waren diese Telegram-Kanäle am verbreitetsten: https://t.me/rsotmdivision, https://t.me/grey_zone, https://t.me/ptsr_team, https://t.me/granioo und https://t.me/sof_arm
49 Michael Starr (5. Mai 2022).
50 Andriy Stelmakh, Pavlo Kholodov (22. Oktober 2017).
51 Andriy Stelmakh, Pavlo Kholodov (22. Oktober 2017).
52 Hannah Wallace (17. März 2022).
53 Maja Zivanovic (13. Dezember 2018).
54 Miloš Stanić, Marko Tašković (23. Juni 2017).
55 Marija Ristic (27. Dezember 2017).
56 2022 deckt offenbar nur der Telegram-Kanal https://t.me/sevslavo die Aktivitäten der Brigade ab.
57 ZOKA, @200_zoka, Twitter (17. Januar 2023).
58 Пресс-служба Пригожина, Telegram (17. Januar 2023).
59 Пресс-служба Пригожина, Telegram (1er. März 2023).

6. Prigoschins Magier

1 Seth Hettena (4. November 2019).
2 Alexandra Garmazhapova (7. September 2013).
3 James J. F. Forest (2022, S. 8).
4 Sébastien Seibt (2. Oktober 2019).
5 Leonid Vinchevsky (15. November 2018).
6 Отдел расследований (26. Juni 2013).
7 Max Seddon (2. Juni 2014).
8 [Intelligence] (o. D.).

9 Luke Harding (2021, S. 169).
10 Alex Stamos (6. September 2017).
11 [TikTok] (12. April 2022).
12 [Bellingcat] (20. August 2020), Video unter https://archive.vn/TFXW1.
13 Alexandra Jousset (2023).
14 [DDOS] (14. Februar 2023).
15 Shane Huntley (16. Februar 2023).
16 Sergey Khazov-Kassia (7. März 2018).
17 Robert S. Mueller III (16. Februar 2018).
18 Devlin Barrett, Sari Horwitz, Rosalind S. Helderman (16. Februar 2018).
19 Robert S. Mueller III (16. Februar 2018).
20 Devlin Barrett, Sari Horwitz, Rosalind S. Helderman (16. Februar 2018).
21 Пресс-служба компании «Конкорд», VK (25. November 2022).
22 Benoît Vitkine (18. September 2020).
23 Улыбаемся Машем, YouTube (18. Juli 2019).
24 Maxime Audinet (Juli 2021).
25 Souley, @Souleym25304454, Twitter (14. Januar 2023).
26 [Department of State] (24. Mai 2022).
27 Unveröffentlichtes Dokument aus den Wagner-Leaks.
28 Michael Weiss, Pierre Vaux (12. September 2019).
29 Michael Weiss, Pierre Vaux (12. September 2019).
30 Шугалей, VK (11. September 2020).
31 Gaël Grilhot (5. April 2021).
32 Maxim Shugaley, post Facebook (10. Dezember 2021).
33 Siehe auch ihre Website: https://lengosongo.cf/.
34 [Africa Report] (7. April 2022).
35 [AEOW] (1. Februar 2023).
36 Alexandra Jousset (2023).
37 Twitter Safety (2. Dezember 2021).
38 [Meta] (16. Februar 2022, Kommuniqué).
39 [Meta] (16. Februar 2022, Report).
40 Mathieu Olivier (26. Juli 2021).
41 Siehe insbesondere die Passage zur Desinformation im Dokumentarfilm von [Alexandra Jousset, Ksenia Bolchakova] (2022).
42 GC Dongobada, @GregoireDngbd, Twitter (18. Dezember 2022).
43 [Nouvelles] (14. Mai 2022).
44 Mikhaïl Gamandiy-Egorov (22. Dezember 2017).
45 Amerikanische Organisation und Vertreterin der *Black Supremacy*.
46 Eine Ausprägung des Ethnozentrismus, für die die aus Subsahara-Afrika stammenden Kulturen als überlegen gelten.
47 Ignace Sossou (13. Dezember 2017).
48 Alexandre Dougine (20. Mai 2019).
49 Erschienen 2019 im Verlag Fiat Lux, deutsch etwa ‹Ein freies Afrika oder den Tod›.
50 Michael Weiss, Pierre Vaux (8. September 2020).
51 Benjamin Roger (23. März 2023).

52 Kemi Seba Officiel, YouTube (4. Oktober 2020).
53 Kemi Seba, Facebook-Post (9. März 2022).
54 Kemi Seba Officiel, @KemiSeba1, Twitter (12. Oktober 2022).
55 Siehe dazu ihren Telegram-Kanal: https://t.me/ladamedesochi.
56 Nathalie Yamb, Youtube (26 octobre 2019).
57 Siehe die Website: https://www.radiorevolutionpanafricaine.com/
58 Siehe die Website: https://afriquemedia.tv/
59 Department of State (4. November 2022).
60 Cécile Tran-Tien (23. März 2023).
61 Nathalie Yamb, YouTube (14 décembre 2019).
62 Kemi Seba Officiel, Facebook-Post (26 février 2022).
63 Nathalie Yamb, @Nath_Yamb, Twitter (21 mai 2022).
64 Nathalie Yamb, @Nath_Yamb, Twitter (23 juin 2022).
65 Siehe ihre Website, die regelmäßig außer Betrieb ist, einige Artikel sind im Archiv weiterhin abrufbar: https://web.archive.org/web/*/https://afric.online/*.
66 Ferial Haffajee (7. Mai 2019).
67 Seravin Aleks, Facebook-Post (28. November 2015).
68 Felex Share (28. Juli 2018).
69 Tancrède Chambraud (19. August 2020).
70 Ignace Sossou (24. August 2018).
71 [Rédaction] (16. September 2018).
72 BBC Afrique, YouTube (17. April 2019).
73 [Proekt] (11. April 2019).
74 [Proekt] (14. März 2019).
75 Christian Putsch (20. Juni 2021, S. 9).
76 Zimbabwe Today, Facebook-Post (1. August 2018).
77 Nathaniel Gleicher (30. Oktober 2019).
78 Andrew Higgins, Declan Walsh (18. Juni 2020).
79 [FZNC] 17. September 2021, siehe auch das Präsentationsvideo auf VK, https://archive.is/DBNx9.
80 Jared Malsin, Thomas Grove (5. Oktober 2021).
81 [FZNC] (9. März 2021).
82 Mondafrique (26. Februar 2023).
83 Maxim Shugaley, Facebook-Post (16. März 2021).
84 Alexandra Jousset (2023).
85 Michael Weiss, Holger Roonemaa (2. März 2021).
86 Siehe ihre Website: https://unitedworldint.com/.
87 [GIOR] (15. März 2022).
88 Siehe ihre Website: https://fondfbr.ru.
89 Benoît Vitkine (14. September 2021).
90 [FCI] (o. D.).
91 Jack Margolin, @Jack_Mrgln, Twitter (26. Januar 2022).
92 Trailer des Films *16ter* siehe unter: https://archive.ph/uokhc.
93 Trailer des Films *Solnzepjok* siehe unter: https://archive.ph/n8T4k.
94 Trailer des Films *Granit* siehe unter: https://archive.ph/tNpZM.

95 Siehe Teil 2, Kapitel 4: Das zentralafrikanische Labor.
96 Trailer des Films *Turist* siehe unter: https://archive.ph/SPigq.
97 [AFP] (9. August 2017).
98 Fiktive Geheimorganisation aus Ian Flemings Büchern. Ihre Einsatzgebiete sind sehr variabel: Große Teile ihrer Einnahmen verdankt sie dem Waffenverkauf und Einsätzen als kriminelle Berater oder Terroristen.
99 Пресс-служба компании «Конкорд», VK, (19. Mai 2022), und Colin Gerard (19. Mai 2022).
100 Siehe das Profil auf Telegram: https://t.me/wagner_comix und auf VK: https://vk.com/wagner_comix.
101 Diese Informationen stammen von einer Quelle in direktem Kontakt mit der Betroffenen.

Teil 2
Auf Welteroberung

1. Verkaufsmodell: Die Deir ez-Zor-Offensive

1 Elena Volochine (23. Februar 2018).
2 Bei dieser, mancherorts als Einheit der syrischen Armee betrachteten Kampfgruppe handelt es sich um einen Zusammenschluss syrischer Söldner, die sich auf die Jagd nach Dschihadisten spezialisiert haben. Sie dient in gewisser Weise als Paradebeispiel für Russlands Bestreben, dem Assad-Regime zu einer schlagkräftigen Armee zu verhelfen. Die Einheit steht im Mittelpunkt von Marat Gabidullins zweitem Buch.
3 Marat Gabidullin, *WAGNER – Putins geheime Armee. Ein Insiderbericht*, Berlin: Econ 2022.
4 Ebd., S. 13.
5 Marat Gabidullin, *Ma Verité*, Neuilly-sur-Seine: Michel Lafont 2023, S. 19 f.
6 Alain Barluet (22. Juni 2012).
7 Maria Tsetkova (15. Februar 2018).
8 Sergei Khazov-Cassia (7. März 2018).
9 БРАТСТВО ВОЛКА ®, club_angela_wolf, VK (18 février 2018).
10 Christopher Reuter (2. März 2018).
11 Vsevolod Nepogodin (30. Januar 2018).
12 Siehe den Vertrag (Evro Polis), o. D.
13 Vladimir Shcherbakov (22. Februar 2018).
14 Ilya Rozhdestvensky, Anton Baey, Mikhaïl Rubin (23. März 2016).
15 Leonid Bershidsky (4. Juli 2023).
16 Ilya Rozhdestvensky, Anton Baey, Polina Rusyaeva (28. August 2016).
17 Sergei Khazov-Cassia (7. März 2018).
18 Sergei Khazov-Cassia (7. März 2018).
19 Sergei Khazov-Cassia (7. März 2018).
20 Anastasiya Yakoreva, Svetlana Reyter (2. März 2018).

21 Vsevolod Nepogodin (30. Januar 2018).
22 Radio Europa Liberă Moldova, YouTube (6 novembre 2018).
23 Ilya Rozhdestvensky, Anton Baey, Polina Rusyaeva (25. August 2016).
24 Sergei Khazow-Cassia (7. März 2018).
25 Sergei Khazow-Cassia (7. März 2018).
26 Siehe 3. Teil, 4. Kapitel: Die Übergriffe häufen sich.
27 Irek Murtazin (6. Oktober 2017).
28 *Economist* (2. November 2017).
29 *Economist* (2. November 2017).
30 *The Moscow Times* (3. Februar 2020).
31 Lilia Yapparova (2. Dezember 2020).
32 Amy Mackinnon (22. Juli 2020).
33 Daria Ryabova (11. Januar 2021).
34 Syria HR (22. Dezember 2021).
35 Laut dem geleakten Schlachtenplan der Gruppe Wagner von Mitte 2021.
36 SOHR (27. August 2023).
37 Amélie Zaccour (13. November 2023).
38 ВЧК-ОГПУ, Telegram, (18. Oktober 2023).
39 Африканский Корпус, Telegram, (21. Dezember 2023).
40 [AEOW] (25. April 2024).
41 Вёрстка, Telegram (24. Mai 2023).
42 Die Dokumente sind unter https://archive.is/WfZOw einsehbar.
43 Jacqueline Charles (12. April 2023).

2. Das Tor nach Afrika: Der Marsch auf Tripolis

1 RIA FAN (10. Oktober 2018).
2 Новая газета, YouTube (9. November 2018).
3 Candace Rondeaux, Oliver Imhof, Jack Margolin (November 2021).
4 Lead Inspector General (September 2020).
5 Joe Gould (3. Dezember 2020).
6 Akram Kharief (Januar 2022).
7 [Expertenguppe] (8. März 2021), sowie Mkahlouf Esmaeil, @MkahlofE, Twitter (9. September 2019).
8 Akram Kharief (Januar 2022).
9 James J. F. Forest (2022, S. 10).
10 The Libya Observer, @Lyobserver, Twitter (2. April 2020), [Dialog.ua] (28. April 2020).
11 Kavkaz Center, @newkc14, Twitter (9. April 2020).
12 US Africa Command Public Affairs (18. Juni 2020); Lead Inspector General (September 2020).
13 Akram Kharief (Januar 2022).
14 Anchal Vohra (7. Mai 2020).
15 Anchal Vohra (7. Mai 2020).
16 Akram Kharief (Januar 2022).

17 Eagle Eye, @eagle_ly, Twitter (16. Mai 2020).
18 AFP (28. Mai 2020).
19 [AFP] (28. Mai 2020).
20 Grey Zone, Telegram (19. März 2021).
21 Akram Kharief (Januar 2022).
22 Lead Inspector General (September 2020).
23 US Africa Command Public Affairs (15. Juli 2020).
24 [UNO] (13. Juli 2020).
25 Calibre Obscura, @CalibreObscura, Twitter (4. Juni 2020).
26 Sudarsan Raghavan (6. Juni 2021).
27 [Hochkommissar für Menschenrechte, OHCHR] (14. Dezember 2021).
28 Mathieu Galtier (14. Januar 2020, S. 4).
29 Nader Ibrahim, Ilya Barabanov (12. August 2021).
30 Maxim Shugaley, Facebook-Post (5. Mai 2022).
31 Laut dem geleakten Schlachtenplan der Gruppe Wagner von Mitte 2021.
32 [Nova Agency] (13. Mai 2022).
33 Gerjon, @Gerjon_, Twitter (15. April 2023).
34 Nima Elbagir, et al., (21. April 2023).
35 [Feit of Fake] (4. Dezember 2022).
36 *All Eyes on Wagner* (10. Mai 2024).
37 U. S. Embassy – Libya, @USEmbassyLibya, Twitter, (10. August 2024).
38 العربية عاجل, @AlArabiya_Brk, Twitter, (11. August 2024).

3. Das Gold aus Khartum

1 [Treasury] (15. Juli 2020).
2 [The Bell] (5. Juni 2018).
3 Der ehemalige Mitarbeiter der Wagner-Trollfabrik *Internet Research Agency* Potepkin nimmt bei den Wagner-Operationen im Sudan eine führende Rolle ein und unterhält enge Beziehungen zu Jewgeni Prigoschin.
4 Sudan News Agency (26. Oktober 2017); Simon Marks, Mohammed Alamin (30. April 2022).
5 Asymmetric Warfare Group (April 2020), [Unian] (28. Januar 2019), [Unian] (2. Februar 2019).
6 Siehe deren Website: https://223lo.ru/.
7 [Dabanga] (31. Juli 2018); [Dabanga] (1. August 2018).
8 Friedrich Schmidt, Thilo Thielke (14. Januar 2019).
9 Siehe unter anderem: Концепция кампании, по стабилизации социальнополитической обстановки в Республике Судан, https://archive.vn/IQ6uM.
10 Luke Harding, Jason Burke (11. Juni 2019).
11 [Al Murasil] (19. April 2020).
12 Samuel Ramani (7. Dezember 2020).
13 [Russland] (6. November 2020).
14 العربية عاجل, @AlArabiya_Brk, Twitter (28 April 2021).

15 Посольство России в Судане/ Russian Embassy in Sudan, Facebook-Post (29. April 2021).
16 [RFI] (24. März 2022).
17 Mohamed Mustafa, @Moh_Gamea, Twitter (6. Mai 2022).
18 Pauline Hofmann (28. April 2023).
19 Nima Elbagir, Gianluca Mezzofiore (21. April 2023).
20 Burc Eruygur (20. April 2023).
21 [Rakoba News] (19. Februar 2023).

4. Das zentralafrikanische Labor

1 Sega Dirrah (5. Oktober 2021).
2 Antoine Glaser, Thomas Hofnung (2018, S. 13).
3 Jack Margolin (13. Juni 2019).
4 Министерство иностранных дел Российской Федерации (22. März 2018).
5 Siehe das exzellente Resümee von Ridus bezüglich der vor Ort beteiligten Kräfte (in russischer Sprache): https://archive.vn/8WcI4, oder den Artikel von Mathieu Olivier (28. Juli 2021).
6 Mathieu Olivier (4. April 2022).
7 Mathieu Olivier (26. Juli 2021).
8 [HRW] (24. April 2019).
9 [France 24] (15. Dezember 2021).
10 Mirco Keilberth, Simone Schlindwein (28. März 2022).
11 Gisèle Moloma (28. Oktober 2021).
12 Gisèle Moloma (28. Oktober 2021).
13 Siehe deren Website: https://dossier.center/.
14 Gisèle Moloma (28. Oktober 2021).
15 Ihnen werden Vergewaltigungen, Gewalttaten und Diebstähle vorgeworfen. Siehe Jean-Fernand Koena (12. Mai 2023).
16 Philip Obaji Jr., @philipobaji, Twitter (8. Mai 2022).
17 СОМБ (« Туристы »в Африке), Telegram (16. Dezember 2022).
18 Пресс-служба Пригожина, Telegram (25. Dezember 2022).
19 Пресс-служба Пригожина, Telegram (16. Dezember 2022).
20 [RIA] (16. Dezember 2022).
21 [TASS] (16. Dezember 2022).
22 [RIA] (19. Dezember 2022).
23 236_Info, @236Info1, Twitter (17. Januar 2023).
24 [Iswestija] (29. Mai 2023).
25 [Jeune Afrique] (18. April 2024).
26 [Radio Nedeluka] (15. Februar 2024).
27 Siehe etwa: [Afrique Média] (11. März 2024).
28 [Africa Intelligence] (26. Februar 2024).
29 [Sputnik] (30. April 2024).
30 [Radio Nedeluka] (19. Februar 2024).
31 lya Barabanov und Anastasia Lotareva (28 Juni 2024).

5. Maputo: Chronik eines Scheiterns

1 Nicht zu verwechseln mit den Al-Shabaab in Somalia.
2 [Crisis] (11. Juni 2021).
3 «Die Dokumente wurden anlässlich von Unterredungen zwischen dem russischen Verteidigungsminister, Armeegeneral Sergei Schoigu, und dem mosambikanischen Verteidigungsminister, Generalmajor Atanásio Salvador Mtumuke geschlossen.» Siehe [Défense] (4. April 2018).
4 Tim Lister, Sebastian Shukla (29. November 2019).
5 Jeffrey Love (6. März 2023).
6 Ruslan Trad (17. Februar 2021).
7 Steve Balestrieri (19. April 2020) und (25. November 2019).
8 Jason Warner (2021, S. 271).
9 Siehe die Website des Unternehmens: https://www.oam-international.com/.
10 Pjotr Sauer (19. November 2019).
11 Steve Balestrieri (19. April 2020).
12 [Moçambique] (20. November 2019).
13 Robert Postings, @RobertPostings, Twitter (7. Juli 2019).
14 Robert Postings, @RobertPostings, Twitter (26. Juli 2019).
15 Jason Warner (2021, S. 271).
16 Tim Lister, Sebastian Shukla (29. November 2019).
17 Daher auch der Hommage-Titel des von Aurum produzierten Films, siehe auch Nick Sturdee (27. September 2021).
18 Paula Mawar, Omardine Omar (11. Oktober 2019).
19 [Moçambique] (29. Oktober 2019).
20 Jeffrey Love (6. März 2023).
21 Peter Fabricius (29. November 2019).
22 Jane Flanagan (25. November 2019).
23 defenceWeb (1. November 2019).
24 Jason Warner (2021, S. 272).

6. Ein Hinterhof in Mali

1 Moskau wird seit der Ukrainekrise 2014 (Annexion der Krim) mit Sanktionen belegt. Siehe hierzu 3. Teil, 2. Kapitel: In der Ukraine kämpfen Bär und Hydra.
2 [Proekt] (14. März 2019).
3 Siehe unseren Bericht: *All Eyes on Wagner* (AEOW) (20. November 2022), auf den sich die folgenden Absätze teilweise beziehen.
4 Zivile politische Organisation, die Russland nahesteht. Siehe Ibrahim Traoré (26. Oktober 2016).
5 «Le Mouvement du 5 Juin – Rassemblement des forces patriotiques» («Bewegung des 5. Juni – Sammlung der patriotischen Kräfte»), eine 2020 gegründete politische Bewegung, die sich in Opposition zum ehemaligen Staatspräsidenten Ibrahim Boubacar Keïta formiert hat.

6 Siehe 1. Teil, 6. Kapitel: Prigoschins Magier.
7 [AFP] (25. September 2021).
8 Moses Rono (2. Oktober 2021).
9 Department of State (24. Mai 2022).
10 Lassaad Ben Ahmed (24. Dezember 2021).
11 [Auswärtiges Amt et al.] (23. Dezember 2021).
12 [Stop Wagner] (27. Juli 2022).
13 Siehe Teile seiner Biografie unter https://archive.vn/oeOFT.
14 [RFI] (24. Dezember 2021).
15 Siehe deren Website: https://acleddata.com/.
16 TRACTerrorism, @TracTerrorism, Twitter (7. Oktober 2022).
17 Marie De Fournas (17. Februar 2022).
18 Ag Rhissa, @AgRhissa2, Twitter (4. Juli 2022).
19 Wassim Nasr, @SimNasr, Twitter (18. Juli 2022).
20 War Noir, @war_noir, Twitter, (18. Juli 2022).
21 Wassim Nasr, @SimNasr, Twitter (28. Juli 2022).
22 War Noir, @war_noir, Twitter (28. Juli 2022).
23 Wassim Nasr, @SimNasr, Twitter (10. August 2022).
24 Vineet, @cozyduke_apt29, Twitter (15. August 2022).
25 Ismael Mohamed, @IsmaelAmnar, Twitter (16. September).
26 Abdalah, @abdalaag2022, Twitter (19. September 2022).
27 [UNO] (31. Januar 2023).
28 Jules Duhamel, @julesdhl, Twitter (10. Februar 2023).
29 Sahel Média-SM, @sahel_media_SM, Twitter (13. Juni 2022).
30 Ag Rhissa, @AgRhissa2, Twitter (4. Juli 2022); Rhissa Ag Mohamed, @Targui90, Twitter (16. August 2022).
31 Souleymane Ag Anara, @ag_anara, Twitter (15. Juni 2022).
32 Benjamin Roger (17. Juni 2022).
33 Un mec qui fait des trucs en Afrique, @UnMecEnAfrique, Twitter (6. Februar 2023).
34 Jean-Michel Bos (18. März 2023).
35 Mahamadou Kane (2. Dezember 2022).
36 SISSOKO Ousmane, @ousamnesissoko3, Twitter (10. Oktober 2022).
37 AFP (24. September 2023).
38 Von ACLED erhobene Daten.
39 «Cadre stratégique permanent pour la paix, la sécurité et le développement».
40 Rhissa Ag, @AgAnchawadje, Twitter, (22. November 2023).
41 Djoudjousako, @Djoudjou_Sako, Twitter, (12. Februar 2024).
42 [The Blood Gold] (Dezember 2023).
43 [AEOW] (2. August 2024).

7. Sahelzone: Raumgewinn durch Waffen und Desinformation

1 «Burkina» ist Mooré für «ehrenwerter Mensch», «faso» ist Dioula für «Haus des Vaters» – eben auf diese beiden Elemente, Ehrenhaftigkeit und Vaterland, berufen sich Name und Identität des Landes.

2 Benjamin Roger (30. Juni 2022).
3 Maxim Shugaley, Facebook-Post (24. Januar 2022).
4 Djakaridia Siribié, @Dsiribie, Twitter (21. April 2022).
5 [Africa Intelligence] (13. Juni 2022).
6 Philip Obaji Jr. (25. Januar 2022).
7 Maxim Shugaley, Facebook-Post (24. Januar 2022).
8 Declan Walsh (25. Januar 2022).
9 Abidjan TV (Januar 2022).
10 Coalition of African Patriots. Die politische Vereinigung ist in mehreren Ländern vertreten und verfolgt vor allem zwei Ziele: «1. Afrikanische Regierungen zu einer neuen Sichtweise in ihrer militärischen, wirtschaftlichen und monetären Zusammenarbeit zu führen; 2. Diese Staaten dazu zu bringen, mit jeder Form imperialistischer Aggression zu brechen.» Siehe https://ghostarchive.org/archive/rQR7b
11 Andrew Jack, Nastassia Astrasheuskaya, Alice Hancock, Amy Kazmin und Cynthia O'Murchu (April 2023).
12 [APA] (27. Oktober 2022).
13 [MBDHP] (19. April 2013).
14 Alexey Tarkhanov (24. Januar 2023).
15 [AFP] (23. Dezember 2022).
16 [Reuters] (21. Dezember 2022).
17 [Reuters] (21. Dezember 2022).
18 [Courrier International] (10. Dezember 2022).
19 [SIG] (18. Januar 2023).
20 Morgane Le Cam, Thomas Eydoux, Laureline Savoye und Elisa Bellanger (6. März 2024).
21 Африканская инициатива, Telegram, (24. Januar 2024).
22 Benjamin Roger (25. Juli 2024).
23 Thomas Eydoux, Benjamin Roger (6. Juli 2024).
24 Zitiert nach Regnum (13. November 2020).
25 Karine Ghazaryan (7. Oktober 2020).
26 HUSSMANN, @HussmannHeider, Twitter (7. Oktober 2022).
27 OSINTdefender, @sentdefender, Twitter (21. September 2022).
28 Luke Harding, Jason Burke (11. Juni 2019).
29 [T-intell] (28. September 2021).
30 ALandewers, @ALandewers, Twitter (23. Juni 2021).
31 [Nigerian] (2. Februar 2021).
32 Mathieu Olivier (1. August 2022).
33 [Belga] (24. Oktober 2022).
34 [ACP Congo] (8. Mai 2022).
35 Sarah Vernhes (21. April 2021).
36 Koffi Dieng (14. Dezember 2021).
37 [Africa Intelligence] (14. April 2022).
38 [Corbeau] (26. Juli 2019).
39 Edouard Yamale (26. Januar 2023).

40 Modeste Dossou (16. Januar 2023).
41 Sabre Na-ideyam (16. Januar 2023).
42 Tchad One, Twitter (28. April 2024).
43 Carol Valade (9. Mai 2024).
44 David Pilling, Aanu Adeoye (21. Mai 2023).
45 Anna Sylvestre-Treiner (12. April 2024).

Teil 3
Frankenstein oder der russische Prometheus

1. Die Hydra füllt sich die Taschen

1 Will Stewart (20. Februar 2018) und Miles Johnson (26. April 2023).
2 Will Stewart (20. Februar 2018).
3 [Treasury] (30. September 2019).
4 [iStories] (16. Juni 2023).
5 Gouandjika ist ein enger Berater des Präsidenten der Zentralafrikanischen Republik, der seine Ansichten gerne auf Facebook teilt. Fidèle Gouandjika, Facebook-Post (15. März 2021).
6 Mohamed Mustafa, @Moh_Gamea, Twitter (12. Juni 2022).
7 [Kreml] (24. November 2017).
8 يوميات مقاتل, @Fighter_Diary_, Twitter (14. Oktober 2021).
9 يوسف النعمة, @YousifAlneima, Twitter (7. Juni 2022).
10 Benjamin Roger, Mathieu Olivier (19. April 2023).
11 Siehe 2. Teil, 3. Kapitel: Das Gold aus Khartum.
12 Siehe 2. Teil, 1. Kapitel: Verkaufsmodell: Die Deir ez-Zor-Offensive.
13 Aron Lund, @aronlund, Twitter (11. April 2021).
14 Denis Korotkov (26. Juni 2017).
15 [Baladi] (12. Mai 2020).
16 Mohammed Hardan (4. Februar 2021).
17 [Sy 24] (28. Januar 2021).
18 [*Novaya Gazeta*] (22. Januar 2020).
19 Garé Amadou, @garamadou, Twitter (29. November 2021).
20 Eine Liste der Länder, die Sanktionen gegen die Gruppe Wagner beschlossen haben, findet sich unter https://archive.vn/MdScO.
21 [Treasury] (15. Juli 2020).
22 [FBI] (o. D.).
23 Vielfach verwendetes Mineral, das aufgrund seiner Feuerbeständigkeit, Reaktionsträgheit und schalldämmenden Eigenschaften geschätzt wird und in der Elektroindustrie, wegen seines Glitzereffekts aber auch für Autolacke und Kosmetik eingesetzt wird.
24 [Gazette] (28. Februar 2022).
25 Jean-Christophe Dédéavodé (20. Juni 2020).
26 [Agence Ecofin] (12. August 2020).

27 Mathieu Olivier (14. März 2021).
28 2003 in die Wege geleitete internationale Vereinbarung von Staaten, Diamantenproduzenten und zivilgesellschaftlichen Organisationen, mit der der Handel mit «Blutdiamanten» unterbunden werden soll. Rohdiamanten, die von am Kimberley-Prozess teilnehmenden Ländern ausgeführt werden, können das Zertifikat «konfliktfrei» erhalten.
29 [Rucompromat] (23. April 2019).
30 Siehe den Bericht auf der Website der European Investigative Collaborations (EIC): https://archive.vn/9SXbo.
31 Dimitri Zufferey, Justine Brabant (2. Dezember 2022).
32 Luke Harding (2021, S. 155).
33 Dimitri Zufferey (8. Juli 2011, S. 8).
34 [USAID] (Juli 2022).
35 Fast 90 % der Diamanten sind für die Industrie bestimmt, nur ein kleiner Anteil geht in die Schmuckherstellung. Diamanten von Edelsteinqualität sind besonders wertvoll und entsprechend teuer.
36 Zitiert nach Dimitri Zufferey, Justine Brabant (2. Dezember 2022).
37 Paolo Omar Cerutti, Joseph Désiré Mbangolo, Gaston Prosper Nakoe (2018).
38 Siehe den Bericht auf der Website der EIC: https://archive.is/oBHO5.
39 Garé Amadou, @garamadou, Twitter (1. Juni 2022).
40 Dimitri Zufferey, Justine Brabant (27. Juli 2022).
41 Victorien Danigoumandji, Facebook-Post (24. Januar 2021).
42 [Sayari] (8. Juni 2020).
43 Siehe die Import-/Exportdaten unter https://archive.vn/DotKE.
44 Laurence Caramel (24. September 2015).
45 [AEOW] (16. Mai 2023), sowie Debora Patta, Sarah Carter (16. Mai 2023).
46 [Treasury] (30. Mai 2024).
47 Ets Nsa, Facebook-Post (30. November 2021).
48 [Nouvelles] (27. Dezember 2021).
49 [Corbeau] (29. Dezember 2021).
50 Edouard Yamale (13. Januar 2023).
51 Prisca Vickos (9. März 2023).
52 [Corbeau] (6. Februar 2023).
53 [Le Potentiel] (25. Januar 2023), siehe auch den Bericht von The Sentry, «Culture de la violence» vom August 2021, https://archive.vn/LjVi8.
54 Gisèle Moloma (6. März 2023).
55 Prisca Vickos (9. März 2023).
56 Étoile filante, Facebook-Post (17. März 2022).
57 [Informateur] (15. März 2022).
58 [Corbeau] (15. März 2022).
59 Africa Intelligence] (30. Mai 2022).
60 [Corbeau] (3. Juli 2022).
61 Bertrand Yékoua (10. November 2022).
62 In einem Video in den sozialen Medien hat Prigoschin verkündet, dass Kirill Romanowski im Januar 2023 an der ukrainischen Front verstorben ist.

63 Luke Harding (2021, S. 173).
64 Yulia Nikitina (6. Juli 2023).
65 [Navalny] (6. Juli 2023).

2. In der Ukraine kämpfen Bär und Hydra

1 Пресс-служба Пригожина, Telegram (31. März 2023).
2 Yapparova (23. Dezember 2021).
3 Alfred Hackensberger (14. Februar 2022, S. 6).
4 MilitaryLand.net, @Militarylandnet, Twitter (10. Januar 2023).
5 Blick (25. Januar 2023).
6 Grey Zone, @grey_zone Twitter (23. Februar 2023, 20.46 Uhr).
7 Reverse Side of the Medal, @RSoTM, Twitter (23. Februar 2022, 22.04 Uhr).
8 Reverse Side of the Medal, @RSoTM, Twitter (23. Februar 2022, 14.23 Uhr).
9 Grey Zone, @grey_zone Twitter (23, Februar 2023, 20.46 Uhr).
10 Владлен Татарский, Telegram (24. Februar 2022).
11 [ATS] (15. März 2022).
12 C4H10FO2P, @markito0171, Twitter (19. April 2022).
13 Sean O'Neill (7. April 2022).
14 [Africa Intelligence] (3. Mai 2022).
15 Jack Margolin, @Jack_Mrgln, Twitter (14. August 2022).
16 Оперативные сводки, Telegram (15. August 2022).
17 Grey Zone, Telegram (8. Mai 2022).
18 Военный обозреватель, Telegram (24. Juli 2020); Военный обозреватель, Telegram (2. November 2022).
19 Пресс-служба Пригожина, Telegram (1. März 2023).
20 Grey Zone, Telegram (20. Dezember 2022), Военкор Ярем, Telegram (6. Dezember 2022).
21 Пресс-служба Пригожина, Telegram (6. Februar 2023).
22 NEXTA, @nexta_tv, Twitter (6. Februar 2023).
23 The Military Watch, Facebook-Post (14. Februar 2023).
24 Sofrep (19. Dezember 2022).
25 Leon-spb67 (1. Mai 2022).
26 Leon-spb67 (4. Mai 2022).
27 Melanie Amann, Matthias Gebauer, Fidelius Schmid (7. April 2022).
28 Jomini of the West, @JominiW, Twitter (4. Juni 2022).
29 Geopolityka z kraju i ze świata, @z_swiata, Twitter (9. Juni 2022).
30 [SBU] (24. Mai 2022).
31 Alain Barluet (15. November 2022).
32 [Die Welt] (18. Januar 2023).
33 Maxim Shugaley, Facebook-Post (18. Oktober 2022).
34 Middle East Update, @islamicworldupd, Twitter (13. Dezember 2022).
35 Росич | Rosich, VK (16. Januar 2023).
36 ФРИДРИХ, Telegram (30. September 2022).
37 Colin Gerard, @_ColinGerard, Twitter (20. September 2022).

38 Directorate of Media service and Information (13. Januar 2023).
39 Русская Весна | СПЕЦОПЕРАЦИЯ Z,Telegram (9. August 2022).
40 Пресс-служба Пригожина, Telegram (10. Januar 2023).
41 Allison Quinn (30. März 2016).
42 [Debka] (2. August 2017).
43 Lucas Webber, @LucasADWebber, Twitter (22. Dezember 2022).
44 Stop Wagner, @stopwagnergroup, Twitter (5. Oktober 2022).
45 It's My City, @itsmycityekb, Twitter (20. Juli 2022).
46 Zitiert nach *The Times*, YouTube (24. Mai 2023).
47 Пресс-служба Пригожина, Telegram (31. März 2023).
48 POPULAR FRONT, @PopularFront_ (7. Oktober 2022).
49 Baza, Telegram (15. September 2022).
50 Zitiert nach *The Times*, YouTube (24. Mai 2023).
51 Kris Berwouts (12. Dezember 2022).
52 [BBC] (18. Januar 2023).
53 Пресс-служба Пригожина, Telegram (27. März 2023).
54 [Journal de Montréal] (23. November 2023).
55 Gefangene, die den Frontdienst verweigern.
56 ВЧК-ОГПУ, Telegram (20. Januar 2023).
57 Charles Delouche-Bertolasi (9. Februar 2023).
58 Leopard-Kampfpanzer.
59 Пресс-служба Пригожина, Telegram (7. März 2023).
60 [RIA] (15. Februar 2023).
61 Yaroslav Trofimov, @yarotrof, Twitter (5. Januar 2023).
62 Пресс-служба Пригожина, Telegram (25. März 2023).
63 Пресс-служба Пригожина, Telegram (2. März 2023).
64 Вёрстка, Telegram (24. Mai 2023).
65 Вёрстка, Telegram (24. Mai 2023).
66 ВЧК-ОГПУ, Telegram (25. Januar 2023).
67 Gespräch mit einem russischen Journalisten, 7. Oktober 2022.
68 Abnutzungskrieg, der den Gegner durch anhaltende Verluste an Personal und Ausrüstung erschöpfen soll.

3. Die russische Privatarmee als Exportmodell

1 [URA] (2. Oktober 2018).
2 [TVRain] (5. Juli 2018).
3 112.ua (16. Mai 2018).
4 [Meduza] (16. Februar 2023).
5 Die Gesamtschulden Venezuelas werden auf 196 Milliarden Dollar geschätzt. Siehe Isabelle Couet (3. November 2017) und [Infobae] (24. März 2019).
6 Andres Velasquez, @AndresVelasqz, Twitter (3. Dezember 2019) und Sumarium, @sumariuminfo, Twitter (13. Dezember 2019).
7 Sabrina Martin (17. Januar 2020).

8 Sebastiana Barráez (3. Juni 2020).
9 Siehe deren Website: https://sosorinoco.org/en/.
10 Valentina Ruiz Leotaud (21. Januar 2023).
11 Vandana Bharti, @Vandanabharti80, Twitter (17. Januar 2023).
12 Cecilia Jamasmie (4. Januar 2023).

4. Die Übergriffe häufen sich

1 Emmanuel Grynszpan (16. April 2018).
2 AFP (2. August 2018).
3 Philip Obaji Jr. (29. November 2020).
4 [Bellingcat] (20. August 2020).
5 Philip Obaji Jr. (29. November 2020).
6 Frédéric Mantelin (5. Mai 2022).
7 Afrique Media (5. Dezember 2022).
8 Siehe etwa unsere Analyse zu den Morden in Serma: https://archive.is/IFAaq.
9 Europäische Union (13. Dezember 2021).
10 Denis Korotkov (22. November 2019).
11 Siehe den Beginn von: Benoît Bringer, *The Rise of Wagner* [zweiteiliger Dokumentarfilm] (2023).
12 Wichtiger Standort eines millionenschweren Öl- und Gasabkommens zwischen der syrischen General Petroleum Corporation und dem russischen Staatsunternehmen Stroytransgaz, das von Gennadi Timtschenko, einem engen Vertrauten Putins, geleitet wird.
13 Mathieu Olivier (28. Juli 2021).
14 [Sicherheitsrat] (22. Februar 2022).
15 Moïse Banafio (24. Januar 2022).
16 Philip Obaji Jr. (7. Mai 2022); [Corbeau] (19. April 2022).
17 Moïse Banafio (13. April 2022).
18 [Darfour 24] (20. März 2022).
19 Anselme Féimonazoui (28. April 2022).
20 NGO, die sich auf die Erfassung, Analyse und krisenbezogene Kartierung von Konfliktdaten spezialisiert hat, siehe [ACLED] (30. August 2022).
21 Clair MacDougall (31. März 2021).
22 Siehe deren Website: https://acleddata.com/#/dashboard.
23 [Jeune Afrique] (8. März 2022).
24 [Maliweb] (7. März 2022).
25 Die Dozo eines malischen Dorfes jagen für die Gemeinschaft, sie verteidigen und schützen Menschen und Güter, kümmern sich aber auch um medizinische Probleme der Bewohner.
26 Forces Armées Maliennes, @FAMa_DIRPA, Twitter (22. September 2022).
27 Forces Armées Maliennes, @FAMa_DIRPA, Twitter (8. Oktober 2022).
28 [AFP] (1. April 2022).
29 [HRW] (5. April 2022).
30 [HRW] (5. April 2022).

31 Paul Logerie (14. April 2022).
32 [OHCHR] (12. Mai 2023).
33 [UNO] (12. Mai 2023).
34 AFP, TV5Monde (14. Mai 2023).
35 Rahmane Idrissa (7. April 2022).
36 Department of State (15. Mai 2023).

5. Dem Westen werden die Augen geöffnet

1 Sylvain Itté, französischer Botschafter im Niger, und Anne-Sophie Avé, Botschafterin für öffentliche Diplomatie in Afrika.
2 Cécile Tran-Tien (2023).
3 Assemblée nationale (15. Februar 2023).
4 Peter Kuznetsov (17. November 2021).
5 Verfügbar unter https://ddosecrets.com/wiki/Airman_Teixeira_Leaks.
6 Siehe 2. Teil, 2. Kapitel: Das Tor nach Afrika: Der Marsch auf Tripolis.

6. Wagner ist tot – es lebe Wagner

1 Vsevolod Nepogodin (30. Januar 2018).
2 Vsevolod Nepogodin (30. Januar 2018).
3 Andrey Guselnikov (19. Oktober 2018).
4 Пресс-служба Пригожина, Telegram (6. März 2023).
5 Russischer Name für Bachmut, siehe ÏПресс-служба Пригожина, Telegram (7. März 2023).
6 Вёрстка, Telegram (24. Mai 2023).
7 [AFP, Euronews] (23. Juni 2023).
8 [Meduza] (24. Juni 2023).
9 Valérie Hopkins (27. Juni 2023).
10 [BBC] (28. Juli 2023).
11 Laut Quellen von *All Eyes on Wagner*.
12 Ilya Koval (13. Juli 2023).
13 Jack Watling, Oleksandr V Danylyuk und Nick Reynolds (20. Februar 2024).
14 Jêdrzej Czerep und Filip Bryjka (23. Mai 2024).
15 [AEOW] (4. Dezember 2023).
16 [State Dept.] (12. Februar 2024).
17 Central Asia Initiative, YouTube (3. Mai 2024).
18 [Belga] (13. Januar 2023).
19 [RFI] (16. Februar 2024).

Personenregister